華商律師 | 文库 |
CHINA COMMERCIAL LAW FIRM

30 1993-2023 30TH ANNIVERSARY

东南亚投资法律风险防控实务

LEGAL RISK MANAGEMENT PRACTICES OF SOUTHEAST ASIA INVESTMENT

董　锋／主　编
罗敏如／副主编

法律出版社 LAW PRESS · CHINA
北京

图书在版编目(CIP)数据

东南亚投资法律风险防控实务 / 董锋主编;罗敏如副主编. -- 北京:法律出版社,2024

ISBN 978-7-5197-8842-1

Ⅰ.①东… Ⅱ.①董… ②罗… Ⅲ.①外商投资－直接投资－国际经济法－研究－东南亚 Ⅳ.①D996

中国国家版本馆 CIP 数据核字(2024)第 037770 号

东南亚投资法律风险防控实务
DONGNANYA TOUZI FALÜ FENGXIAN FANGKONG SHIWU

董　锋　主　编
罗敏如　副主编

策划编辑　邢艳萍
责任编辑　邢艳萍　张　颖
装帧设计　臧晓飞

出版发行 法律出版社
编辑统筹 法律应用出版分社
责任校对 晁明慧
责任印制 刘晓伟
经　　销 新华书店

开本 710 毫米×1000 毫米　1/16
印张 36.5　**字数** 710 千
版本 2024 年 7 月第 1 版
印次 2024 年 7 月第 1 次印刷
印刷 三河市兴达印务有限公司

地址:北京市丰台区莲花池西里 7 号(100073)
网址:www.lawpress.com.cn
投稿邮箱:info@lawpress.com.cn
举报盗版邮箱:jbwq@lawpress.com.cn

销售电话:010-83938349
客服电话:010-83938350
咨询电话:010-63939796

书号:ISBN 978-7-5197-8842-1
定价:166.00 元

凡购买本社图书,如有印装错误,我社负责退换。电话:010-83938349

谨以此书献给华商律师事务所成立三十周年

华商律师文库
编审委员会

30 1993-2023 30TH ANNIVERSARY

本书编委会

主　编　董　锋

副主编　罗敏如

成　员（以姓氏笔画为序）

王志林　户肖媛　陈一丹　贺　洁

1993-2023
30TH ANNIVERSARY

总　　序

弹指之间，华商律师事务所（以下简称华商）已行三十载。三十载风雨征程，我们从初心开始书写答卷。这份答卷以一书一卷开始，向具有前沿视野的国际型律所演进，从深圳强所到聚焦国际，华商厚植专业根基，目前已有48家分支机构，我们始终上下求索、攀登不息，不断丰富诠释华商“法律创造价值”的职业价值观。

三十年间，华商以创业者的探索、勇敢者的担当、改革者的步伐，逐步成长为从区域迈向全国乃至全球的规模律师事务所，并在律师事业升级与融合的发展变革中，成就了不少亮眼成绩。

千帆竞渡争卓越，前沿视野创一流。近年来，面临百年未有之大变局，在全球化趋势反复拉锯的过程中，行业也迎来了前所未有的新形态与新问题。越是不确定，华商越是坚定信心，越是沉着勇毅，在时代的风云中屹立不倒，敢于亮剑，敢于前进，志所向，皆可往，路虽远，行必达。华商以适度规模化、深度专业化、重推国际化的前沿发展战略稳步迈入高质量发展阶段！

经多个专业委员会、多个专业团队和多位专业律师构思、策划、组织和编撰，这套涵盖公司、国企改革、东南亚国家投资法、婚姻家庭继承、证券、合规体系、基金法律、土地开发、尽职调查等热门领域的华商律师事务所三十周年实务丛书与读者见面。作为华商三十周年献礼，本套丛书的问世将是华商专业化建设的又一次具有重要理论和现实意义的里程碑，更是百年华商征程中的专业与文化积淀。

新时代赋予律所新的使命，华商肩鸿任钜，法治的道路不断延伸，华商不会停下脚步。就像我曾经写过的一首诗,“风不顾一切,时光勇往直前,我,我们,跟着一路长跑”。

是为序。

目录

第一部分 泰国篇

第二部分

新加坡篇

第三部分 越南篇

第四部分

菲律宾篇

第七部分 柬埔寨篇

第八部分 印度尼西亚篇

第九部分 文莱篇

第十部分

马来西亚篇

第十一部分 东帝汶篇

第一部分

泰国篇

第一章 泰国基本概况

泰王国(The Kingdom of Thailand),简称泰国,首都曼谷,位于中南半岛中南部,东南临太平洋泰国湾,西南临印度洋安达曼海。属热带季风气候,地势北高南低。总面积513,000平方千米,海岸线2705千米,全国分为5个地区,共有77个府。

泰国前名暹罗,位于中国和印度间中南半岛之心脏地带。一直是东南亚地区多种宗教、文化和民族的汇集地。在悠长的历史中,泰国不断吸收外来文化及接收移民。截至2023年年末,泰国总人口为6790万人,泰族为主要民族。

泰国一般使用佛历,即以佛祖释迦牟尼圆寂后一年为纪元之始,比世界通用的公历早543年(公元1990年为佛历的2533年)。

泰语为官方语言。不过大多数泰国人会讲英文,在曼谷,英语也是主要的商业用语。全国各地的道路均有泰文及英文对照的标志。在泰语中,男性和女性对于"你好"的发音并不相同,女性一般念作"萨瓦迪卡"而男性一般念作"萨瓦迪克拉",做法是把双手提到胸前,双掌合并但不贴合,犹如在掌心握着一片棉花。

泰国是一个佛教大国。94%的泰国人信仰佛教,因此,佛教对泰国人的衣食住行影响最大。佛教在公元前3世纪由印度传入泰国,后来成为国教。佛教不仅影响了泰国人的道德规范、精神生活,也使泰国产生了独特的民族宗教艺术。泰国共有各类寺庙3万多座,每走一段路程就能碰上大大小小的寺庙。泰国很多的寺庙都建造在马路边或马路中央,如象神庙、四面佛。对泰国人来说,剃度为僧是一种传统,就算皇室成员也不例外。到任何宗教场所,客人均得穿着整齐,庄重严肃,举止得体。打赤膊、穿短裤和其他不适宜的服装是不得进入神舍的。在泰国人心目中,每尊佛像,不管大小,不论全残,都是神圣之物,不得亵渎。

泰国人对王室(包括国王、王后和王室其他成员)特别崇敬尊重,在公共场所演奏国王颂歌时要起立。泰国现国王为玛哈·哇集拉隆功。在泰国不可以随便谈论王室。泰国《刑法》第112条说的就是"藐视皇室罪",法律规范保护泰国国王及皇室之地位,对于言论批评泰国国王及皇室者,均会被判处徒刑。不论任何人,在任何时间、任何地点对泰国皇室有不敬、藐视、诋毁或者非议的行为都将被判刑,且得不到保释,外国人也不能幸免。

泰国实行君主立宪制。国王是国家元首和军队的最高统帅,是国家主权和统一的象征。枢密院是由国王任命的咨询机构,主要成员为退休的泰国总理和军方将领,是国王的智囊。泰国政府是内阁制,最高立法机构是国会,拥有总理的选举和罢免权、财政预算的审查权、法律草案和宪法修正案的审议权、政府实施政策的监督权等权利。泰国国会主要采取两院制,也就是上议院和下议院。国务院为最高的行政机关,最高的领导为总理,总理由国会议长提名,经过两院开会讨论通过后由国王任命。国务院下设国务院院长办公厅、国防部、外交部、财政部、教育部、交通部、劳工部、商业部、司法部等20个部门。

泰国属大陆法系,以成文法作为法院判决的主要依据。司法系统由宪法法院、行政法院、军事法院和司法法院构成。宪法法院主要职能是对议员或总理质疑违宪,对已经国会审议的法案及政治家涉嫌隐瞒资产等案件进行终审裁定,以简单多数原则进行裁决。由1名院长及14名法官组成,院长和法官由上议长提名呈国王批准,任期9年。行政法院主要审理涉及国家机关、国有企业及地方政府间或公务员与私企间的诉讼纠纷。行政法院分为最高行政法院和初级行政法院两级,并设有由最高行政法院院长和9名专家组成的行政司法委员会。最高行政法院院长任命须经行政司法委员会及上议院同意,由总理提名呈国王批准。军事法院主要审理军事犯罪和法律规定的其他案件。司法法院主要审理不属于宪法法院、行政法院和军事法院审理的案件,分最高法院、上诉法院和初审法院三级,并设有专门的从政人员刑事厅。另设有司法委员会,由最高法院院长和12名分别来自三级法院的法官代表组成,负责各级法官任免、晋升、加薪和惩戒等事项。司法法院下设秘书处,负责处理日常行政事务。最高法院是泰国最高的司法审判机关,最高法院大法官是最高执法者,由国王任命。同时,根据新的《宪法》,最高法院权力得以扩大,可以直接审判涉嫌贪污的政治人物。[1]

---

〔1〕 参见《对外投资合作国别(地区)指南:(泰国)(2018年版)》。

第二章 贸易投资情况基本概述

一 双边贸易

1975 年 7 月 1 日，中国与泰国建立外交关系。两国关系保持健康稳定发展。2001 年 8 月，两国政府发表《中华人民共和国与泰王国联合公报》，就推进中泰战略性合作达成共识。2012 年 4 月，两国建立全面战略合作伙伴关系。2013 年 10 月，两国政府发表《中泰关系发展远景规划》。2017 年 9 月，两国签署《中华人民共和国政府和泰王国政府关于共同推进"一带一路"建设谅解备忘录》。2019 年 11 月，两国发表《中华人民共和国政府和泰王国政府联合新闻声明》。2022 年，两国发表《中华人民共和国和泰王国关于构建更为稳定、更加繁荣、更可持续命运共同体的联合声明》。2023 年 10 月，两国发表《中华人民共和国政府和泰王国政府联合新闻公报》。2023 年 11 月，双方签署《中华人民共和国政府与泰王国政府关于中泰战略性合作共同行动计划(2022—2026)》、《中华人民共和国政府与泰王国政府关于共同推进"一带一路"建设的合作规划》以及经贸投资、电子商务、科技创新领域合作文件。双方发表了《中华人民共和国和泰王国关于构建更为稳定、更加繁荣、更可持续命运共同体的联合声明》。

中国已连续多年成为泰国最大贸易伙伴，泰国是中国在东南亚国家联盟(以下简称东盟)国家中第三大贸易伙伴。2023 年，双边贸易额 1262.8 亿美元，同比下降 5.0%，其中中国出口 757.4 亿美元，同比下降 0.9%，进口 505.4 亿美元，同比下降 10.6%。中国企业对泰直接投资 46 亿美元，同比增长 109%；中国来泰游客 352 万人次，为泰国旅游创收 1967 亿泰铢(约 54 亿美元)。

双方还签订了《促进和保护投资协定》(1985 年)、《避免双重征税和防止偷漏税协定》(1986 年)、《贸易经济和技术合作谅解备忘录》(1997 年)、《双边货币互换协议》(2011 年、2014 年)等。2003 年 10 月，两国在中国—东盟自贸区框架下实施蔬菜、水果"零关税"安排。2004 年 6 月，泰国承认中国完全市场经济地位。2009 年 6

月，两国签署《扩大和深化双边经贸合作的协议》。2012 年 4 月，两国签署《经贸合作五年发展规划》。2014 年 12 月，两国央行签署《关于在泰国建立人民币清算安排的合作谅解备忘录》。[1]

二 货物贸易

2003 年泰国贸易逆差 3.13 亿美元，2013 年，这一数字增长至 109.94 亿美元。2023 年中泰贸易总额达到 1049.64 亿美元，贸易逆差扩大至 366.35 亿美元。从中国进口商品增长最快的首先是客车和卡车，进口额 26.06 亿美元，同比增长 490.56%。其次是塑料制品，进口额 22.36 亿美元，增长 3.35%。机械产品及零部件，进口额 65.65 亿美元，增长 2.36%。金属制品，进口额 23.7 亿美元，增长 1.29%。而电机及零部件，进口额 87.59 亿美元，同比下降 3.52%。化学品，进口额 60.26 亿美元，下降 7.85%。家电，进口额 58.07 亿美元，下降 1.79%。钢铁及其制品，进口额 37.85 亿美元，下降 4.05%。泰国托运人协会主席差参指出，泰国从中国进口的商品主要分为两类，即资本货物及原材料和成品。资本货物及原材料主要用于国内制造业，生产产品供应国内市场或出口，这将对生产部门扩张和国内就业产生长期影响。而成品的进口则与国内产品竞争，可能对泰国制造业的产能造成影响。[2]

近年来，中泰货物贸易的发展逐渐呈现以下两个趋势。

（一）中泰贸易发展迅速，成为重要贸易伙伴

中国和泰国在各方面的交流源远流长，中国改革开放 40 多年的成果以及泰国政府的重视和努力，进一步加深了两国在贸易上的交流，双方的经济联系更加密切。《关于成立中泰经济联合合作委员会的协议》《进口商品议定书》《经贸合作五年发展规划》等一系列合作协议的签订，再加上中国加入世界贸易组织（WTO）、中国—东盟自由贸易区（CAFTA）的建立，《区域全面经济伙伴关系协定》（RCEP）的生效，两国货物贸易合作逐渐进入“快车道”。中国经济的高速发展使中泰双边贸易直接受益，带动泰国贸易经济同步增长。

（二）中泰自然资源产品贸易互补性依然突出

基于自然资源产品的贸易互补性成为中泰贸易发展中的一个重要特点。橡胶、

---

[1] 参见《中国同泰国的关系》，载中华人民共和国外交部网 2024 年 4 月，http://spainembassy.fmprc.gov.cn/web/gjhdq_676201/gj_676203/yz_676205/1206_676932/sbgx_676936/。

[2] 参见《泰国对华贸易逆差逐年上升，2023 年超过 350 亿美元》，载中华人民共和国商务部网，http://th.mofcom.gov.cn/article/jmxw/202402/20240203470894.shtml。

塑料及其制品、橡胶制品、木薯制品、油菜籽、木材及木材制品属于泰国对中国出口商品的前十位,泰国作为世界最大的天然橡胶生产国和出口国,是中国橡胶及相关产品进口的主要国家,随着中国汽车工业的发展,中国汽车非轮胎橡胶制品的需求快速增长。但由于中国自己生产的橡胶不能满足国内需求,因而中国对泰国的橡胶需求量逐年递增。[1]

三 服务贸易

中泰双方的合作格局是多领域、深层次、全面化的。随着交往的深入发展,中泰双边贸易发展过程中,不仅货物贸易量稳步增长,服务贸易合作也越发密切。CAFTA《中华人民共和国政府与东南亚国家联盟成员政府全面经济合作框架协议服务贸易协议》的实施,给中国与泰国在服务贸易领域带来更大的发展潜力和机会。2022 年,我国服务贸易保持较快增长。全年服务进出口总额为 59,801.9 亿元(人民币,本段同),同比增长 12.9%。其中,出口额为 28,522.4 亿元,同比增长 12.1%;进口额为 31,279.5 亿元,同比增长 13.5%。贸易逆差为 2757.1 亿元。知识密集型服务进出口额稳定增长。2022 年,知识密集型服务进出口额为 25,068.5 亿元,同比增长 7.8%。其中,知识密集型服务出口额为 14,160.8 亿元,同比增长 12.2%。出口额增长较快的领域是知识产权使用费、电信计算机和信息服务,分别增长 17.5% 和 13%。知识密集型服务进口额为 10,907.7 亿元,同比增长 2.6%。进口增长较快的领域是保险服务,增速达 35.8%。旅行服务进出口继续恢复。2022 年,旅行服务总体呈现恢复态势,全年旅行服务进出口额为 8559.8 亿元,同比增长 8.4%。[2]

2015 年,国家商务部门已将对外的服务业升级,加速向多元化发展,把握时代赋予的良好机会,不断完善国家对服务贸易方面制定的政策及法规,搭建服务贸易发展的良好平台,促进服务贸易发展。与此同时,泰国的服务型贸易体系也在不断发展,特别在专业型服务、教育、建筑和工程、旅游和运输等部门作出高于 WTO 水平的承诺,增加了对中文教育、园林设计、旅游等中国较为关注的服务部门的开放承诺。[3]泰国在 CAFTA 中的具体承诺减让表部分内容如下:

---

〔1〕 参见陈梦瑶(Bhatcharabhorn Wimonsarawong):《中泰贸易发展现状及前景分析》,吉林大学 2014 年硕士学位论文。

〔2〕 参见《商务部服贸司负责人介绍 2022 年全年服务贸易发展情况》,载中华人民共和国商务部网 2023 年 1 月 30 日,http://file.mofcom.gov.cn/article/syxwfb/202301/20230103380918.shtml。

〔3〕 参见陈晓曼:《中泰服务贸易研究》,哈尔滨工业大学 2015 年硕士学位论文。

1. 商务服务:建筑设计服务;工程服务;园林建筑服务。

2. 教育服务,包括中等教育服务(国际和国内的学校教育服务,不包括成人和其他教育服务,技术和职业教育服务)、高等教育服务、其他教育服务(中文讲授服务),上述教育服务,外国的自然人可以在泰国提供教育服务,但须满足以下条件:

(1)外国自然人受到在泰国合法设立并注册的教育机构的邀请或雇用。

(2)外国自然人具备相关教育机构所要求的资格和工作经验,在适当情况下,还应符合泰国教育部设定的其他相关标准。首次入境的期限为1年或与聘用期相同,以较短者为准,可能获得延长。

3. 旅游和与旅游相关的服务,包括旅馆住宿服务、餐饮服务、外卖服务;旅行社和旅游经营者服务;其他旅馆管理服务。泰国旅游业很发达,旅游资源丰富,历来以"微笑国度"闻名于世,有500多个景点,吸引着世界各地游客。对此,泰国政府承诺:一般情况下,服务提供方式都没有限制,只有外卖服务、旅游和旅游经营者服务的跨境交付不作承诺。

4. 海运货物装卸服务,包括码头经营商在内的装卸公司所从事的相关业务,但不包括独立于装卸公司或码头经营商而自发组织的码头工人所直接提供的装卸服务,具体包括以下业务的组织和监管:货物装船/卸载、货物捆扎/解捆、货物装船前或卸载后的接收/运送和保管。[1]

---

〔1〕 参见《泰国在中国—东盟自贸区〈服务贸易协议〉中的具体承诺减让表》,载中国自由贸易区服务网2024年6月17日,http://fta.mofcom.gov.cn/dongmeng/annex/fwmyxieyi_fj-Thailandcrb_cn.pdf。

第三章 贸易法律制度及法律风险

一 贸易主管部门

泰国主管贸易的政府部门是商业部,其主要职责分为两部分:对内负责促进企业发展、推动国内商品贸易和服务贸易发展、监管商品价格、维护消费者权益和保护知识产权等;对外负责参与 WTO 和各类多双边贸易谈判、推动进出口贸易良性发展等。泰国商业部主管对外业务的部门有贸易谈判厅、出口促进厅和国际贸易厅等,主管国内业务的部门有商业发展厅、国内贸易厅、知识产权厅和灾祸保险厅等。此外,主管部门还有泰国投资促进委员会(Board of Investment, BOI)、外交部经济司;劳工部就业厅的海外就业管理办公室以及直属泰国总理府的技术与经济合作厅等。

商业部设部长、副部长、助理部长、次长各 1 名,副次长 3 名。下设司局分别有:次长办公室、内贸厅、知识产权厅、商业发展厅、外贸厅、国际贸易谈判厅、国际贸易促进厅。

商业部在国内各府有商业办公室,在国外共有 66 个驻外商务机构,其中 4 个最主要的由次长办公室管理,其余 62 个由出口促进厅负责业务指导。目前泰国商业部在华设立了 8 个派驻机构,分别在北京、上海、广州、昆明、厦门、南宁、西安、成都。

二 泰国货物贸易的法律规定

泰国与贸易相关的法律主要有 1960 年《出口商品促进法》、1973 年《部分商品出口管理条例》、1979 年《出口和进口商品法》、1979 年《出口商品标准法》、1999 年《反倾销和反补贴法》、2000 年《海关法》和 2007 年《进口激增保障措施法》等。

在进口管理方面,泰国对多数商品实行自由进口政策,任何开具信用证的进口商均可从事进口业务。泰国仅对部分产品采取禁止进口、关税配额和进口许可证等管理措施。禁止进口产品主要涉及公共安全和健康、国家安全等的产品，如摩托车旧发动机、博彩设备等；关税配额产品包括桂圆等24种农产品，如大米、糖、椰肉、大蒜、饲料用玉米、棕榈油、椰子油、龙眼、茶叶、大豆和豆饼等，但关税配额措施不适用于从东盟成员国的进口；进口许可分为非自动进口许可和自动进口许可，非自动进口许可产品包括关税配额产品和加工品，如鱼肉、生丝、旧柴油发动机等，自动进口许可产品包括部分服装、凹版打印机和彩色复印机。泰国商业部负责制定受进口许可管理的产品清单。[1]

在出口管理方面，泰国除通过出口登记、许可证、配额、出口税、出口禁令或其他限制措施加以管制的产品外，大部分产品可以自由出口，受出口管制的产品目前有45种，其中征收出口税的有大米、皮毛皮革、柚木与其他木材、橡胶、钢渣或铁渣、动物皮革等。[2]

在贸易壁垒方面，泰国实施的政策如下：[3]

(1)关税高峰。泰国现对大量的进口产品征收超过30%的关税，包括农产品、汽车和汽车零部件、酒精饮料、纤维和一些电子产品。例如，丝织品、羊毛织物、棉纺织品及其他一些纤维织物的进口关税税率为60%，摩托车及一些特殊用途车的进口关税税率达到或超过80%，大米的进口关税税率为52%，奶制品的进口关税税率为216%。

(2)关税升级。泰国对绝大多数工业原材料和必需品，如医疗设备征收零关税；对有选择的一些原材料、电子零配件以及用于国际运输的交通工具征收1%的关税；一些化工原料，如氯化铵、氯化钙、氯化镁等氯化物的关税税率也仅为1%；对初级产品和资本货物大部分征收5%的关税；对中间产品一般征收10%的关税；对成品一般征收20%的关税；对需要保护的特殊产品征收30%的关税。

(3)关税配额。根据WTO《农业协定》，泰国对24种农产品实行关税配额管理，包括桂圆、椰肉、牛奶、土豆、洋葱、大蒜、椰子、咖啡、茶、干辣椒、玉米、大米、大豆、洋葱籽、豆油、椰子油、速溶咖啡、土烟丝、生丝等。这些产品在配额内实行低关税，在配额外实行高关税，如大蒜进口配额仅64.6吨，配额内关税税率为27%，配额外关

---

〔1〕 参见《泰国贸易管理有关规定》，载中华人民共和国驻泰王国大使馆经济商务处网2015年8月14日，http://th.mofcom.gov.cn/article/ddfg/waimao/201508/20150801080927.shtml。

〔2〕 参见《泰国贸易管理有关规定》，载中华人民共和国驻泰王国大使馆经济商务处网2015年8月14日，http://th.mofcom.gov.cn/article/ddfg/waimao/201508/20150801080927.shtml。

〔3〕 参见《泰国贸易管理有关规定》，载中华人民共和国驻泰王国大使馆经济商务处网2015年8月14日，http://th.mofcom.gov.cn/article/ddfg/waimao/201508/20150801080927.shtml。

税税率高达57%。

(4)进口限制。泰国规定42种产品需要进口许可,包括原材料、石油、工业原料、纺织品、医药品及农产品。泰国禁止进口二手摩托车及其零件和游戏机。产品进口必须满足规定的要求,如缴纳特别费用、需要原产地证明等。进口食品、医药产品、矿产品、武器弹药、艺术品需要相关部长的特别许可。泰国要求在食品进口登记中提供关于食品生产工艺及组成成分的详细产品经营信息。食品与药品监督管理局(Food and Drug Administration,FDA)规定所有食品、药品及部分医疗设备的进口均须符合进口许可证的管理规定。食品进口许可证每3年换一次,每次均需要重新认证,文件送达FDA后还需重新收费;药品进口许可证每年更换一次,同样需要缴纳有关费用。

(5)技术性贸易壁垒。泰国对10个领域的60种产品实行强制性认证,包括农产品、建筑原料、消费品、电子设备及附件、PVC管、医疗设备、LPG气体容器、表层涂料及交通工具等。FDA规定,所有进口食品、药品及部分医疗设备要符合标准、检测、标签和认证要求。进口上述产品必须附有泰文说明产品名称、重量或容量、生产和失效日期的标签,并经FDA批准。

(6)政府采购。泰国不是WTO《政府采购协定》的签署方。在政府采购招标中,泰国对外国投标企业设置一系列限制,使外国企业无法投标或难以中标。如泰国常在招标文件中规定非泰国产品不得参与投标;对投标资格的规定具有不确定性,政府采购部门有权在任何时候接受或拒绝部分或所有投标,甚至可以在招标过程中修改技术要求;投标者对招标结果没有申诉权利等。根据2000年5月泰国颁布的《对销贸易法》,对金额超过3亿泰铢的政府采购合同,外国中标企业须易货回购价值不低于合同金额50%的泰国产品,该规定大大提高了外国中标企业的经营成本。

在针对进出口商品的检验检疫方面,泰国负责商品质量监督、检验和标准认证的管理部门主要是卫生部下属的FDA及农业合作部下属的国家农业食品和食品标准局(National Bureau of Agriculture Commodity and Food Standards,ACFS)。FDA行使职责依据的国内法规和国际协议主要有:泰国1967年《药品法》、1975年《精神类物质法》、1979年《食品法》、1979年《麻醉品法》、1988年《医疗器械法》、1990年《防止滥用挥发性物质法》、1992年《化妆品法》、1992年《危险物质法》和1971年《关于精神药物公约》、1988年《联合国禁止非法贩运麻醉药品和精神药物公约》等。FDA根据相关法律法规对商品的市场准入进行管制,审核发放各类商品相应的卫生证明、GMP[1]证明、HACCP[2]证明和自由销售证明等。进口商必须申请进口许可证后才能进口食品，指定的食品储藏室必须经FDA检验后才能使用，进口许可证要每3年更新一次；对于特别控制的食品，进口商必须到FDA注册，获得批准后才能进口。

三 反倾销与反补贴法律制度

1. 反倾销制度

国际贸易中产品倾销是指“同一商品在不同国家市场上的价格歧视”[3]，倾销产品至少涉及2个国家的市场，同一产品在不同市场以不同价格销售，而且这种价格的差异不是由于生产成本、生产效率和正常竞争造成的，而是一种人为的价格歧视。

泰国在加入WTO之后，随即参加了各种协议，并根据协议的要求对本国的对外贸易管理法及其措施进行修改。除了要符合WTO原则之外，泰国《宪法》第7条还规定：政府鼓励贸易自由化、公平竞争、保护消费者利益；除了保留一些对国家的强大与民众的利益有关的法律之外，对其他与国内经济不相适应的法律条文都进行了必要的修改，同时，也废除了一些不符合WTO原则的法律规则。[4]

泰国反倾销法律中的基本制度主要包括以下内容：

(1)倾销的定义

按照泰国《反倾销和反补贴法》的规定，确定倾销的依据是销售价格与进口产品在出口国或原产地国的国内市场正常贸易过程中的正常价值或公平价值的比较结果，即如果一项产品从一国出口到另一国，该产品的出口价格低于在出口国正常贸易过程中旨在用于本国消费的相同产品的可比价格，即以低于其正常产品价格进入另一国的商业领域，该产品即被认为是倾销。[5]

(2)确定倾销的方法

泰国《反倾销和反补贴法》第15条、第16条规定了正常价值方法，即在确定是

---

[1] GMP：Good Manufacturing Practice.

[2] HACCP：Hazard Analysis Critical Control Point.

[3] 王承斌主编：《西方国家反倾销法与实务》，中国对外经济贸易出版社1996年版，第3页。

[4] 参见叶素和：《泰国对外货物贸易管理法及其对中国法完善的启示》，西南政法大学2003年硕士学位论文，第26页。

[5] 参见叶素和：《泰国对外货物贸易管理法及其对中国法完善的启示》，西南政法大学2003年硕士学位论文，第26页。

否存在倾销时,应在出口价格或推定出口价格与正常价格之间进行公平的比较,如出口国的销售价格无法比较,不管是何因素,应用出口价格、向第三国家销售的价格或者推定价格作为1/3正常价格的依据。另外,无论是向出口国国内市场销售,还是向第三国销售,其价格低于单位生产成本加上行政管理费、销售费和一般费用,就应当认为是倾销。如果进口国有关当局认为:①该产品低于生产成本销售的,销售量占该产品总销售量的大部分,并且该产品连续销售1年(至少为6个月);②大量地进行销售,即考虑非正常价值期间销售量超过正常销售量的20%;③在合理期限内不能收回成本。此时,应认定存在倾销。如果产品不直接运到进口国而是通过中转国中转,就以出口价格与生产国国内价格进行比较。[1]

该法第18条规定了比较方法,要求公平比较出口价格和正常价格,该比较应在同一贸易水平上,通常应在出厂价的水平上进行,并尽可能比较同一时间的销售价格,在比较的同时,要考虑到每一案例的具体情况,以不同因素,包括销售条件、税收、贸易水平、数量、物理特征以及影响价格可比性的其他因素为根据做出适当的调整。[2]

在确定倾销损害时,必须确定进口倾销产品与国内产业损害之间存在因果关系,该法第21~24条要求必须表明倾销对国内产业造成的损害,包括因进口产品数量增加而对国内生产变化、消费模式变化、外国与国内生产商之间的竞争、贸易限制措施、技术发展等方面造成的消极影响。[3]

(3)反倾销申请的审查与调查

泰国商业部外贸厅负责对反倾销的调查,外贸厅有义务将调查结果公示给公众,调查应有充分的证据证明倾销、损害及因果关系存在,发起调查有正当性——一般情况下由国内产业或其代表提出申请而开始调查。[4]在调查的过程中充分给予出口国或者有利益关系方提供信息、证据,进行答辩,反驳指控的机会,由于反倾销申请的提交本身容易造成贸易的不稳定,故要求进口国避免公布申请,除非经出口国提供信息方的同意,才能向公众公示。申请提交方应提交非保密的信息概要,否

---

〔1〕 参见叶素和:《泰国对外货物贸易管理法及其对中国法完善的启示》,西南政法大学2003年硕士学位论文,第27页。

〔2〕 参见叶素和:《泰国对外货物贸易管理法及其对中国法完善的启示》,西南政法大学2003年硕士学位论文,第27页。

〔3〕 参见叶素和:《泰国对外货物贸易管理法及其对中国法完善的启示》,西南政法大学2003年硕士学位论文,第27页。

〔4〕 参见叶素和:《泰国对外货物贸易管理法及其对中国法完善的启示》,西南政法大学2003年硕士学位论文,第27页。

则调查当局可以不予理会该申请。如果出口商不按调查当局规定的时间提供信息，则调查当局可以依据其掌握的现有信息做出裁定。外贸厅或者调查委员会可以在泰国、出口国或者有关（采用反倾销措施）的国家进行调查。如果有关当局确定倾销或损害没有充分的证据证明，应驳回申请，终止调查。同时，必须对申请的内容与其他调查信息保密，只有经提供信息方同意才能公布。[1]当倾销幅度或产品数量被确定为可忽略不计的最小值时，应终止调查。泰国外贸厅规定，当倾销产品小于正常价格2%的倾销幅度，或销售量占进口国相同产品市场销售量的3%以下，被视为最小。

（4）临时措施

泰国《反倾销和反补贴法》第31条、第39条、第41条规定，在调查的过程中，对已存在倾销并因此造成国内产业损害的情况，为了防止在调查期间对产业造成损害，有关当局可以按初裁决定采取临时措施。临时措施主要包括征收临时反倾销税，并提供现金、保证金或者其他形式的担保，但不应超过估计的倾销幅度。[2]

（5）期限和复议

泰国《反倾销和反补贴法》第42条、第45条规定，关于公告调查、裁定和征收反倾销税的决定必须在1年内做出，在特殊情况下，可以再延长6个月；征收反倾销税不得超过5年的期限；反倾销税的利益关系人若认为调查结果和征收反倾销税不合理，可以在调查公布后30天内要求知识产权厅与外贸厅进行复议。[3]

2. 反补贴制度

根据泰国《反倾销和反补贴法》，泰国反补贴制度主要包括以下内容：

（1）故意补贴。该法第64条规定，故意补贴的认定可从两个方面进行。①根据经济条件给各企业不公平的补贴，要根据以下因素来判断企业是否获得政府补贴：第一，该企业获得的利益是否要比其他企业多；第二，补贴的期限与经济关系是否由政府选择。②获补贴的企业要考虑到该企业的地理位置，如征税时是按照平时的税率征税的，则不算是补贴。[4]

---

〔1〕 参见叶素和：《泰国对外货物贸易管理法及其对中国法完善的启示》，西南政法大学2003年硕士学位论文，第27页。

〔2〕 参见叶素和：《泰国对外货物贸易管理法及其对中国法完善的启示》，西南政法大学2003年硕士学位论文，第28页。

〔3〕 参见叶素和：《泰国对外货物贸易管理法及其对中国法完善的启示》，西南政法大学2003年硕士学位论文，第28页。

〔4〕 参见叶素和：《泰国对外货物贸易管理法及其对中国法完善的启示》，西南政法大学2003年硕士学位论文，第28页。

(2)反补贴措施。国内生产与支持生产的总生产超过25%,则可以展开反补贴调查,调查终止条件为:第一,没有补贴或找不到损害;第二,补贴量低于1%,如果是发展中国家,则补贴量低于2%;第三,进口量规定为4%,但是各个国家总平均进口量不超过9%;第四,出口国政府同意取消或控制补贴,或者已采用其他的方法,如调整出口价格或者控制出口量,阻止进口国采用反补贴措施。[1]

一般而言,调查的最长期限是1年,如遇特殊情况,可延长至18个月。在调查开始后60天内,为了保护国内经济不受损害,可以采取临时反补贴措施,但该措施适用的时间不超过4个月;如果有关当局认为是合理的,可以延长到6个月。临时反补贴措施主要包括征收反补贴税或者出口抵押金,泰国政府将反补贴措施的期限规定为不超过5年。如果有关当局认为,在5年后不征收反补贴税会对国内经济造成损害,则可以考虑适当延期。[2]

四 贸易法律风险及防范建议

(一)了解贸易管理体制

泰国贸易管理有关法律法规有《货物进出口控制法》、《关税法》、《出口商品标准法》、《反倾销和反补贴法》、《外商经营企业法》、《直销贸易法》、《外汇管理法》和《商业竞争法》等。泰国负责贸易管理的部门有商业部和财政部海关厅。中国企业与泰国进行贸易活动需了解清楚这些法律法规,了解清楚经营商品是否受限、关税如何、有无技术性贸易壁垒等。建议与泰国投资合作前就有关问题咨询当地律师事务所。

(二)严格遵守东道国法律

整体而言,泰国法制与中国虽然不太相同,但是除新加坡外,泰国可以说是东南亚营商环境最好的国家,其立法机构、政府以及投资促进机构均已深刻认识到外商投资法律的完善对本国经济发展的重要性。因此,各国的外商投资法律属于其国内的法律体系中较为完善的部分。泰国对于外商投资者的管理也日益规范化。因此,中国企业到泰国投资或开展贸易,应严格遵守其法律。

---

〔1〕 参见叶素和:《泰国对外货物贸易管理法及其对中国法完善的启示》,西南政法大学2003年硕士学位论文,第30页。

〔2〕 参见叶素和:《泰国对外货物贸易管理法及其对中国法完善的启示》,西南政法大学2003年硕士学位论文,第30页。

（三）充分重视资本要素的掌控

在对外贸易中，资本的关键性不言而喻。资本要素，包括土地、担保、知识产权等的法律风险控制与管理是项目运作的关键，稍有疏忽就可能功亏一篑，如果对外贸易活动涉及融资担保，企业则应当将其作为重大风险点进行监控。[1]

（四）严格控制合同风险，避免无效约定

在与泰国开展贸易活动的过程中，还要注意对合同风险的控制，避免无效的约定。这就要求对泰国的相关规定比较熟悉。最好的控制方法就是通过我国律师找到合适的泰国本地律师，在签订合同之前就开始对合同风险进行把控，做到从源头防范。[2]

（五）制定纠纷解决预案，控制诉讼风险

在泰国开展经贸活动，随时可能发生纠纷，因而诉讼，包括仲裁的风险也就随时存在。要尽量将风险控制在最小的范围之内，除了在日常工作中的风险防范之外，还要制定纠纷解决预案，并随着项目的进行随时修改。[3]

（六）注重商务礼仪

首先，泰国人非常注重着装，特别是在正式场合。在拜访政府部门或参加重要商务会议时，男士通常穿着深色西装，女士则穿着端庄的套装或长裙。而在一般商务活动中，男士可以选择长袖衬衫搭配西装裤，女士则可以穿着套装或裙子。此外，泰国人认为左手是不干净的，因此在交换名片或递送物品时，应使用右手。

其次，在泰国进行商务会面时，保持耐心是非常重要的。由于泰国文化注重人际关系和和谐氛围，决策过程可能相对较长。因此，在与泰国人进行商业谈判时，应展现出足够的耐心和理解，避免过于急躁或强硬。

最后，与泰国人进行商务合作时，了解他们的文化背景和信仰忌讳也是非常重要的。例如，泰国人尊重长辈和权威，因此在与他们交流时应保持谦逊和敬意。同时，避免政治话题或宗教话题，以免引发不必要的争议或冲突。

---

[1] 参见刘晓炜、张慧：《企业对东南亚投资与贸易的法律风险控制》，载《中国律师》2013年第11期。

[2] 参见刘晓炜、张慧：《企业对东南亚投资与贸易的法律风险控制》，载《中国律师》2013年第11期。

[3] 参见刘晓炜、张慧：《企业对东南亚投资与贸易的法律风险控制》，载《中国律师》2013年第11期。

第四章

投资法律制度及法律风险

一 投资法律制度

以鼓励自由贸易为原则，泰国政府建立了完善的法律体系来支持和协助投资者。在涉及投资的法律法规方面，除了《投资促进法》，《外商经营企业法》《工厂法》也是重要的外资法律。此外，泰国还有一些与外资相关的法律，如《外国人就业法》《商标法》《专利法》《版权法》《商业登记法》《税法典》《外汇管理法》《收入法》等，这些法律法规构成了泰国外资法律制度的有机体系。本章主要介绍《投资促进法》《外商经营企业法》《工厂法》，其余法律将在对应章节展开。

1.《投资促进法》

泰国早在1977年就颁布了《投资促进法》，是亚洲第一个制定相关法律的国家。法律规定，通过泰国投资促进委员会，泰国政府对投资人在土地购买、设备进口、产品出口、避免竞争、税收减免、利润汇出等多个方面予以支持和保护。当投资人在经营中遇到困难请求委员会帮助时，委员会主席有权指令有关政府部门、政府机关或国营企业单位及时为其提供帮助。如服务费或手续费不利于投资项目时，不论是否有人请求委员会提供帮助，委员会主席都可决定由有关政府部门、政府机关或国营企业单位研究修改。

2.《外商经营企业法》

泰国《外商经营企业法》是1999年泰国政府发布的一部管理外商在泰国经营活动的法律。该法列出了鼓励、限制和禁止外籍人经营的项目，从法律条文上，类似于我国的《鼓励外商投资产业目录(2022年版)》。《外商经营企业法》对外商在泰国的投资资金有最低投资额的限制性规定，对属于本法规定的需得到允许的行业，外籍法人在泰国开始商业经营的最低投资额不得少于300万泰铢，其他不需要经过允许的行业最低不少于200万泰铢。

3.《工厂法》

泰国《工厂法》是规范泰国制造业的最重要的泰国法律之一。该法对泰国工厂的建立、经营、扩建、安全保障作出规定。此法由工业部工业厅负责实施。该法于1969年颁布,于2019年进行了修订,泰国法律对“工厂”的定义做了调整,使小规模企业不受2019年《工厂法》的制约。

二 泰国的投资主管部门

BOI是泰国投资促进委员会的简称。BOI 2003年归为泰国工业部下属部门,后又在2014年独立出来,现隶属于泰国总理府。它分为2个等级:BOI及投资促进委员会办公厅(Office of the Board of Investment)。BOI由总理任主席、工业部部长任副主席、各经济部部长及政府高级官员,民间重要机构的代表、学者、专家任委员或顾问,主要职责是促进泰国的投资事业,制定投资优惠政策及相关的指导政策,向投资者提供奖励并为投资者提供相关的服务。[1]

投资促进委员会办公厅是执行BOI的政策的机构,或者说是BOI的办事机构,具体负责审核和批准享受泰国投资优惠政策的项目、提供投资咨询和服务等;秘书长为最高行政长官。该厅内设秘书局、计划发展部、投资服务中心、国际业务部、区域促进投资部、泰国内地事务所、海外事务所、促进投资1~7部等部门。[2]投资促进委员会办公厅总部设在曼谷,全国有6个分支机构,海外有13个分支机构,其中,在中国的分别是北京、上海和广州分支机构。投资促进委员会办公厅分支机构提供的服务主要有:协助企业的建立;提供投资的中介服务;提供投资机会及信息;进行吸引外资的宣传活动;提供申请投资优惠政策的咨询服务等。[3]

三 泰国工业园法律制度

泰国拥有众多工业园,根据《泰国工业园管理局法》的规定,有2种类型的工业

〔1〕 参见漆思剑、蒋红彬:《泰国外资法律政策研究》,载《河北法学》2010年第4期。

〔2〕 参见《泰国投资促进委员会(BOI)简介》,载中华人民共和国商务部网,http://th.mofcom.gov.cn/article/jmjg/201408/20140800682512.shtml。

〔3〕 参见《泰国投资促进委员会(BOI)简介》,载中华人民共和国商务部网,http://th.mofcom.gov.cn/article/jmjg/201408/20140800682512.shtml。

园,即一般工业区和泰国工业园管理局自由经营区。泰国工业部下属泰国工业园区管理局(The Industrial Estate Authority of Thailand,IEAT)对工业园实施政府管理职能。该局根据泰国相关法律法规对工业园的设立进行审批;对工业园的建设、配套设施的完善、土地分配等进行管理;在工业区土地使用、园区经营、税收优惠、工作许可和外籍劳工等方面提供相关服务。另外,IEAT 还赋予工业园享受 BOI 优惠政策之外的特别优惠,主要是外国投资者进驻工业园对土地所有权、劳工及家眷、利润汇出境外等方面享受的待遇。

BOI 亦是泰国工业部的下属机构,其主要负责工业园及工业园内投资企业的优惠政策申请的受理和审查批准,投资企业若申请投资优惠政策,一般情况下,会在工业园内提供代理服务,统一向 BOI 申报。

泰国工业区管理部的法律基础是 1972 年颁布的《革命团第 281 号公告》,1984 年,该公告被正式命名为《国家工业园区法》。这部法律于 1991 年、1996 年和 2007 年先后进行了三次修订。可以说,除《投资促进法》之外,《国家工业园区法》也是泰国政府颁布的一部关于豁免《外商经营企业法》相关限制的法律。

泰国工业园法律制度是泰国外资法中最具特色的法律制度。泰国的工业园类似我国的经济开发区,根据行政区距离曼谷的远近和当地收入水平的高低,泰国将全国 77 个府划分为 3 个投资区域。大部分工业园享有泰国政府的各项投资优惠政策。[1]

四 对泰投资的行业范围

《外籍人经商法》对半数以上资本或股份由外籍人持有的公司的经营具有重要意义。该法将不允许外籍人士自由从事的行业分成三类:

1. 由于特殊原因不对外籍人士开放的行业,如报业、畜牧业、泰国草药的提炼等;

2. 经商业部部长根据内阁的决定批准后才可以从事的行业,如国内陆运、国内空运、古董或艺术品交易、采矿业等;

3. 经商业注册厅厅长根据外籍人经商营业委员会决定批准后可以从事的行业,如会计服务、法律服务行业、广告业等。

外籍法人符合以下 2 个条件,可以从事第二类中的行业:

---

〔1〕 参见漆思剑、蒋红彬:《泰国外资法律政策研究》,载《河北法学》2010 年第 4 期。

1. 泰籍人或按照本法规定的非外国法人所持的股份不少于外国法人公司资本的40%（除非有正当理由，商业部部长根据内阁的决议可以放宽上述持股比例，但最低不得低于25%）。

2. 泰国人所占的董事职位不少于2/5。对属于本法规定的需得到允许的行业，外籍法人在泰国进行商业经营的最低投资额不得少于300万泰铢。其他行业最低不少于200万泰铢。最低投资额对在泰国注册的法人来说是指注册资本，对未在泰国注册的外国投资者或法人来说是指来泰经商所汇入的外汇。

五 投资法律风险及防范建议

（一）客观评估投资环境

泰国整体投资环境较好，地理位置优越，交通便利，基础设施较为完善，是东南亚地区经济、金融中心和航空枢纽。社会秩序和治安状况良好。中泰两国地缘相近、文化相通，政治外交关系友好，是好邻居、好朋友、好亲戚、好伙伴。2023年，泰国各党派围绕着总理人选、政府组阁进行了多轮博弈。赛塔成为新任总理，泰国迎来相对稳定的时期。[1]

（二）全面了解投资市场

第一，泰国投资市场的竞争问题。一方面，泰国企业自身投资能力比较强；另一方面，由于泰国政府出台了一系列投资优惠政策，外资企业对赴泰国投资多数看好，外资企业主要来自日本、美国、欧盟、韩国、新加坡等国家和地区，2023年后，中国企业赴泰投资方兴未艾。有传统优势的产业投资市场几乎已被先期投资者占领，从市场格局、资金实力和技术水平，以及国际投资经验等方面来看，中国企业赴泰国投资面临的挑战较大。

第二，泰国最新发展战略。2015年泰国政府提出未来重点发展的十大产业，2017年又重点提出发展“东部经济走廊”等战略，2024年1月2日，泰国总理兼财政部长赛塔在参加完内阁会议之后对媒体透露，经与中方持续沟通协商，中泰两国将从3月1日起实施永久互免签证入境政策。中国在汽车制造、农业技术、食品加工、航空物流、数字经济等方面具有比较优势，在旅游方面是泰国最大的游客来源国，在其他方面与泰国发展方向吻合，因此，泰国“十大重点产业”等战略的提出

---

[1] 参见《东盟参考》2024年第3期（总第169期），第9－13页。

对中泰深化经济合作具有较大的正面意义，可与“一带一路”倡议和国际产能合作战略进行有效对接，如果时机把握得当，可对中国产业转型和升级换代产生积极影响。

第三，泰国国情、政治制度和法律体系均与中国不同，办事方式和效率不同，中资企业进入泰国投资前一定要将有关情况全面摸清，做好充分准备后再行投资。

第四，环保问题。泰国对于环保的要求较高，社区民众及个别非政府组织（Non－Governmental Organizations，NGO）对于投资项目的影响力较大，有时甚至会产生决定性影响。如何提高技术工艺，满足泰国环保标准，同时妥善处理与周边社区及NGO的关系是企业在泰投资必须考虑的重要课题。

（三）注重履行社会责任

在中国深入实施“走出去”战略、不断提高开放型经济水平的新形势下，在泰国的中资企业积极履行社会责任具有重要意义。企业在开展跨国经营活动时，承担更多的社会责任，不但对企业自身品牌、信誉和社会形象产生积极影响，还有利于平衡国家之间、企业之间、企业与社会之间的各种利益关系，并将对企业的经营产生积极影响。在泰中资企业要本着“互利共赢、共同发展”的原则对外开展业务，热心参与赈灾、济贫等各类社会公益活动，融入当地社会，树立中资企业的良好形象，营造与当地社会和谐相处、共同发展的良好氛围。

六 相关案例

（一）案情简介

曼谷窃适公路是泰国高速公路管理局规划的一条围绕城市的环形收费公路，二期工程从曼谷市北的DON MUANG机场开始，向南经过闹市区与一期工程相连，还包括一条短的东西向支线和另一条长约4公里的支线。1987年8月，泰国政府决定二期工程将招标，有两家企业进行投标：一家是曼谷高速公路有限公司，另一家是泰国高速公路合资企业。1988年2月，曼谷高速公路有限公司与一家日本工程承包公司组成“曼谷高速公路财团”，制定并向泰国高速公路管理局提交了一份由其获得项目特许权的申请，4月进行谈判，12月泰国政府批准曼谷高速公路财团获得该项目特许经营权。

（1）特许权期限

特许权期限为30年，从1988年到2018年。

(2)项目资金来源

项目总费用为10.6亿美元,其中2.16亿美元为股本金,约占20%,由项目公司采用发行股票的方式筹措,其中政府认购49%;另外8.44亿美元,约占80%,由项目公司通过11家银行实行有限追索权贷款制度,货款于2009年到期,自1996年起偿还。该项货款除以曼谷高速公路财团资产作为向贷方偿还贷款的保证外,还要建立公司债务联营,其中包括有保证贸易合同商按照贸易合同履行职责的履约保证书。

(3)收费标准及收费分成

协议规定,初始的收费标准定为1.18美元,以后每5年按通货膨胀率调整一次,但在第一个15年内增加部分不超过0.8美元。泰国政府与项目公司分享27年运营期的过路费收入,该项收入包括新建高速公路收费以及原有高速公路的收费,双方分成比例(曼谷高速公路财团/泰国高速公路管理局)为:第一个9年六四开,第二个9年五五开,第三个9年四六开。

(4)政府政策

在土地方面,政府发布法令,使泰国高速公路管理局能得到修建高速公路所需的土地,再提供给曼谷高速公路财团,建设开始时无须支付土地费用,但曼谷高速公路财团必须在特许期限的第二个15年内偿还土地费用以及期间的利息。税收方面,政府给予高速公路项目融资一定的优惠,包括从开始获得收益的第一天算起,在8年内免征市政当局所得税并免征利息税等。

(二)案例分析

本案是外国对泰投资成功案例之典范。泰国投资环境优越,政府采取政策性手段鼓励外商投资,开放程度高且在税收等方面给予了极大的优待。在充分进行了投资法律风险评估与防范的基础上,我国的投资者将目光聚焦于对泰投资不失为明智之举。

作为外企的中资企业快速开拓市场的重要途径就是跟当地的企业进行合作,共同参与市场开发。当地的企业可以为中资企业提供丰富的经验,为中资企业节省许多成本。

投资方式多元化。上述案例中就是承包商突破传统的设计、施工的角色,参与项目的运营。目前在国外开展的各种项目,国外的业主都非常欢迎中资企业带资进入。

建设—经营—转让(Build - Operate - Transfer, BOT)是一种政府和社会资本合作(Public - Private - Partnership, PPP)合作模式,国内市场对该模式的研究力度非常大,但是海外项目采用 BOT 这种模式的目前来看相对比较少,中资企业要勇于尝试,做好研究和规划,积极积累经验,为开拓市场做知识和经验储备。中资企业在泰国投资基础设施过程中,很重要的一个环节就是实现有效的融资。亚洲基础设施投资银行的开业及丝路基金的运作,为中资企业在泰国的投资提供强有力的支持。中资企业要做好准备,积极探索有效多元的投资方式。

第五章 公司设立法律制度及法律风险

一 公司设立的法律制度

与外国投资有关的泰国公司设立法律主要包括《外商经营企业法》和《中小企业促进法》。其中,1999 年的《外商经营企业法》是泰国管理外籍人在泰国境内从事商业活动的主要法律,详细地规定了禁止和限制外籍人在泰国从事某些业务活动的权利。2000 年的《中小企业促进法》将“中小企业”定义为:具备一定规模的雇佣劳动、固定资产或资本及国家所规定的负债能力的企业。该法结合其他部级法规,专门针对外籍人在泰国开展经营的程序和实体问题做出了更详细的规定。

(一)泰国公司的分类

在泰国,投资设立企业的形式包括合资/合伙企业(两合公司)、私营有限责任公司、公众有限责任公司、合营/合作公司、外国公司分支机构/分公司、外国公司代表处。

1. 合资/合伙企业

根据责任制的不同,泰国主要分为三种不同的合资/合伙形式:

(1)未注册的普通合资/合伙企业的所有合伙人共同承担法律责任,合资企业偿还债务的责任没有上限。此类合资/合伙企业不是一个合法的实体,只作为私人个体来收税。

(2)已注册的普通合资/合伙企业是一个法律实体,在商业注册部门进行登记后即拥有一个单独的、清楚的、对所有合伙人相对独立的法人身份。已注册的普通合资/合伙企业作为一个公司实体进行纳税。

(3)有限责任合资企业是一个或多个合伙人的个人偿还债务责任以他们各自的投入金额作为上限,以及一个或多个合伙人对所有债务共同承担连带的法律责任的合伙企业。有限责任合资企业作为公司实体来纳税。

2. 私营有限责任公司

泰国的私营有限责任公司与通常所说的公司相似。公司可能完全由外国人拥有。但在泰国国家政策规定中有所保留和保护的商业行业和领域,外资所占的比例通常不得超过49%。

公司股东的债务偿还责任以其被认可的注册资本份额作为上限。但如在公司的合股备忘录或公司章程条款中有所规定,董事会成员的偿还责任也无上限。依据公司的契约宪章以及法律规定,有限责任公司由其董事会进行管理。

虽然法律对于私营有限责任公司没有设定其最低资本,但是要求其注册资本必须能满足实现公司目标。所有的公司股份都必须得到认购,并且至少25%的认购股份必须付清。可以发放普通和优先两种股份,但所有的股份都要有投票权。泰国法律禁止发放没有票面价值的股票;且规定发售股票的票面价值须在5泰铢及以上。

泰国公司法具有一些特殊性规定,如私营有限责任公司禁止发售库存股票(债券股票);并且要求私营有限责任公司的股份持有者在任何时间都不能少于3位。另外,对于无投票权的股份,无论是普通股还是优先股,都不允许发售;原始授权资本股份必须要全额认购。

3. 公众有限责任公司

公众有限责任公司的设立程序与设立私营有限责任公司程序很相似。1992年的《有限公司法》中的条款规定,私营有限责任公司可转化为公众有限责任公司。公众有限责任公司与私营有限责任公司最主要的区别在于:私营有限责任公司禁止向公众发售其公司股票。

4. 合营/合作公司

通常情况下,合营/合作公司指的是一定数量的自然人或法人签署联合备忘录/协议来共同运作一项事业。在《民商法典》中未将其人定为一个法律实体。然而,在《税法典》中,将合营/合作公司的收入纳入公司税收之下,并将其归类为一个独立实体。

5. 外国公司的分支机构/分公司

在外国法律下成立的公司可在泰国设立其分支机构。在泰国经营,外国公司的分支机构/分公司应注意其经营的产业类别,若该经营范围涉及《外商经营企业法》规定的保留类别,须向商业部申请经营许可证,以及确保其符合《外商经营企业法》规定的其他条件。例如,作为批准外国公司分支机构的外资营业执照的条件之一,外资公司必须注入泰国的注册资本最低不能少于200万泰铢。但是,如果内阁法案有特殊规定,这个数目也可有所变化。分支机构存在期限可为无限期,直至其自行解散之日。

6. 外国公司代表处

外国法人实体可在泰国设立其代表处,来运作有限度的、无利润收入的相关运营活动。这些运营活动仅限于:

(1)为公司总部开发在本地市场的产品及服务资源,对其总部生产的产品质量及数量进行监控;

(2)对其公司总部直接销售给本地分销商和消费者的产品提供相关的、全方位的建议和售后服务;

(3)提供和散发其公司总部新产品和服务的信息资料;

(4)向公司总部汇报本地业务发展及活动情况;

(5)外国公司代表处的最低注册资本与外国公司分支机构一致。

注意:预先向泰国税务部门澄清机构的收入组成非常重要,因为泰国税务部门可能将外国总部从泰国国内市场直接赚取的利润纳入泰国税收范围之内。

(二)注册企业的受理机构

在泰国注册上述不同的企业形式,特别是设立有限公司等,均需到泰国商业部商业发展厅企业注册处进行申请。

(三)注册企业的主要程序

1. 有限公司注册程序,包括以下内容:

(1)登记和核准公司名称。在建立有限公司之前,首先要将选定的公司名称进行注册登记并通过商业注册厅的审核。登记的公司名称不能与其他公司的名称相似或相同。一些专门的名称不允许登记且必须遵守泰国商业部商业发展厅的公司名称登记准则。批准后的登记公司名称有效注册期为30天,不能延期。

起草一份联合备忘录(公司章程),其内容包括:已批准之公司登记名称、公司的详细注册地址、公司目标和经营范围、公司发起人的姓名等个人详细资料、股东的股份认购情况以及公司经批准后的注册资本数据。资本信息必须包括股份数量及每股面值,资本可以分期投入,但总额应明确。

法律上没有明确规定最低资本金额,但要求投入资本应能满足业务运作和发展的需要。公司章程的登记费用为注册资本的万分之五,最低下限为500泰铢,最高上限为2.5万泰铢。

(2)召开法定会议。公司股份架构确定后,在法律和公司宪章的批准下组织全体股东召开法定会议,选举出公司董事会,批准公司发起人的交易和支出,任命审计师。第一次投入的资本不应低于资本总额的25%。

(3)注册。在法定会议召开后3个月之内,公司董事会必须向商业注册厅提交公司注册申请。注册费用为注册资本的千分之五,最低下限为5500泰铢。

(4)税务登记。在公司正式成立开始营业后15天之内,经营者如果年收益超过180万泰铢,必须在其销售额达到180万泰铢之日起30天内申请产品增值税的登记,成为增值税纳税人。

2. 分支机构、代表处和地区办公室

外国公司如希望通过设立分支机构、代表处和地区办公室在泰国开展业务,必须提交相关的文件资料。这些文件资料必须由其公司总部提供,并得到公证部门的公证或泰国在其所在国的大使馆或领事部门的证明和批准。

二 相关案例

(一)案情简介

随着全球汽车市场区域一体化的显现,中国汽车制造企业也在不断尝试海外扩张,中国福田汽车的海外业务需进行模式转型,以快速适应市场,谋求更大的市场突破,2015年5月8日,福田汽车公司及其全资子公司北京福田国际贸易有限公司、北汽福田(香港)有限公司作为出资主体,分别出资8160万泰铢、1020万泰铢、1020万泰铢共同在泰国设立福田汽车泰国制造公司。

(二)案例分析

在泰国投资设立汽车制造公司,可充分利用泰国现有的汽车产业资源,形成试点效应,并可发挥区域中心的辐射作用,提升福田汽车品牌影响力,可推动福田汽车全球化进程。此次福田汽车公司成功在泰国设立福田汽车泰国制造公司,严格按照泰国法律法规的公司设立程序来进行。

首先,是公司名称核准。泰国法律规定,公司名称不得与其他公司名称重复或相似,某些名称不准作为公司名称,必须按商业部商业发展厅的公司名称核准原则办理。核准的公司名称的有效期为30天,不准延期。福田汽车公司通过召开董事会作出决议,同意根据泰国注册机关的批准,以Foton Automobile(Thailand) Co. ,Ltd.(福田汽车泰国制造有限公司)为名或其他含“Foton”字样的名称在泰国成立子公司。

其次,要完成公司组织大纲的登记。向泰国商业发展厅登记的公司组织大纲包括了以下项目:公司名称、公司地址、经营范围、注册资本和发起人的姓名。

再次,召开成立公司的法定会议。按照泰国公司设立相关法律规定,一旦确立了股东结构,须召开成立公司的法定会议,会上须批准通过公司章程及规章制度,选出公司董事会并任命审计师,公司的实收资本至少应达到认购股份金额的25%,在召开法定会议后的3个月内,公司董事必须递交登记成立公司的申请。

最后,办理公司的税务登记。泰国相关法律规定,收入应交纳所得税的公司须在公司成立或开业后60天内向税务厅办理税务登记证。

第六章 外汇法律制度及法律风险

一 外汇法律制度[1]

(一)外汇管理政策

泰国为外汇管制国家,泰国财政部授权央行负责外汇的管理。相比较周边国家而言,其外汇管制较为宽松,除少数需要央行特别批准的业务以外,资本、贸易以及服务项下的外汇资金在向银行提供相应证明材料的情况下,均可自由出入。来泰投资的外资企业可以在当地商业银行申请开立外汇账户,用于日常结算。当地商业银行对于开立外汇账户无特别限制,审查标准与其他开立账户一致。

(二)外汇汇进汇出要求

1. 资金的汇进:泰国鼓励企业投资资金汇入泰国,对于汇入资金的币种和金额没有特别限制和要求。手续办理需遵循开户银行的具体规定。

2. 资金的汇出:外汇账户的余款,如投资、分红和利润以及贷款的偿还和支付利息等,在进行税务清算之后,可以自由汇出。

3. 经常项目下的汇出汇进:进口商可为进口支付而自由购买或从自己的外汇账户上提取外汇。出口收汇不受任何外汇管制。但出口收入或交易超过 100 万美元时须将自出口之日起 360 天内收到的外汇一并交予一家授权银行,或在收到外汇后 360 天内将其存入授权银行的外汇账户。

(三)利润汇出税费

在泰企业支付境外企业款项时,应依下列规定预提税费:

——佣金、服务费 15%;

——版权使用费 15%;

——利息 15%;

[1] 参见《对外投资合作国别(地区)指南:泰国(2022 年版)》。

——分红 10%；

——资本所得 15%；

——物业租金 15%；

——专业服务费 15%；

——分支机构利润汇出税 10%。

前述款项的预提税可通过两国税收协定约定的内容予以减免。

(四)外国人携带货币出入境的相关规定

1. 外国货币：外国货币可以无限制地转移或带入泰国。任何人从国外接受等值于100 万美元或以上的外币，必须立即将其汇回并出售给授权银行，或在收到后的360 天内将其存入授权银行的外币账户中。

2. 本国货币：泰国对可以带入泰国的泰铢钞票的数量没有限制。到越南、中国(仅云南省)和泰国边境国家旅行的人最多可携带 200 万泰铢，到其他国家(地区)旅行的人最多可携带 5 万泰铢。

任何人将总值超过 45 万泰铢或 1.5 万美元或等值的泰铢钞票、外币钞票或可转让货币工具带进或带出泰国，必须向海关官员申报。

二 外汇法律风险及防范建议

目前我国涉外经营企业的外汇法律风险主要体现在以下方面：

第一，外汇风险主要表现为交易风险和经济风险。

对于我国大多数涉外经营企业来说，由于目前经营的国际化程度不高，它们面临的外汇风险主要来自进口付汇、出口收汇和利用外资这 3 种情形。当企业在这一背景下产生了外汇净头寸时，由于有关汇率可能发生变动，将使企业直接面临外汇交易风险。同时，由于我国出口的商品中，劳动密集型产品占有较高的比例，需求价格弹性较大，汇率的变动对于产品的需求有较大影响，对于企业而言就意味着面临汇率的经济风险。[1]

第二，中国大多数对外投资企业缺乏外汇风险意识和风险管理体系。

中资企业在泰国进行项目合作时，合同价款通常用美元结算，美元汇率的不稳定性，导致中资企业面临较大的汇率风险。汇率风险通过汇率波动将不利于银行重

---

〔1〕 参见徐磊：《我国国际企业的外汇风险管理研究》，西南财经大学 2005 年硕士学位论文。

新定价。为了规避上述汇率风险,中资企业可以考虑改变中泰企业之间投资和结算的货币种类,尽量用人民币进行结算,这样就可以从本质上消除美元和泰铢的汇率变化造成的影响。同时,中资企业特别是在涉及原材料和产品的进出口时,都应该考虑到即期和远期付汇或收汇所面临的汇率风险。企业在贷款、存款,或是国际投融资方面的决策,也应充分考虑到企业现在或将来可能面临的人民币汇率风险,并最终选择合适的汇率风险管理工具加以规避。

赴泰投资企业应从以下方面加强外汇风险管理体系的建设:

第一,在目前的情况下,企业进行外汇风险管理的前提就是要提高外汇风险管理意识,把企业外汇风险管理列为企业日常工作的一项重要日程。同时,要建立和完善专职的外汇风险管理机构,配备具备专门知识的管理人员,特别是要建立完善的外汇风险管理体系,包括外汇风险的识别、风险限额的设定、不同类型外汇风险的测量和管理手段的选择,以及事后风险管理的评估系统。[1]

第二,做好外汇风险管理的基础是做好大量专门人才的储备和运用工作。当前,我国专门的国际金融人才较为紧缺,有丰富实践经验的高级管理人才尤其匮乏。因此,加快吸引和储备国际金融人才,以应对我国企业对外投资不断发展所面临的激烈国际竞争,是企业建立健全外汇风险管理体系的当务之急。[2]

第三,从事涉外经营的企业要把外汇风险管理纳入企业管理的基本内容之中,把外汇风险管理战略作为企业经营战略系统的有机组成部分,了解和重点掌握外汇风险管理的各种技巧,通过管理战略的谋划、防范策略的实施和避险工具的使用,把外汇风险损失控制到最小。更具体来说,企业应当结合自身经营情况以及外汇风险承受能力,确定企业的外汇风险边界,并选择相应的外汇风险管理战略。[3]

---

〔1〕 参见徐磊:《我国国际企业的外汇风险管理研究》,西南财经大学2005年硕士学位论文。
〔2〕 参见徐磊:《我国国际企业的外汇风险管理研究》,西南财经大学2005年硕士学位论文。
〔3〕 参见徐磊:《我国国际企业的外汇风险管理研究》,西南财经大学2005年硕士学位论文。

第七章

土地法律制度及法律风险

一 土地法律制度

(一)土地相关法律法规

泰国关于土地和房产的法律主要基于大陆法系制定的,主要内容都参照大陆法系国家的相关法律。泰国《土地法》(Land Code Promulgating Act, B. E. 2497)由泰国内务部颁布,自1954年12月10日起实施。《土地法》包括土地分配、土地所有权的授予和界定、相关文件的发布等内容,明确了对于宗教用地、外国人用地、部分行业法人用地的限制条件,并对土地调查、土地交易和费用及处罚都作了明确规定。该法首次对个人持有土地的上限作出了规定。

此后,内务部于1999年和2008年颁布了对《土地法》三项条款的修订案,分别对外国人用地、土地相关费用及处罚条款进行了调整,原则上禁止外国人拥有土地所有权,有特殊法律许可的除外。

除《土地法》之外,《泰国工商不动产租赁法》和《国家工业园区法》等法律都有外国人在泰国用地的规定。

(二)泰国土地颜色分类

在泰国,无论是出于投资还是自住的目的购买房地产,在购买之前了解土地的颜色是非常重要的。通过土地的颜色可以了解城市未来的规划,还能够一目了然地了解这块土地的属性和这块土地能用作什么用途。除了土地的颜色之外,个人喜好、购买力、周边环境设施等也都是非常重要的因素。

土地颜色,或称城市规划色。这是由公共工程和城乡规划部用不同颜色划分土地属性和用途,能够从中窥见当地对该地区发展的理念和愿景。因每个省份不同的规划而产生差别。同时,合理的城市规划应兼顾秩序、美观、公共安全、经济发展、自然资源、文化艺术、历史遗迹等方面。

《城市规划法》规定,以下因素在城市规划中是非常重要的:经营业务的类型和规模;要建造的建筑物的类型、大小、高度和性质;建筑面积,包括楼栋占地面积和所有楼层的面积;建筑物和绿化空地的占比;建筑物与土地边界、道路等的距离;允许建造建筑物的土地面积。

黄色区域是低密度住宅用地,用于人口稀疏地区(郊区),可建立日常办公建筑。禁止建造工厂、天然气储藏室、炼油厂、饲养场(饲养马、羊、鹅、鸡、鸭、蛇、鳄鱼或者野生动物等)、墓地、屠宰场、农业产品仓库、废物处理厂、交易或收集废弃物品的场所。

橙色区域与内城区相连,是中密度住宅用地区,用于人口一般密集的地区,可建立日常办公建筑,禁止建设工厂、废水处理厂、炼油厂、饲养场(饲养马、羊、鹅、鸡、鸭、蛇、鳄鱼或者野生动物等)、墓地、屠宰场、农业产品仓库、废物处理厂和交易或收集废弃物品的场所。

棕色区域属于土地价值极高的内城区,是高密度住宅用地区,允许建密集的住宅区,该类土地被认定为住宅类土地,具有很高价值,因此,很多住宅项目,像公寓楼、商用楼都在城市中心区域内兴起。

红色区域属于商业用地区,主要用于建造商业目的的建筑,包括商业房屋、服务和娱乐中心等,对土地使用限制较少。禁止建设工厂(法定除外)、燃料储存设施、墓地、饲养场、仓库、运输站、废物处理厂等。

紫色区域属于工业和仓库用地区,能够建造独栋住宅、宿舍、小型公寓和开设门店等,但是不能建造高层建筑和大型公寓。

蓝色区域可用于与政府机关、公共设施等与公共利益相关的业务设施建设。

绿条纹区域属于农村和农业保护区,大部分用途是用于农业或相关目的。这也是泰国类型最多的地区。

绿色区域属于农村和农业用地区,此类土地可用于农业及其有关的业务设施建设,但是禁止用于建设燃料工厂、废水厂、酒店、服务类建筑、工业建筑。不可建立用于商业用途的建筑,不可建立高层居住楼房。

(三)外商企业获得土地的规定[1]

《土地法》对外国人拥有土地情形作出规定:"外国人可根据双边条约关于允许拥有房地产权的规定,并在本土地法管辖下拥有土地。"根据该法,外国人及外籍法人根据内务部规定,经内务部部长批准后可拥有土地,可作为居住和从事商业、工业、农业、慈善、宗教等活动需要之用。该法根据不同用途对外国人最多可持有的土

---

〔1〕 参见《对外投资合作国别(地区)指南:泰国(2022年版)》。

地面积作了规定。

为了适应经济与社会发展的需要，内务部于 1999 年 5 月 19 日又颁布了《土地法》修订案（Land Code Amendment Act No. 8），对《土地法》有关外国人及外籍法人产业的规定作了修改，允许外国人及外籍法人在符合规定的条件下拥有土地产业。其规定主要内容包括：

“凡需在泰持有土地的外国人，必须按内务部规定从国外携入不少于 4000 万泰铢，并经内务部部长批准，可以拥有不超过 1 莱（泰国面积单位，1 莱 =1600 平方米）的土地，作为其居住用地。”

“上述外国人还必须满足以下条件：（1）其在泰国投资必须是有益于泰国本国经济社会发展或满足泰国投资促进委员会（BOI）规定可予以投资促进的项目；（2）投资持续时间不少于 3 年；（3）持有的土地应在曼谷市区、芭堤雅或其他《城市规划法》规定的居住用地范围内。”

对于在泰投资可观并使泰国经济受益的外国企业，其在泰国经营期间若适用《投资促进法》第 27 条、《泰国工业园管理局法》第 44 条或《泰国石油法》第 65 条的规定，在持有泰国土地方面可享受一定特权和豁免。

（1）《投资促进法》第 27 条：在获得 BOI 批准的情况下，投资人可拥有超出法律规定范围的土地用于进行投资活动；在投资人是外籍人的情况下，若其在泰国投资活动停止或将投资项目转让给他人，其需要在 1 年内将该土地卖出，逾期未执行则由土地局收回土地后拍卖。

（2）《泰国工业园管理局法》第 44 条：在获得工业园管理委员会批准的情况下，工业经营者可在工业园内拥有超出法律规定范围的土地用于工业活动。在投资人是外籍人的情况下，若其在泰国商业活动停止或转让给他人，须在 3 年内将所有土地退还给泰国工业园管理局或转让给企业受让者，否则将由土地局收回后转让给泰国工业园管理局或企业受让者。

（3）《泰国石油法》第 65 条：委员会有权批准特许权获得者拥有超出法律规定范围的土地用于石油经营。

因此，按照泰国法律规定，只允许外国人在符合上述条件情况下拥有用于居住的土地，或满足条件的外国企业有限制地拥有用于企业经营之用的土地。外国企业不得自由开展对泰国土地的投资业务。此外，即便对泰国人占多数（按股权所有者和股权计算）的合资企业，泰国政府也出台了有关条例防范以此为名义从事土地经营的行为。

二 土地使用风险及防范建议

中资企业在泰国投资土地时，面临方面的风险和挑战。泰国政府对于土地这一涉及国家安全、主权完整及政治稳定的敏感性资源持有谨慎态度，这为中资企业的投资活动带来了一定的不确定性。

(1)泰国针对产业实施的政策可持续性不强。此外，泰国政府可能采取征收、征用、国有化、没收等措施，对外国投资者的投资及相关权益构成潜在威胁。

(2)泰国政府在农业土地开发方面的公开透明程度对中资企业而言至关重要。由于土地租种和购买往往涉及政府介入，若政府透明度不足，可能忽视社会大众利益，从而影响中资企业的海外农业开发计划。

(3)尽管多方面、多角度的投资策略、土地使用方式和未来投资规划对于投资泰国土地获得批准的成功率影响并不显著，但投资企业的所属行业却是一个关键因素。相较于农业部门，能源、通信、建筑业和采矿等部门在泰国投资土地的成功率往往较低。

(4)泰国的基础设施状况也是中资企业需要考虑的重要因素。许多地区的基础设施相对简陋，导致企业生产所需的配套设施严重不足，进而增加了外资企业的投资启动成本。对于一些资金有限的中资企业来说，承担土地开发前期的基础设施建设和荒地开垦等工作可能是一个沉重的负担。

在使用土地开展业务时，可以委托律师开展法律尽职调查工作，以降低法律风险：

1. 企业的项目落地时间表上，应将签订土地租赁或购买协议的时间节点与 BOI 优惠政策申请关联起来。BOI 优惠政策申请时，理论上应当已经签订了土地租赁或购买协议，但现实中却无法做到，因为这个阶段可能刚有租赁或购买意向，土地具体状况还未进行调查。故建议可先签订预租赁协议或购买意向书，随后进行尽职调查，并进行土地协议审查和谈判，待 BOI 优惠政策批准后，再签订正式土地租赁或购买协议。

2. 租金和土地购买款的支付应当与土地尽职调查结果、工业用地许可、拥有土地许可、土地过户结合起来考虑，还可以将企业对土地的特别要求作为支付价款的条件。

3. 充分关注土地上的皇家用地、公共用地、周边水电气的接入点等。在我们处理的一个案例中，水电气的接入点是位于企业购买的土地周边范围，其不在所购买土地内，这就是合理的。因为水电气属于公用设施，由园区提供，企业不应为该设施及其所在土地支付购买款。如果接入点进入了企业所购买的土地，价款必须进行调整。

三 相关案例

（一）案情简介[1]

2016年4月，中国浙江省台州市三门县海润街道涛头村农民引进资本3000万元，在泰国当地租下了3000亩地，成立了泰国宋卡湖水产养殖有限公司。

涛头村是水产养殖专业村，家家户户几乎都从事和水产养殖相关的行业，形成完整的水产养殖产业链。但受限于2000亩的养殖塘，无法再扩大规模。养殖塘成为稀缺资源，每亩塘的承包价格高达三四千元。

村领导便萌生了投资国外养殖产业的想法，而泰国就是他们的首选投资地。2014年9月开始，村里组织人员带着各种土壤检测工具，前后多次赴泰国考察。最终发现，泰国宋卡的土地性质、承包成本和气候条件优越。2015年8月，涛头村在宋卡承包了10亩养殖塘进行青蟹的试养，发现青蟹养殖前期成活率在90%以上，大大提高了养殖效率与收益。

这次国外养殖产业投资的关注点在于泰国养殖土地租金的价格优势。宋卡的养殖塘每亩租金只要1000多元，且温度适宜，一年可以养三季，因此，选择在泰国租赁土地发展养殖业优势十分明显。

宋卡湖水产养殖项目也得到了泰国当地政府的高度重视，在租赁土地方面给予了涛头村便利，涛头村投资泰国养殖产业的热情不断高涨。

（二）案例分析

对外投资，关键是合理恰当地运用外国各方面的优势。涛头村在泰国租地养殖青蟹的成功经验，给中国众多投资者一个重要提示：对泰投资并非只能到泰国开设新的企业或成立跨国公司，对于不同的产业对外投资要全面考量泰国当地的投资优势，才能获得最佳的投资回报。

---

[1] 参见崔旭川：《投资3000万元　三门农民泰国租下3000亩地养青蟹》，载浙江新闻网，http://zjnews.zjol.com.cn/system/2016/04/05/021096054.shtml。

第八章

税收法律制度及法律风险

一 税收法律制度

泰国关于税收的根本法律是1938年颁布的《税法典》,财政部有权修改《税法典》。税务厅是泰国财政部负责税收的最高主管部门。泰国税收分为直接税和间接税两大类,直接税包括个人所得税、企业所得税和石油天然气企业所得税,间接税和其他税种有:特别营业税、增值税、预扣所得税、印花税、关税、社会保险税、消费税、房地产税等。目前,泰国未征收资本利得税、遗产税和赠与税。泰国税收按税收归属分为中央税和地方税。[1]

主要税收类型[2]:

(1)企业所得税。具有法人资格的企业都需依法在规定的期限内以规定的方式纳税。企业需在每个会计周期结束后申报其经营所得。会计周期通常是每年的1月1日至12月31日,企业也可根据公司登记日计算会计周期。企业每半年需申报所得税一次。泰国的法定企业所得税税率为20%。

(2)个人所得税。个人所得税纳税年为公历年。泰国居民或非居民在泰国取得的合法收入或在泰国的资产,均须缴纳个人所得税。个人所得税的纳税义务人,既包括居民纳税义务人,也包括非居民纳税义务人。居民纳税义务人负有完全纳税的义务,必须就其源于泰国境内以及汇入境内的境外所得缴纳个人所得税;而非居民纳税义务人仅就其源于泰国境内的所得,缴纳个人所得税。所谓居民,是指1年内在泰国连续居住或累计居住180天以上的人员。2023年9月15日,泰国税务局发布了税务局指令(Por. 161/2566),作为指导方针,协助税务人员确定泰国税务居民带入泰国的海外收入的个人所得税。新的税收规则将适用于自2024年1月1日起

---

〔1〕 参见《对外投资合作国别(地区)指南:泰国(2022年版)》。
〔2〕 参见《对外投资合作国别(地区)指南:泰国(2022年版)》。

进入泰国的应课税收入。新的税收规则代表了泰国税务局对泰国税收居民的海外收入征收个人所得税的方法的重大变化。此前,每年在泰国居住最多180天以上的泰国居民,只有在同年将海外收入转入泰国时才须缴纳泰国个人所得税。如果海外收入在随后的1年汇入泰国,则无须缴纳泰国个人所得税。然而,根据新的税收规则的规定,当泰国税收居民将海外收入汇回泰国时,该收入将在汇入泰国的年份纳税,而不论其最初是在哪一年取得的。这意味着,泰国税收居民今后可能会发现,其汇入泰国的外国收入的纳税义务会增加。

(3)增值税。泰国增值税的普通税率为7%。任何年营业额超过180万泰铢的个人或单位,只要在泰国销售应税货物或提供应税劳务,都应在泰国缴纳增值税。进口商无论是否在泰国登记,都应缴纳增值税,增值税由海关厅在货物进口时代征。

免征增值税的情况包括:年营业额不足180万泰铢的小企业;销售或进口未加工的农产品、牲畜以及农用原料,如化肥、种子及化学品等;销售或进口报纸、杂志及教科书;提供审计、诉讼、健康服务及其他专业服务;提供文化及宗教服务;销售,进口或提供实行"零税率"的货物或应税劳务包括出口货物、泰国提供的但用于国外的劳务、由法人机构提供的国际航空或海洋运输服务、在外国贷款或援外项目项下向政府机构或国企提供的货物或劳务、向联合国机构或外交机构提供的货物或劳务、保税库或出口加工区企业之间提供的货物或劳务。当每个月的进项税大于销项税时,纳税人可以申请退税,在下个月可返还现金或抵税。

(4)预扣所得税。泰国纳税义务人在向外国法人支付货款时代扣代缴的税金。

(5)特别营业税。征收特别营业税的行业有银行业、金融业及相关业务、寿险、典当业和经纪业、房地产及其他法案规定的业务。其中,银行业、金融业及相关业务等行业的特别营业税税率为利息、折旧、服务费、外汇利润收入的3%,寿险行业税率为利息、服务费及其他费用收入的2.5%,典当业经纪业税率为利息、费用及销售过期财物收入的2.5%,房地产业税率为收入总额的3%,同时,在征收特别营业税的基础上还加收10%的地方税。

(6)印花税。印花税的征税对象是文书而不是交易或个人,此处文书是指《税法典》中规定的所有应课税的文件。印花税税率取决于文书的类别,不履行纳税义务可能导致罚款或附加税。征收对象包括绝大部分企业提交给政府部门或实体的文件和企业的官方文件,如土地转让许可证、租赁合同、股票交易凭证、公司债券凭证、抵押合同、人寿保险单、养老金凭证、授权书、承兑的票据、信用证、支票等。

(7)数字服务税。泰国已颁布《数字服务法》,于2021年9月1日正式生效。该法要求,达到一定条件的外国数字企业于2021年9月起缴纳增值税。根据该法,在泰国提供数字服务、年收入超过 180 万泰铢(约合 38.7 万元人民币)的外国数字服务公司或平台,须缴纳 7% 的增值税。

(8)碳排放税。泰国根据不同类型、排放量,对机动车征收碳排放税。

二 税收法律风险及防范建议

与享受税收协定优惠待遇相关的风险。[1]

(1)未根据要求提供相关文件导致不能享受税收协定优惠待遇的风险。一般而言,享受税收协定需要履行一定的税务程序及提供相关的文件资料。例如,“中国税收居民身份证明”是一般企业在境外享受税收协定优惠待遇需要提供的文件资料之一,但是部分企业可能因为对税收协定优惠待遇的存在缺乏了解,或对税收协定优惠待遇相关条款和税收协定优惠待遇的作用缺乏了解,以及对自身境外业务能否享受税收协定优惠待遇判断不清,因而导致其未向国内税务机关申请取得“中国税收居民身份证明”。建议企业全面了解和掌握中国与泰国的税收协定,在有意向开展境外投资业务时,做好享受税收协定优惠待遇方面的准备工作。

(2)未享受税务抵免的风险。中国企业承担的是全球纳税义务,应就其来源于中国境内和境外的所得申报纳税。中国企业到境外投资,为了防止因同一笔所得既在国外纳税,回国后又在国内纳税,造成重复征税,中国允许企业将在国外缴纳的税款进行限额抵免。“走出去”企业如果不熟悉税收协定的规定,重复缴纳税款,就会加重企业负担。若企业未享受税收协定优惠待遇,将导致多缴税款无法在国内进行抵免。建议企业前往泰国投资之前,对其税收制度、税收协定进行全面、准确的了解,及时跟进两国税制的改革和更新,确保有效享受税收协定优惠待遇。

(3)境外遭受不公正税收待遇,未及时启动相互协商程序的风险。部分“走出去”企业在境外遇到税收争议时,遇到对方税务机关不执行与中国签订的税收协定,导致企业缴纳了不必要的税款或多缴税款等情况。若“走出去”企业缺少适用税收协定的意识,不了解税收协定的内容和作用,未及时向境内税务机关反映税收争议等,都将影响税收协定作用的发挥。

“走出去”企业应与境内税务机关保持常态化联系,若在境外遭受不公正税收待

[1] 参见国家税务总局国际税务司国别(地区)投资税收指南课题组:《中国居民赴泰国投资税收指南》。

遇，第一时间反映在境外遇到的不公正税收待遇或税收争议，以便境内税务机关及时掌握情况，帮助企业分析遇到的问题，必要时启动税收协商程序解决境外税收争议。例如，《中华人民共和国政府和泰王国关于对所得避免双重征税和防止偷漏税的协定》中对双方存在争议时可采用相互协商程序。“走出去”企业在按照泰国的税法规定和税收协定的规定计算缴纳税款或享受税收优惠时，若遇到泰国做出不予享受协定待遇的决定，且企业认为泰国的决定违背了税收协定非歧视待遇条款的规定，对其可能或已形成税收歧视的情况，可选择向中国税务机关申请启动相互协商程序，维护自身合法权益。

三 相关案例

（一）案情简介

2015 年，武汉光谷北斗集团和泰国政府相关部门签署了一系列北斗行业应用合作协议，在泰国建成了第一批地面信号增强系统示范基站，广泛应用于泰国的交通、农业、旅游及高精度导航等领域。此外，武汉中原电子、武汉中海达卫星导航技术、武汉长江通信智联技术等北斗产业联盟旗下的近 30 家武汉企业准备抱团进军泰国市场。

（二）案例分析

引起武汉企业这股投资热潮的一个重要原因是，中资企业在泰国投资，按照科技含量等分为六个等级，其中以设计和研发为主的知识型产业，可以享受最高免除 8 年企业所得税且无上限的政策。基础设施建设和高附加值的科技产业，也能获得免除 8 年有上限的企业所得税政策。由于武汉光谷北斗集团属于以设计和研发为主的知识型产业，投资泰国能够享受最高免除 8 年企业所得税的税收优惠政策，相比于大多数国家，泰国有明显的税收优势。

近年来，泰国政府为了吸引中资企业到泰国投资设厂，颁布了一系列的税收优惠政策，中资企业应当抓紧这个契机，享受在泰国投资的税收优惠。

第九章 劳动就业法律制度及法律风险

一 劳动用工法律制度[1]

(一)劳动用工法律制度核心内容

泰国目前实施的《劳动保护法》(Labour Protection Act)于1998年制定。该法明确了雇主和雇员的权利及义务,制定了关于一般劳动、雇用女工和童工、工资报酬、解除雇佣关系和雇员救济基金等方面的最低标准。同时,《劳动保护法》也赋予了政府干预管理的权利以确保雇主和雇员双方关系的公平、健康发展。此外,相关立法还有《劳动关系法》(Labor Relation Act)(1975年)、《关于设立劳动法庭和劳动法庭程序的法案》(Act on Establishment of Labor Courts and Labor Courts Procedures)(1979年)、《社会保障法》(Social Security Act)(1990年)和《工人补偿金法》(Workmen's Compensation Act)(1994年)等。

上述法律法规的主要内容有:

1. 最低工资。泰国对不同的地区规定了不同的最低工资水平。2024年1月1日起新的最低公司标准开始施行,最低工资平均提高2.37%。此次调整后,普吉府的最低工资标准最高:最低日薪370泰铢;那拉提瓦府、北大年府和也拉府的标准最低:最低日薪330泰铢。

2. 工作时间和请假。工作时间标准为每日不超过8小时,每周不超过48小时,特殊行业每日工作时间可能延长,但是每周工作总时长不得超过48小时。对于有害雇员健康的工作和危险工作,每日不得超过7小时,每周不得超过42小时。雇员每周至少应休假一天,雇主不得要求雇员加班,除非雇员同意,且超过最高工作时间必须付给雇员加班费,加班费为正常工作时间工资的1.5倍(工作日加班)至3倍(假日加班)。雇员请病假(因工受伤及产假不算病假)可按照病情带薪休病

---

[1] 参见《对外投资合作国别(地区)指南:泰国(2022年版)》。

假,但带薪休病假的天数不得超过30个工作日,雇员请3天病假以上,雇主可以要求提供医生证明。为同一雇主连续工作满1年的雇员,每年在国家法定假日之外还可以享受不少于6天的带薪假期。女雇员可以享受包括假日在内共98天的孕产假(产假的定义包括生产前的一系列孕检工作),但是其中只有45日为带薪假。

3. 雇员记录。雇用10人及以上的雇主自雇员达到10人之日起必须制定劳动管理章程并在15天之内公示。雇主需在其办公场所内保留该劳动管理章程的副本,为方便雇员了解该劳动管理章程,雇主需在公众场所公示其劳动管理章程或以电子版的形式公示。

4. 女工的使用。规定了雇主不得雇用女工从事劳动的工作种类,以及雇主不得雇用孕妇从事劳动的工作种类。规定雇主不得因女工怀孕而将其解雇。

5. 童工的使用。规定了雇主不得雇用童工(15~18岁)从事劳动的工作种类。雇主只允许雇用15岁以上的童工,且要向劳动检查部门申报雇用童工情况。雇主不得要求童工加班或在假日工作,一般也不得要求童工在晚上10点至次日早上6点工作。

6. 工人抚恤金。雇主必须向因工作原因或在工作过程中受伤、生病和死亡的雇员提供抚恤,具体可分为抚恤金、医药费、复原费和丧葬费四类。抚恤金根据事件的严重程度而定,一般情况下雇主必须每月支付雇员原工资的60%作为抚恤金,对于失去器官、致残或致死的情况,雇主要依法支付抚恤金达到一定时间段。所有雇主都要于每年1月31日前向社会保险办公室管理的工人抚恤基金缴款,缴款标准由劳工部规定。

7. 社会保险。所有雇主必须依法在雇员每月工资中代扣社会保险基金,目前规定的社会保险基金缴纳标准为雇员月工资的5%(月工资最高基准为15,000泰铢),雇主也必须为雇员缴纳相同金额的社会保险基金。雇主和雇员必须于次月15日前将社会保险基金汇给社会保险办公室。

8. 解除雇佣关系。对于没有时限的雇佣合同,雇主和雇员双方都可以在发薪日当天或之前以书面形式通知对方,然后在下一个发薪日解除雇佣关系。雇员除故意对雇主犯罪或利用职权谋取不当利益、因疏忽给雇主带来巨大损失、无合理解释连续旷工3日(无论3日内是否有假日间隔)、雇员被终审判处监禁(如果是过失犯罪或微罪的情况,该行为需对雇主造成损失)等情况,雇主不需事先通知即可解雇雇员,亦无须支付离职费。没有上述过错而被解雇的雇员,有权取得离职费,具体金额根据雇员为雇主工作的年限而定。雇主因为部门和业务调整、设备技术改造等原因裁员，应提前不少于 60 天将解雇人员名单及解雇理由通知雇员及劳动检查员，或者支付给雇员 60 天的工资作为离职费（对于未能提前 60 天做出通知的，适用该款）。此外，对于为同一雇主连续工作满 6 年的雇员，还需增发离职费，计算方法为自工作的第 7 年起每增加 1 年工龄增发 15 天工资，最多不超过 360 天工资。

2019 年 4 月 5 日，泰国政府公报网站发布第十世王御准颁行《劳动保护法》（第 7 版）的公告，2019 年《劳动保护法》自公布之后 30 天起生效。该法规定了多项大幅增加劳工福利的措施，包括解雇劳工须支付遣散费、女性生育子女可请产假等。

（二）外国人在当地工作的规定

1. 法律依据

2017 年颁布的《外籍人工作管理法》（2018 年修订版）是目前泰国政府管理外籍人在泰国工作的基本法则。2011 年公布的《外籍人工作申请批准规定》（2017 年第二次修订版）和 2020 年 4 月最新公布的《外籍人从业工种限制》是泰国官方受理、审批外籍人在泰工作的主要依据。[1]

泰国劳工部就业厅是外籍人在泰国工作许可的归口管理部门，下属外籍人工作许可证管理局负责外籍人在泰国工作许可申请的受理与审批，实行中央、地方两级管理体制。此外，劳工部外籍劳工监察局与泰国警察总署下属移民局、旅游警察局共同协调管理非法入境劳动管理；劳工部劳动稽查管理局负责受理公众对外籍人非法打工的申诉和举报，并进行调查取证和最终的处理。[2]

2. 就业规定

所有在泰国工作的外国人都必须先获得泰国劳工部颁发的工作许可证，没有工作许可证的外国人禁止在泰国从事任何形式工作。申请工作许可的外国人必须是根据移民法规定，允许在泰国合法居住或持非移民签证进入泰国，持旅游或过境签证的外国人不允许申请。

3. 办理时限

目前，泰国官方尚未授权任何中介机构从事代办外籍劳务工作许可业务。办理工作许可证的时间视工种而定，一般不超过 15 个工作日。享受当地投资促进优惠

---

〔1〕 参见《泰国投资|劳动用工制度问答》，载国富咨询网 2023 年 10 月 27 日，https://news.goalfore.cn/topstories/detail/51105.html。

〔2〕 参见《[工作签证]泰国的工作签证如何办理》，载搜狐网 2018 年 8 月 10 日，https://www.sohu.com/a/246564621_578117。

或其他政策的企业,将在收到申请之日起7天内为其外籍雇员办理工作许可,并允许其在此办理期间内工作。对临时入境从事紧急或专业工作的外籍人,如不超过15天可免办工作许可证,但需书面向相关官员报告。

4. 持证要求

(1)有效期限为1~2年(视该企业情况),到期前须及时提出续延申请;(2)持有者须随身携带证件;(3)在劳工管理部门官员到业主住地履行公务查验证件时,雇主要予以适当协助;(4)不能异地使用(在不变更雇主的情况下),在申请工作场所时要将总公司、分公司场所分别加以注明。分公司以总公司名义申请时,要在分公司所在地申请。

5. 外籍劳务的规定

泰国政府对外国人在泰国投资、经商、从教等申请工作许可基本持积极态度,鼓励在泰国的外国人通过合法程序申请工作许可。2020年4月最新公布的《外籍人从业工种限制》虽对部分工种有条件地放开,但仍严格限制外籍人从事以下27类工种:

(1)木雕工作;(2)汽车驾驶或其他非机动交通工具的驾驶,除国家航班的驾驶和叉车驾驶;(3)拍卖;(4)珠宝钻石加工;(5)美容美发;(6)手工织布;(7)织席或使用藤麻草竹制作器具的工作;(8)手工造纸;(9)漆器制作;(10)泰国乐器制作;(11)乌银镶嵌器制作;(12)金银铜饰品器具的制作;(13)石器制作;(14)泰国玩偶制作;(15)僧钵制作;(16)手工泰丝制作;(17)佛像制作;(18)纸伞或布伞制作;(19)经理人或者代理人工作,国际投资贸易代理人除外;(20)泰式按摩;(21)手工卷烟;(22)导游和旅行社工作;(23)个体小商贩;(24)泰文字符手工印刷;(25)手工抽丝;(26)文书工作或秘书;(27)法律服务,仲裁、协助工作或代理仲裁程序除外。

二 劳动用工风险及防范建议

泰国劳动力资源较为充足,每天有大量的劳务输出他国,但随着经济的发展及吸收外资规模不断扩大,也出现了劳工短缺的现象。泰国通过签署劳务合作协议等方式每年从老挝、柬埔寨、缅甸引入一些外籍劳工。但由于泰国并没有与中国签署劳务合作协议,泰国禁止中国籍的普通劳动者来泰国进行工作。

同时,与泰国进行劳务合作还会受到泰国民法、刑法等其他法律的限制,但很多法律衔接问题没有完善。当中资企业与泰国进行劳务合作发生争议时,这种不完整、不明确的法律体系势必会影响中国企业合法权益的维护和实现。

针对以上风险,中资企业在与泰国进行劳务合作时,可以采取以下措施进行风险规避:一是密切关注泰国法律规范和经济政策的变化,遵守泰国与劳工有关的法律和法规,要及时关注泰国劳工法的变化,如果法律发生变化,要根据相关变化调整公司的用工政策。二是中资企业进行与泰国的劳务合作时,需要聘请有条件的、业务熟练、信用良好的咨询公司或者律师事务所来对劳务合作方式进行尽职调查,在前期分析风险问题,并采取措施进行规避。

三 相关案例

1. 案情简介

原告皮某与被告泰国迪斯波萨布尔产品有限公司(以下简称迪斯公司)因工作地点变更发生纠纷,由此向法院提起诉讼。1994 年 8 月 15 日,迪斯公司要求皮某移动至位于暖武里府巴革县的工厂内工作,但是皮某拒绝履行转移工作,并于 1994 年 8 月 16 日至 8 月 17 日无合理理由缺勤。因此,迪斯公司认为皮某违反了《工作规则》,因此,于 8 月 18 日向皮某作出书面警告。此后,皮某依然无理由缺勤,给迪斯公司的生产经营造成严重影响,迪斯公司于 1994 年 8 月 22 日决定解除与皮某的雇佣关系,并支付 8 月 15 日之前的工资。皮某认为这是不公平的解雇行为,迪斯公司应当支付赔偿金以代替终止雇佣关系的提前通知行为。皮某要求迪斯公司支付因解除雇佣关系而造成的损害、年假工资以及利息。

中央劳工法院判决:驳回原告诉讼请求,被告无须支付赔偿金、年假工资及其利息等。

原告不服,提起上诉。最高法院判决:驳回上诉,维持原判。

2. 案例分析

法院认为,本案的争议焦点为,雇主变更雇员工作地点的行为是否属于突然变更。

被告接受原告在被告的生产经营中从事一般劳动,而不是根据特定领域的专业知识工作。双方签订的雇佣合同明确规定,被告有权变更原告的工作地点,且原告知情,合同中没有约定变更工作地点需提前通知。因此,被告将原告转移至新的工作地点时,不事先通知,不视为突然变更,因此,被告的行为是合法的。此时,若原告不遵守相关的要求,无正当理由连续缺勤 3 日以上,视为原告不正确、不诚实地履行职责，被告有权解除与原告的雇佣关系，且仅需支付原告实际工作天数的工资，无须支付赔偿金等其他款项。

若雇主想要变更雇员的工作地点，需要符合以下任一情况：事先通知，或者在双方签订雇用合同时明确规定，雇主有权变更雇员的工作地点。若不符合任一情况而变更雇员的工作地点，雇主因雇员拒绝履行变更要求而解除雇佣关系，属于违反《劳动保护法》的行为，应当按照相关规定，对雇员进行赔偿。

第十章

环境法律制度及法律风险

一 环境法律制度[1]

泰国关于环保的基本法律是1992年颁布的《国家环境质量促进和保护法》(Enhancement and Conservation of the National Environmental Quality Act),该法规定了商业运作时必须考虑的环保因素。

其他环保法律法规主要有:《国家公园法》、《国家森林保护法》、《城市规划法》、《泰国工业园管理局法》、《建筑控制法》、1992年颁布的《公共卫生法》、1992年颁布的《清洁和秩序管理法》、《工厂法》、《国家环境质量促进和保护法》、《有害物质法》、《土地挖掘和填埋法》、《总理办公室关于防止和消除石油污染法规》、《总理办公室关于保护和利用生物多样性的条例》、《总理办公室关于防止和消除石油污染法规》、《国家旅游政策法》等。

泰国有关环保法律法规对于空气和噪声污染、水污染、土壤污染、废弃物和危险物质排放等标准都有明确的规定,对于违法违规行为有相应的处罚,有关各项标准的详细规定请参照泰国自然资源环境部环境质量促进厅网站有关公告。

此外,泰国1975年第一次提出关于环境影响评估(Environmental Impact Assessment, EIA)的强制要求,目前,相关规定详见1992年《国家环境质量促进和保护法》第46条。在泰国自然环境委员会的批准下,泰国自然资源环境部有权规定必须进行EIA的项目规模和类型。可能对自然环境造成影响的大型项目,必须向自然资源和环境政策规划办公室提交环境影响评估报告,接受审核和修改。环境影响评估报告必须由在自然资源和环境政策规划办公室注册认可的咨询公司出具。

[1] 参见《对外投资合作国别(地区)指南:泰国(2022年版)》。

二 环境保护的具体措施和标准[1]

(一)环境保护基金设立和使用

“环境保护基金”是由国家财政部发放的资金和其他资金及物资来源组成的基金,该基金包括:由总理规定的一定数量的燃料和油料费;根据1982年颁布的《国家财政预算法》规定的用于提高人民生活质量和环境质量的流动资金;根据环保法规定所收取的服务费和罚金;由国内私营企业、外资企业、外国政府或国内各种机构赞助的资金和物资;该基金所产生的利息。由中央会计厅、国家财政部保管该环境保护基金以及根据环保法规定对该环境保护基金进行领取和支付。

该基金仅限用于以下活动:用于政府部门或各地方政府投资建设污水治理系统和废物处理系统,包括安排购买治理工作中所需要的土地、物资、设备或用具;用于给地方政府部门或国有企业安置污水治理系统和废气、废物处理系统及其他设备进行贷款;根据法律规定有义务用于给私人机构安置污水治理系统和废气、废物处理系统和其他设备进行治理、处理产生于各种活动或各种自己进行的活动中的污染,或根据《国家环境质量促进和保护法》已经获得许可能够雇用服务工作人员来进行污水治理和废物处理的情况下进行个人贷款;经过自然环境委员会的同意,基金委员会在必要的情况下提供有关环境改善和保护的援助金和赞助金;通过在国家金融机构中储蓄或定期储蓄以获取利息。

(二)环境保护质量标准和改善方案

为了有效实施《国家环境质量促进和保护法》,自然环境委员会有权在《政府公报》上公布环境质量标准:国土范围内的河流、水渠、水池、湖泊、水库和其他公共水源地的水质标准;海洋地区(包括河流入海口)的海水质量标准;地下水质量标准;一般大气、空气质量标准;一般噪声及振动标准;其他环境质量标准。各地方政府可以根据各地的生活水平、科技发展水平或相关社会经济技术发展需要来制定本地区环境质量标准。在必要的情况下,自然环境委员会有权制定高于《国家环境质量促进和保护法》第32条中的环境质量标准,用于《国家环境质量促进和保护法》第43条规定的保护区,第45条规定的地区和第59条中的污染治理区的环境保护。自然环境委员会有权根据各地科学技术发展水平和社会经济改革的需要,修改和调整已制

---

[1] 参见中国国际贸易促进委员会、中国经济信息社主编:《“一带一路”国别法律研究》第6辑,新华出版社2019年版。

定的环境质量标准。

经自然环境委员会批准通过，由国家环境科学技术部部长制定《环境质量改善方案》，并执行国家环境质量的保护政策和计划。有关政府部门应当根据《环境质量改善方案》履行相关权利和义务并取得预期成果。国家环境科学技术部可以根据《环境质量改善方案》要求相关政府部门和国有企业制订某种工作执行计划。《环境质量改善方案》的工作计划包含下列事项：制定空气、水和其他环境质量的标准；在污染源区治理污染的计划；改善国家环境质量，保护国家的自然资源和人文环境的计划；进行财政预算以及执行计划工作时所必需的资金计划；成立一个组织机构来协调政府部门、地方政府部门和私人之间的工作，制定相关的工作管理条例，规定在工作中所需人员的数量；根据执行工作计划的需要，制定和出台相关的规章、地方法规、法令和公告等；为了有效评估工作质量结果，根据计划和相关的法律条令对环境质量进行检查、跟踪、分析研究、调查等。当《环境质量改善方案》在《政府公报》上公布以后，地方政府应当制定《地方环境质量保护执行方案》，并在自然环境委员会通知制订计划之日起 120 日内递交自然环境委员会审批。

向自然环境委员会提交《地方环境质量保护执行方案》，必须根据《环境质量改善方案》的方针路线来制定，尤其是涉及地方社会、经济和环境的，应包括以下重要内容：在污染源区治理环境污染的计划；用于建设、安装、调整、改造、修理、维护和操作政府部门或地方政府部门的污水治理系统和废物处理系统的土地、物资、设备、工具和用具等的安排；征收税款和服务费用于污水治理系统和废水处理系统的操作和维护的安排；对污染源区排放的污水和废物的调查、跟踪和处理的安排；实施关于污染治理、自然保护、自然资源保护和人文环境保护的法律的安排。《地方环境质量保护执行方案》必须首先接受自然环境委员会的调查研究，提交污水治理系统和废物处理系统建设所需的财政预算和资金预算。在某个府还没有齐全的污水治理系统和废物处理系统的情况下，可以提交补充计划以便私营机构投资建设和进行污水治理系统和废物处理系统操作来代为提供服务。

根据上述制订计划，必须要有详细的工作图纸和建设、安装、调整、改造、维修、维护以及进行污水治理系统和废物处理系统操作的价格预算，并提交财政预算和资金预算申请书。为了有效通过《地方环境质量保护执行方案》必须附有上述财政预算和资金预算申请书，环境政策计划处有义务收集和分析《地方环境质量保护执行方案》，以便环境政策计划处能够专门为此申请年度财政支出预算。

（三）保护区和环境保护区

政府根据《环境质量改善方案》或其他相关法律对国家园林风景区和野生动植

物保护区进行保护。在发现某地区为特殊的水源地区或自然生态区,或属于自然生态区但可能容易受到破坏或将被人类的各种活动所破坏,或对自然和人文方面都有价值的地区但还没有被指定为保护区的情况下,总理可根据自然环境委员会的指示,颁布法律条令,使该地区成为环境保护区。

所颁布的法律条令,应包含下列内容:规定有效使用土地是为了保护自然环境和生态环境不受破坏;禁止进行任何有危险性的,或会对自然生态系统造成破坏影响的,或会对有价值的人文环境造成影响的活动;规定政府部门、国有企业或私营机构将在某地进行建设的规模和类型,并有义务提交《环境影响结果分析报告》;为了保护自然环境、生态环境或有价值的人文环境,制定专门法规,规定政府的职权范围和责任,提高工作效率,协调政府部门间的合作;根据实际情况制定与该地区相适应的其他保护条令。

根据相关法律已规定某一地区为保护区、城市规划区、城市规划特区、建筑管理区、工业区或环保法律中规定的污染治理区,一旦发现有严重的环境质量问题,就必须及时解决。在相关政府部门没有法律规定的权限或没有解决问题的能力时,由总理经自然环境委员会的批准向国会提交申请,并根据相应法令来保护环境并解决该地区的问题。

通过国会批准的地区,由总理在《政府公报》上公布具体的位置,详细写明相关条例以及规定保护条例在该地区的使用期限。

(四)制定环境影响结果的分析报告

为了促进环境保护,总理可根据自然环境委员会的批准,在《政府公报》上公布关于政府部门、国有企业、私营企业对环境产生影响的建设计划的类别和规模。按上述公布的内容,实施建设计划的准则、方法、具体实施计划,相关的私营单位也必须提交《环境影响结果分析报告》,用于各种类型和规模的建设计划和活动。

在某个地区已经制定出具有某种格式的建设计划的《环境影响结果分析报告》,并把该报告作为一种标准适用于同一类型或具有相同特点的地区的情况下,经自然环境委员会批准,总理可以在《政府公报》上公布规定,该报告中的环境保护计划的各项措施必须按照总理规定的标准和方法执行。

根据环保法的规定,各政府部门、国有企业实施计划的标准时,从进行相应的研究时起就应递交《环境影响结果分析报告》给自然环境委员会,帮助国会分析研究并给出意见。

根据环保法的规定,不提交国会审批的关于政府部门和国有企业的建设计划,则由各政府部门或国有企业负责,在实行该计划之前根据环保法规定的标准来制定

《环境影响结果分析报告》并申请批准。根据《环境影响结果分析报告》制定的计划,必须在开始进行之前取得政府部门的许可,并由申请人将《环境影响结果分析报告》的计划提交给法律规定的相关工作人员和环境政策计划处。

环境政策计划处审查提交的《环境影响结果分析报告》以及相关资料时,如果发现报告中有未按照环保法中规定的准则和方法制定的地方,或材料不完整的情况,由环境政策计划处在接到报告15天之内通知申请人。

在环境政策计划处研究后认为递交的《环境影响结果分析报告》与相关资料符合,或者通过修改后,环境政策计划处再经分析研究后初步同意上述报告,在从递交报告之日起30天内完成,然后提交专家委员会。

上述的专家委员会成员,根据自然环境委员会规定的准则和方法,由专业委员相关的专家、根据法律拥有批准上述计划的权力的工作人员和代表等组成。专家委员会的分析研究工作必须在环境政策计划处提交《环境影响结果分析报告》之日起45天内完成。

如果专家委员会没能在规定的45天内完成分析研究,将被视为已通过专家委员会的批准。

在专家委员会批准同意或视为批准同意的情况下,由法律规定的工作人员通知申请人。

在未能通过专家委员会批准的情况下,由申请人根据专家委员会具体的要求对《环境影响结果分析报告》进行修改、补充或重新制定。

当申请人提交修正过的,或重新制定的《环境影响结果分析报告》后,在提交《环境影响结果分析报告》之日起30天内由专家委员会完成分析研究。如果专家委员会不能在规定的期限内完成,则被视为通过,由工作人员通知申请人。

为了有效实施《环境影响结果分析报告》,由专业委员或专家委员会委托环境政策计划处工作人员在《环境影响结果分析报告》批准后在适当的时候检查指定实施该计划的场所。

三 环境法律风险及防范建议

泰国政府和民众都十分注重环境保护。中资企业在泰国投资合作,要依法保护当地生态环境。[1]

〔1〕 参见《对外投资合作国别(地区)指南:泰国(2022年版)》。

(1)知法

要了解泰国环境保护法规,实时跟踪和遵守当地的环保标准。

(2)规划

企业对生产经营可能产生的废气、废水和其他环保影响,要事先进行科学评估,在规划设计过程中选好解决方案。

(3)沟通

在泰国投资设厂的必要前提之一就是厂址附近的居民对拟投资企业的环境评价满意。因此,希望赴泰国投资的企业一定要有针对性地与投资地域的民众进行沟通和交流,为企业形象打下一个良好的舆论基础,以便顺利地通过环境评价的民众调查环节。

四 相关案例

1. 案情简介

案例一:《南华早报》报道,一组中国游客在泰国珊瑚礁浮潜时擅自捡拾海星的照片,被发布在某脸书账号上,该事件立刻引发关注。随后,普吉岛查龙警局着手调查此事,发现涉事游客共3人。这3名中国游客被指控在泰国普吉岛潜水期间触摸海星,踩踏珊瑚礁。根据泰国自然资源环境部关于海滩、珊瑚等海洋资源的规定,一旦被指控违反海洋保护法的罪名成立,这些游客将面临最高2年的监禁,或最高20万泰铢(约合5670美元)的罚款,或两者并罚。泰国自然资源环境部部长瓦拉乌特·西尔帕·阿尔恰在脸书上说,2名游客已来到警局向警方自首,另1名游客暂时未被找到。据报道,泰国官员正在与旅游警察、泰国海事局和组织这次旅行的公司协调,以追踪违法者。普吉岛潜水旅游公司为游客的行为出面致歉,称公司方面也会吸取教训。该公司还承诺将提高客户对不干涉海洋野生动物的认识,加强对潜水游客的管理。

案例二:2016年4月,泰国清莱府帕亚闽莱县、坤丹县的大量公众,联合发表声明称对本地的中国香蕉莳植企业的行动感到不满。当地民众表示,之前有中资企业在他们县里租下了2700莱(432万平方米)土地来种香蕉,香蕉主要出口中国。中国香蕉种植企业用当地的鹰河里的水灌溉,水几乎都被抽干了,导致了当地人民的生活用水告急。同时,泰国民众还表示,之前曾有中资企业到老挝北部租赁约250,000莱(4亿平方米)土地种香蕉,给当地居民留下了不好的印象,除抢了当地人的不少生计外,还大量使用农药,最终对当地的河流和环境造成了严重污染。中资企业在泰国租地种香蕉,除给泰国带来了资金,还给本地带来新的就业职位,是对本地政府和农民有益处的。中国市场对香蕉的需求非常高,这应当是中泰双方合作共赢的好机会。但是中资企业应当注意保护当地环境,避免造成环境污染给当地民众生活造成不良影响。最终,本地公众、当局跟中国企业进行了面对面的协商,以中资企业停止抽河水行为,用打井取水取代为处理结果。

2. 案例分析

从上述 2 个案例我们可以看出,泰国对于环境保护是非常注重的。中国的个人和企业若存在危害环境的行为,不仅要面临高昂的罚款,也要承受牢狱之灾。尤其是企业由于跨国投资难以避免地带来污染转移问题,尤其在投资海外资源市场时,相应问题会显得更为敏感。现今,许多国际文件都确认:跨国公司应就其投资活动对环境造成的损害承担责任。因此,在对外投资时,中资企业应注意投资国对环境保护的法规政策,考虑分配好污染成本,另外,应注意衡量实际污染情形,依照东道国法律履行环境保护的义务。

现实中,跨国投资项目因遭到当地民众抗议环境损害而被迫终止的事件屡见不鲜,中资企业在境外计划进行生产或经营活动前,应对环境可能造成的影响进行全面评估,着手申请各项排污的许可证和批准证书。在进行评估的过程中,投资者若发现可能产生环境损害时应及早停止计划或做好预防,并及时通知东道国。

第十一章 知识产权法律制度及法律风险

一 知识产权法律制度[1]

泰国知识产权法是关于保护智力成果专有权取得的部门法。泰国实行知识产权制度最早可以追溯到《作者所有权法》和《商标和商品名称法》。但直到20世纪70年代,泰国面对国际贸易伙伴压力,才开始构建现代知识产权法律制度的雏形。近些年,随着经济全球一体化进程和各项贸易竞争的加剧,泰国对知识产权保护的重视日益增强。

受到法国、德国等国的影响,泰国形成了以成文法为主的知识产权保护法律体系,判例对后续案件的处理几乎没有约束力。现有泰国法律体系下主要对知识产权进行规范的法律规范主要包括:《版权法》《商标法》《商业秘密法》《海关法》《地理标志保护法》《集成电路布图设计保护法》《专利法》《传统泰国医药保护和促进法》《植物新品种保护法》《消费者保护法》《工业产品标准法》《古代遗迹、古董、艺术品和国家遗址法》《商务部关于将假冒伪劣商品认定为禁止进出口和过境运输商品的通知》《为促进专利保护的实施专利合作条约的部长法令》《关于地理标志的部长法令》《关于专利(发明)、实用新型、工业品外观设计的部长法令(第10、21—27号)》《关于版权与邻接权的部长法令》。

其中,泰国有关知识产权保护的法律主要涉及《专利法》、《商标法》和《著作权法》三部。三部法律分别针对专利、商标和著作权的定义、类型、申请、使用和保护等有关内容作出了明确规定。

《专利法》的核心内容是:一项专利的成立必须要满足某些标准,不同的标准用于申请不同的保护。在专利保护期间,专利所有权人独家享有在任一承认该专利的国家内开发、利用其发明的权利。由于专利保护具有地域性,因此,发明者需要在各

[1] 参见《对外投资合作国别(地区)指南:泰国(2022年版)》。

个需要保护其专利的国家申请专利保护。在大部分司法辖区,发明者可以在首次申请专利权后 1 年内在其他国家申请专利保护。专利的有效保护期视专利类别为自提交申请之日起 10 年或 20 年。

《商标法》的核心内容是:商标,即为计划用于或已经用于某商品以区别不同商品的标识。商标须具有明显特征,且不得与另一个已注册商标相同或易混淆,才能注册。《商标法》规定下列种类标识可受法律保护:(1)服务标识;(2)集体商标;(3)著名标识。《商标法》规定,商标一旦注册,有效保护期即为 10 年,在有效期终止前 90 天内如果缴纳相关规定费用就能续展其有效期;否则,注册商标在期满后将被注销。注册商标和非注册商标都受保护,但非注册商标受保护的程度较低。

《著作权法》的核心内容是:保护文学、艺术和表演作品的创作权,凡未经创作人许可而复制或发表其作品均视为违法行为。该法将“版权”定义为“创作人对其作品的独有支配权”,将“版权创作人”定义为该作品的制作者或创作者。著作权所有人独家享有复制、改编、出售计算机软件、音像、电影和录音作品,分配因著作权收获的利益,以及授权他人使用其著作权的权利。

根据泰国《专利法》的有关规定,未具备本法规定的权利者,不得在产品容器、产品包装上或在发明、外观设计的宣传上使用“泰国专利权”“泰国实用新型专利权”字样,或其他意思相同的外国文字,或其他意思相同的词语。任何人不得在产品容器、产品包装或发明、外观设计的宣传上使用“正在办理专利”或“正在办理实用新型专利”或其他意思相同的词语(但正在审批中的专利申请或实用新型专利申请不在此限)。如有违反,可处以 1 年以下监禁或罚以 20 万泰铢以下罚金,或两罪并罚。未经专利权人许可擅自使用属于专利权人所有的产品、技术或外观设计专利的(但为教学和研究需要使用该外观设计专利的不在此限),可处以 2 年以下监禁或罚以 40 万泰铢以下罚金,或两者并罚。任何人未经实用新型专利权人许可,侵犯使用实用新型专利权人各项权利的,可处以 1 年以下监禁,或罚以 20 万泰铢罚金,或两罪并罚。任何人在申请发明专利、外观设计专利或实用新型专利时向执行工作人员提供虚假材料,以期获得专利证书或实用新型证书的,可处以 6 个月以下监禁,或罚以 5000 泰铢以下罚金,或两者并罚。触犯《专利法》受罚者为法人的,其法人执行人或法人代表须受到法律相应规定的处罚,除非该法人行为能被证实与本人无关,或并未得到本人认可。

泰国《商标法》和《著作权法》未规定有关违法处罚的内容。

此外,泰国于 2022 年 5 月创建专利注册快速通道系统,以方便泰国发明家。系统的建立从一个与医疗保健相关的发明试点项目开始,包括药物、治疗、护理和食品。商业部知识产权厅表示,新系统将增加创新和知识产权的竞争力,为泰国民众和企业创造更多的就业机会和收入。泰国目前专利申请和注册从填写数据到被批准共耗时55个月,在快速通道系统下将减少至24~36个月。

二 知识产权法律风险及防范建议

随着世界经济全球化进程加快,工业技术水平、先进智能制造以及互联网飞速发展,无形资产相较于有形资产占比明显增加。因此,有意向投资海外的企业除了关注传统法律风险,更应该增加对知识产权侵害和被侵害风险的关注。知识产权具有显著的地域性,因此,企业在打算向泰国投资前,应该了解泰国的知识产权法律制度及对应的法律风险。

泰国整体的知识产权保护力度较弱,2021年美国商会国际知识产权指数中,泰国的知识产权保护综合指数在53个国家中排在第四十五位。一度被认为是知识产权保护最薄弱的国家之一。越是知识产权保护相对薄弱的国家和地区,知识产权侵害事件越容易发生。下面,对目前泰国高发的知识产权风险及应对建议做简要介绍。

1. 商标被抢注

目前服务的客户中,最高发的知识产品问题是很多企业在其他国家和地区注册使用并具有一定知名度的商标被抢注,等到商标权人想要进军泰国市场时,才发现自己的品牌在泰国已经被他人抢注。这个时候如果更换品牌会极大地影响品牌的国际布局及影响力。但如果要坚持把商标拿回来难度很大,花费也比较高昂。因此,对于有全球发展视野或海外推广计划的企业,不管目前是否准备立即进入泰国市场,都应当做一个全面的商标排查及评估。如果尚未被抢注,应当及时联系本地或当地律师进行商标注册。如果发现商标已经被抢注,应当尽早评估拿回该商标的可行性及成本投入,以便尽早排除妨碍或者调整品牌推广计划。

2. 与合作伙伴或员工之间的知识产权权属纠纷

很多企业在进入泰国市场时,为了快速打开销路占领市场,会选择与在泰国本地有一定资源和积累的合作商进行合作。若知识产权保护意识淡漠,那么知识产权权属、使用范围和收益分配的界定不清晰将导致合作过程中双方对收益的分配产生矛盾,合作终止后在知识产权的继续使用和归属上也易产生纠纷。

同时,对于在泰国设立公司实体或者投资建厂的企业,招聘泰国本地员工在所难免。除了普通劳动法层面的法律问题和风险,对于员工在工作期间的智慧成果的归属,如果没有明确约定,也很容易产生纠纷。

针对以上情况,需要企业始终对知识产权保持关注,把知识产权作为资产而非噱头,通过一整套行之有效的知识产权评估和管理体系,把对知识产权的运用、管理和保护工作,落实到外部合作及内部管理中,落实到协议以及工作记录中。

三 相关案例

1. 案情简介

案例一:原告在起诉书第 2.1 条中陈述说,2 名被告共同生产一种饮料,然后装在一个塑料瓶中,并标有原告允许第一被告在其他产品上使用的清真认证标志。共同伪造原告的清真认证标志,使公众相信上述 2 名被告的产品均被允许使用清真认证标志。两名被告后来共同犯下了这种罪行,根据起诉书第 2.1 条,2 名被告共同销售或打算出售标有假清真认证标志的产品,原告没有明确说明两被告共同销售或打算出售的假冒认证标志和两被告共同销售或打算出售的假冒认证标志的数量。因此,原告必须向两被告陈述事实,即 2 名被告共同伪造认证标志,并出售或打算出售含有这种假认证标志的商品,和被告共同伪造的认证标志的数量,以及 2 名被告共同销售或打算出售的假冒认证标志的数量。根据原告的起诉书,2 名被告于 2007 年 10 月 9 日至 2014 年 8 月 21 日,共同伪造了认证标志,并出售或打算出售假冒认证标志的商品。因此,2 名被告共同伪造认证标志,共同出售或打算出售带有这种假认证标志的货物的行为是出于同样意图的行为。

案例二[1]:中国某企业 A 向泰国商标注册机构递交了"天使超市"商标的登记申请,却被驳回了。驳回理由是"超市"这个字眼被经常用到。但是"天使"可以被考虑当作商标来进行登记。商标登记机构就此进行了登记。但是另一企业 B 之前已经用了"天使"商标进行实际经营。商标注册机构驳回了另一企业 B 的反对意见,对该项注册进行了登记。B 遂向一审法院提交了诉状,称虽然其没有注册"天使"商标,但是 A 所注册商标会引起公众的混淆。B 进而称其应因预先使用而得到优先保护的权利。A 公司辩称,"天使超市"在 1948 年就建立了,并在中国香港、中国台湾地区登记注册过了,而当事 B 公司并未注册。该案的争议焦点是:B 是否因

---

〔1〕 参见《泰国案例分析解读 11》,载知乎网 2022 年 8 月 4 日,https://zhuanlan. zhihu. com/p/549771800。

预先使用而享有比 A 更优的权利呢？法院判决称，B 是享有这种优先权利的。泰国最高法院有一个相似的案例，其判决认为：可以证明其预先使用事实的一方可以获得更优先的注册权利，特别是这种预先使用，经过经营已经在大众中有了口碑，而允许另外一方注册显然不利于大众的辨识。然而，B 却不能向泰国法院申请不让 A 使用该商标，因为在泰国，一个未注册商标的商标使用者并不能拥有此项权利。

2. 案例分析

由上述案例可知，在泰国有着跟我国国内相似“预先使用”商标的规定，不同的是，泰国将这种预先使用获得权利的条件简单化了，而不像我国必须达到至少在经营区域内“为人熟知”的标准，只需要证明这个预先使用事实的存在就可以了。

泰国企业知识产权保护意识相对落后，在泰国投资的大多数外资企业也没有意识到对自身商标、外观设计、专利等知识产权的保护，部分企业甚至有意侵犯他人知识产权。一些被查处的案件显示，某些泰国外资企业管理层为控制成本，有意使用非法的盗版软件；商标侵权严重。此外，部分泰国当地商家利用一些外资企业知识产权保护法律意识淡薄的弱点，恶意抢注商标。因此，对于投资泰国的中资企业而言，商标注册是必要的。

我国企业在进入泰国市场时，首先，在未有其他已注册商标的情况下，在准备材料去登记机构注册的同时，应该着手使用拟注册的商标；其次，我们应该在合理的时间内注册，否则不能阻止别人使用该商标；最后，我们应有所发现，在这个问题上，泰国并未在实践中实行《与贸易有关的知识产权协定》的国家商标互认标准，而是将实际使用放在了更优的权利位阶，这也提示我们在泰国的国内实践中，应该在有国内实践和国际条约的情况下，优先关注于其国内实践。

第十二章 争议解决制度

一 争议解决制度概述

(一)法院组织结构[1]

泰国是成文法体系国家。泰国法典的内容来自泰国的传统法律,并受到了大陆法系和英美法系的影响。有关企业经营的主体法包括《民商法典》《税法典》《土地法》《外商经营企业法》等。泰国没有设立陪审团制度,所有的案件均由法官判决。

1. 泰国《宪法》规定了泰国4种不同类别的法院:

(1)宪法法院:负责审理违宪的案件;

(2)普通法院:负责民商事、刑事案件,主要包括税务、劳动、知识产权、国际贸易以及破产等案件;

(3)行政法院:主要负责个人和行政主体、行政主体之间的行政纠纷;

(4)军事法院:负责军队内人员犯罪的案件。

与外国投资者关系最密切的是普通法院,其由普通法庭和特别法庭组成,每个行政辖区都有普通法庭中的民事和刑事法庭。特别法庭包括以下5种:

(1)未成年人和家庭法庭;

(2)劳动法庭;

(3)税法法庭;

(4)中央知识产权和国际贸易法庭;

(5)中央破产法庭。

2. 在普通法院体系中有3个级别:

(1)初审法院:审理一般或特殊的民事和刑事起诉案件;

---

〔1〕 参见马笑匀、刘诗嘉、杨碧婧:《“一带一路”国别介绍——泰国》,载金杜律师事务所网2020年8月6日,https://www.lexology.com/library/detail.aspx?g=2ddb8e23-d5d2-4960-b2c7-df7f3880cd71。

(2)上诉法院:审理初审后上诉案件的法律和事实问题;

(3)最高法院:审理上诉和抗诉案件的法律和事实问题。

但对于普通法院中的4个特别法庭(劳动法庭、税法法庭、中央知识产权和国际贸易法庭、中央破产法庭),只分为两级,如要对其审理的案件进行上诉,需直接到最高法院上诉。

行政法院也可能与外国投资者发生关联,主要是在外国投资者与当地政府之间发生行政法领域的纠纷时。这意味着行政法院的管辖权可以延伸到与政府合同相关的案件之中。行政法院只设最高行政法院和初级行政法院两级,并设有由最高行政法院院长和9名专家组成的行政司法委员会。行政案件的上诉必须到最高行政法院提出。

(二)仲裁庭的选择[1]

泰国于2002年修改了《仲裁法》,泰国也加入了《承认及执行外国仲裁裁决公约》(Arbitration and Mediation Center)(纽约公约),中国也是该公约缔约方,中国和泰国于1994年签订了《中华人民共和国和泰王国关于民商事司法协助和仲裁合作的协定》(以下简称《关于民商事司法协助和仲裁合作的协定》),故中国投资者在泰国国内外选择的仲裁庭,其作出的裁决可以得到泰国的承认和执行。

在泰国出现商务纠纷时,一般可通过协商、调解、仲裁和诉讼等方式解决。其中,仲裁解决是常用的国际商务纠纷解决手段。

根据泰国《仲裁法》,按照争议的性质,由普通法院或行政法院对提交仲裁的书面协议的效力进行裁定。经协议各方同意,可以选择仲裁方式解决某些类型的纠纷。如果一方当事人将争议事项提交法院诉讼,另一方当事人可以根据协议仲裁条款提出反对。这种情况下,法院将拒绝受理此案,并要求当事人通过仲裁来解决争议。

解决纠纷适用哪国法律,需依照当事人双方的约定而定。如泰国《仲裁法》规定,当事人双方协议按照《仲裁法》的规定来解决,当涉及某个国家,如没有相应的法律规定和相关的规定时,应当引用该国相关的和不矛盾的法律条例。此外,依据1987年泰国与东盟六国共同签订的促进和保护投资协定,就投资者与国家之间的投资纠纷详细规定调解和仲裁机构可以是国际投资争端解决中心(The International Center for Settlement of Investment Disputes, ICSID)、联合国国际贸易法委员会(United Nations Commission on International Trade Law, UNCITRAL)、设在曼谷的地区仲裁中心或者东盟内的地区仲裁中心,或者是任何争议双方同意、为了仲裁而指

[1] 参见《对外投资合作国别(地区)指南:泰国(2022年版)》。

定的机构。

若当事人双方在协议内容中没有规定仲裁使用的法律，仲裁委员会可以根据泰国的法律来进行裁决。

二 争议解决常见问题及注意事项[1]

(一)民事司法裁决的承认与执行

1994 年 3 月 16 日，中泰两国在北京签署了《关于民商事司法协助和仲裁合作的协定》。《关于民商事司法协助和仲裁合作的协定》共分三部分，共计 23 条。其中第一部分为司法协助，包括总则、送达司法文书、调查取证；第二部分为仲裁合作；第三部分为解释、生效和废止。《关于民商事司法协助和仲裁合作的协定》一式两份，均用中文、泰文和英文写成，3 种文本同等作准，如有分歧，以英文文本为准。

1. 司法协助

(1)司法协助的范围。在民商事的送达文书以及调查取证方面，缔约双方同意相互合作。其中缔约一方的国民在缔约另一方境内时，享有与缔约另一方国民同等的司法保护，并可在同等条件下，自由地诉诸法院并出庭参加诉讼。

(2)司法救助和诉讼费用的免除。在同等条件下和相同范围内，缔约一方的国民在缔约另一方境内享有司法救助、减交或免交诉讼费用的权利。缔约双方相互免费执行送达请求书和调查取证请求书，但不包括鉴定费用以及按照该协定第 17 条第 2 款请求提供译文的翻译费用。

(3)司法协助的途径。除该协定另有规定外，对于请求和提供司法协助，应通过双方的中央机关进行。中央机关在中华人民共和国指的是司法部，即司法协助局，在泰王国是指司法部，即司法事务办公室。

(4)文字。送达请求书和调查取证请求书应用英文书写。有关附件应附有英文或被请求的缔约一方官方文字的译文，并连同送达请求书和调查取证请求书原件一并转递给被请求的缔约一方的中央机关。

2. 送达司法文书

(1)请求的提出。发出文书的缔约一方的中央机关向缔约另一方的中央机关递

[1] 参见中国国际贸易促进委员会、中国经济信息社主编：《"一带一路"国别法律研究》第 6 辑，新华出版社 2019 年版。

交送达请求书,不需要认证或其他类似手续。送达请求书应附有请求送达的文书或其副本。

(2)送达请求书的内容。送达请求书除附有关文书外,还应载明如下事项:提出送达请求书的法院的名称和地址;需要进行该项送达的诉讼的性质;诉讼当事人和他们可能有的代理人的姓名和地址;受送达人的姓名和地址;有必要指明的其他事项,如有关送达文书的性质,对送达的要求或者使用的特殊形式。

(3)请求的执行。按照本协定的规定适当提出的送达请求书应当予以执行,但下列情况除外:由于受送达人不在其住所或居所地或无法找到此人或类似原因不能执行;被请求的缔约一方认为送达请求书的执行有悖其公共秩序或损害其主权或安全。如果请求未予执行,被请求的缔约一方的中央机关应尽快将不予执行的原因通知提出请求的缔约一方的中央机关。送达司法文书的请求书应当按照被请求的缔约一方法律规定的方式或提出请求的缔约一方特殊要求的方式迅速予以执行,但以该种特殊要求的方式不违背被请求的缔约一方的法律为限。证明司法文书的送达,应提供表明文书已经送达并注明送达方式和日期的被请求的缔约一方中央机关出具的证明以及可能有的经收件人签名并注明日期的回执正本。

3. 调查取证

(1)调查取证的范围。缔约一方的法院可以根据本国的法律规定以请求书的方式请求缔约另一方主管机关就民事或商事案件调查取证。调查取证请求书用以调取用于司法程序的证据。

(2)调查取证请求书的内容。调查取证请求书除了应附有关文书外,还应载明下列事项:需要进行该项调查取证的诉讼的性质;提出调查取证请求书的法院的名称和地址;证人或受送达人的姓名和地址;诉讼当事人和他们可能有的代理人的姓名和地址;需予以验查的文书或财产;有必要指明的其他事项,如与调查取证有关的事实情况,需向被调查人询问的问题,需以宣誓、确认或者其他特殊方式提供证据的要求。

(3)通知及出席的权利。在执行调查取证请求书时,被请求的缔约一方的中央机关或法院应根据请求将即将进行的调查取证的时间和地点适当地通知提出请求的法院为此目的指定的任何人以及提出请求的缔约一方的中央机关。调查取证时,可允许提出请求的缔约一方的诉讼当事人或其代理人出席。当事人及其代理人在参加上述活动时应遵守被请求的缔约一方的法律。

(4)证人的特权与豁免。在执行调查取证请求书时,根据以下法律享有特权、豁免或有义务拒绝作证的有关人员可拒绝作证:被请求的缔约一方法律,或提出请求的缔约一方法律,且该特权、豁免或义务已经在调查取证请求书中表明,或应被请求的缔约一方的中央机关的要求已经由提出请求的缔约一方的中央机关向其确认。

(5)请求的拒绝。按照本协定的规定提出的调查取证请求书应当予以执行,但下列情况除外:调查取证请求书的执行不符合被请求的缔约一方的司法权限;要对其调查取证的人不在其住所或居所地或无法找到此人或类似原因不能执行;被请求的缔约一方认为请求书的执行有悖其公共秩序或损害其主权或安全。被请求的缔约一方不得仅因为其国内法对该项诉讼标的规定了专属管辖权,或其国内法不允许对该诉讼标的享有起诉权而拒绝执行。

4. 仲裁的合作

(1)合作的范围。缔约双方同意将仲裁作为解决商事和海事争端的一种方式加以促进。缔约双方应当鼓励各自领域的仲裁机构,应缔约另一方的请求提供仲裁员名单、资料和为进行仲裁程序的方便及便利。

(2)仲裁裁决的承认与执行。缔约一方应根据1958年6月10日在纽约缔结的《承认及执行外国仲裁裁决公约》承认与执行在缔约另一方领土上做出的仲裁裁决。

5. 解释、生效和废止

(1)争议的解决。因解释和实施本协定引起的任何争议应当通过外交途径协商或谈判解决。

(2)批准和生效。协定须经批准,此批准书在曼谷进行互换。本协定在交换批准书之日后的第30天发生效力。

(3)终止。本协定自缔约任何一方通过外交途径向缔约另一方书面提出希望终止的通知之日起1年后失效。本协定的终止不损害在终止之日前开始的任何司法程序。

(二)商事仲裁裁决的承认与执行

泰国是《日内瓦仲裁条款议定书》、《关于执行外国仲裁裁决的公约》及《承认及执行外国仲裁裁决公约》的成员,泰国于1959年无条件加入《承认及执行外国仲裁裁决公约》,1960年3月泰国军政府制定相关法令使公约以国内法形式生效,但当时由于军政府掌权,没有设立国会,所以,一些法学家认为由于泰国国会从未正式承认该公约,因而泰国并非公约成员,但泰国法院和执业律师一般认为泰国是该公约的成员并遵守公约规定。

1. 承认与执行仲裁裁决的范围

泰国并未对《承认及执行外国仲裁裁决公约》做互惠保留,所以,所有的外国仲裁裁决均可适用公约，不论作出裁决的国家是不是公约成员，按照2002年《仲裁法》第二十三编规定执行国内仲裁相对简单。根据1958年《承认及执行外国仲裁裁决公约》的规定，如果一方当事人在泰国没有足够的资产来履行仲裁裁决，其仍可向任何有足够财产的公约成员申请执行该仲裁裁决。[1]

1987年《仲裁法》第6章按《关于执行外国仲裁裁决的公约》和《承认及执行外国仲裁裁决公约》要求规定了如何执行外国仲裁裁决，《仲裁法》中并未使用"外国仲裁裁决"一词而是称为"由外国仲裁员做出的仲裁裁决"，外国仲裁员定义为"全部或主要在泰国国外做出的或该仲裁当事人任一方都不是泰国公民"的仲裁员。因此，仲裁当事人中有一方为泰国公民的，所做出的仲裁裁决按照泰国法不被认为是外国仲裁裁决。

1986年12月2日，中国于第六届全国人民代表大会常务委员会第十八次会议上，决定加入《承认及执行外国仲裁裁决公约》，并作了互惠保留和商事保留声明。1987年4月22日，该公约对中国生效。也就是说，中国只承认和执行来自缔约方且所解决的争议依中国法律属于商事关系的仲裁裁决。按照最高人民法院1987年4月10日发布的《最高人民法院关于执行我国加入的〈承认及执行外国仲裁裁决公约〉的通知》，所谓"契约性和非契约性商事法律关系"，具体是指由于合同、侵权或者根据有关法律规定而产生的经济上的权利义务关系，如财产租赁、货物买卖、技术转让、工程承包、加工承揽、合资经营、合作经营、勘探开发自然资源、保险、信贷、劳务、代理、咨询服务和海上、民用航空、铁路、公路的客货运输以及产品责任、环境污染、海上事故和所有权争议等，外国投资者与东道国政府之间的争端除外。同时，申请中国法院承认和执行在另一缔约方领土内做出的仲裁裁决，仅限于《承认及执行外国仲裁裁决公约》对中国生效后做出的裁决，且应由仲裁裁决的一方当事人提出。

2. 申请承认与执行仲裁裁决的具体程序

根据《承认及执行外国仲裁裁决公约》的约定，当事人申请承认与执行外国仲裁裁决时，应向执行法院提交经公证的裁决书以及仲裁协议的正本经认证的副本。如果裁决书或仲裁协议所使用的语言不是裁决执行地国家语言，则申请人应当提供此项语言的文本，但申请承认和执行的程序依据被申请地的国内法。泰国于2002年对《仲裁法》进行了修改，修改内容如下：1987年《仲裁法》关于本地仲裁裁决和外国

[1] 参见李莉、乔欣编著：《东盟国家商事仲裁制度研究》，中国社会科学出版社2012年版，第142页。

仲裁裁决适用不同的执行程序的规定，以及在确信大多数仲裁都是国内仲裁的基础上对相关用语进行了定义。2002 年《仲裁法》允许当事人在收到裁决书 3 年之内提起执行之诉，这使仲裁裁决有可能受到法院更严格的审查。

在仲裁裁决是由外国作出的情况下，只有该国受到泰国为缔约方的条约、公约或国际协定的约束，且只应在泰国同意受约束的范围内发生效力，主管法院才执行该裁决。申请仲裁裁决的一方当事人应当在该裁决可被执行之日起的 3 年内向主管法院提出申请，法院收到申请后应立即进行询问并作出判决，法院可以拒绝执行无论是在何国境内做出的裁决，如果基于裁决的执行被提出要求的一方当事人能够证明：

(1) 仲裁协议的一方当事人根据法律适用法欠缺行为能力；

(2) 根据当事人所同意适用的法律，或在当事人没有约定适用法律时，根据泰国法律，仲裁是无效的，仲裁协议没有法律约束力；

(3) 被申请执行一方当事人未获得指定仲裁庭或仲裁庭开庭的预先通知，或者无法陈述其案情；

(4) 该争议非仲裁协议范围内之争议；

(5) 仲裁庭的组成或仲裁程序与仲裁协议不相符；

(6) 仲裁协议尚未生效或被撤销、终止。

3. 当事人能够对法院承认执行仲裁裁决的决定提起上诉的情形

泰国法律下，对涉及法院仲裁裁决承认和执行决定的上诉理由仅限于以下几种：

(1) 承认或执行该仲裁裁决将违反泰国公共秩序或公序良俗；

(2) 该判决与仲裁裁决不相符；

(3) 审判该案法官在判决中给出了反对意见；

(4) 该命令是就临时措施做出的；

(5) 对根据本法做出的命令或判决的上诉应视情况向最高法院或最高行政法院做出。

综上所述，泰国的纠纷一般是通过仲裁和诉讼等形式解决。仲裁是常用的国际纠纷解决手段，在泰国也可以适用。目前适用的法律和规则主要有《泰国商事仲裁法》《仲裁法》《司法部仲裁机构仲裁规则》以及泰国同有关国家签订的双边仲裁协定。

三 相关案例

1. 案情简介

DSM 公司于 2022 年 2 月 17 日与 YF 公司签订海运服务合同，并由 S 公司作为 YF 公司的担保人，DSM 公司就合同项下的货物向 P 保险公司投保。合同约定由 YF 公司作为承运人，将 DSM 公司的货物由泰国某码头运输至美国某码头。但由于 DSM 公司未对货物进行妥善包装，货物装船前 YF 公司聘请的第三方检验机构出具了货物受损、包装不善的检查报告，船方也出具了简单的货物残损清单。2023 年 5 月 12 日，装有 DSM 公司货物的轮船在抵达美国某码头后，发现货物受损，收货方聘请第三方检验机构出具了详细的验货报告，DSM 公司遂要求 YF 公司和 S 公司共同赔偿相关损失并支付相应利息。2023 年 10 月，DSM 公司根据双方签订的服务合同的规定，向泰国仲裁协会（TAI）提出仲裁申请，其后因 DSM 公司转让相关权益，P 保险公司申请加入仲裁进行代位求偿。TAI 于 2024 年 4 月 17 日作出裁决：由于装船前的两份检查报告中均未将货物损坏位置、数量和损坏程度逐一进行标注，而到达后的查验报告中记载的货物损坏情况明显比装船前报告中的多且严重，所以仲裁员认为这部分加重的损失是由于 YF 公司在运输中没有安排使用合适的衬垫保护货物导致的，因此裁定 P 保险公司有权向 YF 公司和 S 公司收取 2.7 万美元赔偿和自仲裁裁决生效之日起按年利率 5% 计算的利息。

2. 案例分析

本案中发生纠纷的各方实际上都是中资企业，因在合同中约定了 TAI 仲裁条款而在泰国通过仲裁解决了争议。

中资企业对泰投资过程中，若与泰国企业发生争议，属于平等主体之间的商事纠纷，可以根据之前合同的约定进行仲裁解决。而中国国际经济贸易仲裁委员会是中资企业与外资企业之间约定选择仲裁时的一个仲裁受理机构。

仲裁是目前国际商事纠纷解决当中较为完善的一种争议解决方式，但是提起仲裁的前提是要争议双方之间有仲裁协议或者在合同中约定选择仲裁条款。因此，中资企业在对外投资过程中，前期要注意明确争议解决方式，选择仲裁或者诉讼均要符合相关的规定，只有明确地选择了争议解决方式，双方企业才能更好地维护自己的合法权益。

附录 1:贸易投资相关机构信息[1]

(一)中国驻泰王国大使馆经商处

地址:57 Rachadaphisek Rd. ,Dindeang,Bangkok 10400 泰国曼谷拉差达披色路 57 号,10400

电话:0066 – 2 – 2457038

传真:0066 – 2 – 2472123

电邮:th@ mofcom. gov. cn

(二)中国驻泰国宋卡总领馆

地址:NO. 9Sadao Road,Songkhla 90110,Thailand 泰国宋卡沙岛路 9 号

电话:0066 – 7 – 4322034/325045

传真:0066 – 7 – 4323772

(三)中国驻泰国清迈总领馆

地址:111 Changloh Road,Haiya District,Chiangmai 50100,THAILAND 泰国清迈昌罗路 111 号

电话:0066 – 5 – 3280380

传真:0066 – 5 – 3274614

(四)中国驻泰国孔敬总领馆

地址:142/44 Moo2,Rob – Bueng Rd. ,Muang,Khon Kaen 40000 Thailand

电话:0066 – 4 – 3001770

传真:0066 – 4 – 3227037

(五)中国国际贸易促进委员会驻泰国代表处

地址:Unit 1,22nd Floor,Capital Tower,87 Wireless Road,Phatumwan,Bangkok 10330,Thailand 泰国曼谷无线电路 87 号长春广场资本大厦 22 层 1 单元

电话:0066 – 20693082;0066 – 20693081;0066 – 908140608

电邮:ccpitthai@ ccpit. org

(六)泰国促进投资委员会办公室(Office of the Board of Investment)

地址:555Vibhavadi – Rangsit Road,Chatuchak,Bangkok 10900,Thailand

[1] 相关信息截至 2024 年 3 月仍有效,若有变化,请以变化后信息为准。

电话:0066 - 2 - 5378111 - 55

传真:0066 - 2 - 5378177

电邮:head@ boi. go. th

网址: www. boi. go. th

(七)泰国 OSOS 一站式投资服务中心

电话:0066 - 2 - 2091100

传真:0066 - 2 - 2091199

电邮:osos@ boi. go. th

网址:osos. boi. go. th

(八)泰国签证及工作证一站式服务中心(One - Stop Service Center for Visas and Work Permits)

地址: 18th Fl, Chamchuri Square Building, Phayathai Rd, Pathumwan, Bangkok 10330, Thailand

电话:0066 - 2 - 2091100

传真:0066 - 2 - 2091194

(九)泰国中国企业总商会

地址:NO. 1168/76 E Lumphini Tower Condominium, 26th Floor Rama 4 Road, Thungmahamek Sub - district, Sathorn District, Bangkok 10120

电话:0066 - 2 - 6799918

传真:0066 - 2 - 6799912

电邮:cegat2001@ gmail. com

附录 2：泰国与对外贸易相关的法律法规

法律类别或管辖领域	法律名称
商业及对外贸易法律	1. 出口商品标准法 2. 商会法 3. 商业协会法 4. 外商经营企业法 5. 货物进出口法 6. 专利法 7. 仲裁法 8. 商标法 9. 反倾销和反补贴法 10. 竞争法 11. 电子商务法 12. 不公平合同条款法
管理与金融法律	1. 货币兑换法 2. 货币法 3. 商业银行法 4. 财务公司、证券公司及信托公司经营法 5. 证券与证券交易法
运输法律	1. 航空法 2. 出口商品标准法 3. 植物扣留法 4. 陆上运输法 5. 海商促进法 6. 船舶相撞法 7. 货物进出口控制法 8. 关税法 9. 船舶扣押法 10. 海上运输法

续表

法律类别或管辖领域	法律名称
民事法律	1. 破产法 2. 税法典 3. 民商法典 4. 大众有限公司法 5. 知识产权与国际贸易法院与国际贸易诉讼法 6. 货物与服务贸易价格法 7. 农业产品期货买卖法
土地、农业及不动产法	1. 工业园法 2. 工厂法 3. 工商用地租赁法
刑事法律	1. 注册无限公司、两合公司、有限公司、社团和基金会犯罪法 2. 外国人登记事务法 3. 外国人就业法 4. 洗钱防治法

第二部分

新加坡篇

第一章 新加坡基本概况

一 新加坡简况

新加坡古称淡马锡，经英国殖民后于1963年加入马来西亚联邦，于1965年独立后成立新加坡共和国。新加坡是一个总面积约为733平方公里的热带花园城市国家，由新加坡岛及附近63个小岛组成，其中新加坡岛占全国面积的88.5%，地理位置位于马来半岛南端、马六甲海峡出入口，处于“海上十字路口”。2022年新加坡国内生产总值约为4663亿美元，总人口约564万人。英语、华语、马来语（Bahasa Malaysia）、泰米尔语为官方语言，英语为行政用语。

新加坡共与193个国家建立了外交关系。新加坡于1967年作为发起国之一与印度尼西亚、马来西亚、菲律宾和泰国组成东盟。目前，新加坡已与多国签署双边自由贸易协定，已加入《全面与进步跨太平洋伙伴关系协定》、《区域全面经济伙伴关系协定》，与新西兰、智利发起《数字经济伙伴关系协定》。新加坡也是联合国、WTO、世界卫生组织、英联邦、亚太经合组织、亚欧会议以及东亚—拉美合作论坛成员之一。新加坡还积极推动《亚洲地区政府间反海盗及武装劫船合作协定》的签署，根据该协定设立的信息共享中心于2006年11月正式在新加坡成立。

二 行政区划与政治环境

1. 行政区划

新加坡将全国划分为5个社区（行政区），由相应的社区发展理事会（以下简称社理会）管理。5个社理会按照地区划分，定名为东北、东南、西北、西南和中区社理会，这5个社区再进一步分为31个选区，包括14个单选区和17个集选区。

2. 政治制度

新加坡的政治体制参照了英国的西敏斯特制。新加坡实行议会共和制。总统为国家元首,由全民直接选举产生,任期为 6 年。新加坡议会实行一院制,任期 5 年,国会由民选的国会议员及总统特别委任的非民选的官方议员组成,国会与总统共同构成了完整的新加坡立法机构。选举中多数党的党魁由总统委任成为政府总理,再由总理推荐内阁部长和部门首长,经总统任命后组成内阁与政府,政府对国会负责,并接受国会的监督与质询。国会可提前解散,大选须在国会解散后 3 个月内举行。年满 21 岁的新加坡公民都有投票权。

目前新加坡登记政党共 39 个,包括:人民行动党(The People's Action Party)、工人党、人民联合党、民主联合党、人民阵线、民主进步党、新加坡民主党等,其中,人民行动党是新加坡的执政党,现有党员约 1.5 万人。

3. 政府机构

新加坡政府共设有 16 个部,分别为:通讯及新闻部,文化、社区与青年部,国防部,教育部,财政部,外交部,卫生部,内政部,律政部,人力部,国家发展部,社会和家庭发展部,总理公署,永续发展与环境部(Ministry of Sustainability and the Environment, MSE),贸易与工业部(以下简称贸工部),交通部。其中,贸工部是新加坡的商务主管部门,其主要职能是从宏观角度促进经济部门发展、创造更多就业、指导国家经济发展方向等。

此外,新加坡设有 65 个法定机构,这是根据国会通过的法令,以法律程序设立的具有特殊功能的半官方管理机构,由除国防部和外交部以外的各政府职能部门分管,如贸工部下属科技研究局、经济发展局(Economic Development Board,EDB,以下简称经发局)、裕廊集团、旅游局、能源市场局、旅馆执照局、圣淘沙发展集团等。

三 法律体系

新加坡是普通法系国家。根据 1993 年《新加坡适用英国法律法》(Application of English Law Act)第 3 条的规定,新加坡接受英国的普通法和衡平法作为新加坡法律,同时,根据新加坡的实际情况,保留对该等法律进行更改和修正的权利。新加坡的成文法由国会经过立法程序通过,由总统颁布,有时也授权政府机构制定细节规章。

新加坡的法院分为最高法院(Supreme Court)、国家法院(State Court)和家事法院(Family Justice Court)。

最高法院由上诉法院和高等法院组成，其中，上诉法院是新加坡的最高级别法庭，负责审理来自对高等法院和国家法院各类法庭的民事和刑事案件的上诉；高等法院包括普通法庭、上诉法庭、新加坡国际商事法庭，其审理权限是争议超过25万新加坡元(以下简称新元)的一审案件，以及来自国家法院各法庭的上诉案件。

国家法院包括地区法庭、推事法庭、验尸庭、小额索偿法庭、社区纠纷解决法庭、雇用纠纷索偿庭。家事法院处理家事案件和包含青少年罪犯的刑事案件，由家事法庭、青少年法庭和高等法院的家事庭组成。

另外，新加坡国际仲裁中心以及其他仲裁机构为国际及国内的商业仲裁提供有关的服务并鼓励以仲裁及调解方法解决商业纠纷，以避免法庭诉讼。

四 经济概况

新加坡自然资源匮乏，经济属外贸驱动型经济，以电子、石油化工、金融、航运、服务业为主，高度依赖中、美、日、欧和周边市场。

新加坡工业主要包括制造业和建筑业，其制造业产品主要包括电子、化学与化工、生物医药、精密机械、交通设备、石油、炼油等领域的产品，是世界第三大炼油中心。新加坡农业用地占国土总面积的1%左右，产值占国民经济不到0.1%，绝大部分粮食、蔬菜从马来西亚、中国、印度尼西亚和澳大利亚进口。新加坡服务业包括金融服务、零售与批发贸易、饭店旅游、交通与电讯、商业服务等，系经济增长的龙头。新加坡旅游业是外汇主要来源之一。交通运输发达，设施便利，是世界重要的转口港及联系亚、欧、非、大洋洲的航空中心。

新加坡官方货币为新元。

1. 对外贸易

对外贸易是新加坡国民经济重要支柱。2022年对外货物贸易总额约13,650亿新元(约合9891.3亿美元)，其中出口约7100亿新元(约合5144.9亿美元)，进口6550亿新元(约合4746.4亿美元)。主要进口商品为电子真空管、原油、加工石油产品、办公及数据处理机零件等。主要出口商品为成品油、电子元器件、化工品和工业机械等。主要贸易伙伴为：中国、马来西亚、美国。

2. 对外投资

新加坡推行区域经济发展战略，大力向海外投资。截至2021年年底，对外直接投资累计达 1.24 万亿新元(约合 9185 亿美元),主要集中在金融服务业和制造业。主要直接投资对象国为中国、印度尼西亚、马来西亚、澳大利亚、英国。

3. 外来投资

截至 2021 年年底,新加坡共吸引海外直接投资 2.44 万亿新元(约合 1.81 万亿美元),多集中在金融服务业和制造业。主要直接投资来源国为美国、日本、英国、荷兰、中国。

第二章

贸易投资情况基本概述

一 双边贸易

作为外贸依存度高、受益于贸易自由化的经济体,新加坡一直致力于与更多经济体签订自贸协定,并积极倡导和推进东盟与其他经济体达成自贸协定等贸易便利化安排。经新加坡企发局统计,目前,新加坡共签署了27个多、双边自贸协定。

中新双边经贸往来由来已久。自1990年10月建交以来,中国与新加坡签署了一系列双边协定。中国与新加坡于2008年10月签署了《中华人民共和国政府和新加坡共和国政府自由贸易协定》,新加坡是首个同中国签署全面自贸协定的东盟成员。根据协定,新加坡已于2009年1月1日起取消全部自中国进口商品的关税;中国也于2010年1月1日前对97.1%的自新加坡进口产品实现"零关税"。2019年10月,《中华人民共和国政府与新加坡共和国政府关于升级〈自由贸易协定〉的议定书》正式生效,除对原协定的原产地规则、海关程序与贸易便利化、贸易救济、服务贸易、投资、经济合作等6个领域进行升级外,还新增了电子商务、竞争政策和环境3个领域。

据中国海关数据,2021年,中国与新加坡货物进出口额为939.2亿美元,比2020年增长5.2%。据新加坡官方统计,2021年中国是新加坡第一大贸易伙伴、第一大出口市场和第一大进口来源地。

二 货物贸易

1. 进出口额

2021年,新加坡货物贸易额为11,599.6亿新元。其中,出口额为6140.8亿新元;进口额为5458.8亿新元;贸易顺差682亿新元。

2.贸易伙伴

新加坡货物贸易伙伴主要集中在邻近的东南亚地区以及中国、日本、韩国和美国。2021年主要出口市场为:中国、美国、马来西亚、印度尼西亚、日本、韩国和泰国;主要进口来源地为:中国、马来西亚、美国、日本、韩国、印度尼西亚和法国。

三 服务贸易

1.服务贸易额

2021年,新加坡服务贸易额为6122亿新元,同比增长6.8%。其中,出口额为3088.2亿新元,同比增长6.7%;进口额为3033.8亿新元,同比增长6.8%。

2.贸易伙伴

2020年,新加坡服务贸易主要出口目的地为欧盟、美国、日本、澳大利亚、东盟、中国;服务贸易主要进口来源地为美国、欧盟、东盟、日本。

3.服务出口类别

2021年,新加坡服务贸易主要出口类别为:商业服务(占32.3%)、运输服务(占29.6%)、金融服务(占16.2%)、通信信息服务(占8.1%)。

第三章 贸易法律制度及法律风险

一 贸易主管部门

新加坡贸工部负责制定整体贸易政策。新加坡企发局，是隶属于贸工部的法定机构，是新加坡对外贸易主管部门。企发局下设贸易促进部，并分设商务合作伙伴策划署和出口促进署，主要职责是宣传新加坡作为国际企业都会的形象以及提升以新加坡为基地的公司的出口能力。

二 货物贸易的法律规定

新加坡与贸易相关的主要法律包括《商品对外贸易法》、《进出口管理法》、《商品服务税法》、《竞争法》、《海关法》、《商务争端法》、《自由贸易区法》、《商船运输法》、《禁止化学武器法》和《战略物资管制法》等。

1. 贸易管理相关基本规定如下：

(1)开展进出口和转运业务的基本条件

①必须在新加坡建立一家公司，并在会计与企业管理局注册。

②注册公司后，须向新加坡关税局免费申请中央注册号码。中央注册号码将允许申请人通过贸易交换网系统[1]提交进出口和转运准证申请。

(2)货物进口

货物进口到新加坡前，进口商需通过贸易交换网向新加坡关税局提交准证申请。如符合有关规定，新加坡关税局将向进口商签发新加坡进口证书和交货确认

[1] 贸易交换网(TradeXchange)系统是新加坡的贸易电子信息交换系统，公共和私营部门均可在此平台上交换电子贸易数据和信息。在新加坡开展进出口或转运业务必须在贸易交换网上获得相关业务准证。

书,以保证货物真正进口到新加坡而没有被转移或出口到被禁止的目的地。一般情况下,所有进口货物都要缴纳消费税。如果进口货物是受管制的货物,必须向相关主管部门提交准证申请并获得批准。[1]

(3)货物出口

非受管制货物通过海运或空运出口,必须在出口之后3天内,通过贸易交换网提交准证申请。受管制货物,或非受管制货物通过公路和铁路出口的,需要在出口之前通过贸易交换网提交准证申请。出口受管制货物还必须事先取得相关主管机构的批准或许可。[2]

(4)货物转运

所有从一个自由贸易区转运至另一个自由贸易区的货物,或在同一个自由贸易区内转运受主管部门管制的货物,必须事先通过贸易交换网取得有效的转运准证才能将货物装载到运输工具上。

2. 进口商品检验检疫相关规定和程序

新加坡对进口商品检验检疫的标准和程序十分严格,针对不同类型商品设立了对应的机构负责检验检疫。

(1)农产品和食品检验

负责进口食品检验的是新加坡食品局(Singapore Food Agency,SFA)。农产品和食品的进口商须向新加坡食品局申请,获得进口执照后才能在新加坡从事农产品和食品进口业务。新加坡食品局定期检验所有进口食品。[3]

(2)动物检疫

负责动物检验检疫的部门是新加坡动物和兽医服务局(Animal & Veterinary Service,AVS)。所有进入新加坡的动物都必须接受新加坡动物和兽医服务局的检查。

(3)植物检疫

负责植物检验检疫的部门是国家公园局(National Parks,NParks)。携带植物入境需提供输出国出具的植物检疫证书,得到国家公园局许可,并接受入境后的检查、隔离或采样。受《濒危野生动植物种国际贸易公约》保护的濒临绝种的植物,必须备

---

〔1〕 See *Controlled & Prohibited Goods for Import*, Singapore Customs, www. customs. gov. sg/businesses/importing – goods/controlled – and – prohibited – goods – for – import.

〔2〕 See *Controlled & Prohibited Goods for Export*, Singapore Customs, www. customs. gov. sg/businesses/exporting – goods/controlled – and – prohibited – goods – for – export.

〔3〕 具体细则参见 Singapore Food Agency 网,www. sfa. gov. sg/food – import – export。

有《濒危野生动植物种国际贸易公约》的许可证方可进口。

(4)药品、化妆品检验

负责进口药品、化妆品等商品检验的部门是卫生科学局(Health Science Authority,HSA)。根据《药品法》、《有毒物质法》和《滥用药物法》,新加坡所有从事药品进口、批发、零售以及出口的经营者需向卫生科学局取得相关许可方可开展业务。进口药品和化妆品前,需向卫生科学局如实申报其成分、疗效等相关信息,获得批准后方可进口。卫生科学局对进口相关产品进行抽检,一旦检测结果与申报不符,即取消其经营相关产品的资格。

3. 海关管理相关制度

新加坡海关是新加坡财政部的下属部门,是贸易便利化和执行税收的牵头机构。新加坡海关负责维护《海关法》及贸易相关法律,以使国际社会建立起对新加坡对外贸易体系的信任,促使贸易便利化并保护税收。

新加坡海关管理的主要法律法规包括《海关法》、《货物和服务税收条例》、《进出口管理法》、《自由贸易区法》和《禁止化学武器法》等。

新加坡《海关法》规定,进口商品分为应税货物和非应税货物,应税货物包括石油、酒类、烟类和机动车辆四大类商品,非应税货物为上述四大类商品之外的所有商品。应税货物和非应税货物进口到新加坡都要征收7%的消费税,应税货物除征收消费税外,还需征收国内货物税和关税。

根据2008年10月中新签署的《中国—新加坡自由贸易区协定》,新加坡对从中国进口的应税货物税率给予了优惠安排。

三 贸易法律风险及防范建议

(一)严格遵守新加坡贸易相关法律法规的规定

新加坡对法律的执行较为严格,在与新加坡贸易中,一定要特别关注并遵守新加坡法律法规中对于国际贸易的相关规定,才能尽可能地防范相关法律风险。

(二)注意把控贸易合同相关风险

除遵守新加坡贸易相关法律法规的规定外,在与新加坡贸易过程中,还应注意把控贸易合同签署、履行中的相关风险。具体如下:

1. 在签约之前进行风险评估与审查,尤其是与新客户进行首次或初期合作时,更应当对其进行全面系统的风险评估和审查,尽最大努力避免国际贸易诈骗事件的发生。审查范围主要包括交易对方的身份信息、信用状况、财务状况等，对对方的履约资质、履约能力进行评估，最大限度防止因对方破产、欺诈等情况遭受损失。

2. 在合同签订过程中，需要审查代理人权限、合同重点条款的约定，确保合同签署合法、有效，避免出现无权、越权代理，对方恶意拖欠甚至因管辖不明导致索赔困难等情况。合同重点条款通常包括产品质量、结算方式、支付、贸易术语、适用法律与管辖等。

3. 在合同履行过程中，应严格遵守合同的约定，对于对方的违约行为，要及时要求对方纠正或补救，若通过协商无法解决，建议及时依据合同约定提起仲裁或诉讼。

（三）重视保险对风险防范的巨大作用

在国际贸易中，货物和钱款通常会跨越2个或以上的国家，如果发生纠纷，不管是通过诉讼、仲裁或者其他途径维权都需要耗费非常大的成本。新加坡与中国目前还不能实现跨境诉讼判决的直接承认与执行，仲裁裁决的承认与执行也需要到当地法院进行，常常会导致企业花费巨大成本后仍然难以挽回损失。在这样的情况下，企业应重视保险的作用，尤其是在货物出口时，如果购买了出口信用保险，一旦买方出现不付款的情况，企业就可以快速获得理赔，从而能够避免大部分损失的发生。

四 相关案例

《ICC跟单信用证统一惯例》的适用对信用证开证行兑付的影响

——Grain sand Industrial Products Trading Pte Ltd.
与 Mumbai Fort Branch of Indian Bank 纠纷案

1. 案情简介

Varun Industries Limited（Varun）向 Grain sand Industrial Products Trading Pte Ltd.（GRIPT）购买了一定量的大豆。通过 Varun 的申请，Mumbai Fort Branch of Indian Bank（孟买银行）信用证开证行于2012年2月24日开立了指定 GRIPT 为受益人的信用证，该信用证规定了《ICC 跟单信用证统一惯例》（UCP 600）的适用性，并依据 UCP 600 有关条款指定 Bank of India 的新加坡分行（以下简称印度银行）为信用证指定银行。

该信用证规定到期日（付款日期）为2012年8月22日，有效期至2012年3月

25 日。GRIPT 为了能够在到期日前收到款项，于 2012 年 3 月 16 日经由其代理人，Standard Chartered Bank of Singapore，向印度银行申请议付并交单。印度银行以 GRIPT 须在该行开办现金账户才可以议付为由拒绝议付。之后双方就议付事宜持续沟通，其间，印度银行于 2012 年 4 月 18 日，即信用证过期后的半个月后，第一次将 GRIPT 递交的申请议付的交单文件转递给孟买银行。而孟买银行在收到交单后，以过期为由拒绝支付信用证款项。于是一审原告 GRIPT 起诉印度银行和孟买银行，而孟买银行和印度银行也互相起诉对方。

本案例主要讨论该案上诉至新加坡上诉庭时，GRIPT 与孟买银行就 GRIPT 在 2012 年 3 月 16 日经由代理人的交单行为是否构成有效交单并使孟买银行作为开证行有责任于付款日向 GRIPT 兑付信用证下款项这一法律问题。GRIPT 认为，2012 年 3 月 16 日的交单行为为有效交单，其没有义务再次向孟买银行交单。孟买银行认为，2012 年 3 月 16 日的交单行为无效，因为该行 2012 年 4 月 18 日前并没有收到交单，而收到交单时信用证已经过期作废。

上诉庭认为，由于适用 UCP 600，根据 UCP 600 第 7 条的规定，无论受益人的交单对象是开证行还是指定银行，只要该交单符合信用证的规定（相符交单）则开证行必须予以兑付。“交单”在 UCP 600 第 2 条中被定义为“将相关文件递交给开证行或指定银行的行为”，因此，上诉院认为开证行在同意 UCP 600 适用性的同时，实际指定银行作为其交单代理人并授权受益人对指定银行交单，而只要受益人在规定时间内完成对开证行或指定银行相符交单的行为，即使指定银行错误地拒绝交单或拒绝履行其作为交单代理人的责任，开证行都有责任在付款日时为受益人兑付信用证款项，保证受益人的权利不受影响。同时，受益人交单时的目的并不重要。

本案中，GRIPT 在 2012 年 3 月 16 日对印度银行的交单行为虽然是为了申请议付，但其明确表示是根据 UCP 600 规定交单给指定银行，因此，该交单对于孟买银行来说是有效的。上诉庭判定只要受益人完成对开证行或指定银行相符交单的行为，开证行都有责任在付款日为受益人兑付信用证款项。该院同时判定印度银行的行为构成了其对指定银行的身份接受，因此，印度银行作为指定银行有义务在 5 天内决定受益人的交单是否为相符交单，且除非有特殊情况，必须在做出此决定的一个工作日内将交单文件转递给开证行。

2. 案例分析

期望在新加坡进行贸易出口的中资企业应该了解 UCP 600 对卖方在信用证下的权利保护，并且在与新加坡进口方的合作中要求在相关的信用证中明确规定 UCP 600 的适用性，这样便能根据本案的判定，得到 UCP 600 第 7 条的保护，即只需要根据信用证的条款,按时合规地对指定银行进行相符交单,开证行就必须要在付款日期履行兑付义务。UCP 600 第 7 条对卖方的保护并不会因为卖方的交单是出于信用证议付的目的(将信用证“卖”给指定银行以提早获得款项)而失效。但中资卖方必须注意,即使是出于信用证议付目的而交单,在交单时必须写明该交单行为是根据信用证规定,将对方视为指定银行而交单的。这样可以避免法院将交单行为视为不是根据信用证条款交单,而纯粹是为了将信用证转让给指定银行而做出,并据此判定开证行没有兑付义务。

第四章

投资法律制度及法律风险

一 投资法律制度

1. 相关法律法规

新加坡与投资合作相关的法律主要有《公司法》、《合伙企业法》、《企业实体合同法》、《货物销售法》、《进出口管理法》和《竞争法》等。

新加坡引进外资优惠政策的主要依据是《所得税法案》和《经济扩展法案》以及每年政府财政预算案中涉及的一些优惠政策。

2. 市场准入限制

从监管的角度看,在新加坡进行商业活动总体上是十分自由的,除少数有关社会安全、公序良俗和环境保护的行业(如国防工业、化学品、赌场等,以及污染高或附加值低的合板业及成衣业等制造业)和涉及传媒(广播、印刷媒体)、金融、法律服务、住宅产业对外国投资禁止或限制外(需取得有关部门的批准与执照),对外资的运作基本没有限制,给予与内资同等待遇,且无涉及股息的预扣税,免收资本利得税。以下为部分须经特别审批的商业活动:

(1)银行与金融服务业;

(2)保险;

(3)广播;

(4)印刷媒体;

(5)法律服务;

(6)住宅房地产;

(7)农业投资合作;

(8)林业投资合作;

(9)其他行业,如制造业、国际贸易、批发业、贸易相关行业等。

3. 对外国投资方式的相关规定

(1)可投资方式

外国投资者可以通过以下形式在新加坡开展业务活动:公司、分公司、代表处、合伙、有限合伙、有限责任合伙以及独资经营。

(2)外资并购

根据当前新加坡法律,收购新加坡境内的非上市公司一般有2种方式:收购新加坡公司股权(股份收购)和收购新加坡公司业务(业务收购)。其中,业务收购模式下,法律要求收购方必须是新加坡境内注册的公司,即外国投资者不能以境外公司的身份直接对新加坡境内某公司进行业务收购,必须先在新加坡设立新的公司,然后再以新公司发起对目标企业的业务收购。

涉及上市公司、上市注册商业信托和房地产投资信托收购的,还应当遵守《新加坡收购与兼并规则》的规定。《新加坡收购与兼并规则》对上市企业收购前的尽职调查、保密义务、禁止内幕交易义务,谈判中的要约和公开招投标,以及收购完成后的强制收购小股东股份、退市等进行了全面的规定,违反《新加坡收购与兼并规则》可能受到新加坡证券业委员会(Securities Industry Council, SIC)的处罚,包括公开谴责、暂时或永久剥夺参与证券市场的资格。

对于任何类型的企业而言,在进行收购交易时,如果参与股权收购的相关方达到一定规模可能触发经营者集中申报程序。根据新加坡《竞争法》(Competition Act)的规定,当参与合并的企业实体市场份额为40%或以上,或者参与合并的企业实体市场份额在20%至40%,并且其合并前的市场集中度(市场占有率排名前3的公司的市场占有率之和,CR3)为70%以上时,将触发经营者集中申报程序。新加坡对于经营者集中采取自愿申报的方式,参与合并的任一方均可提起申报,并应当在提起申报后告知参与合并的其他各方。采取自愿申报的方式,若未能及时申报,企业并不会受到处罚,但是当新加坡竞争与消费者委员会(Competition and Consumer Commission of Singapore, CCCS)审核后认为经营者故意或由于存在过失而导致该等合并不符合《竞争法》规定时,将对参与集中的竞争者每年的侵权行为处以不超过该企业在新加坡业务营业额10%的罚款,最长可达3年,并可进一步要求经营者按照CCCS指示的方式处置股份、资产或业务。

(3)科技研发合作

新加坡科技研究局负责协调科研机构和其他部门、企业间开展合作。目前,超过2000家企业从科技研究局的各种计划中受惠。

4. 投资安全审查

新加坡对限制外资进入的领域,如广播、印刷媒体等,以及涉及国家安全的领域,如金融、电信等,采取立法限制和许可证制度进行监管和审查。

5. PPP 模式

新加坡财政部于 2004 年颁布了《PPP 手册》(PPP handbook),后于 2012 年进行修改,该手册规定了 PPP 模式交易结构、采购流程和管理有关的原则和指导方针。

6. 新加坡引资体系

新加坡引进外资优惠政策较多,对于新加坡政府推出的各项优惠政策,外资企业基本上可以和本土企业一样享受。

(1)全球贸易商计划。新加坡主要优惠政策包括:企业发展局(以下简称企发局)于 2001 年 6 月启动全球贸易商计划。该计划为符合要求的贸易收入提供 5% 或 10% 的优惠公司税率,为期 3 ~ 5 年。该计划适用于以新加坡为基地从事国际贸易的任何公司。

(2)中小企业优惠。新加坡企业发展局为扶持中小企业发展、鼓励创新,推出了天使投资者税收减免计划、天使基金、孵化器开发计划、标新局起步公司发展计划、技术企业商业化计划、企业家创业行动计划、企业实习计划、管理人才奖学金、高级管理计划、业务咨询计划、人力资源套餐、知识产权管理计划、创意代金券计划、技术创新计划、品牌套餐、企业标准化计划、生产力综合管理计划、本地企业融资计划、微型贷款计划等财税优惠措施。

(3)产业优惠政策。新加坡经发局为鼓励、引导企业投资先进制造业和高端服务业、提升企业劳动力,推出了先锋计划、投资加计扣除计划、业务扩展奖励计划、金融与资金管理中心税收优惠、特许权使用费奖励计划、批准的外国贷款计划、收购知识产权的资产减值税计划、研发费用分摊的资产减值税计划等税收优惠措施,以及企业研究奖励计划和新技能资助计划等财政补贴措施。

二 投资主管部门

新加坡负责投资的主管部门是经发局,成立于 1961 年,是隶属新加坡贸工部的法定机构,也是专门负责吸引外资的机构,具体制定和实施各种吸引外资的优惠政策并提供高效的行政服务。其远景目标是将新加坡打造成为具有强烈吸引力的全球商业与投资枢纽。

新加坡与投资相关许可审批根据领域和性质由不同部门负责。外商到新加坡投资,经发局负责引资并审核投资行业;会计与企业管理局(The Accounting and Corporate Regulatory Authority,ACRA)主管公司设立登记,金融管理局(Monetary Authority of Singapore,MAS)、法律服务监管局(Legal Services Regulatory Authority,LSRA)和企发局分别负责银行金融保险类、法务服务类和其余行业代表处的设立;人力部(Ministry of Manpower,MOM)主管外籍员工及其随行家属的工作或居留许可;永续发展与环境部负责工厂废弃物排放相关许可执照;对于个人投资者,经发局下属机构“联系新加坡”(Contact Singapore)为有意在新加坡定居的个人投资者提供全球商业投资者计划服务(Global Investor Programme)。

三 投资法律风险及防范建议

1. 充分调研,避免盲目投资。新加坡华人比例较高,在语言、传统文化等方面与中国有许多相近之处,因此,中资企业在新加坡投资具备一定优势。但由于两国国情不同,在法律制度、教育体系、思维方式、通用语言、生活习惯等方面存在较大差异。因此,在新加坡开展合作需要做好充分的调查研究,避免盲目投资。可以借助新加坡经发局等官方投资促进机构或专业会计师和律师事务所,全面了解新加坡的法律制度规定,熟悉当地市场环境和用户喜好。

2. 妥善处理与工会的关系。新加坡拥有发达的工会组织体系,致力于保护本国劳动者的权益。新加坡全国职工总会(National Trades Union Congress,NTUC)及其下属的各行业分会拥有较大影响力,经常代表劳动者与雇主或其他组织就工人待遇等问题进行谈判。考虑到这一点,中资企业在新加坡投资时,首先,要充分了解工会组织相关的法律法规,熟悉各工会组织的发展状况、规章制度和运作模式。其次,要严格遵守雇用法律,依法与员工签订劳动合同并制定主要工作条款,按时足额缴纳员工的公积金。

3. 重视保护生态环境。新加坡政府高度重视环境保护,致力于打造生态城市。在吸引外资时,新加坡政府也将重点放在生物医药、高新技术、清洁能源等产业部门,并制定了严格的环保标准和法律法规。中资企业赴新加坡投资前,要了解新加坡政府关于环境保护的各项要求,并做好充分的预算。尤其是生产型企业,在生产活动及日常生活中要按照规定做好环保工作。

4. 重视投资后的经营规划，建立良好的关系网络。在全球化背景下，中新两国合作日益广泛。新加坡投资环境良好，对中资企业的投资吸引力较大。中资企业赴新投资时，建议从以下方面着手：一是打造有特点的产品和服务，以便在激烈竞争中脱颖而出；二是准备好应对截然不同的经商环境，并关注当地政局动态；三是应与当地的利益相关者建立联络网，培养了解当地市场与文化差异的人才。除了向企发局寻求援助，企业也可参与商团商会主办的培训课程和组建的海外考察团，从而熟悉当地环境，寻找合作伙伴，做好开拓新市场的准备。

四 相关案例

上市公司拒绝转换可转债情况下的损失赔偿

——Ng Swe Hua 与澳世敦、AIMT 纠纷案

1. 案情简介

被上诉人（原审原告，下同）Ng Swe Hua 在 2006 年 1 月 3 日至 9 月 13 日担任 AIMT 总裁，并在 2006 年 5 月 2 日至 2007 年 1 月 4 日担任澳世敦以及 AIMT 的董事，同时 Ng Swe Hua 在 2006 年 7 月 10 日至 9 月 13 日被任命为澳世敦的 CEO。

2006 年 11 月 3 日，被上诉人向两位上诉人（原审被告，下同）发布了书面通知（转换通知），要求其按照投资协议完成转换已付清的 500 万股原始股票，该通知单于 2006 年 11 月 17 日送达上诉人。上诉人没有直接回复，而委托了律师 Colin Ng 及其团队起草通知，就有关被上诉人的转换通知向其他股东征求同意。然而该通知并没有最终定稿、执行。

2007 年 1 月 4 日，被上诉人辞去在上诉人担任的所有职务，并于 2007 年 3 月 1 日发起了有关投资协议与补充投资协议的强制履行诉讼。

在如何确定上诉人的损害赔偿责任的问题上，新加坡高院判决认为被上诉人的损害赔偿金应当依照“机会丧失”原则计算，即被上诉人的损害赔偿金应当是被上诉人将可转换公司债券转换为股票的机会的价值。根据“机会丧失”原则，因上诉人的不履行而丧失的机会系源于独立的第三人行为时，被上诉人的损失可用获得该“机会利益”的可能性来衡量。在存在真实、重大而非臆想的机会时，即可依此原则计算损害赔偿金。如果不涉及独立第三人行为，被上诉人则必须证明不存在违约。

本案中，被上诉人不能转换股票的损失是由上诉人的违约造成的，与假定的第三人行为无关。被上诉人没有丧失获得转换股票的机会，因为即便上诉人未履行股票转换义务，被上诉人也完全可以高价卖出可转换债券并在股市中购买同等的500万股澳世敦股票。因此，本案只是一般的因未转让股票而造成的违约案件。上诉法官认为，不应该根据“机会丧失”原则来计算损害赔偿金，应当由提交上诉庭注册官重新评估。被上诉人的损失应当是500万股澳世敦股票的市场价格与可转债本金金额20万美元之差。

2. 案例分析

在本案是否适用“机会丧失”原则计算损害赔偿金的问题中，主要争议在于，当上市公司拒绝转换时，债券持有人可以获得的赔偿应当是可转债的市场价格与可转债的本金金额的差价，还是转换股票价格与可转债的本金金额的差价。如果按照“机会丧失”原则计算，相当于债券持有人因为上市公司的违约，丧失了将可转债转换为股票的机会，其可转债变为一般债券，可转债之上没有可以请求履行的转股权。因此，债券持有人损失的是可转债，损害赔偿金应当是可转债的市场价格与可转债面额的差价。而上诉庭则认为，债券持有人的损失并非转换股票机会的损失，而是转换股票与可转债面额之间的直接差异。因为上市公司不履行股票转换，使债券持有人失去的并非可转债，而是转换股票。债券持有人本应该得到转换股票而未得到。尽管可转债变为一般债券，其损失也仅是转换股票与可转债面额之间的差额。

因此，建议在上市公司拒绝转换的情况下，为减少损失，债券持有人可以在证券交易市场中直接转售可转债以认购股票，避免诉讼中损害赔偿计算时可能出现的可转债价值受损。

第五章 公司设立法律制度及法律风险

一 公司设立法律制度

新加坡公司设立的相关法律法规主要有《公司法》《商业名称注册法》《商业名称注册条例》《有限合伙法》《有限责任合伙法令 2005》《商业信托法》《商业信托条例》等。

新加坡公司设立主要需要关注的内容包括设立企业的形式、程序、受理机构等。

1. 企业形式

在新加坡投资设立企业的形式主要有：公司、外国公司的分支机构、代表处、独资企业、有限合伙企业、有限责任合伙企业等。注册不同的企业形式会有不同的注册办理程序和特征，具体如下：

(1)公司

新加坡的公司是独立法人，能够独立承担债务和责任。在股东不超过 50 人的情况下，可注册私人有限公司，若股东超过 50 人，则需注册公共有限公司。私人有限公司是新加坡最常见和最广泛使用的企业形式，股东对公司承担有限责任。

公司必须按照新加坡第 50 号法案《公司法》及相关附属法律规定的程序通过 ACRA 的在线信息系统“BizFile + ”在 ACRA 注册登记。

新加坡的公司必须至少有一名董事是新加坡常住居民，至少有一名秘书的主要或唯一居住地是新加坡且两者不能是同一个人。

(2)外国公司的分支机构

此种形式的商业组织只适用于外国公司。它比公司更容易管理，注销过程也更加简便。然而，分支机构没有独立的法人资格，其负债由其母公司承担。同时，必须有一位居住在新加坡的自然人被指定为授权代表。

所有营业地在新加坡或在新加坡实际营业的外国公司都负有注册登记的义务。外国公司必须根据《公司法》及有关附属法律规定的程序在 ACRA 注册。

(3)代表处

外国公司也可以在新加坡设立代表处。然而,代表处可从事的活动仅限于市场调研和可行性研究。

申请设立代表处可以在新加坡企发局的网站上在线完成,申请须附上规定的文件和信息。代表机构自其成立之日起,最多在新加坡存续3年,并且每年在新加坡企发局评估后更新登记一次。

(4)独资企业与普通合伙企业

新加坡的独资企业和普通合伙企业都没有独立的法人资格。独资企业的所有人对于以企业名义发生的所有债务和责任承担无限连带责任。普通合伙企业的每个合伙人对其他合伙人在参与合伙企业期间产生的所有合伙债务和责任承担连带责任。

(5)有限合伙企业

新加坡的有限合伙企业不是法人实体,也没有独立的法人资格。因此,有限合伙企业不能以自己的名义拥有财产,也不能以自己的名义提起诉讼或被诉,只能通过其普通合伙人签署合同、持有资产并参与法律程序。有限合伙企业必须至少拥有一名有限合伙人和一名普通合伙人,合伙人可以是个人或公司。普通合伙人在其担任普通合伙人期间对有限合伙企业的所有债务和责任负责。有限合伙人通常不对超过其认缴金额的债务及责任负责,不得参与有限合伙企业的管理。

有限合伙企业应根据第163 B号法案《有限合伙法2008》及其规定的程序向有限合伙企业注册局进行注册,并且可以通过“BizFile +”系统进行在线注册。有限合伙企业注册有效期为自注册之日起1年。企业每年都应在到期日或到期日前重新进行注册。

如果新加坡有限合伙企业中没有任何普通合伙人为新加坡的“本地居民”[如新加坡公民,永久居民或创业准证、就业准证的持有人],则必须任命1名年满18岁或以上的新加坡当地人担任经理。如果获得任命,该经理须负责履行有限合伙企业的所有义务,并与有限合伙企业的普通合伙人承担同样的职责、责任并接受处罚。有意于新加坡设立有限合伙企业的外国人必须指定1名注册呈报代理代其提交申请。如果需要在新加坡开设实体办公室来管理该有限合伙企业的业务,则应在完成注册手续后获得新加坡人力部的批准。

(6)有限责任合伙企业

2个或2个以上主体可以通过有限责任合伙企业开展以营利为目的的合法业务。有限责任合伙企业是一个承担有限责任的法人团体,具有独立于其合伙人的法人资格,承担独立法人责任。有限责任合伙企业的合伙人对于有限责任合伙企业的任何其他合伙人的不法行为或不作为不承担个人责任,但个人对其自身的不法行为或不作为承担侵权责任。如果有限责任合伙企业的合伙人在开展有限责任合伙企业的业务过程中,或开展合伙企业授权活动中,因其自身的不法行为或不作为对他人承担责任,则有限责任合伙企业将承担与合伙人相同程度的责任。

有限责任合伙企业必须根据新加坡第163A号法案《有限责任合伙企业法》和《有限责任合伙企业条例》中规定的程序在有限责任合伙企业注册局进行注册。注册可以通过"BizFile + "系统在线进行。

(7)商业信托

商业信托是以信托结构形式设立的企业。商业信托不是法律实体,而是基于信托契约建立的。根据该信托契约,信托管理人对企业的资产享有法定所有权,并为了信托受益人的利益而管理资产及开展业务。商业信托的投资者通过购买商业信托份额对商业信托的资产进行入股。商业信托的份额持有人是信托的受益人,对商业信托的资产享有受益权。

根据新加坡《商业信托法》的规定,商业信托的注册不是强制性规定,但只有注册的商业信托或由新加坡金融管理局认可的外国商业信托才可以向公众公开发售其份额。新加坡金融管理局是管理商业信托的注册机构。商业信托的注册程序规定在《商业信托法》和《商业信托条例》中。

2. 注册企业的主管机构

会计与企业管理局是《公司法》和《有限责任合伙企业法 2005》的执行机构,负责监管新加坡的商业登记、财务申报、公共会计师和企业服务提供者。

新加坡企发局为制造业、国际贸易、批发、贸易及与贸易有关的服务业注册代表处。新加坡金融管理局为银行、财务和保险业注册代表处。新加坡律政部则为外国律师事务所注册代表处。

3. 会计与企业管理局的合规要求

会计与企业管理局是负责监督新加坡的所有公司和会计师事务,并促进公司发展的法定部门。会计与企业管理局也被授予罚款的权力,并有权向不合规的公司发出传票。"BizFile + "系统是会计与企业管理局的电子网站,公司可以通过该网站进行电子申请和提交注册。

(1)财政年度。新加坡的每家公司都必须确定其财政年度。一家公司的财政年度不一定截至12月31日,可以是1年之内的任何一天。财政年度的日期由公司决定。大多数公司使用每年年末(12月31日)或前三个季度末(3月31日、6月30日或 9 月 30 日),作为其财政年度的结束日期。新公司最好将财政年度设在日历年内,以便享受新公司税率。在正常情况下,公司首 10 万新元应课税收入/利润能在首 3 个课税年获得 75% 的收入/利润免税优惠;接下来的 10 万新元的正常应课税收入则可以在首 3 个课税年获得 50% 税收减免(不包括免税股息)。

(2)本地董事。在公司法的规定下,一个公司至少应有 1 名董事是新加坡常住居民,其余可以委任的本地或外国董事人数,并没有限制。董事必须年满 18 岁,无破产或犯罪记录。董事的资料,将被列入公共记录。董事也可以是股东,反之亦然。

(3)公司秘书。公司秘书必须是居住在新加坡的自然人。《公司法》要求公司在公司成立 6 个月内委任公司秘书。

4. 其他相关事项

公司设立过程中的其他需要注意的事项主要包括以下几点:

(1)在注册公司之前,需要确定公司商业活动的性质。可通过 ACRA 网站的新加坡标准产业分类(Singapore Standard Industrial Classification,SSIC)在线查找商业活动的相应新加坡标准产业分类代码。

(2)除了某些例外情况(如个人仅以其个人名义开展业务),所有人员必须按照 2014 年《商业名称注册法》(2014 年第 29 号法案)和 2015 年《商业名称注册条例》中规定的程序向 ACRA 注册本人及其企业名称。名称注册在商业名称注册员规定的期限内有效,并且可以在经商业名称注册员批准的期限内续期。

(3)公司在进行某些范围的商业活动前,还需要获得许可证,如公众娱乐、食品商店、广告等。

(4)实际控制人登记册。实际控制人通常也被称为商业实体的实际所有人。对公司有重大控制权的实际控制人是指以下人员:①在公司董事会上有多数投票权,有权委任或者罢免董事;②在需要公司成员投票决定的事情上,有超过 25% 的投票权;③可以对/有权对公司产生重大影响或者有控制权。新加坡公司、外国公司和有限责任合伙企业必须在其注册办公地址或其授权备案代理人的办公室保存实际控制人登记册。

(5)财务报表。所有新加坡公司和分支机构均须按照新加坡财务报告准则保存准确的会计记录,并编制财务报表。新加坡《公司法》要求每家公司的年度财务报表均需进行审计,除非其符合审计豁免条件。尽管有审计豁免,每家公司仍需编制财务报表,除非其符合《公司法》规定的暂停经营的条件。每家公司(除非获得豁免)必须以可扩展商务报告语言(eXtensible Business Reporting Language,XBRL)格式向新加坡会计和企业管理局提交其财务报表以及该公司的年度报表。分支机构必须按照新加坡财务报告准则编制财务报表,并进行审计。总公司财务报表(以公司注册时由注册机关负责人员所认可的会计准则)必须与经审计的分支机构财务报表一并提交给 ACRA。

(6)委任审计师。除非公司在新加坡《公司法》下被视为“小公司”,否则公司必须在成立后的三个月内任命一名审计师。

小公司是指在当前财政年度中是私人公司,并且在最近两个连续财政年度中至少满足以下 3 个定量标准中的 2 个的公司:①每个财政年度的收入不超过 1000 万新元;②在每个财政年度结束时,其总资产价值不超过 1000 万新元;③每个财政年度结束时员工人数不超过 50 人。

小公司有资格获得审计豁免。

二 公司设立的法律风险及防范建议

1. 在公司设立前,应全面了解新加坡公司的类型、特点,尤其应关注不同公司类型的风险和责任的承担主体,结合实际经营需求选择合适的公司形式。盲目或跟风选择不合适的公司类型往往会造成成本增加并带来很多不必要的损失。

2. 在公司设立过程中应严格遵守新加坡关于公司设立的法律法规的规定,根据公司的经营业务、拟设立的公司类型确定注册程序,向正确的注册机构进行注册并取得相关准证。并且,应注意遵守新加坡对于本地董事、经理、代理人的相关规定,以便于注册程序的顺利进行。

3. 在公司设立后,应严格遵守新加坡相关财务会计制度和纳税申报制度,避免因未及时申报而受到处罚、遭受不必要的损失。

三 相关案例

合资企业一方股东违约的责任分配

——Canadian Pacific(Bermuda)Ltd. 与 Nederkoorn Pte Ltd. 纠纷案

1. 案情简介

本案上诉人(原审原告)Canadian Pacific(Bermuda)Ltd.(Canadian Pacific)是一

家在百慕大注册的公司。被上诉人(原审被告一)Nederkoorn Pte Ltd.(Nederkoorn)是一家新加坡海运经纪公司,原审被告二是这家公司的首席执行官(CEO)和主要股东。1988 年 Canadian Pacific 和 Nederkoorn 签订备忘录,成立新公司 CPN Tankers Pte Ltd.(CPN Singapore),随后又成立了 CPN Tankers(Bermuda)Ltd.(CPN Bermuda)(CPN Singapore 与 CPN Bermuda 统称合资企业),CPN Singapore 是 CPN Bermuda 的代理商。但双方一直没有签署备忘录中提到的股权协议。其后,Canadian Pacific 想把公司的船舶业务转让给另一家公司 Ceres Helenic Shipping Enterprise Ltd.(Ceres Helenic),其中包括 Canadian Pacific 在合资公司 CPN Bermuda 和 CPN Singapore 中的份额。Canadian Pacific 通知 Nederkoorn 及其 CEO,已将合资企业中 50% 的份额转让给了 Ceres Helenic,然而 Ceres Helenic 并不愿意接手合资企业的业务,于是 Nederkoorn 控制下的另一家公司收购了整个合资企业。

在这种情况下,Canadian Pacific 向 Nederkoorn 提出请求,认为应当遵守 1988 年签订的备忘录,由双方平摊合资企业的利润和损失,因此之前 Canadian Pacific 为合资企业所付的船舶租金,Nederkoorn 应承担一半的份额。此外,Canadian Pacific 还认为 Nederkoorn 的 CEO 有责任支付这笔欠款。新加坡高等法院判决不支持 Canadian Pacific 的请求,取消了 Canadian Pacific 在诉讼期间获得的禁令[1],认为禁令给 Nederkoorn 造成了不公平的严重损失。

Canadian Pacific 上诉到新加坡最高法院上诉庭。最高法院上诉庭认为:双方平分合资企业的利益和损失,这就意味着合资企业经营所产生的预付款和其他费用也应当由双方共同承担,因此肯定了 Canadian Pacific 请求 Nederkoorn 支付 50% 的船舶租金的主张。同时,由于本案不涉及任何侵权的因素,纯粹是合同违约,Nederkoorn 的 CEO 个人并非合同缔结方,CEO 对于公司的违约不需要承担责任。此外,上诉庭认为禁令建立在错误的事实证据之上,对 Nederkoorn 造成的损失,Canadian Pacific 应当赔偿。

2. 案例分析

本案事实并不复杂,本质上是一起合同违约案件,发生的背景是 Canadian Pacific、Nederkoorn 两家公司一起建立合资企业。Canadian Pacific 为合资企业支付了一些经营费用,而根据备忘录,合资关系中双方各承担一半损失、分享一半利益,所以 Canadian Pacific 付款的 50% 理应由被告承担。

从本案我们可以看出,法院在判断一个合资企业的性质时,看重的是实质上双

---

[1] Mareva Injunction,玛瑞瓦禁令,是普通法系法庭采用的一种诉讼保全措施。原告在担心被告可能将其财产转移出法庭管辖范围以外时,可申请法庭发出玛瑞瓦禁令,禁止被告将其财产转移。

方意图建立什么样的企业,双方的权利和义务如何分配,也会充分考虑双方在实践中如何运营合资企业等。

本案的另一主要部分探讨了 Nederkoorn 的 CEO 个人是否应当承担公司的违约责任。本案是一个比较简单的合同违约,不涉及信托、侵权或者诈骗等问题。公司是公司,个人是个人,在有限责任的大原则之下,CEO 个人不需要承担公司的违约责任。

企业之间经常通过设立合伙或合资公司进行合作,合资企业的利益和损失如何分配、企业的经营决策如何决定、每一方有什么权利和义务、能否退出或引入新的合作方,都是各方需要关注的重点问题。本案 Canadian Pacific 和 Nederkoorn 在达成备忘录后,没有签订股权协议,埋下了纠纷的隐患。因此,建议投资者在设立合资企业后通过书面协议明确各自的权利义务,为合资企业的顺利运行打下良好的根基。如果合作过程中发生了合同纠纷,作为债权人还应当认识到公司具有独立人格,根据有限责任原则,公司的债务一般不会追及股东和董事个人,除非有侵权、违反守信义务等特殊情形。

第六章 外汇法律制度及法律风险

一 外汇法律制度

新加坡本国的外汇由三大机构共同管理,金融管理局负责固定收入投资和外汇流动性管理,用于干预外汇市场和作为外汇督察机构发行货币,通过将新元的贸易加权汇率维持在一定目标区域内实现货币政策目标;新加坡政府投资公司负责外汇储备的长期管理;淡马锡控股公司利用外汇储备投资国际金融和高科技产业以获取高回报率。

新加坡无外汇管制,资金可自由流通,但政府为保护新元,1983 年以来一直实行新元非国际化政策,主要限制非居民持有新元的规模。这些政策包括在银行向非居民提供 500 万新元以上融资,用于新加坡境内的股票、债券、存款、商业投资等时,银行需向金融管理局申请;非居民通过发行股票筹集的新元资金,如用于金融管理局许可范围外的境内经济活动,必须兑换为外汇并事前通知金融管理局;如金融机构有理由相信非居民获得新元后可能用于投机活动,则银行不应向其提供贷款;对非居民超过 500 万的新元贷款或发行的新元股票及债券,如所融资金不在新加坡境内使用,汇出时必须转换成所需外币或进行外币掉期交易等。

新加坡对个人携带现金出入境有一定限制。根据新加坡政府的规定,旅客出入境新加坡时,如果携带总值超过 2 万新元(或相等币值的外币)与不记名票据,必须依照法律规定,如实申报全部数额。对于未如实申报者,最高可被罚款 5 万新元,或被判坐牢不超过 3 年,或两者兼施。所携带的货币与不记名票据也可能被没收。

二 外汇法律风险及防范建议

在外汇方面,由于新加坡相应的监管部门如新加坡金融管理局、新加坡货币局、新加坡政府投资公司等都提供专业、严苛又有创新性的服务,因此,相较于其他法律机制不健全的国家,新加坡的外汇风险并不高,但依然有很多需要注意的地方。

虽然新加坡不存在外汇管制,但为了维持新元的汇率稳定,新加坡政府实行新元非国际化政策,限制非本国居民持有新元的总量,也限制个人携带现金出入境的总量,这在一定程度上给中国对新加坡投资带来资金转移和外汇兑换等风险。在这种情况下,中资企业对于资金转移、外汇兑换等事项需要进行提前规划和事前筹备,避免因为准备不足而导致无法及时办理相关手续的情况发生。

同时,由于新加坡的法制比较健全,对于居民或非居民守法的要求也会比较严格,建议中资企业严格遵守新加坡外汇相关法律法规,以便顺利进行经营活动,避免不必要的损失。

三 相关案例

票据伪造的情况下银行可拒绝兑付、兑付后也可扣划款项

——上诉人与被上诉人(银行)纠纷案

1. 案情简介

本案上诉人在被上诉人银行下开有一个外汇账户,该外汇账户受到该行普通条款的限制,其中包括:“第 1.23 条:凡存入支票或金融票据,须待本行收到款项后才能得到兑付。本行保留立即予以兑付,以及在兑付后遇到退票情况将从有关账户中照数扣除的权利。”“第 13.1 条:如遇支票、汇票以及其他票据的未得到支付的情况,本银行保留得在为其议付票据的账户持有人之账户内照数扣除的权利。在扣除金额得到结算前,本行保留对票据面额以及所产生相关费用的追诉权。”

2005 年 9 月 23 日,上诉人在被上诉人处存入一张由 Bank of Ireland, Glasen Dublin 承兑的 4 万欧元的银行汇票。被上诉人将该汇票寄给其在法兰克福的全资子公司 SEBAG Merchant Banking 进行结算和代收。2005 年 10 月 6 日,被上诉人告知上诉人该汇票面额扣除银行手续费用后的 3.998271 万欧元将会在 2005 年 10 月 7 日入账。

2005 年 10 月 12 日,被上诉人通知上诉人承兑银行因为该汇票系伪造而拒绝承兑,并据此自上诉人账户中扣除了早先入账的 3.998271 万欧元。上诉人因此起诉

被上诉人，诉其从上诉人账户中违法扣除3.998271万欧元。

法庭认为，被上诉人银行普通条款中的第1.23条只有在被上诉人接到存入票据后立刻兑付时方为适用。本案中被上诉人并没有立即兑付，只是有条件地为上诉人入账，因此第1.23条并不适用。被上诉人提供了足够的证据证明其无法从承兑行Bank of Ireland，Glasen Dublin处付款，满足了第13.1条中“如遇支票、汇票以及其他票据的未得到支付的情况”这一要求，因此，第13.1条适用于本案，也因此赋予了被上诉人自上诉人银行账户扣除相应款项的权利。

据此，新加坡高等法庭做出以下判决：(1)被上诉人银行普通条款中的第13.1条适用并允许被上诉人遇到票据退票情况时，从上诉人账户中扣除相应款项；(2)即使第13.1条不适用，按照普通法原则，上诉人在没有因为被上诉人错误支付款项的行为而承受损害时，无权获得伪造票据所兑付的款项；(3)因为被上诉人明确地告知上诉人其入账的最终性取决于票据是否遭到退票，因此被上诉人给予上诉人的入账并不是最终的或不可逆的。

2. 案例分析

本案中被上诉人银行的普通条款是银行业的惯用条款，而且大部分银行的类似条款会更明确地规定“凡存入支票及其他票据，须待票据结算收妥后方能正式入账和可供提取”，也就是更清晰地指出，在票据被彻底结算前，所有的入账、付款都是临时性、有条件的，而不是最终的。

因此，建议在收到票据时(包括支票、银行汇票等)，一定要及时确认票据的真实性，如果出现伪造票据或者其他退票情况，银行将有权利将错误兑付的款项重新扣除。

第七章

土地法律制度及法律风险

一 土地法律制度

新加坡涉及土地的法律、政策主要有《住宅法案》、《土地征用法》、《土地所有权分层法》、《土地权属法》和《建筑维护和分层地契管理法》等。

新加坡政府基于国土面积狭小,土地资源有限的现实,对土地利用和城市发展进行了积极干预。新加坡目前的土地所有制是国有、私有混合制,国有土地的比例较高,国有土地中的很大一部分系根据《土地征用法》征用而来。因此,新加坡土地资源的开发使用权利高度控制在政府的手里,如欲使用土地(包括国有土地、私人永久使用的土地和为数少量的集体性公有土地),必须向政府提出申请,经土地管理机关审查批准方能依法使用。

新加坡土地的交易采用拍卖、招标、有价划拨和临时出租等方式,将一定年限的土地使用权出售给使用者。出让后的土地可以自由转让、买卖和租赁,但年限不变。使用期结束后,政府无偿收回土地及其地上附着物。若要继续使用,须经政府批准,再获得一个规定年限的使用期,但须按当时的市价重估地价,第二次买地。

根据新加坡《土地征用法》的规定,凡为公共目的所需的土地,政府都可强制性征用。为防止该权力被滥用,政府规定了详细的征地程序、操作流程和土地补偿标准。

新加坡律政部下属法定机构新加坡土地管理局(Singapore Land Authority)负责新加坡的土地管理和资源优化。

二 土地使用风险及防范建议

1. 关注并遵守外资企业获得土地的规定

(1)住宅房地产

新加坡《住宅法案》中规定了对于向外国个人或公司出售或转让某些“住宅房

地产”的限制。《住宅法案》项下的住宅房地产仅限于出售和转让给新加坡公民和“批准购买者”。在购买任何住宅房地产之前,外国房屋开发商必须根据《住宅法案》的规定申请资格证书。任何违反《住宅法案》的交易均将被视为无效。

以下是上述一般规则的例外:

①外国人可以购买特定种类的非限制性财产,例如公寓,无论该公寓是否具有独立产权。但是,外国人不得在未经批准的情况下购买任何组屋(Housing and Development Board Flats,由建屋发展局策划建造的房屋,廉价供居民使用)。

②外国人可以作为承租人占有住宅房地产,但租约期限不得超过7年(包括任何续期)。

(2)非住宅房地产

外国人可以自由取得、占有和处置非住宅房地产,例如:①商业房地产,如写字楼和零售商场;②根据新加坡第127号法案《酒店法》规定注册的酒店;③工业房地产。

外资企业可以在新加坡参与土地交易,但应当经新加坡土地管理局批准。

2. 虽然外国投资者可以参与大部分商业地产和工业地产的交易,但是在住宅领域的投资行为仍受到很大限制。因此,如果投资者希望购买新加坡住宅土地,可以考虑通过合资的方式进行投资。

3. 需要注意的是,根据新加坡《土地征用法》,政府有时会出于基础设施开发和公共项目建设等目的征用私人土地,被征用土地的土地所有者可以获得市场价值的赔偿。因此,外国投资者在购买新加坡土地时,需要注意可能的征收风险。

三 相关案例

衡平原则在分配房屋共有者受益权时的适用

——兄弟房屋权利纠纷案

1. 案情简介

本案中的争议双方是作为一处物业混合共有人的两兄弟。原告和被告对于该物业的法定权益分别为44%和56%。该物业是在原告大学毕业后不久,以68.59万新元的价格,贷款16万新元购买的。尽管原告也为还贷做出了一些贡献,但是被告支付了这笔贷款的大部分分期付款。

被告认为，他对该物业的受益权应比其法定权益高，相对原告的6.6%，应以93.4%作为依据，被告提供了他向物业提交的阶段性付款，以及通过自己独有的银行户口和自己的公积金账户付还银行贷款的证据。被告还指出，他也曾从自己与母亲所持的海外联合银行联名账户中支付各种款项。

原告不同意被告的观点，认为双方对该物业的受益权与其法定所有权相同。原告认为海外联合银行联名账户中用于购买该物业的各种付款是当事人双方的母亲给原告的礼物，且这笔款项占物业支付款项中很大的一部分。

在此次案件中有2个主要法律问题：当事人双方对该物业的受益权是否与其法定权益有所不同；如果不同，该分配应该基于推定信托还是归复信托；以及如果当事人双方对该物业的受益权与其法定权益相同，是否适用衡平原则。

高等法院认为，此次案件中各方对于该物业的受益权与其法定权益相同，即原告拥有44%的法定权益和受益权，被告拥有56%的法定权益和受益权。

在根据归复信托确定当事人的受益权时，很关键的一个因素是当事人双方在收购该物业时的意向。根据原告提供的在注册各方法定权益之前所准备的表格，高等法院认为有合理基础可以根据当事人双方实际最终注册的在该物业的各自股份来确定双方的受益权。

高等法院还认为根据本案事实并不能认定存在推定信托。理由是被告没有证据证明双方当事人的共同意图是他们在该物业中的受益权偏离其相应的法定权益。

关于被告的按揭付款，高等法院指出，被告在购买时已支付的金额远比当事人双方的预期要高。然而，被告的付款并不能被视为归复信托中对购买价格的直接贡献，因为这些付款与双方事先商定好的由原告负责较大数额贷款还款这一初衷相悖。

然而，由于被告的付款与双方当事人对还贷模式的共同理解（根据双方的法定权益和受益权偿还债务）有重大偏离，被告应当可以适用衡平原则。因此，高等法院命令原告向被告偿还被告所支付的超过被告原先同意支付的还贷金额。

高等法院最终判决命令出售该物业，其收益按双方各自享有的法定权益的比例来分配，即为原告享有44%，被告享有56%，且被告有权购买原告在该物业的份额。

2. 案例分析

本案例厘清了衡平原则在分配房屋共有者受益权时的适用性。总结来说，衡平原则适用于以下几种情况：

（1）一方偿还的贷款比该方最初设想的要多；

(2)该方实际偿还贷款的情况与双方在取得按揭时对偿还贷款的共同理解有重大背离;

(3)该付款人在偿还贷款时不打算使其他共同业主受惠。经过法官的梳理,房产和物业混合所有人都可以对自己的权益,无论是法定权益还是受益权有更明确的认识。无论出于任何原因造成实际付款或还贷情况与双方事先计划或设想的有较大出入时,这种差异并不会直接导致双方的受益权自动完全依照付款或还贷情况来分配,因此,双方的受益权并不会与法定权益相吻合。不过衡平原则会照顾实际付款或还贷中支付较大金额的一方。该原则允许双方按照事先计划或设想的方式享有对房产的所有权,但付款情况的偏差必须得消除,比设想的模式付款多的一方会在分得房产销售收益时得到补偿,还会有权购买付款较少方在该房产中的份额。这无疑使房产共同所有人能够对自己的权益有更清楚的认识,也可以据此计划自己的付款和还贷情况。

本案是一例适用衡平法的案件。由于衡平原则的适用,商业活动中对某处房产或物业实际付款或还贷比计划中要少的一方面临不能按照计划获得原先商定好的受益权份额的风险。法律在分配房产销售收益时注重双方的实际支付行为,任何与原先计划相比较大的出入会在分配房产销售收益时得到纠正,实现衡平意义上的公平。因此,购买房产时约定的法定权益不能直接自动和实际受益权挂钩,且即使实际受益权与法定权益相同,付款较多的一方也会获得相应的补偿。

第八章 税收法律制度及法律风险

一 税收法律制度

新加坡的税收相关法律法规包括《经济发展奖励(所得税免除)法》《所得税法》等。

新加坡实行全国统一的税收制度,且对外资实行国民待遇;赋税位列最低国家之一,缴税时间成本低,而且有众多的优惠税制吸引众多外商来新投资;与多个国家和地区签订贸易投资便利化协定(避免双重征税协定、投资保护协定和自贸或经济伙伴协议),使在新加坡开展跨国业务的总部公司享有最低税负。

新加坡国内税务局(Inland Revenue Authority of Singapore ,IRAS)是新加坡政府的主要税务管理机构,征收的税款约占新加坡政府收入的70%,用以支持政府的各项经济和社会计划。IRAS 还代表政府参与税收协定谈判,起草税收法律,并向政府提供财政评估建议。

1. 税收体系和制度

新加坡按属地原则征税。任何人(包括公司和个人)在新加坡发生或来源于新加坡的收入,或在新加坡取得或被视为在新加坡取得的收入,都属于新加坡的应税收入,需要在新加坡纳税。

新加坡税收特点包括:

(1)新加坡采用单一税制,税种少。

(2)税率低。新加坡公司所得税税率为17%,新加坡个人所得税税率最高为22%,并且有一系列的税务减免优惠。

(3)免税政策多。新加坡对从海外获得的资本收益、股息或境外取得的收入免税,在继承或赠与中取得的资产免税。

(4)豁免双重征税。新加坡与90多个国家和地区签订豁免双重征税协定,从国外收入和资产中受益的公司和个人只被征税一次。

2. 主要税赋和税率

新加坡现行主要税种有：企业所得税、个人所得税、消费税、关税、房地产税、印花税等。简单介绍如下：

(1) 企业所得税。新加坡对内外资企业实行统一的企业所得税政策。

新加坡企业所得税税率为 17%。其中，新成立公司正常应税收入的前 10 万新元部分享受 75% 的税收减免，10 万 ~ 20 万新元部分享受 50% 的税收减免。

(2) 个人所得税。纳税人分为居民个人和非居民个人两类。居民个人包括：新加坡公民、新加坡永久居民以及在一个纳税年度中在新加坡居留或者工作 183 天以上（含 183 天）的外籍个人。非居民个人是指在一个纳税年度内，在新加坡居留或者工作少于 183 天的外籍个人。

一般情况下，居民个人和非居民个人都要就其在新加坡取得的所有收入纳税。自 2004 年 1 月 1 日之后，纳税人在新加坡取得的海外收入不再纳税。

(3) 消费税。新加坡的消费税目前税率为 8%，是对进口货物和所有在新加坡提供货物和劳务服务征收的税种。

从事提供货物和劳务服务且应税年营业额在 100 万新元以上的纳税人，应进行消费税的纳税登记。进行了消费税登记的纳税人，其消费税应纳税额为销项税额减去购进货物或服务支付的进项税额后的差额。

消费税豁免对象包括金融服务、出售或租赁住宅物业、进口和本地供应贵重金属的投资等。此外，出口货物和国际服务适用消费税零税率。

(4) 关税。新加坡关税税率为 0 ~ 4%，平均关税税率为 0。新加坡对出口产品不征收关税，对石油产品、汽车、烟草产品和白酒等少数商品征收进口关税。

(5) 房地产税。新加坡房地产税按年缴纳，每年 1 月缴纳全年的房地产税，纳税基数为房地产的年值，房地产的年值是根据房地产的年租金收入估计的，估计的租金收入不包括出租的家具、装置和服务费。

自住和非自住住宅物业的房地产税率是按累进比例征收的。非住宅物业，如商业和工业建筑以及土地，则按年度价值的 10% 征税。

(6) 印花税。新加坡印花税税率较低，股份转让通常需缴付的印花税是以股票购价或者每股净资产值中较高者的 0.2% 来计算，房地产转让中买主都须缴付 1% ~ 3% 的买方印花税。根据自 2018 年 2 月 20 日起生效的规定，新加坡买方印花税的最大边际税率已从 3% 上调至 4%，不过这只应用于价格超过 100 万新元的住宅。同时，针对特定住宅的买主征收 5% ~ 30% 额外的买方印花税。

此外，对于在新加坡境内签署的文件，应在文件签署之日起 14 日内缴纳印花税,而在新加坡境外签署的文件,应在新加坡收到文件的30日内缴纳印花税。

(7)数字税。新加坡在2018年年底颁布法案,自2020年1月起,对全球年度营业额超过100万新元或数字服务价值每年超过10万新元的外国数字服务供应商征收商品及服务税,税率为7%。

(8)碳排放税。自2019年1月1日起,所有应税单位必须缴纳碳排放税。2019年至2023年,碳排放税税率为每吨温室气体5新元。

3. 企业相关税收

在新加坡,企业经营涉及的税种主要包括企业所得税、消费税、预提税、个人所得税等。除上文介绍的企业/个人所得税外,对预提税的简单介绍如下:

根据新加坡的法律,雇主(付款人)向非居民公司或个人(收款人)支付特定性质(如特许权使用费、利息、技术服务费等)的费用时,必须扣留该笔付款一定比例的金额并缴纳给IRAS,这笔预扣的金额即预提税。预提税征收类别及税率如表1所示。

表1 预提税征收类别及税率

征收类别	税率
与任何贷款或债务相关的利息、佣金、费用或其他付款	15%
用于可移动资产的特许权使用费或其他一次性付款	10%
付给作者、作曲家或编舞者的版税和其他报酬	22%
科学、技术、工业、商业知识或信息的使用权费用	10%
使用可移动资产所支付的租金或其他付款	15%
技术支持和服务费用	主流企业税率17%
管理费	主流企业税率17%
飞机租赁费(不包括燃料及机组人员等的费用)	适用的飞机租赁费率
定期租船费、航次租船费、光船租赁费	无
非新加坡居民房地产交易商出售任何房地产所得的收益	15%
房地产投资信托基金中分配给非居民单位持有人(个人除外)的应税收入	10%
非居民董事酬金	22%
付给非本地专业人员或外国公司(非法人)的款项	按总收入或现行非居民个人净收入的15%计算
付给非本地公众演艺人员的报酬	按总收入的10%计算
佣金或付给非本地国际市场代理商的款项	3%

4. 税收优惠政策

为吸引投资和促进出口，推动新兴高科技行业发展，增加就业机会，新加坡政府根据《经济发展奖励（所得税免除）法》《所得税法》的相关豁免条款及每年政府财政预算案出台了一系列税收优惠、贷款支持、专项津贴、股权融资和非金融援助等措施。主要是对特殊产业和服务业（高技术、高附加值企业）、大型跨国公司、研发机构、区域总部、国际船运及出口企业等给予一定期限的减免税优惠或资金扶持等。

相关政策主导审批部门为新加坡企发局和经发局等。特定行业或产业的主管部门，往往也有相关扶持和援助计划，例如新加坡旅游局为在海外展会宣传赴新加坡旅游的旅游业从业者和参加在新加坡举办的国际贸易展会的新加坡企业提供双重课税扣除优惠政策。

5. 新加坡国内税务局的合规性要求

（1）年度申报要求。作为法定条规的一部分，新加坡所有注册公司，必须向税务局提交预估应税收入表（Estimated Chargeable Income，ECI）和年度报税表[Form C - S/Form C - S（Lite）/Form C，统称 Form C]。

（2）预估应税收入。ECI 是公司对一个课税年的应课税入息的估计。IRAS 要求每个公司在财政年度结束后 3 个月内提交该课税年的 ECI。IRAS 按“预估应税收入”来评估每家公司在一个课税年内的应税收入，“预估应税收入”包含公司的营业收入，不包括抛售固定资产的收益等项目。如果公司的年收入在 500 万新元以下且 ECI 为零，公司有资格豁免申报 ECI。

（3）呈报 ECI 及相关。公司必须在其财政年度结束后 3 个月内提交 ECI。IRAS 为提前提交 ECI 的公司提供灵活的付款方式。

（4）会计记录提交及退税申报。所有新加坡公司必须根据新加坡财务报告准则（Singapore Financial Reporting Standards，SFRS）准备账目和报表，其中必须包括损益表、资产负债表、现金流表和权益表。会计记录必须保存 5 年。企业报税申报表的申请截止日期为 11 月 30 日，要提交的文件是经审计或未经审计的报告和税务计算。

（5）使用 Form C 进行税务申报。公司应于课税年（Year of Assessment，YA）的 11 月 30 日前递交其 YA 企业所得税申报表 Form C，申报公司的实际应税收入。

（6）公积金交纳。中央公积金（Central Provident Fund，CPF）是新加坡政府建立的一项面向所有新加坡公民以及永久居民的社会保障储蓄计划，是强制性退休基金计划，需要每一位参与者按月缴纳。根据雇员月薪和年龄的不同，中央公积金会按不同的比例分配到不同账户,通常来说,年龄越大需要缴交到医疗户头的比例会越高。中央公积金一共分三个账户,普通账户(Ordinary Account,OA)、特别账户(Special Account,SA)及医疗账户(Medisave Account)。雇主强制性为所有月薪超过50新元的本地雇员(新加坡公民或永久居民)缴纳中央公积金款。

持工作准证者不必缴纳中央公积金。但是,雇主(公司)须缴纳技能发展基金(Skill Development Levy,SDL)费用。技能发展基金缴款应由雇主支付给所有员工,按每月薪酬总额的0.25%或2新元计算,以较高者为准,最高为每月薪酬总额的首4500新元。

二 税收法律风险及防范建议

1. 注意评估相关收入是否需要纳税

新加坡的属地征税原则决定,新加坡只对在新加坡本地产生或汇入新加坡的收入征税。如果离岸账户的收入不在新加坡本地产生(也就是没有和新加坡公司签合同),且这部分收入也没有以任何形式转入新加坡,则不需要在新加坡缴税。

需要特别注意需要交税的情况:

(1)海外产生的收入是用于偿还新加坡本土的债务;

(2)用于公司购买设备或原料,且所购资产带入新加坡等情况。

以上均等同收入汇入新加坡,是要缴税的。若到期未缴纳所得税税款,将被处以未缴纳税款的5%的罚款。

2. 注意遵守新加坡政府合规性要求,进行合法报税,防范信息报告风险

企业在新加坡投资、经营过程中,需要注意税务登记注册制度、遵守信息报告制度。企业如果未按照新加坡法律要求进行注册和税务登记,则有可能面临无法开展生产经营活动风险,同时IRAS将追溯至企业应进行注册和税务登记的日期,并从该日期开始计算收取应缴纳的货物和劳务税。并且依据税务相关法律规定,新加坡的纳税人不提交纳税申报表属违法行为,若被定罪,则将被处以至多1000新元的滞纳金,不缴纳税款则可被处以6个月以内的有期徒刑。

此外,企业应妥善保存相关账簿记录,也可委托第三方进行保存,以便在IRAS需要查阅时,能够将账簿记录及其支持文件提供给IRAS(IRAS可能会检查、审计或查阅账簿记录及财产)。相关账簿记录应可靠、完整,包含能够满足纳税义务和计算税款的信息,有相关支持文件。IRAS在现场检查账簿凭证时,企业应派代表协助配

合,并回答业务的相关问题。IRAS 根据需要,会对相关材料进行复印。

3. 防范相关调查、认定风险

跨国企业集团关联交易定价应注意遵循独立交易原则,否则容易招致相关税务调查;如果企业的巨额境外所得长期不分配,则需关注其合理性,否则容易招致受控外国企业调查;企业在选择纳税身份时,应关注两国关于居民企业认定标准的不同,确定是哪一国的居民企业,否则可能面临重复征税的风险。

4. 享受税收协定待遇相关风险

新加坡和多个国家签署了避免双重征税协议(Double Taxation Agreement, DTA),拥有广泛的 DTA 网络。中资企业在去新加坡投资、经营之前,需注意了解中新之间税收协定(如 2007 年生效的《中华人民共和国政府和新加坡共和国政府关于对所得税避免双重征税和防止偷漏税的协定》)的内容,确保正确享受税收协定待遇,避免发生脱离实质性经济活动、在不符合协定规定要求的前提下享受税收协定优惠等情况,进而避免被认定为逃税、招致处罚的风险。

5. 关注税务信息交换风险

中国和新加坡均已加入共同汇报标准(Common Reporting Standard, CRS),两国税务居民的账户等资料可通过 CRS 的自动交换机制传递给对方的税务机关。企业在进行税务筹划时应注意到该等信息交换,避免提交不实信息或误导性信息。

三 相关案例

税务调查主体是否可从新加坡所得税审计官处获取证据披露

——韩国公民与 IRAS 信息披露纠纷案

1. 案情简介

申请人 AXY、AXZ、AYA 和 AYB 系韩国公民。此前,韩国国家税务局向新加坡所得税审计官(以下简称审计官)提出书面请求,要求根据《所得税法》第 105D 条和《新加坡共和国与大韩民国之间关于针对所得税避免双重征税和防止偷漏税的条约》第 25 条,提供有关 AXY 等人在新加坡的银行活动等信息。根据该请求,新加坡税务局向新加坡各银行发出通函(以下简称通函),以获取 AXY 等人及其公司账户内所有银行活动的信息。于是,AXY 等人通过原诉传票的方式向法院申请许可,展开对审计官签发通函决定的司法审查(以下简称司法审查申请)。此外,AXY 等人申请获得披露多种类别的文件以供调查之用。此申请被助理推事官驳回,随后 AXY 等人提出上诉。与此同时,审计官也提出将部分文件从法院记录中删除,并销毁其所有副本的申请。

新加坡高等法院合并审理了双方请求。本案的关键争议点在于,税务调查的主体是否可以从审计官处获取证据披露,以便收集证据。这些文件中,AXY 等人所申请的文件系由韩国国家税务局与审计官共享的文件,包括来自韩国国家税务局的原始信息请求,审计官与韩国国家税务局之间的各种通信,审计官使用的内部文件,以及 AXY 等人提交的各种报税表等。

新加坡高等法院认为:

(1)该案中的司法审查程序应遵循的最重要的原则为司法审查不会损害外国当局针对申请人开展的调查。在韩国国家税务局同意公开相关文件的副本的情况下,该披露不会损害韩国的调查。

(2)在该类司法审查中,通函能够表明审计官行使其裁量权结果,是必要的证据。

(3)法庭的作用不是质疑请求的事实准确性,也不需要考虑韩国方面是否实际上穷尽了所有方式以获得所要求的信息。因此,与在韩国进行的调查相关的文件既不必要也不相关。

(4)针对开始司法审查申请的许可,法院是否同意审计官所依赖的信息与本案申请并无相关性。

(5)由于审计官并没有具体依赖相关内部文件的内容,因此这些文件在本案中非相关文件。

法院裁定,必须披露相关文件才能使法院在司法审查中就审计官行使裁量权的行为作出适当评估。同时,法院认为请求的披露也是重要的,因为它不仅是法院评估审计官行使裁量权的基础,还是韩国方面要求提供信息的理由,而后者将进一步促使审计官行使裁量权。关于将其余文件销毁的请求,法院认为,韩国调查所得文件涉及韩国方面发出的请求的事实准确性,新加坡法院不适合决定韩国法律的事宜。关于审计官使用的内部文件,法院指出,它们与新加坡税务机关的内部程序有关,而这些内部程序可能非常敏感。

基于上述理由,法院部分允许 AXY 等公司的上诉以及审计官的申请。

2. 案例分析

该案判决显示,如果申请人想要申请司法审查,可以要求取得那些会直接影响法院评估审计官行使裁量权能力的文件。如果能够具体指出所寻求的文件,便有可能减轻法院关于非法调查的担心。然而,在司法审查程序中,如果法院认为外国税务机关要求审计官不向任何人披露这些文件,法院不得许可就外国税务机关发出的请求和相关文件进行证据开示。因此,纳税人申请就资讯交换有关的文件进行证据开示的权利会被大大削弱。因此,在将来的申请中,如果法院确信外国税务机关已经要求审计官保密,外国税务机关提出的请求和相关文件将不会被披露。

第九章 劳动就业法律制度及法律风险

一、劳动用工法律制度

新加坡主要通过《移民法案》(Immigration Act)、《雇佣法案》(Employment Act)、《外国人力雇佣法案》(Employment of Foreign Manpower Act)、《职业安全与健康法案》(Workplace Safety and Health Act)、《工伤赔偿法案》(Work Injury Compensation Act)、《雇佣代理法案》(Employment Agencies Act)等法律规范工作准证、劳动关系、外国工人管理、工伤赔偿及职业安全与健康等方面的问题。

1. 劳动合同有关主要规定

只要是雇用双方以书面、口头、明示或暗示等形式共同达成的协议均构成劳动合同。当劳动合同中列明的具体工作被完成或达到规定的期限,该合同自动解除。无具体期限的劳动合同,签约双方均有权给予提前通知,予以终止。提前通知时间在劳动合同中约定。

若劳动合同中没有约定提前通知时间,且雇员不属于雇用法案保护的对象,该雇员的劳动合同,可由任何一方给予合理时间的提前通知终止。若劳动合同中没有约定提前通知时间,而雇员属于雇用法案保护的对象,终止该雇员劳动合同的提前通知时间如下:

(1)如雇员工作少于26周须提前1天通知;

(2)如雇员工作在26周至2年之间须提前1周通知;

(3)如雇员工作2年至5年之间须提前2周通知;

(4)如雇员工作超过5年须提前4周通知。

从2016年4月1日起,所有雇主必须向雇员提供受《雇佣法案》约束的书面的主要雇用条款(Key Employment Terms,KETs)。KETs必须包括下列项目,除非该项目不适用:

(1)雇主全称;

(2)雇员全名;

(3)雇员职位及主要职责;

(4)雇用开始日期;

(5)工作期限(如是固定期限合同);

(6)每日工作时间、每周工作天数、休息日等工作安排;

(7)工资周期;

(8)基本工资;

(9)固定津贴;

(10)固定费用扣除;

(11)加班费周期(若与工资周期不同);

(12)加班费标准;

(13)花红、奖金等收入组成部分;

(14)年假、门诊病假、住院假、产假、育儿假等假日;

(15)保险、医药福利和牙医福利等其他医药福利;

(16)试用期;

(17)提前通知期。

2. 工作时间的相关规定

对于在《外国人力雇佣法案》第四部分保护范围内的雇员,正常工作时间每天不超过8小时,每周不超过5天半(44小时)。工人在雇主的要求下在超过规定的时间以外工作,雇主应该支付工人至少正常工资的1.5倍(非体力劳动工人工资最高按2250新元计算)。雇员每月加班时间不得超过72小时。

《外国人力雇佣法案》第四部分适用于月工资不超过4500新元的体力劳动工人和月工资不超过2600新元的雇员(非体力劳动工人)。

3. 给付薪水的相关规定

依据劳动合同确定工资,包括工人根据合同完成的超时工作奖金,不包括住宿、水电费、医疗及其他生活福利等。雇主应及时给付工人工资,每个工资周期的工资应该在该周期最后1日后7日内支付,每一工资周期的加班费应该在有加班的工资周期最后1日后14日内支付。雇主支付工人工资时,可扣除工人未做工日薪、明确托付工人保管的物品的损坏和损失或工人所须负责的钱财损失(若该等损坏或损失可直接归责于该工人的过失或过错)、向工人提供的食宿费用、提前支付工人的预付款或贷款或多支付的工资以及须由工人支付的所得税。上述扣款一般不得超过该工资周期工资的50%。

4. 中央公积金

新加坡通过建立中央公积金制度来为雇员提供全面的社会福利保障。中央公积金制度始于1955年,由新加坡人力部下属的中央公积金局负责管理运行,新加坡雇主和雇员均有义务将收入的一部分缴存公积金个人账户,雇主和雇员缴纳的比例根据雇员的年龄而定。目前,私营领域雇主的缴纳比例介于7.5%~17%,雇员缴纳比例介于5%~20%。

5. 外国人在当地工作的相关规定

与中国对新加坡开展劳务输出业务最为相关的法律是《外国工人雇佣法案》。该法案列明了雇用外国工人的条款和条件,规定了对雇主或工人违法行为的处罚,有利于维护新加坡特别针对外籍工人所建立的工作准证系统并保护外籍工人的福利。2007年5月22日,法案更名为《外国人力雇佣法案》。新加坡外国人工作准证分为创业准证(适用于希望在新加坡开展业务的企业家,高素质的创新者或有经验的投资者)、个人化工作准证(Personalised Employment Pass,PEP,适用于符合资格标准的高收入就业准证持有人或海外专业人才)、就业准证(Employment Pass, EP)、S准证(S Pass,SP)、劳务准证(Work Permit,WP)。申请EP的最低薪水要求为4500新元/月,申请SP为2500新元/月,申请WP无最低薪水要求。外籍人士在新加坡必须持有工作准证才能工作,否则被视为非法务工。

新加坡对SP和WP实行配额制度,对不同行业实行不同的配额限制。

并且,新加坡经发局推出"科技准证"(Tech. Pass)计划,申请者不一定要受雇于任何企业,他们只需满足以下三项条件当中的两项,便可在本地创业或在落户于新加坡的企业工作、进行投资,以及担任董事职务等。

(1)过去一年的固定月薪至少两万新元;

(2)曾在市值至少5亿美元(约6.75亿新元)或拥有至少3000万美元资金的科技企业担任领导职务最短五年;

(3)曾主导科技产品的研发工作。该科技产品的活跃使用者人数至少10万人,或收入至少1亿美元。

科技准证的有效期为两年,两年之后可一次性续签。续签科技准证需要满足几项要求,包括申请人在两年内赚取至少24万新元的应税收入,或证明其每年的商业支出总额至少为10万新元。

6. 劳资谈判相关规定

劳资谈判指雇主与员工代表就工作报酬、工作时间及其他雇用条件进行的谈判。新加坡《劳动关系法》、《工会法》(Trade Union Act)和《贸易争端法》提供了工会代表其成员进行劳资谈判的法律框架。《劳动关系法》规定了工会就劳资协议进行谈判的具体程序、因劳资谈判引发的劳资争议的调解和仲裁。

在工会代表劳动者就任何劳动事由启动劳资谈判时,应将相关通知以标准表格的形式发给劳动者的用人单位。如果谈判失败,劳动委员会将介入并协助双方通过调解达成协议。如果仍未达成协议,通常情况下,争端将被提交给劳动仲裁法院,法院将做出终局且具备约束力的裁决。

不可进行劳资谈判的事项包括:晋升,内部转岗(除非雇用条款另有规定),填补任命职位的空缺,由于用人单位进行裁员或雇主对专业、业务、行业或工作进行调整而终止雇员继续提供劳务,劳动者无正当理由被雇主解雇,以及雇主给劳动者分配的工作或指定的任务均与劳动合同条款保持一致等。

如果劳动者认为自己在没有正当理由的情况下被解雇,可以在被解雇后1个月内通过其工会向新加坡人力部提出申请,以恢复与用人单位的雇佣关系。经认证的工会既可代表管理人员个人,也可代表管理人员全体。

7. 劳工行动相关规定

如果经认证的工会尚未以无记名投票方式获得有关工会成员的多数同意,则不得发起、促进、组织或资助任何罢工或任何可能影响到工会所有或部分成员的劳工行动。《贸易争端法》规定了非法劳工行动和非法停工的具体情形。供水、煤气和电力服务领域的工人罢工行为是绝对禁止的,而其他基础服务领域的工人在罢工前,应至少提前14天发出通知。新加坡的罢工很少,大多数行业纠纷都在劳动仲裁法院的主持下通过调解得到了解决。

8. 劳动纠纷相关规定和实践

由于用人单位与签订合同的劳动者之间的服务合同条款或劳动合同的规定而产生的任何争议,可在规定期限内移交劳动委员会。劳动委员会成员可以调查此类争议,进而指令任何一方支付索赔金额,或者驳回索赔。当事方如对劳动委员会的决定或指令不服,可向高等法院提起上诉。

新加坡于2017年4月成立新的劳动索偿法庭(Employment Claims Tribunal,ECT),为解决劳动纠纷提供了一个新途径。该法庭有权管辖用人单位和劳动者(包括每月收入4500新元及以上的经理和高管)之间的薪资争议案件。除了上述途径,用人单位和劳动者也可以向民事法院提起劳动赔偿诉讼。

二 劳动用工风险及防范建议

受国内劳动力供应不足及结构性供求失衡影响,新加坡对外籍劳工需求很大,外籍劳工是新加坡的主要就业力量,约占新加坡劳动力的40%。但是自2021年开始新加坡收紧外来劳工政策,其劳动力需求的收紧有可能对中国投资造成一定的限制。

中资企业应严格遵守新加坡劳动用工的有关规定,认真办理相关手续,通过制度约束,将劳动用工项目风险降至最低。加强对劳动用工的后期管理,及时解决劳动纠纷,避免发生群体性事件。

三 相关案例

公司的推定解雇行为及相关损害赔偿

——We Kim San Lawrence Bernard 与 Robinson 公司纠纷案

1. 案情简介

本案原告为 We Kim San Lawrence Bermard 先生(以下简称 We),曾受雇于被告 Robinson & Company(新加坡)公司(以下简称 Robinsons)。2012年8月24日,原告向被告提出辞职。在聘用合同中规定了合同终止时支付2个月的工资代替事先通知,但 Robinsons 向 We 支付了4个月的工资以代替事先通知,并且支付了其未使用的年假部分的薪资。随后,We 向法院提起诉讼,声称其因性取向而受到 Robinsons 或其高管人员的迫害以及不合理的偏见,所以被迫辞职。Robinsons 提出应直接驳回 We 的诉讼请求。

本案的争议点有两个:(1)Robinsons 的行为是否可以认定为"推定"解雇。(2)假定 Robinsons 确实"推定"解雇了 We,除了 Robinsons 已经支付的赔偿,We 是否有权要求任何其他损害赔偿。

法院认为,基于本案事实,除由于 Robinsons 违反了隐含互信条款而受到不当解雇之外,We 未能证明其遭受了其他明显不同的损害。假设 We 所遭受的唯一损害是以推定解雇的形式被不当解雇，那么上诉庭裁定 We 只有权获得通知期限的赔偿。同时，其聘用合同仅约定了 2 个月工资作为解约补偿，而 We 收到了 4 个月的工资代替提前通知，因此，没有更多的损害赔偿。

最终，法院驳回了 We 的上诉。法院明确指出，仅仅根据违反隐含互信条款而提出的索赔，并不意味着，因违反聘用合同的一般损害赔偿标准不适用。当雇员没有主张因违反隐含互信条款而遭受其他损害（如精神或情感困扰或未来就业前景的损害）时，他的损害赔偿将限于他在没有违反雇用合同的情况下本应赚取的工资。

2. 案例分析

雇主应该意识到，如果其违反对员工的互信义务（包括诚实和忠实地行事的义务）且被认定实质违约，则可能会面临推定解雇的诉讼。

当雇主意图提前终止雇佣关系时，则应注意在合同通知期限损害赔偿以外的风险。如果雇员能够证明他已经遭受了其他明显的损失，如不公平的提前解聘而导致的精神上或其他疾病造成了经济损失，或雇主损害了雇员的未来就业前景，雇主可能需要承担超过通知期限损害赔偿的其他责任。

因此，雇主应采取措施，遵守默示的互信义务。例如，在处理雇员的表现或行为问题时，雇主应记录对雇员采取任何措施的原因。如果绩效并不令人满意，雇主应向雇员提供反馈，并提供机会允许员工解决这些问题。如果雇主决定不再需要雇员的服务，可通签署解约协议来规定劳动合同终止时的权利和义务。

第十章 环境法律制度及法律风险

一 环境法律制度

1. 主要环保法律法规

新加坡环保法律包括但不限于:《环境保护和管理法》(Environmental Protection and Management Act)、《公共环境卫生法》(Environmental Public Health Act)、《危险废物(出口、进口和传播控制)法》[Hazardous Waste(Control of Export, Import and Transit) Act]、《辐射防护法》(Radiation Protection Act 2007)、《能源节约法案2012年版》(Energy Conservation Act 2012)、《跨境烟霾污染法案2014年版》(Transboundary Haze Pollution Act 2014)、《环境保护和管理(工厂周围噪声限制)法令》[Environmental Protection and Management (Boundary Noise Limits for Factory Premises) Regulations]、《公共环境卫生(有毒工业废物)法令》[Environmental Public Health(Toxic Industrial Waste) Regulations]、《环境保护和管理(施工场地噪声限制)法令》[Environmental Protection and Management(Control of Noise at Construction Sites) Regulations]、《环境保护和管理(危险物质)法令》[Environmental Protection and Management(Hazardous Substances) Regulations]、《环境保护和管理(工商业污水)法令》[Environmental Protection and Management(Trade Effluent) Regulations]和《环境保护和管理(大气污染物)法令》[Environmental Protection and Management (Air Impurities) Regulations]。

2. 环保管理部门

新加坡永续发展与环境部是新加坡的政府部门之一,负责保障新加坡维持干净、可持续发展环境,以及水和安全食物供应。该部门成立于1972年。下设3个法定管理部门:国家环境局(National Environment Agency, NEA)、公用事业局(Public Utilities Board, PUB)和新加坡食品局。

国家环境局负责改善与维持新加坡清洁和绿色环境。国家环境局策划并牵头开展各种环保措施和计划。通过保护新加坡的环境免受污染,保持高水平的公共卫生环境,并及时提供气象信息。国家环境局努力确保当代和后代的可持续发展和优质的生活环境。

公用事业局是新加坡的国家水务机关,负责综合管理新加坡的供水、集水和用水,自 2020 年 4 月起,公用事业局也作为国家海岸保护机构承担保护新加坡海岸线免受海平面上升影响的责任。

新加坡食品局负责保障新加坡的安全食品供应,它整合了由新加坡前农业食品和兽医局(Agri – Food & Veterinary Authority of Singapore, AVA)、国家环境局和卫生科学局等单位与食品相关的职能。

二 环境保护的具体标准和措施

1. 环境保护的具体标准和相关防护措施

(1)气体排放。工业和机动车气体排放是新加坡国内空气污染的 2 个主要来源。新加坡政府通过对城市和工业的综合规划和开发控制防护空气污染。在空气中排放污染物的工业必须安装特别设备,以确保散发出来的气体符合国家标准。另外,化工产业和柴油车辆尾气排放导致二氧化硫和 PM2.5 浓度超标,新加坡政府决定逐步收紧车辆燃油的排放标准,并每天公布 PM2.5 浓度。此外,新加坡政府利用立法、严格的实施措施和空气质量监测在密集的城市开发和存在大规模工业区的情况下保证优良的空气质量。新加坡认可《世界卫生组织空气质量指南》为国际认可且严格的评价标准。

(2)在工业污水处置方面,规定对工业废水的排放进行污染控制的方法有 2 种:①制定工业废水排放标准,允许自行处理后达标排放。②监测排水口,防止污染。在生产废水排放口安装自动监测装置,超标排放时,闸门自动关闭,非新加坡国家环境局人员无法启动闸门。

(3)水污染、水质和土壤污染方面,由于新加坡水资源有限,水污染和水质的严格监控和改善至关重要。由于土壤污染物可能流入或通过地下水进入水系统,因此,土壤污染控制也很重要。新加坡的土壤污染控制主要关注对抗土壤中昆虫的已批准杀虫剂的正确使用。

(4)新加坡有毒工业废物的处理、运输和处置依据《公共环境卫生(有毒工业废物)法令》进行。根据该法令,所有有毒工业废物的收集方需要取得许可。运输超过该法令规定量的有毒工业废物需要取得运输许可。新加坡国家环境局控制的危险物质一般是指可能引发大规模灾难的,具有高度毒性和污染性和/或产生需要做很大努力才可以处理的毒性废物的物质。此外,新加坡国家环境局依据《环境保护和管理法》《环境保护和管理(危险物质)法令》《环境保护和管理(破坏臭氧层物质)法令》对有害环境的化学品进行管控。

2. 环境影响评估

根据新加坡政府的要求,企业在新加坡开展投资项目,须委托有资质的第三方咨询公司进行污染控制研究分析(Polution Control Studies,PCS),相当于我国的环境影响评价。

PCS 主要是对工厂产生的"三废"、噪声、危险化学品等识别可能存在的风险,以及应采取的控制措施。

开展 PCS 前期,业主需向咨询公司提供相关资料。咨询公司完成分析报告后,由业主提交新加坡国家环境局审批,审批周期约为 2 ~ 3 个月。审批过程中,国家环境局可能提出问题要求进行解释和澄清。评估费用通常为 2 万新元。

三 环境法律风险及防范建议

新加坡政府高度重视环境保护。为保护环境,新加坡政府在吸引国际直接投资时,将重点放在生物医药、高新技术、清洁能源等产业部门,并制定了严格的环保标准和法律法规。因此,中资企业在新加坡投资前,特别是设立生产型企业之前需详细了解新加坡政府关于环境保护的各项要求,做好充分的预算安排和成本核算,并在生产活动及日常生活中严格按照规定做好环保工作。

任何企业和个人违反《环境保护和管理法》等法规和规定,都视为犯罪。环保部门有权根据违法的严重程度对责任人处以 2 万 ~ 10 万新元的罚款,逮捕责任人并处以 1 年以内监禁,或逮捕责任人并提起诉讼。因此,企业和个人均需严格遵守相关法律法规的规定。

四 相关案例

违反环保行政法规的侵权行为需要承担赔偿责任

——A. n. A 侵权纠纷案件

1. 案情简介

上诉人(原审原告)聘请 A. n. A Contract or Pte Ltd.(以下简称 A. n. A)为动物建造一座圈舍。A. n. A 随即聘请了被上诉人(原审被告),也是 A. n. A 的董事,作为项目现场监督。A. n. A 违反合同约定聘请了一家叫作"Lok Sheng"的公司运进了一种材料回填低地。这造成了附近的环境污染,导致上诉人必须重新掘土并重新在受污染区域上建造圈舍,因此遭受了损失。

在一审中,上诉人告 A. n. A 合同违约,并告被上诉人疏忽。一审法院认为 A. n. A 违约成立,但是被上诉人疏忽不成立。法院认为,并没有法律规定要求被上诉人监督整个回填过程。但上诉人认为被上诉人的行为违反了普通法的注意义务,因此就这部分进行上诉。

上诉法院认为,违反行政规章和侵权疏忽之间并无必然联系,此外,本案中的被上诉人根据普通法确实在监督工程时对上诉人负有注意义务,而回填的工作中显示被上诉人没有尽到其注意义务。上诉法院也认定由于被上诉人的疏忽才造成了上诉人必须拆掉已经建好的建筑重建,因此遭受了损失。

基于上述理由,上诉法院认为被上诉人的疏忽成立,改判被上诉人应当赔偿上诉人。

2. 案例分析

本案是一个由违反环境法规引起的侵权案件。在本案中,法官指出违法和侵权之间并无直接关系。然而,法官根据普通法的既定规则认定被上诉人确实对上诉人负有注意义务,并且因为疏忽而导致了上诉人遭受经济损失,所以应当赔偿。

本案涉及环境法。在建筑工程行业,承包方会因为自己的污染环境的行为给发包方造成损失。这时发包方既可以以合同违约为由要求和自己有合同关系的承包方进行赔偿,也可以以疏忽侵权为由要求承包方进行赔偿。

承包施工方需要注意自己的行为可能造成的他人的损失以及需要承担的法律责任。发包方需要意识到自己因为承包施工方的错误而遭受损失时,可以寻求多重要求对方承担责任的途径。

第十一章 知识产权法律制度及法律风险

一 知识产权法律制度

新加坡政府一直致力于将新加坡建成重要的区域知识产权中枢,因此,十分重视知识产权的保护和鼓励知识产权发展,制定了一系列保护知识产权的法律法规。同时,通过资金支持等手段积极营造鼓励创新、方便智力成果产业化的科研、政策和商业环境。

新加坡还是众多与知识产权有关的公约和国际组织的成员,包括《保护工业产权巴黎公约》、《保护文学和艺术作品伯尔尼公约》(伯尔尼公约)、《商标国际注册马德里协定》、《专利合作条约》、《关于国际承认用于专利程序的微生物保存的布达佩斯条约》、《与贸易有关的知识产权协定》和世界知识产权组织等。

在新加坡国内受到保护的知识产权有专利、商标、注册外观设计、版权(著作权)、集成电路设计、地理标识、商业秘密和机密信息以及植物品种。新加坡分别制定了单项法规对这些知识产权进行保护。

在新加坡,规范专利权保护的法律是《专利法》。要获得《专利法》保护必须向专利登记处提交专利申请,申请中要包含专利的相关信息,包括发明以及操作说明和相关披露。《专利法》没有明确列出哪些发明是受法律保护的,但规定了不能取得专利的发明,如具有攻击性、不道德以及反社会的行为。而可以获得专利的发明要具有新颖性、创造性和工业应用性。专利有效期是自申请之日起 20 年。

新加坡保护商标的主要法律是《商标法》。商标注册可以通过新加坡知识产权局的网站进行注册或到该局注册。知识产权局会对商标特性进行审查,整个注册过程通常需要 1 ~ 2 年。商标注册后保护期一般为 10 年,在支付更新费用后可以不断延续。

新加坡规范版权的主要法律是《版权法》,它的保护范围包括小说、软件程序、剧本、活页乐谱、绘画作品等。在新加坡取得版权需要满足的条件是作品的作者或创作人是新加坡公民或居民,该作品首次在新加坡出版。在新加坡以外的地方取得版权的作品也可以在新加坡得到保护,条件是作品的作者或创作人是加入 WTO 或《保护文学和艺术作品伯尔尼公约》的缔约方的国民或居民,该作品首次在 WTO 成员方或《保护文学和艺术作品伯尔尼公约》的缔约方出版。版权期限根据受保护对象不同而有所区别,如文学、戏剧、音乐及摄影艺术作品的版权期限为作者的终生以及死后的 70 年,录音作品和电影作品的版权期限为作品首次发表后的 70 年,电视广播、电台广播或有线电视节目的版权期限为节目发表后的 50 年。

二 知识产权法律风险及防范建议

相较于其他知识产权体系落后的东南亚国家,新加坡对知识产权保护的重视程度、立法完善程度、执法及司法保护严格程度都远远超出普通国家水平。因此,打算进入新加坡市场的中资企业,应该高度重视投资、业务、项目开展过程中,系统化的知识产权合规工作。不仅要积极申请保护自身的知识产权,更应该做好充分的背景尽调,严格防范侵害他人知识产权的风险。例如产品或技术出口或合作前,对相关技术开展自由实施(Free to Operate,FTO)调查分析,对品牌、标识、形象、宣传用语等开展侵权评估,避免后续陷入纠纷后承担高额赔偿或直接导致项目被叫停。

三 相关案例

先商标权人的优先保护

——路易威登马利蒂与华人运通控股(上海)有限公司商标纠纷案

1. 案情简介

路易威登马利蒂(以下简称异议人)与华人运通控股(上海)有限公司(以下简称被异议人)关于 HUMAN HORIZONS 商标(第 18 类和第 25 类)(被异议商标)异议案件[Louis Vuitton Malletier *v.* Human Horizons Holding(Shanghai)Co. ,Ltd.]中,异议人提出的 3 个主张,即相同近似、驰名商标、假冒侵权,同时获得新加坡知识产权局的支持。

被异议商标为:HUMAN HORIZONS;引证商标为:HORIZON。

首先,异议人拥有在先注册的第4020161690T号HORIZON商标(第18类),商标注册处认为两个商标中均包含"HORIZON",二者在视觉效果和发音上近似,因此判定为近似商标。被异议商标指定在第18类和第25类中使用,引证商标指定在第18类商品上使用,第18类和第25类商品的功能用途、指定消费对象、销售渠道近似,因此,注册处又进一步判定使用双方商标的商品构成类似商品。综上,注册处认定被异议商标与异议人的引证商标构成类似商品上的近似商标[《商标法》第8条第2款b项]。

其次,根据异议人提交的在线网站信息、浏览量、宣传文章、销售记录等证据,注册处又认定引证商标在新加坡相关公众前属于驰名商标。

最后,关于假冒的认定。该案中异议人的商誉以及双方商标共存易导致误认2个要件已经予以认定,焦点则在于"利益损害"要件的认定,注册处主要基于3个理论判定被异议商标是否构成"利益损害":

(1)冲淡,注册处认为,因双方近似,且指定使用在相同的商品上,消费者转而购买使用被异议商标的商品,易导致商品的异议人的销量减少;

(2)限制异议人拓展,被异议商标在服装和鞋上的使用会构成异议人在第25类相同或相关商品上拓展使用引证商标的障碍;

(3)丑化,被异议人主要商业领域是新能源汽车和智慧交通,其很难提供与异议人的商品质量相当的商品。

综上,新加坡商标注册处对HUMAN HORIZONS商标不予核准注册。

2. 案例分析

上述案件是较为典型的通过利用相关条款实现对在先商标权保护的案例,新加坡注册处在基于新加坡商标法认定被异议商标与引证商标构成类似商品上的近似商标以及引证商标构成相关公众前的驰名商标后,又基于普通法下的"假冒"商标的规定认定被异议商标构成假冒商标,对异议人在先权利的保护进一步升级。当然,在没有在先商标注册的情况下,权利人依然可以仅通过主张对方商标构成假冒商标对其提出异议或无效,权利人仅需证明上文提到的三要件——"商誉,虚假陈述,利益损害"即可。可以看出,基于新加坡的商标法体系,在先商标权人的利益可以通过多个角度获得充分的保护。

第十二章 争议解决制度

一 争议解决制度概述

1. 争议解决途径

在新加坡,解决商务纠纷主要有行政救济、诉讼、仲裁、调解专家决议 4 种途径。

(1)行政救济。

新加坡的行政处罚制度多基于成文法且执法严明,因此,出现纠纷的概率较小。外国投资者如果对新加坡政府部门做出的行政处罚不服,可向同一行政部门提出行政复议申请。若当事人因为违规而被要求去法庭解释,则可在法庭陈述环节中陈述理由,进行辩解。

如果外国投资者对行政复议的结果不服,可向新加坡高等法院申请司法审查。高等法院有权审查法律、政府行政人员的职务行为,并且在必要时要求撤销或重做相应的行政行为。与英国法类似,新加坡行政法下,可适用的救济方式有:①特许令,其中包括强制令、禁止令、撤销令以及扣留令;②宣称,即衡平法上的救济。

(2)诉讼。

新加坡民事诉讼法的主要渊源包括《最高法院司法制度法》(Supreme Court of Judicature Act)、《国家法院法》(State Courts Act)以及涉及民事诉讼程序制度的其他法律法规、法庭规则、诉讼指引、判例法和法院的固有权力。

新加坡的法律职业是混合形式的,不将律师区分为出庭律师和非出庭律师。

新加坡的法院实行三审终审制,上诉法院是新加坡的最高司法裁决庭。新加坡国际商事法庭作为高等法院下属法庭,是最高法院的一部分,负责处理跨国商业纠纷。因而有关涉外的商事案件,实行二审终审制,一审由新加坡国际商事法庭管辖,上诉由上诉法院管辖。

就执行而言,中国与新加坡于 1997 年签订《中华人民共和国和新加坡共和国关于民事和商事司法协助的条约》,在此框架下,新加坡法院的判决仍须通过在中国法院重新起诉方可执行。

尽管新加坡法律体系的高效和完整性获得了广泛的国际好评,但总体上说,诉讼这种对抗式的争议解决方式,往往需要支付较高的费用,也会耗费较长时间。

(3)仲裁。

仲裁是涉外投资和贸易过程中常用的争议解决方式之一。新加坡法院鼓励使用仲裁解决争议,法院承认仲裁协议并且会因具有仲裁协议而中止法律诉讼,这种法律诉讼程序中止的法律规则已经以新加坡第 10 号法案《仲裁法》(涉及国内仲裁)及新加坡第 143A 号法案《国际仲裁法》(涉及国际仲裁)的形式确定下来。

新加坡国际仲裁中心(Singapore International Arbitration Center, SIAC)成立于 1991 年 7 月,属于非营利性的非政府组织。由仲裁法院和董事会组成,前者负责监督中心管理案件和仲裁任命职能的行使情况,后者负责监督中心组织发展和业务发展职能的行使情况。新加坡国际仲裁中心可提供中文仲裁。

在新加坡政府的支持下,麦克斯韦多元纠纷解决中心于 2010 年设立。新加坡还有许多仲裁机构,如国际商会国际仲裁院(International Chamber of Commerce, ICC)、国际争议解决中心(The International Centre for Dispute Resolution, ICDR)、世界知识产权组织(World Intellectual Property Organization, WIPO)仲裁与调解中心、新加坡海事仲裁院(The Singapore Chamber of Maritime Arbitration, SCMA)和新加坡仲裁员研究所。

中国和新加坡同属《承认及执行外国仲裁裁决公约》(纽约公约)的缔约方,在缔约方取得的仲裁裁决,可按照新加坡《国际仲裁法》的规定,向新加坡高等法院申请执行。

(4)调解。

调解是替代性争议解决机制,由调解人协助当事人找到涉案各方都同意且能兼顾不同想法的解决方案。与裁决式、对抗式争议解决机制(如诉讼和仲裁)相比,调解具有以下优势:调解协议由自愿达成,当事人没有因法官或仲裁员不支持其诉求而输官司的风险;作为一种非正式且具有灵活性的程序,调解速度快,节省时间和费用;调解克服或减少了沟通障碍,可以促进当事方之间的关系的改善;调解过程的保密性有助于保护当事人的良好商誉,避免因法庭诉讼带来长期损害;由于调解是自愿达成的,很少出现当事人不兑现调解条款的情况。在任何情况下,调解协议均具有合同法上的约束力。

2018 年 12 月在联合国大会通过的《联合国关于调解所产生的国际和解协议公

约》(以下简称《新加坡调解公约》),是联合国框架下首个以新加坡为名的公约。2019年,51个国家(包括中国、美国、以色列、印度等)代表签署《新加坡调解公约》。《新加坡调解公约》同《承认及执行外国仲裁裁决公约》《选择法院协议公约》及《海牙民商事案件外国判决的承认和执行公约》一起构成完整的,包括调解、仲裁和判决的国际争议解决执行框架。客观上看,《新加坡调解公约》将通过调解形成的协议上升为一种新的具有国际强制执行力的法律文书,在一定程度上能帮助中资企业解决涉外商事争议解决成果执行难的问题,降低争议解决的执行成本。

新加坡的调解服务主要由新加坡调解中心(Singapore Mediation Center,SMC)、新加坡国际调解研究所(Singapore International Mediation Institute,SIMI)和国家法院初级争议解决中心提供。

(5)专家决议。

专家决议指合同各方委托具有相应专业特长的专家作为第三方对某一问题进行判断。新加坡法院认为,如果各方当事人已经协商确认了专家的决定为最终决定,该专家的决定对双方均有约束力。这种争议解决方式在航运案例中,特别是在高端技术问题产生争议的情形下非常有效。

2. 相关适用法律

在诉讼或仲裁下,法院或仲裁庭能使用新加坡或外国法律解决争议。

(1)新加坡冲突法决定解决纠纷适用法律的方式如下:

①识别纠纷的定性(违约或侵权等);

②选择适用的冲突法和联系标准;

③依据定性和联系标准选择适用法律。

若依照①所识别的纠纷定性属于违约,法院会考虑以下因素决定适用法律:

①合同上明示的适用法律;

②若合同没有明示适用法律,法院考虑能否从当事人意思推断适用的法律;

③若法院不能推断出适用法律,则依据与合同有最密切及最真实联系的法律选择适用法律。

(2)使用外国法律:

当事人有对外国法律的内容进行举证的责任。

3. 国际仲裁与异地仲裁

新加坡政策重视和支持国际仲裁。新加坡法院重视执行纠纷双方之间的仲裁协议,尤其是国际仲裁协议。在《国际仲裁法》下,若一方违反国际仲裁协议而向法院诉讼,新加坡法院可搁置该项诉讼,让双方履行仲裁协议。管辖非国际仲裁的《仲裁法》则让法院酌情决定是否搁置诉讼。同时,法院能协助新加坡或外国国际仲裁采取临时保护措施。

二 争议解决常见问题及注意事项

1. 重视争议解决方式的约定

在新加坡,争议解决方式主要有行政救济、诉讼、仲裁、调解等。在诉讼或仲裁下,法院或仲裁庭允许使用新加坡或外国法律解决争议,但建议在合同上明示适用的法律。当约定使用外国法律时,当事人有对外国法律的内容进行举证的责任。

需要注意的是,在跨境合同中,当事人通常需要在签订合同时订立仲裁条款。如果没有该等条款,仲裁无法介入,但可以通过达成合意进行调解的方式解决争议,即发生争议时候再双方合意调解。SMC 与 SIAC 和其他的国际仲裁机构适用"仲裁—调解—仲裁"机制,可以在订立争议解决条款时就把调解和仲裁进行结合并纳入条款中以解决争议,可以保证效率并节省花费。

2. 重视对争议解决条款进行明确和准确的约定

如果约定不明,则很容易遇到管辖方面的问题,需要花费巨大的人力和物力解决管辖问题,对于企业来说是非常不利的。

一个明确的仲裁条款通常包括:明确的仲裁地,准确的仲裁机构、仲裁规则、仲裁语言、仲裁员选任等规定。

3. 重合同、守信用

新加坡是法治社会,各项法律法规完善,公民法律意识很强,在商业领域则表现为高度重视并严格依照合同行事。为此,中资企业在与新加坡企业合作或到新加坡投资设立分支机构时,须充分认识合同的重要性,严格细致地商定合同条款,明确各项权利、义务、免责和救济措施。合同一旦签订,就要按照约定认真履行各项义务,做到重合同、守信用。

4. 重视事前调查

在新加坡开展投资、贸易、承包工程和劳务合作的过程中,要特别注意事前调查、分析、评估相关风险,事中做好风险规避和管理工作,切实保障自身利益。包括对项目或贸易客户及相关方的资信调查和评估,对投资或承包工程国家的政治风险和商业风险分析和规避,对项目本身实施的可行性分析等。

5. 积极运用多种方式保障权益

企业应积极利用保险、担保、银行等保险金融机构和其他专业风险管理机构的相关业务保障自身利益。包括贸易、投资、承包工程和劳务等的信用保险、财产保险、人身安全保险等,银行的保理业务和未偿债务买卖业务,各类担保业务(政府担保、商业担保、保函)等。

6. 损失发生后积极维权

如果发生了风险损失,也要根据损失情况尽快通过协商、仲裁、诉讼等方式或根据双边协定的相关条款提出索赔。通过信用保险机构承保的业务,则由信用保险机构定损核赔、补偿风险损失,再由相关机构协助信用保险机构追偿。

三 相关案例

对仲裁庭初步裁决提出异议的时限延至执行阶段

——马来西亚媒体集团 Astro 与印度尼西亚 Lippo 集团纠纷案

1. 案情简介

本案中参与仲裁的双方分别是马来西亚媒体集团 Astro(以下简称 Astro)与印度尼西亚 Lippo 集团(以下简称 Lippo)。这两大集团试图共设一个合资企业,因此 Astro 与 Lippo 签订了认购及股东协议(以下简称股东协议),列出合资企业的责任。该协议中包含一个仲裁协议,指定由新加坡国际仲裁中心解决双方的任何争议。在股东协议生效的先决条件达成前,Astro 旗下的三家子公司(均不是股东协议的签署方,以下简称子公司)向合资企业提供资金及服务。而最终先决条件并没有得到满足,双方在为合资企业持续投入资金方面产生了争议。

2008 年,Astro 和子公司依照股东协议中的仲裁协议在新加坡对 Lippo 提起仲裁。Lippo 对子公司的加入提出抗议。仲裁庭在初步审理中裁定 Astro 有权在仲裁中申请加入除股东协议签署方外其他的索赔人。

Lippo 得知仲裁庭初步审理结果后,虽然强调了它对仲裁庭管辖权的否定,但是仍然继续参与仲裁。

仲裁庭最终做出了四项裁决(连同初步审理裁决,统称为裁决),判定 Astro 可以获得近 2.5 亿美元的索赔。这次裁决后,Lippo 也未在规定的时限内申请撤销该裁决。

Astro 随后申请并成功获得了新加坡高等法院关于仲裁庭裁决的执行令。之后,Lippo 以仲裁庭不具有管辖权为由反对执行令,理由是子公司并非股东协议签署方,Lippo 与子公司之间并没有仲裁协议。

本案中,新加坡上诉法院的法官面对的问题是:仲裁庭下达的国际仲裁裁决中的败诉方是否可以选择不立即采取行动申请撤销裁决,而是选择等待胜诉方进入执行程序后援引"被动补救措施",请求撤回执行令。

上诉法院认为,新加坡《国际仲裁法》的起草向来赋予争议双方"自由选择补救措施"的权利。所谓"自由选择补救措施",就是给初步裁决中的败诉方提供两种选择:向法院提出申请撤销仲裁庭的初步裁决,这被称为"主动补救措施";在裁决中的胜诉方进入执行程序后提出异议,这被称为"被动补救措施"。也就是说,即使初步裁决中的败诉方没有主动向法院提出申请撤销初步裁决,也仍然可以诉诸"被动补救措施",即在裁决中的胜诉方进入执行程序后提出异议。本案中,尽管 Lippo 并没有及时对关于管辖权的初步裁决提出怀疑,但这并不妨碍它在执行阶段诉诸"被动补救措施"来反对执行令。只要初步裁决中的败诉方没有主动放弃其对执行令提出异议的权利,即使该方没有主动向法院提出申请撤销关于管辖权的初步裁决,或在规定的时限内申请撤销仲裁裁决,该方仍然可以诉诸"被动补救措施",请求法庭行使其权利, 拒绝执行仲裁庭的裁决。

最终,上诉法院认定子公司不能执行仲裁庭对 Lippo 的裁决。

2. 案例分析

这一判决表明,参与在新加坡本地举行的国际仲裁的当事方可以选择是否主动对仲裁庭的初步裁决提出异议,或者等待仲裁进入执行阶段再提出异议。新加坡法院会捍卫当事方在仲裁中依靠"被动补救措施"的权利,且会依照《国际仲裁法》的规定,在符合法律规定的情况下拒绝执行在新加坡本地仲裁庭作出的国际仲裁裁决。

尽管新加坡法院给仲裁裁决中的败诉方足够的机会行使"自主选择补救措施"的权利(哪怕这项权利延迟多时才行使),但双方当事人仍应尽可能地遵守法律规定,在时限内对初步裁决和执行令提出异议。

附录1:贸易投资相关机构信息[1]

序号	机构名称	联系方式
1	新加坡总理办公室	地址:Orchard Road Istana,Singapore 238823 网址:www.pmo.gov.sg
2	新加坡外交部	地址:1 Sherwood Road,Tanglin,Singapore 248163 网址:www.mfa.gov.sg 电话:+65-63798000
3	国家发展部	地址:5 Maxwell Road,#21-00 & #22-00 Tower Block,MND Complex,Singapore 网址:www.mnd.gov.sg 电话:+65-62221211
4	新加坡永续发展与环境部	地址:40 Scotts Road,#24-00,Environment Building,Singapore 228231 网址:www.mse.gov.sg 电话:+65-67319000
5	新加坡贸易与工业部	地址:100 High Street,#09-01 The Treasury,Singapore 179434 网址:www.mti.gov.sg 电话:+65-62259911
6	新加坡人力部	地址:1500 Bendemeer Road,Singapore 339946 网址:www.mom.gov.sg 电话:+65-64385122
7	新加坡律政部	地址:45 Maxwell Road,#07-11 The URA Centre(East Wing),Singapore 069118 网址:www.mlaw.gov.sg 电话:+65-62255529
8	新加坡财政部	地址:100 High Street,#06-03 The Treasury,Singapore 179434 网址:www.mof.gov.sg

[1] 信息统计完成于统稿之时,注意内容变化。

续表

序号	机构名称	联系方式
9	新加坡通讯及新闻部	地址:140 Hill Street #01 –01A, Old Hill Street Police Station, Singapore 179369 网址:www. mci. gov. sg 电话:+65 –68379655
10	新加坡交通部	地址:460 Alexandra Road,#33 –00 PSA Building,Singapore 119963 网址:www. mot. gov. sg 电话:+65 –62707988
11	经济发展局	地址:250 North Bridge Road #28 –00 Raffles City Tower,Singapore 179101 网址:www. edb. gov. sg 电话:+65 –68326832
12	企业发展局	地址:230 Victoria Street, Level 10, Bugis Junction Office Tower, Singapore 188024 网址:www. enterprisesg. gov. sg 电话:+65 –68981800
13	旅游局/旅馆执照局	地址:1 Orchard Spring Lane,Tourism Court,Singapore 247729 网址:www. stb. gov. sgw – www. hlb. gov. sg 电话:+65 –67366622
14	竞争和消费者委员会	地址:45 Maxwell Road,#09 –01,The URA Centre,Singapore 069118 网址:www. cccs. gov. sg 电话:+65 –63258200
15	能源市场局	地址:991G Alexandra Road #01 –29 & #02 –29 Singapore 119975 网址:www. ema. gov. sg 电话:+65 –68358000
16	科技研究局	地址:1 Fusionopolis Way,#20 –10 Connexis North Tower,Singapore 138632 网址:www. a – star. edu. sg 电话:+65 –68266111

续表

序号	机构名称	联系方式
17	会计与企业管理局	地址：10 Anson Road, #05 – 01/15 International Plaza, Singapore 079903 网址：www. acra. gov. sg 电话：+65 – 62486028
18	国内税务局	地址：1500 Bendemeer Road, Singapore 339946 网址：www. iras. gov. sg 电话：+65 – 64385122
19	知识产权局	地址：1 Paya Lebar Link, #11 – 03 PLQ 1, Paya Lebar Quarter, Singapore 408533 网址：www. ipos. gov. sg 电话：+65 – 63398616
20	土地管理局	地址：55 Newton Road, #12 – 01 Revenue House, Singapore 307987 网址：www. sla. gov. sg 电话：+65 – 63239829
21	建设局	地址：52 Jurong Gateway Road, #11 – 01, Singapore 608550 网址：www. 1bca. gov. sg 电话：+65 – 65340219
22	市区重建局	地址：45 Maxwell Road, The URA Centre, Singapore 069118 网址：www. ura. gov. sg 电话：+65 – 62216666
23	海事及港务管理局	地址：460 Alexandra Road, #19 – 00 PSA Building, Singapore 119963 网址：www. mpa. gov. sg 电话：+65 – 63751600
24	陆路交通管理局	地址：1 Hampshire Road Singapore 219428 网址：www. lta. gov. sg 电话：+65 – 62255582
25	民航局	地址：60 Airport Boulevard, 4th Storey, Terminal 2, Singapore Changi Airport, Singapore 819643 网址：www. caas. gov. sg 电话：+65 – 65421122

续表

序号	机构名称	联系方式
26	公共交通理事会	地址：510 Thomson Road，#12－03，SLF Building，Singapore 298135 网址：www. ptc. gov. sg 电话：+65－63549020
27	中央公积金局	地址：238B Thomson Road，#08－00 Tower B Novena Square，Singapore 307685 网址：www. cpf. gov. sg 电话：+65－62271188
28	食品局	地址：52 Jurong Gateway Road，#14－01，Singapore 608550 网址：www. sfa. gov. sg 电话：+65－68052871
29	金融管理局	地址：10 Shenton Way，MAS Building，Singapore 079117 网址：www. mas. gov. sg 电话：+65－62255577
30	资讯通信媒体发展局	地址：10 Pasir Panjang Road，#03－01，Mapletree Business City，Singapore 117438 网址：www. imda. gov. sg 电话：+65－63773800

附录2:新加坡与对外贸易相关的法律法规

新加坡第48A号法案《1992年商品交易法(CTA)》,涵盖所有商品,并规范商品交易活动。

新加坡第50B号法案《竞争法》,旨在促进新加坡市场有效运行,提高经济竞争力。新加坡第53号法案《消费者保护(交易说明与安全要求)法》,禁止对交易过程中提供的商品进行"误导性描述"。

新加坡第190号法案《禁止多层次传销和金字塔销售(禁止)法》,禁止为促进商品分销和销售的多层次传销计划的企业进行注册。

新加坡第297A号法案《新加坡工商联合总会法案》于2001年通过,1年后新加坡工商联合总会(Singapore Business Federation,SBF)成立。在国内,SBF是连接政府与商家的桥梁,协助营造更有利的商业环境;在国外,SBF在双边、区域、多边场合中充当商业团体的代表,帮助商业团体扩大国际贸易,加强国际业务交流。

新加坡第272A号法案《进口及出口管理法》,海关据此对货物进行专项检查。

第三部分

越南篇

第一章

越南基本概况

一 越南简况

越南社会主义共和国(Socialist Republic of Vietnam,Vietnam,以下简称越南)自1945年9月2日独立以来,尤其是自1986年越南实行革新开放政策以后,经济实现较快发展。越南位于中南半岛东部,北与中国接壤;西与老挝、柬埔寨交界;东面和南面临南海,陆地面积32.9万平方公里。越南矿产资源丰富,种类多样,有能源类、金属类和非金属类等50多种。截至2022年,越南全国人口9847万人,国内生产总值4090亿美元。

越南的官方语言是越南语,部分越南居民会讲英语。

二 行政区划与政治环境

1. 行政区划

越南现有63个一级行政区,包括5个直辖市和58个省。

5个直辖市分别是河内市、胡志明市、海防市、岘港市、芹苴市。其中,河内市是越南政治与文化中心,胡志明市是越南的经济中心、全国最大港口城市和交通枢纽,海防市是越南北部最大港口城市,岘港市是越南重要的工业城市和港口城市,芹苴市是湄公河三角洲最大城市、南部湄公河三角洲农产品集散地和轻工业基地。

2. 政治制度

越南宪法规定:越南国家政权属于人民,越南共产党以马克思列宁主义和胡志明思想为指导思想,发展"社会主义定向"的市场经济。

国会是越南最高国家权力机关。越南国会代表以普选制投票产生,国会常务委员会是国会的最高常设机关。国家主席是国家元首,由国会投票选举产生,任期5

年。国家主席任武装部队司令,统帅全国武装力量。

越南共产党是越南的唯一政党,现有党员450多万人,基层组织近5.4万个。

3. 政府机构

越南政府机构包括:国防部、公安部、外交部、内务部、司法部、计划投资部(Ministry of Planning and Investment,MPI)、财政部、工贸部、农业与农村发展部、教育培训部、交通运输部、建设部、资源环境部、通讯传媒部、劳动伤兵和社会部、文化体育和旅游部、科技部、卫生部、国家银行、民族委员会、政府监察总署和政府办公厅等22个部委。

三 法律体系

1. 立法体系及法律渊源

越南政体结构并非基于三权分立的理论确立。国会在宪法上是越南最高权力机构,是人民的最高代表机关,也是唯一拥有宪法和法律立法权的机关,并负责确定国家的经济和社会政策、国内和国际政策以及金融和货币政策,批准国家预算以及监督政府、人民法院和人民检察院的活动。国会任免主席、副主席和常务委员会委员、总理、最高人民法院首席大法官和最高人民检察院首席检察官。

越南法律体系中常见的法律文件包括:(1)宪法;(2)法典、法律和国民议会作出的决议;(3)国民议会常务委员会作出的条例和决议;(4)总统作出的命令和决定;(5)政府法令;(6)总理作出的决定;(7)最高人民法院司法委员会作出的决议;(8)部长/部长机构负责人、最高人民法院首席大法官和最高检察院首席检察官作出的通告;(9)各省人民议会(People's Council)作出的决议;(10)省人民委员会作出的决定。上述文件系按照法律效力从高到低排列。除此之外,一项国际条约经由国民议会批准后,也会成为越南的法律渊源。

2. 司法体系

越南的司法体系由各级人民法院、各级人民检察院(又称人民检察监督办公室)及军事法院共同组成。

人民法院是越南的司法机关,包括最高人民法院、地方人民法院、军事法庭和其他依法设立的特别法庭。其中,最高人民法院是越南的最高司法机关。军事法庭由越南人民军设立,级别最高的是中央军事法庭,隶属于最高人民法院。在某些特殊情况下,国会可以决定设立特别法庭。越南法院实行二级审判制,最高人民法院是最高审判机关,监督地方人民法院和军事法院的审判工作,向国会负责。从审理层级上来看,越南有两级法院系统,包括初审法院和上诉法院,初审法院的审判庭由法官和人民陪审员组成(通常由一名法官和两名陪审员组成)。地方人民法院向同级人民议会负责。

人民检察院是越南的检察机关,与法院的结构类似,人民检察院包括最高人民检察院、地方人民检察院和军事检察机关。检察院可以审查文件,听取证据和论据,并向法庭提出建议,同时,人民检察院还监督判决的执行。人民检察院与人民法院结构类似,包括最高人民检察院、省级人民检察院和县级人民检察院。

四 经济概况

近年来,越南经济飞速发展,外向型经济特征明显,主要产业包括能源、食品、纺织、化工、建筑、电子信息、加工制造等。越南国内生产总值(GDP)长期保持增长,2022 年全年 GDP 增长 8%。

越南盛产大米、橡胶等农产品,全国森林面积约 1000 万公顷,渔业资源丰富,每年的海鱼产量都可达到数十万吨。

2022 年,越南实际使用外资金额近 224 亿美元,同比增长 13.5%。在越南投资的国家和地区达 108 个,投资额排名前 3 的分别为新加坡、韩国、日本。

越南的官方货币是越南盾。

第二章

外国投资法律制度及注意事项

一 投资法律制度概述

1.投资主管部门

越南主管投资的中央政府部门是MPI,设有31个司局和研究院,主要负责对全国“计划和投资”的管理。

各省、直辖市政府主管投资的部门是计划投资厅。

在具体操作中,按照管理权限,不同部门负责各自管辖领域的投资审批。MPI及各省市计划投资厅是外商投资审批的主要部门,其中,MPI主要负责审批跨省的建设—经营—转让(Build - Operate - Transfer,BOT)项目,计划投资厅负责审批省内投资项目。工贸部负责审批石油和天然气项目。越南国家银行负责审批银行等金融机构项目。财政部负责审批保险等项目。对于国家重大项目,由越南国会负责投资立项并制定项目标准,政府负责制定审批程序和颁发投资许可证。

2.外资相关法规

越南对投资项目实行负面清单制度。2021年1月1日生效的新版《投资法》明确规定了25个禁止外商投资的行业、59个有市场准入限制的行业,具体如下:

(1)禁止外商投资的行业包括:①经营商业领域内由国家垄断经营的商品和服务;②各种形式的新闻及信息采集活动;③水产捕捞或开发;④安全调查服务;⑤司法行政服务,包括司法鉴定服务、诉讼文书送达服务、财产拍卖服务、公证服务、资产清理服务;⑥根据合同将劳务人员送往国外工作的服务;⑦投资建设陵园、墓地设施,以便转让与设施关联的土地使用权;⑧直接从居民家中回收垃圾服务;⑨向公众征询意见(民意调查)服务;⑩爆破服务;⑪生产经营武器、爆破材料及辅助工具;⑫进口、拆解二手海船;⑬邮政公益服务;⑭商品转口;⑮商品暂进再出;⑯出口、进口和分销外国投资者、外资经济组织不能出口、进口和分销的商品目录内的商品;⑰在武装力量所属单位收集、购买和处理公共财产;⑱生产军事物资或设备,经营武装力量的军装、军用物资、军用武器,经营军队和警察专用的设备、技术、器材、车辆及零件、部件、配件、物资、特种设备,经营上述物资生产专用技术;⑲工业产权代理服务、知识产权鉴定服务;⑳建立、运行、维护、保养用于航海、水区、水域、公共海运水道和航线的警报系统,为公布《航海通告》而进行的水区、水域、公共海运水道和航线考察服务,考察、制作和发行水域、海港、海运水道和航线的航海图,制作和发行航海安全资料、印刷品;㉑为保障水区、水域、公共海运水道航行安全而进行的调度服务,航海电子信息服务;㉒对交通运输工具(包括系统、总成、设备、零件)进行检测(检查、测试)并颁发证书,对用于交通运输的工具、专用设备、集装箱、危险物品包装设备进行检测并颁发技术安全和环保证书,对海上油气勘探、开采和运输工具及设备进行检测并颁发技术安全和环保证书,对安装在交通运输工具和海上油气勘探、开采、运输工具及设备上的对劳动安全有严格要求的机械设备,进行劳动安全技术检测,对渔船开展登检服务;㉓天然林调查、评估和开发(包括木材采伐,捕猎、捕捉稀有野生动物,管理植物、生物及用于农业的微生物基因库);㉔在农业与农村发展部审定和评价之前,对新的生物物种基因进行研究或使用;㉕提供旅行服务,不包括为国际游客到越南提供国际旅行服务。

(2)有市场准入限制的行业包括:①生产和分销包括影像制品在内的文化产品;②制作、分销、播放电视节目及歌舞、舞台、电影作品;③提供广播电视服务;④保险,银行,证券交易以及与保险、银行、证券交易相关的其他服务;⑤邮政通信服务;⑥广告服务;⑦印刷服务,出版物发行服务;⑧测量和地图绘制服务;⑨高空拍摄服务;⑩教育服务;⑪自然资源、矿产、石油、天然气勘探、开发和加工;⑫水电、海上风电和核能;⑬使用铁路、航空、公路、水路、海运、管道等方式运输货物和运送旅客;⑭水产养殖;⑮林业和捕猎;⑯经营博彩业、赌场;⑰保安服务;⑱河港、海港、机场的建设、运营和管理;⑲经营房地产;⑳法律服务;㉑兽医服务;㉒与外国在越服务供应商的商品销售有直接关系的商品销售活动及其他活动;㉓技术检查和分析服务;㉔旅游服务;㉕健康服务、社会服务;㉖体育和休闲娱乐服务;㉗造纸;㉘生产29座以上的交通工具;㉙发展和运营传统集市;㉚商品交易所活动;㉛国内零散商品回收服务;㉜审计、会计、会计账本和税务服务;㉝价格审定服务,为进行股份化而提供的企业价值评估咨询服务;㉞与农林渔业相关的服务;㉟生产、制造飞机;㊱生产、制造火车车头和车厢;㊲生产、经营香烟、香烟原材料、香烟专用生产设备;㊳开展出版商活动;㊴新造、维修轮船;㊵废物回收服务,环境观测服务;㊶贸易仲裁、仲裁和解服务;㊷经营物流;㊸沿海海运;㊹耕种、生产或加工各种稀有植物,养殖育种稀有野生动物以及加工、处理这些植物和动物,包括鲜活动物及其制品;㊺生产建筑材料;

㊻建筑及相关技术服务；㊼组装摩托车；㊽与体育、美术、表演艺术、时装展示、选美、模特表演以及其他休闲娱乐活动有关的服务；㊾航空运输辅助服务，航空港、机场地面技术服务，航空餐食供应服务，引路信息监督服务，航空气象服务；㊿船舶代理服务，拖驳服务；(51)与文化遗产、著作权及相关权利、摄影、录像、录音、艺术展览、节庆集会、图书馆、博物馆有关的服务；(52)与旅游推广、宣传有关的服务；(53)与艺人和运动员选拔、签约和管理有关的代表及代理服务；(54)与家庭有关的服务；(55)电子商务活动；(56)陵园经营、陵园服务和殡葬服务；(57)飞机播种和农药喷洒服务；(58)航海领航服务；(59)根据国会、国会常委会、政府、政府总理试点管理机制进行投资的行业。

3. 投资方式

根据《投资法》，外国投资者可选择投资领域、投资形式、融资渠道、投资地点和规模、投资伙伴及投资项目活动期限。外国投资者可登记注册经营一个或多个行业、根据法律规定成立企业、自主决定开展已登记注册的投资经营活动。

（1）直接投资

直接投资方式包括：成立外商独资企业投资，成立与当地投资商合资的企业投资，按 BOO[1]、BOT、BTO[2]和 BT[3]合同方式进行投资，通过购买股份或融资方式参与投资活动管理，通过并购当地企业的方式投资，可采取其他直接投资方式。

越南尚未出台专门针对国外并购及合并程序和原则的单独法律，对并购及合并行为的规定笼统分布在《民法典》《企业法》《投资法》《竞争法》《证券法》等法律及规定中，对并购的限制主要包括：禁止对越南市场造成或可能造成重大限制竞争的作用经营者集中；如兼并或合并后的企业市场占有份额达到 30% ~50%，事先需书面报告竞争管理局；禁止市场占有份额超过 50% 的兼并和合并行为；证券公司并购须获得国家证券委员会的批准；外国投资者在证券交易市场限制持股比例最高为 49%；等等。

（2）间接投资

间接投资方式包括：购买股份、股票、债券和其他有价证券，通过证券投资基金进行投资，通过其他中介金融机构进行投资，通过对当地企业和个人的股份、股票、债券和其他有价证券进行买卖的方式投资。

间接投资的手续根据证券法和其他相关法律的规定办理。从 2015 年 9 月开始，外资可以 100% 持有越南企业股份（银行业依旧维持 30% 的外资持股上限）。

---

〔1〕 BOO：建设—拥有—经营，Build - Owning - Operate。

〔2〕 BTO：建设—移交—经营，Build - Transfer - Operate。

〔3〕 BT：建设—移交，Build - Transfer。

(3)建设开发区、出口加工区或工业园区的规定

建设工业区必须与业经批准的工业区发展总体规划相符合。成立工业园时,投资者向越南政府主管部门提供书面申请、各省级人民委员会关于批准工业区建设细节规划的决定、工业区基础设施投资发展项目的投资许可证。申请成立材料包括书面提案、建设经济区的必要性和法律依据、经济区投资总额、成立时间及融资方案、环境影响评估报告等。

4. 投资项目分类及投资许可

(1)越南投资项目分为A类和B类

①A类投资项目包括:工业区、出口加工区等投资项目基础设施开发;BOT、BTO等投资项目;海港、机场的建设与经营;海运、空运的经营;油气类经营;邮政、电信服务;文化、出版、新闻;广播、电视;病症诊治医疗单位;教育、培训;科学研究;人用药品生产;保险、财政、金融;稀有资源探勘、开采;住宅建设与出售;属国防、安全等领域的投资项目;投资额在4000万美元以上,并投资电力、矿产开采、冶金、水泥、机械制造、化学品、饭店、公寓出租、休闲娱乐场所、观光区等项目。该类投资项目由政府总理审批决定。

②B类投资项目即A类投资项目以外的投资项目,由MPI或政府授权的省级人民委员会或MPI授权的工业区管理委员会、出口加工区管理委员会颁发投资许可证。

(2)越南投资许可证分成两类

①登记颁发投资许可证,适用对象包括投资额3000亿越南盾(约合1300万美元)以内且不属于有经营行业类别限制的项目。此类项目应准备的材料包括:投资登记表(按MPI统一表格办理)、投资者法律资格证明、投资者财务状况报告(投资者自行编制并承担责任),以及联营合同或合作经营合同。

②审批颁发投资许可证,适用对象包括投资额3000亿越南盾(约合1300万美元)以上或属于有经营行业类别限制的项目。此类项目应准备材料包括:投资许可证申请书、投资者法律资格证明、投资者财务状况报告(投资者自行编制并承担责任)、项目经济技术可研报告以及合作经营合同等。如属于有经营行业限制的项目,还需提供说明投资项目满足所需经营条件的报告。

5. 外资并购安全审查的规定

在越南,外商可通过购买上市企业的股票,或购买股份制企业的股权等方式进行并购。

外资并购登记材料包括:企业并购书面申请(含并购及被并企业的名称、地址及

法人代表信息、企业并购活动简况)、被并购企业董事会及企业所有者关于出售企业的决定、并购合同、合并后企业的规章草案、外资法律资格的确认书等。

6. 投资基础设施 PPP 模式

政府和社会资本合作投资(Public - Private - Partnership,PPP)是基于国家主管机关与项目投资者、企业之间的合同,对建设、改造、运行、经营、管理基础设施工程和提供公共服务的投资。《投资法》第 27 条、第 28 条规定,外国投资者可通过签订商业合作条约和 PPP 合同方式进行投资。

(1)投资领域包括:交通运输,电厂及电力输送,公共照明系统、饮用水供应系统、排水系统、垃圾和污水回收处理系统,公园、停车场、墓园,国家机关办公驻地、公寓、保障性住房、迁徙移民住房,医疗、教育、培训、文化体育、旅游、科技、水文气象、通信技术应用,商贸、都市、经济区、工业园、通信技术、高技术、孵化基地、基础技术、中小企业综合配套等基础设施,农业和农村发展、农业生产加工服务、农产品销售,政府总理规定的其他基础设施项目。政府通过招投标方式确定投资方,在特殊情况下,如仅一家参与投标或项目急需短期内完成等将由政府或各地方政府提请直接指定投资方。

(2)主管政府部门及职责包括:MPI 负责颁发 PPP 模式投资项目投资许可证,工贸部、交通运输部、科技部、建设部、卫生部、通信传媒部等分别负责各自行业、部门项目的立项、报批、建设和管理。

(3)BOT 工程进度。越南工贸部第 43/2016/TT - BCT 号公告规定,如果 BOT 工程进度未能按照投资者与工贸部签署的备忘录规定期限实施,工贸部将建议投资主管机关撤销项目开发权。

二 越南工业园区、经济特区介绍

1. 工业园区介绍

目前,中资企业在越南投资建设的经贸合作区(工业园区)有 6 个,其中含 1 个国家级境外经贸合作区。主要情况如下:

(1)龙江经贸合作区

龙江经贸合作区(龙江工业园)是由中国浙江前江投资管理有限责任公司在越南投资开发的综合性工业园,位于南方前江省。项目总体规划面积为 600 公顷,包括 540 公顷工业区和 60 公顷住宅服务区,总投资额 1 亿美元。园区投资许可于

2007年6月获越南政府总理批准,2009年2月中国国家发展和改革委员会正式批准项目投资。园区于2011年9月正式通过中国商务部考核成为国家级境外经贸合作区。

龙江工业园的企业能够享受“四免九减半”等税收政策,入园企业自有营业收入之年起享有15年的所得税优惠期,优惠税率为10%;自盈利之年起前4年免税,后续9年税率减半。

(2)深圳—海防经贸合作区

中国·越南(深圳—海防)经贸合作区是深圳市政府在越南海防市投资开发的工业园区。该项目于2008年立项开发,2017年11月列为中越经贸合作5年发展规划(2017~2021年)重点合作项目。

合作区预计项目总投资约2亿美元。园区全部建成后,预计将引入30~50家企业入驻,带动10亿美元投资,给当地带来3万个就业岗位。截至2021年2月,合作区累计投资额逾8000万美元,已建成园区路网、水电及通信管网、变电站、污水处理厂、标准厂房、办公楼、展示厅、会议厅、生活配套区等基础设施,已建标准厂房、办公用房和宿舍的建筑面积超过12万平方米。

入区企业10年内企业所得税基础税率为17%,自盈利之年起2年免税,后续4年基础税率减半。获得越南高科技企业认证的企业,15年内企业所得税基础税率为10%,自盈利之年起4年免税,后续9年基础税率减半的优惠。

(3)铃中加工出口区

越南铃中加工出口区位于胡志明市郊区,是中越合资经营开发的工业区项目,1992年由中国电气进出口有限公司与胡志明市西贡工业区开发公司共同出资设立,越南铃中有限责任公司进行开发。项目注册资本1700万美元,实际总投资额7000万美元,占地326公顷。截至2017年12月,已经开发的铃中一区、二区和三区这3个位置相邻近的工业园区累计吸引150家企业入驻,投资总额11亿美元,2017年进出口总额50亿美元,创造就业机会9.6万个。

(4)海河天虹工业园区

越南海河天虹工业园区位于中越边境地区的越南广宁省海河县,由浙江民营企业天虹纺织集团经由香港公司投资。2013年8月开始启动立项。工业园区总体规划面积3300公顷,预期总投资额10亿美元。一期开发660公顷,预计投资2.15亿美元。目前已经交付熟地约410公顷。园区设计以纺织服装及其配套产业为中心产业,采取滚动开发模式,边建设边招商。园区建成后,预计将解决10万人就业。

(5)仁会康洋工业园

越南仁会康洋工业园是由香港康洋国际有限公司在越南中部平定省仁会经济区投资建设的港资工业园,于2007年2月获得投资许可,并通过注册成立越南康洋有限责任公司启动仁会工业区B区(康洋工业园)项目的开发建设、招商运营和服务管理。

康洋工业园规划面积为451.86公顷,土地使用期限至2057年5月10日止。项目计划投资9000万美元,全部完成后,预计可吸引超过8亿美元投资额的项目。

(6)北江国际物流产业园

北江国际物流产业园位于越南北江省北江市,由海南启程资产管理股份公司(90%)和越南皇富管理与投资有限公司(10%)合资建设,占地71.66公顷(第一期),预计投资金额2.18亿美元;拟规划在越南北部建设一个现代化及多功能的国际物流中心,为中国南向通道的货物供应链上创造一个重要连接点。

2. 经济特区介绍

为实现工业、商业规模化集聚发展,越南设立若干经济开发区,包括工业区(含出口加工区)和沿海经济区,实行各种不同的鼓励发展政策。

截至2021年年底,越南工业区和沿海经济区累计设立外商直接投资项目10,975个,合同金额达2301亿美元,69%合同金额已经到位。

(1)口岸经济区。越南鼓励在边境地区建设口岸经济区,目的是促进地方经济社会发展,维护边疆稳定和安全。中央和地方政府在口岸经济区建设过程中提供土地、税收和资金方面的支持。迄今为止,越南25个边境省份(分别与中国、老挝和柬埔寨接壤)中已有21个省份建立口岸经济区。

口岸经济区享受以下优惠政策:政府优先考虑利用外国政府和国际组织提供的官方发展援助手段促进口岸经济区基础设施建设,同时鼓励外商以BOT、BT和BTO等方式参与基础设施建设;在口岸经济区投资的项目,可享受所得税“四免九减半”、之后连续10年减10%的优惠;在口岸经济区工作的外国人,可免50%的个人所得税;接壤国家公民持因私护照(按规定应办理签证)可免签进入口岸经济区并停留15天;接壤国家的货车可进入口岸经济区,在区内交接货物。

(2)生物高科技区。越南全国目前有两个生物高科技区,分别位于同奈省锦美县和河内市慈廉区,总面积超过400公顷,具有研究、培育、开发、转交、应用生物高科技的职能,同时进行生物高科技领域的人力资源培训、生物高科技企业的培育、生物高科技产品的生产和经营,并可提供生物高科技服务等。

(3)高新技术区。越南设有河内市高新技术区、岘港市高新技术区、胡志明市高新技术区、胡志明市光中软件技术园这 4 个高新技术区，主要以吸收外来高科技投资项目为主。

(4)保税区。保税区设立于各口岸经济区内并单独建立海关监管站，实行封闭管理。在保税区可以进行以下类型的业务活动：进出口，临时进口再出口，过境货物运输中转，开设保税仓库、免税店、展览交易会，产品展示，进出口货物的生产和加工，设立国内外公司设立代表处、口岸市场。

三 投资法律风险及防范

(一)投资法律风险

1. 投资法律制度不完善导致的法律风险

(1)投资法律制度不健全

越南的外商投资法律体系至今尚不完善，在某些领域存在无法可依的现象。例如，在投资监管方面，外国企业到越南投资必然要接受越南有关部门的监管，但是越南投资法没有对监管力度、标准和要求作出规定。法律没有规定的内容在实际执行过程中，会造成相关方无所适从，最终只能依靠双方的谈判协商来解决，这增加了企业在越南投资的成本和风险。

(2)投资法律不透明

越南投资法中很多规定意思不明确，政策透明度低。对于同一个法律条款，中央、地方可能有不同的解读，从而导致中央和地方政府政策不统一，另外，各职能部门和各地之间政令不统一，同样的申请也可能出现不同的审批结果，导致投资者无法进行准确的预估。投资法律规定的不透明也增加了政府行政审批的自由裁量空间，可能会滋生权力寻租、腐败行为。这会大大增加投资者的成本和风险。

(3)投资法律频繁变更

越南的投资法变更十分频繁，新旧法律还存在重叠不清甚至相冲突的情况，造成越南投资法律环境的不稳定，增大了投资者了解越南投资法律的难度，给投资者通过法律途径维护自己权益增加了不确定性；同时，吸引外商投资的优惠政策变动频繁，也缺乏稳定性和延续性，给投资活动带来很多的不确定性。

2. 地域性投资法律风险

由于各地区经济发展水平、发展目标和战略规划、对外资的优惠政策等不尽相同，越南不同省市、工业园区、经济特区的外资政策和规章制度具有较大的差异。因此,外资企业在投资经营过程中,要事先全面调查和了解与之进行经营合作的企业所在地区的投资法律政策,否则容易遭遇法律风险。

3. 投资法律执行力度低

越南投资法的执行力度不够,存在有法不依的现象。在投资领域仍然存在"投资规定"与投资事实的差异。

4. 投资法律与投资政策不统一

为了吸引外资,越南各地方政府在税收、土地使用费率以及产业政策等方面出台了多种优惠政策,但各地区之间优惠措施差距较大,越南一些地方政府出台的吸引外商投资的优惠政策缺少法律依据,如果出现政府换届,很可能存在政策变更的风险。另外,部分省、市、经济特区、工业园区投资法律框架落后,投资法律更新速度缓慢,有些中央已经在投资法中规定的优惠措施不能及时实施,使外商投资企业利润受损。

(二)投资法律风险防范

1. 事前防范

(1)充分了解越南投资法和投资环境

外国投资者在对越南进行投资活动之前,应该对越南的投资环境和与投资活动有关的越南投资法律进行充分了解,全面排查投资可能遇到的法律风险。在信息的获得方面,企业可以通过网络调查法、文献资料法、实地调研法、相关企业访谈法等方式进行一手资料和二手资料的收集,也可以通过咨询法律服务机构、专业风险管理机构等获得专业的服务。调查内容要尽量覆盖投资经营活动的每一个环节,可行性分析报告要尽可能考虑到投资过程中可能遇到的所有问题。这是防范投资法律风险的第一道防线。

(2)根据企业规模选择正确的进入方式

实力雄厚的大企业有足够的人力、物力全面进行投资风险排查并全面了解投资环境,可以选择通过绿地投资和跨国并购的方式进行跨国投资。

中小企业可能会因为成本问题省略尽调步骤,因此中小企业在跨国投资中更容易遭遇投资风险。中小企业可以通过以大企业为核心、集群进入的方式(如加入工业园区)进行对越投资,这会加快信息的传递,降低信息获得门槛,弥补由于投资经验不足而面临的各种法律风险,增强企业抵御越南投资风险的能力。

(3)签订特许协议

越南投资法律缺位、不透明、投资政策与投资法律不统一、地域间投资法律不一致等问题会影响外国企业在越南正常的投资经营。为预防这些风险,外国投资企业应尽量与越南政府部门签订特许协议或取得书面政策文件，明确企业在越南应当享有的权利。

（4）加强企业内部管理

企业赴越南投资之前，可以通过保险、担保等金融方法，进行风险预防。例如，中国出口信用保险公司提供包括政治风险、商业风险在内的信用风险保障产品，中国进出口银行也提供商业担保服务。企业还可以根据自身需要购买其他国际保险公司的保险产品，从而在较大程度上降低投资风险发生后可能造成的损失。此外，企业应该构建风险管理机制，不断加强自身风险管控，在公司内部建立风险监控部门或风险监控系统，建立健全投资风险预警机制，加强投资风险防范意识。

2. 事中防范

（1）合同中注明争端解决机制

企业签订合同时应仔细审核合同内容，避免因为对方信用风险、两国投资法律冲突风险等造成法律纠纷和重大损失；在合同中应该注明纠纷发生时的争端解决机制。由于越南政府仲裁机构在处理跨国纠纷时，往往会偏向本国企业，外国投资企业最好选择国际仲裁机构，以取得公平对待。

（2）实行本地化战略

外国投资企业可以通过招聘越南本土员工等方式实行本地化战略。由于当地人具有语言、社会网络关系、身份认同等优势，对越南当地的情况更加熟悉，获得信息的来源更加广泛，获得信息难度更小，因此企业可以实时监控和及时了解各类信息和问题，从而有效地进行风险防范。

（3）保持与本国驻越南使（领）馆的联系

本国驻越南使馆对越南的投资状况更为熟悉，拥有更多越南政府以及各界关于投资方面的信息。因此，外国投资企业要和本国驻越南使（领）馆保持密切联系，既可以获得相关的投资信息，又可以及时咨询交流，还可以在遇到重大问题时向使（领）馆寻求帮助。

（4）与当地政府建立良好合作关系

要和当地的政府建立良好关系，亲近政府远离政治，重视当地利益诉求，创造就业机会和税收，适当参与当地的公益事业，为企业营造良好的投资经营环境，避免各种投资风险的发生。

3. 事后补救

（1）通过法律手段解决纠纷

外国投资企业在越南投资时遭遇投资法律问题，发生投资纠纷，要善于通过法律手段保护自己的合法权益，这样不仅可以积累跨国投资风险应对经验，还可以保障本公司利益。

(2)妥善运用国际公约和政府之间双边保护协定

越南投资法规定，当越南投资法内容与国际公约内容有冲突时，应遵循国际公约相关规定；越南也和多国政府签订了双边保护协定，以保障两国投资者在跨国投资时的合法权益。因此，外国投资者应该了解与投资活动有关的国际公约和双边保护协定内容，应对投资纠纷。

四 相关案例

收购形式投资需重视债务尽调

——成某与A矿产公司纠纷案

1. 案情简介

我国投资者赵某拟在越南设立矿产公司从事相关业务，但考虑一方面设立此类公司难度大周期长，需要与审批和注册登记机关做大量沟通；另一方面缺乏市场和客户资源，采购设备和工厂选址等技术性事务繁多，因而最终决定以收购他人公司的方式在越南投资。经介绍，赵某于2011年10月与中国投资者冯某达成了企业转让协议，收购了冯某在越南经营的独资企业A矿产公司，双方到越南当局办理了企业转让登记手续。2012年12月，越南人成某向法院提起诉讼，要求A矿产公司履行债务和违约责任。原来，A矿产公司最初的经营者是越南人吴某，吴某与成某于2010年7月订立了《A矿产公司使用权、经营权和管理权转让协议书》，同时，吴某向成某收取了转让风险金若干，并先后2次以A矿产公司名义向成某借款。2011年3月，吴某又私自与冯某达成转让协议并在注册登记机关办理了企业转让登记手续。经审理，越南法院判决成某胜诉，判令A矿业公司承担违约责任并赔偿成某的损失，A矿业公司先后的所有投资人即吴某、冯某、赵某在A矿业公司的财产不足以清偿债务时，以其个人的其他财产予以清偿。

2. 案例分析

本案中，A矿业公司系独资企业，其投资人应以其个人财产对A矿业公司债务承担无限责任，但应先由A矿业公司以企业财产清偿，不足部分再由投资人以个人其他财产予以清偿。虽然A矿业公司的投资人先后变更为吴某、冯某、赵某，但对A矿业公司而言，系投资人发生变更，不影响其作为个人独资企业的主体地位。吴某作为投资人期间代表A矿业公司对外产生的债务，是A矿业公司的债务，并非吴某个人债务，应由A矿业公司及其投资人依法承担清偿责任。为充分保护债权人利益，结合本案的实际情况，法院判令A矿产公司的所有投资人即吴某、冯某、赵某在A矿产公司的财产不足以清偿债务时，以其个人的其他财产予以清偿。对于A矿产公司各投资人之间的债权债务纠纷，可以按照彼此之间的协议另行解决。

根据《企业法》的规定，独资企业的财产归投资人所有。独资企业的负债应先以企业财产清偿，不足以清偿时再由投资人以个人的其他财产清偿。投资人对企业债务承担清偿责任，法定责任不因内部约定而被排除。本案中，受让人在受让企业时对企业债务是明知且认可的，因此，为充分保护债权人，各受让人应当对企业债务承担连带责任。从本案可知，通过转让收购形式设立公司，其风险点主要集中在前期审查阶段，只有对拟收购公司进行深入透彻的调查研究，充分了解其债权债务情况，才能避免发生类似的纠纷。

第三章 贸易法律制度及法律风险

一 贸易主管部门

越南主管贸易的部门是工贸部，设有36个司局和研究院，负责全国工业生产、国内贸易、对外贸易、WTO事务、自由贸易区谈判等。各省和直辖市设有工贸厅，主管辖区内的工业和贸易工作。此外，工贸部在各驻外使领馆和多边经贸组织派驻代表。

二 货物贸易的法律规定

越南与贸易相关的法律法规主要有《贸易法》《海关法》等。根据该等法律规定，越南货物贸易管理制度逐步完善。

1. 货物进出口管理

(1)关于进口，根据加入WTO的承诺，越南逐步取消进口配额限制，基本按照市场原则管理。越南禁止进口的商品主要包括武器、弹药、除工业用以外的易燃易爆物、毒品、有毒化学品、军事技术设备、麻醉剂、部分儿童玩具、规定禁止发行和散布的文化品、各类爆竹(交通运输部批准用于安全航海用途的除外)、烟草制品、二手消费品(纺织品、鞋类、衣物、电子产品、制冷设备、家用电器、医疗设备、室内装饰)、二手通信设备、右舵驾驶机动车、二手物资、低于30马力的二手内燃机、含有石棉的产品和材料、各类专用密码及各种密码软件等。自2016年7月起，越南允许进口使用年限不超过10年的二手设备。该通知将取代2014年7月出台的第20/2014/TT－BKHCN号通知。进口的二手设备在安全、节能和环保方面，需符合越南国家技术标准或G7标准。此外，越南还禁止进口被权威机构认定为落后、质量差、污染环境的二手设备。生产企业需要维修、更换正在运行的设备，可允许进口二手零部件，可以自主进口或委托其他企业进口。此外,对于使用年限超过 10 年的二手设备,如生产企业仍需进口,也可向越南科技部提出申请。

(2)关于出口,越南主要采取出口禁令、出口关税、数量限制等措施进行管理。禁止出口的商品主要包括:武器,弹药,爆炸物和军事装备器材,毒品,有毒化学品,古玩,伐自国内天然林的圆木、锯材,来源为国内天然林的木材、木炭,野生动物和珍稀动物,用于保护国家秘密的专用密码和密码软件等。

(3)关于原产地规则,2019 年越南工贸部公布《关于确定越南产品或越南生产商品办法规定(草案)》要求本地新增附加值超过 30% 方可视为原产自越南。

2. 进出口商品监管法律依据

(1)一般货物。越南对于一般货物进出口主要根据《海关法》的相关规定进行清关和监管。完成海关手续的货物可以得到出口许可证或进口许可证。越南海关按国家进出口的规定查验进出口货物、进出口许可证、法律规定的其他必要证件,并与海关申报单对照查验实际货物。

(2)食品类货物。越南对于进出口食品类货物的监管主要依据《食品安全法》开展,该法规定了进出口食品安全保障条件、食品认证、食品安全管理等内容。进口食品如被出口国、第三国或国际组织通报包含危害人类生命和健康的成分或污染物时,必须进行召回和处置。在必要时卫生部将对违反其他部委管理规定的进口食品开展突击检查、稽查。

(3)药品类货物。越南对于进出口药品类货物的监管主要依据《药品法》开展。该法规定了禁止进口、生产属于负面清单中的药品和制药原料,对于稀有药品的审批应优先办理,对尚未获批流通的药品及制药原料进行管控,对尚未获批流通的稀有、特效药品进行管控并予以进口,从事药品进口专业负责人的条件等内容。

3. 进出口商品检验检疫

越南进出口商品检验检疫工作根据不同商品种类由不同部门负责。例如,食品和药品检验由卫生部负责,动植物和其他农产品检验由农业与农村发展部负责。

4. 海关管理制度

越南现行关税制度包括三种税率:普通税率、优惠税率、特惠税率。普通税率比最惠国税率高 50% ,适用于未与越南建立正常贸易关系的国家(地区)的进口产品。优惠税率适用于原产于在贸易关系中给予越南最惠国待遇的国家(地区)的进口货物。越南对从 WTO 成员进口的商品给予承诺优惠税率。特惠税率包括东盟自由贸易区优惠税率、美—越贸易协定优惠关税和中国—东盟自由贸易区优惠税率等。原产于中国的商品享受中国—东盟自由贸易区优惠税率。根据中国—东盟自由贸易区货物贸易协议，从 2011 年始，越南对从中国进口的商品每 2 年削减一次进口关税。到 2015 年，除少量敏感产品外，对 95% 以上的商品征收“零关税”。到 2018 年，越南与东盟成员所有商品实现“零关税”。

三 贸易法律风险及防范建议

1. 防范贸易政策变化过于频繁的风险

越南贸易管理部门经常通过颁布有关政府决议、决定、通知等方式干预贸易活动，使贸易政策缺乏可预见性和稳定性，干扰了中国企业对越南的正常贸易活动，常常需要面对一些突发政策变化导致的风险。因此，中国企业需要关注越南贸易政策的最新变化，及时做好应对准备。

2. 防范买方不诚信行为的风险

在国际贸易中，有的卖方为抢订单、抓商机，经常在未对买方的资信情况进行调查的情况下签约、发货，在货物交付后，买方可能会以货物质量问题或卖方履行瑕疵为借口拒付货款，也可能通过转移资产、破产等方式逃避履行付款义务。

因此，卖方应当规范操作，对贸易流程各环节严格把关。采用稳健的付款方式，对合作伙伴的授信要规范在一定额度之内，确保公司能够承担合作伙伴违约带来的损失和风险。商谈合同应严谨，特别是对于质量、运输、交货、结算、争议等条款要认真商谈，仔细审核，避免漏洞。建议尽量采取支付 100% 预付款的付款方式，应特别注意防止对方在支付条款中加入与国际惯例不符的条款。另外，企业应严格按合同执行，在商品质量、运输交货、制单等环节务必严谨，防止被钻空子，造成经济损失。

3. 注意防范商品品质瑕疵的风险

在国际贸易中，货物品质的瑕疵担保义务是卖方应承担的基本合同义务，产品质量不符合合同约定可能导致买方退货。出口企业只有严把质量关，才能最大程度维护自身利益。若企业忽略质量要求，不仅会影响中国商品在越南市场的形象，也会因质量纠纷给企业造成经济损失。

4. 注意防范行政机关执法随意性大的风险

越南行政机关执法随意性大、办事效率低下的问题突出。企业应对相关行政机关进行初步了解，谨慎对待该等机关的行为和活动，尽可能利用多边渠道做好与越南有关部门的沟通工作。

四 相关案例

1. 农产品农残含量过量造成退货并赔偿

2006 年,某省某公司与越南某公司签订了出口大葱的合同,合同付款方式为付款交单。双方在合同中特别约定:“产品质量必须符合越南食品法规。”该批货物到达越南后,越南某公司即委托越南官方检验机构对该批货物进行农残检验,发现该批货物所含杀虫剂甲胺磷明显过量,不符合越南食品法规的规定。越南某公司将该批货物退还给中方公司,要求退还货款并赔偿损失,中方公司在我国法院提起诉讼,最终败诉,赔偿越南某公司 20 余万元。

2. 未签合同未付款情况下发货导致损失全部货款

浙江某公司与越南一家企业在橡胶制品方面有长期的合作关系,平时越南企业都能按时付款。最近一次,该公司基于以往合作积累的信任,在没有签署合同且越方尚未付订金的情况下给越方发货,越南企业在收到货物后,想尽办法拖延付款,最后竟然失联,以致货款无法追回。

第四章 公司设立法律制度及法律风险

一 公司设立法律制度

1. 相关法律法规

越南关于公司设立的法律法规主要包括《投资法》《投资法实施细则》《外国人在越南投资指南》等。

2. 设立企业的形式

在越南投资设立企业的形式包括:代表处、贸易公司、有限责任公司、股份公司等。

3. 注册企业的受理机构

越南政府已将几乎所有外资项目审批权下放至省级部门,仅维持对少数行业的审批。其中,MPI 负责审批跨省的 BOT 项目,工贸部审批石油和天然气项目,国家银行审批银行等金融机构项目,财政部审批保险项目。对于国家重大项目,由国会决定项目的投资立项和项目标准,政府负责制定项目审批程序和颁发投资许可证。其他项目注册企业由省、直辖市计划投资厅受理。

4. 注册企业的主要程序

(1)外国独资企业的注册程序

①申请书。成立公司之前,创办者须向省、中央直辖市人民委员会或相当于公司设立办公地点所在地一级行政单位递交成立公司申请书。

②经营登记。公司必须在省、中央直辖市经济仲裁组织或同级的行政单位进行经营登记。

③成立公告。根据相关法律法规,在越南投资的外资企业成立后,必须在中央或地方报纸连登三期公告。

(2)代表处

按照越南法律规定,企业只要根据中国法律规定已登记并进行合法经营,就可获得在越南成立代表处的许可证。大致流程包括:①代表处负责人办理好护照、无犯罪记录证明及国内公司营业执照等相关材料;②到拟设立办事处所在地租办公场所,签订租房协议;③到越南工贸部网站下载相关表格和须准备的资料清单,准备申请材料;④向拟设立办事处所在地的省、市工贸厅提交设立办事处的申请材料;⑤省、市工贸厅收到申请材料后进行审查,审查合格后出具设立许可证;⑥在越南通过报纸进行公告;⑦刻章、开设银行账户,之后开展正常活动。

需要注意的是,外国企业一家外资企业可在越南设立一个或多个代表处,但不能设立代表处的分支机构。在越南成立的分公司不能再设立代表处。

(3)分公司

分公司是指外国企业、合作组织以及个人等根据越南法律规定成立,在越南直接开展贸易、服务并以营利为目的的在越南附属单位,是母公司在越南的分支机构。根据规定,注册成立 5 年以上、取得营业执照 1 年以上的外国母公司可在越南成立分公司,分公司的最长有效日期为 5 年,期满可延期。分公司可以开展母公司的全部或部分业务,现行法律允许的经营范围有:法律允许的商品进出口业务、法律服务、计算机及相关服务、管理咨询及相关服务、建筑设计及相关技术服务、金融业务以及特许经营业务等。根据《关于外商和外国旅游公司在越南设立代表处及分公司的规定》,越南仅允许特定行业设立分公司,例如不包含寿险的保险业、银行业、证券业、基金管理业、旅游业、贸易业等。

企业成立分公司要把材料寄到越南工贸部。企业申请获得成立分公司许可证所需的文件包括:①企业申请成立分公司的申请表;②营业执照副本。

(4)合资公司

由外资公司和越南公司共同投入资本设立,分别拥有部分股权,并分享利润、支出、风险及对该公司的控制权。根据《投资法》的规定,外商持股最高可达 99%,合资公司存续年限最长为 50 年(特殊情况下可延长至 70 年)。

二 公司设立的法律风险及防范建议

尽管越南政府积极调整企业设立政策,并根据实际情况不断修改和完善《企业法》《投资法》等法律法规,但外资企业进入越南设立公司仍然存在诸多法律风险。具体如下。

1. 越南企业设立法律体系不完善、修订频繁

目前越南法律体系不完善,公司设立法律规定较为分散,加上相关政策时有波动、法律法规修改频繁,导致不同的法律法规之间可能存在内容上的重叠或立法空白,甚至可能出现不同法律法规之间互相冲突的情况。因此,我国企业在赴越南设立公司前应做好充足的前期调研和准备工作,在了解清楚时下最新公司设立政策和法律规定的基础上做好设立公司可行性分析,权衡利弊,避免盲目设立公司和投资带来不必要的损失。

2. 公司设立发起人和利益相关人的法律关系不明确

根据《企业法》的规定,公司的法定代表人须经常居住在越南境内,如果离开越南30天以上,须以书面形式授权他人行使法定代表人相关权限。基于这样的规定,很多外国投资者都会在越南当地寻求合作伙伴,并以其名义在越南设立公司。在此情形下,合作伙伴成为公司设立发起人。但是,外国投资者作为利益相关人,虽然没有在公司设立文件、公司章程上签章,却是公司经营盈亏的实际承受者。加之设立公司的过程非常复杂,若不能有效约束拥有法定权利的形式上的公司设立发起人的行为,往往会埋下隐患。因此,我国投资者若采取将合作伙伴作为公司设立发起人的做法,对于合作伙伴的选取务必慎重,并通过行之有效的手段规避风险。

3. 越南设立公司前置审批程序复杂、材料繁多

根据《企业法》的规定,在越南申请设立公司时,需要向有关部门提交材料进行前置审批。这一前置程序通过后,方可申请公司经营许可。与此同时,审批部门对前置审批项目具有决定权。根据设立公司的类型和行业不同,前置审批的具体内容由不同审批部门根据具体情况自行确定。在现实情况中,有的部门甚至要求公司设立申请者提交《企业法》未规定的材料,导致前置审批条件复杂,准备有关材料难度过大,极大地增加了申请者的负担。因此,我国企业在越南申请设立公司前,有必要与相应的越南前置审批部门做好沟通,了解清楚前置审批程序和所需材料,做好充足准备。

4. 越南对公司设立规定了严格的公告制度

《企业法》对在越南设立公司规定了严格的设立公告制度。按照现行法律的规定,无论是以何种形式设立的公司都需要在设立后进行公告。同时,越南对公司设立公告制度还有明确和详细的要求,对刊登公司设立公告的报刊层次和级别、公告内容和事项、公告期限和程序等都作出了严格规定。越南的公司设立公告制度与我国的公司设立程序有所不同,因此公司设立过程中应按照越南当地要求及时开展公告程序,以免影响在越南设立公司的进度和合法性。

三 相关案例

隐名代持关系不受法律保护

——王某与阮某纠纷案

1. 案情简介

王某在国内从事塑料制品加工制造行业，其产品主要供应东南亚国家和地区，越南是最大的客户来源国。为拓展国际市场，降低生产和人力成本，王某自 2010 年起赴越南着手设立公司和生产工厂。在申请注册公司过程中，由于本身不具备在越南长期居住的条件，王某找到了越南人阮某，双方达成协议，以阮某作为法定代表人注册了公司，在越南注册登记机关留存了阮某亲笔签名的注册申请，注册登记机关颁发的经营许可证明等材料由王某保管。自 2014 年起，王某公司的经营策略发生变化，对越南贸易逐步压缩，越南公司和生产工厂常年处于停工状态。王某计划注销越南公司，在与阮某沟通的过程中未能达成一致意见，王某持证明材料向越南当局申请注销公司遭到拒绝，理由是根据注册登记机关留存的数据，阮某才是公司的法定代表人，注销公司必须由阮某本人提起。与此同时，阮某将生产工厂的厂房和设备出租给他人使用，剩余原材料也一并售出。王某向越南法院提起诉讼，申请终止阮某的法定代表人资格，并就其擅自处置公司资产的行为进行赔偿，法院以证据不足为由驳回了王某的起诉。

2. 案例分析

本案中，王某因本身不符合“经常居住在越南境内”的条件，试图通过寻求越南当地合作伙伴规避法律。阮某作为公司设立人，在公司章程和设立文件上签章，在越南公司登记机关留存了印鉴，登记机关有充分理由认为阮某就是公司的法定代表人。王某和阮某间的协议不能对抗法律的规定，因此法院判决驳回王某的诉求事实充分，符合法律的规定。

因此，中国投资者尽量不要选择以隐名、代持方式注册公司或持有股权，若无法避免，也需要谨慎选择合作伙伴，提前做好风险规避措施，以避免由此带来的损失。

第五章 外汇法律制度及法律风险

一 外汇法律制度

1. 越南的外汇管理部门为越南国家银行，主要法规是《外汇管理条例》。越南盾由越南国家银行发行，不可自由兑换。越南实行有管理的浮动汇率制，官方汇率参考价根据与越南有贸易、金融和投资关系的国家“一篮子”货币进行计算确定。越南国家银行通过运用货币政策工具、干预外汇市场等进行外汇管理，以实现各时期的宏观经济目标。越南盾对美元汇率波动的日间交易区间在官方汇率上下3%以内。

2. 根据《外汇管理条例》，外国投资企业和参与商业合作的外国投资者，必须在授权信贷机构开设直接投资外汇账户，以处理收入和实施投资支付。如果其投资为越南盾，上述外国投资者必须在其已开设直接投资外汇账户的授权信贷机构开设直接投资越南盾账户。

外国直接及间接投资所产生的合法越南盾收益，均可通过政府授权的信贷机构兑换成外币并汇至国外。外国投资者将利润汇出海外之前必须满足以下条件：

(1)履行法律规定的对越南国家的财政义务(完成纳税义务)；

(2)向主管税务局提交经审计的财务报表和公司所得税申报单(外资企业需要每年进行法定审计)。

目前，利润汇出无须缴纳任何税费。

根据现行法规，利润汇出可以按照以下方式进行：

(1)若外资企业并无任何累计亏损，且在汇出利润后仍可如期偿还到期债务，那么该企业可以于会计年度结束时，一次性汇出全年盈余；

(2)在越南的商业活动和投资项目结束后再汇出利润。

外国投资者必须在利润汇出至少7个工作日前，向税务机关提交将盈余汇至国外的通知书。外国投资者可以前往当地银行购买外汇，并将营业利润汇回国内。股息可以通过现金或资产方式支付，公司可以向外国投资者汇出外币股息。

外国投资者可根据越南外汇管理规定,在越南金融机构开设越南盾或外汇账户。通过直接投资活动获得合法越南盾收入的外国投资者,可以购买外汇并在购买外汇后的30天内转账到国外。居民组织如需在国外银行开设账户,须经越南国家银行批准。

外国投资者可向从事外汇经营的金融机构购买外汇,以满足项目往来交易、资金交易及其他交易的需求。如外汇金融机构不能满足投资者的需要,政府将根据项目情况,解决其外汇平衡问题。此外,越南还存在金融机构以外的"自由市场",提供小额外币兑换服务。

3. 越南海关规定,外国投资者在出入境时如携带5000美元或其他等值外币、1500万越南盾以上现金、300克以上黄金等必须申报,否则超出部分将按越南海关有关规定进行处罚。

二 外汇法律风险及防范建议

1. 严格遵守外汇管理相关规定

越南没有完全自由化的外汇管理制度,所有进入越南的资本,不论直接还是间接投资,都必须通过特定投资资本银行账户进行。投资者应全面了解并严格遵守越南外汇管理的相关规定,尽早对外汇的进出进行规划,以在越南的外汇管制制度下合法进行外汇交易,避免因违法违规造成损失。

需要特别注意的是,外国投资者虽然有权购入外币,但银行本身并没有出售外汇的义务,并且外币数量取决于当时情况下市场的流动性。因此,投资者在日常交往过程中与当地银行处理好关系十分重要,在选择往来的银行时,有必要就此事事先达成共识。

2. 审慎选择结算方式

在国际贸易中,中国企业应当审慎选择外汇结算方式,以确保顺利收取相关款项。当中国企业有充分的主动权时,可要求越南企业预付全部或大部分款项,或要求支付预付款或履约保证金。在开具信用证时要谨慎选择开证银行,优先选择国际大银行,以保证外汇来源的便捷;增加偿付行、保兑行,减少对方失信和违约风险。

此外,中国企业应加强出口信用保险意识,选择投保中国出口信用保险公司的有关险种,降低外汇管制风险,减少损失。

第六章 土地法律制度及法律风险

一 土地法律制度

1. 相关法律规定

《土地法》规定，土地所有权属于国家，越南不承认私人拥有土地所有权，集体和个人可对国有土地拥有使用权。国家统一管理土地，制定土地使用规章制度，规定土地使用者的权利和义务。土地使用期限分为长期稳定使用和有期限使用两种情况。有期限使用土地的使用期限分为5年、20年、50年、70年、90年不等。

土地使用者的基本权利是：获得土地使用权证明；享有土地上的劳动成果、投资成果；享有国家对农用地采取保护、改造措施带来的利益；国家指导、帮助、改造农用地，增加地力；当合法的土地使用权受到侵犯时，国家予以保护；对于侵犯合法使用权的行为可进行起诉、控告；在土地出让、转让、出租、再出租、继承、赠送、抵押、担保、投资以及国家收回土地时，享有获得补偿的权利；享有土地分配、租用形式上的选择权。

公民、家庭户的土地使用权是一项重要财产权利，可以和其他财产权利一样进行交换、转让、抵押、租赁和继承等。土地使用权的转移必须在国家主管部门办理相关手续。土地使用权的转让主要通过交换、买卖、租赁或抵押等方式进行，按规定须缴纳土地使用权转让税。

越南土地管理体系分为四级：国会作为最高权力机关，决定全国土地使用规划，行使最高监督权；政府作为最高行政机关，决定各省、直辖市土地使用规划，以及国防和安全用地规划，配置土地资源，具体履行土地管理职责的机关为自然资源和环境部下属的土地管理总局；各省、直辖市、县人民委员会在职权范围内行使土地管理权，具体履行土地管理职责的机关为各级人民委员会下属的自然资源和环境管理部门；乡镇设立土地办公室，负责处理土地行政事务。企业、农户、个人可通过租赁、接受转让、参与土地拍卖等方式,获取土地使用权。

2. 外企获得土地有关规定

《土地法》规定,外国投资者不能在越南购买土地,可租赁土地并获得土地使用权,使用期限一般为50年。特殊情况可申请延期,但最长不超过70年。

(1)租赁

根据《土地法》的规定,外资企业可租赁土地,使用期限一般不超过50年,对于投资大且资金回收慢,以及在经济困难地区投资的项目,土地使用期限最长不超过70年。在土地使用期满后,若投资商有继续使用土地的需求,且一直遵守《土地法》规定,国家职能部门可考虑根据相关规划延长其土地使用期限。外国投资者需租赁土地进行投资时,可与项目所在地的土地管理部门联系,办理土地租用和交接手续。

投资商在鼓励投资的领域和地区投资,可根据《土地法》和《税法》有关规定,申请减免土地租金、土地使用费、土地使用税等。

外资企业可将土地使用权和地面资产作为抵押,向在越南注册的信贷机构贷款,用于实施投资项目。

尤其需要注意的是,投资者租用土地,当地政府部门可协助进行征地拆迁,补偿费用由投资者自理。投资者在获得土地使用权后,如在规定期限内未实施项目,或土地使用情况与批准内容不符,政府有权收回土地,并撤销其投资许可证。

(2)获得土地使用权

外资企业可以通过下列方式获得土地使用权:

①通过国家划拨获得土地使用权。外资企业可通过国家划拨土地的方式获得土地使用权,用于建房后房屋出售或采用出售与租赁相结合的方式投资建设项目。

②通过向国家租赁获得土地使用权。外资企业可向越南政府承租土地,用于农业、制造及商业目的,包括建设基础设施、饭店与度假村、出租用住宅等,且应支付土地租金。外资企业在取得土地使用权后,若要再出售,需要先缴清土地租金。

③从工业区、高新技术区租赁土地。国家可以将土地出租给经济组织、海外越南人或者外资企业,用于工业区、产业集群等基础设施的建设和商业经营。

④越南企业以土地使用权出资。外国投资者与越南公司组建合资企业,越南公司可以将土地使用权作为资本出资。

⑤受让土地使用权或地上资产。外资企业可以通过购买不动产或包含土地使用权的投资项目获得土地使用权,且与转让该土地使用权的个人或组织享有相同权利,该土地必须是从国家租赁的土地,且已一次性全额支付租金。

在上述五种方式中,从工业区租赁土地最为简便。工业区开发商已完成了必要的政府手续,已向政府支付了土地费用。在其他方式中,向国家租赁土地是最普遍使用的方式。

尤其需要注意的是,根据现行法律规定,越南政府仅对外资企业提供有限的土地划拨。外资企业可凭借经核发的投资登记证,经划拨获得用于建造销售或出租用住宅的土地,土地使用期限最长为50年且必须缴纳土地使用税,并接受投资项目期限。

二 土地使用风险及防范建议

1. 用地审批程序烦琐,拆迁补偿标准模糊

通常情况下,企业在越南租赁土地要经过以下程序:了解所要申请出租的土地所在地政权,申请原则上的接受,制定项目及制定赔偿方案,批准项目及赔偿方案,拆迁,签订土地租赁合同,领取土地使用权证书。完成土地租赁手续的平均时间在230天。土地租赁申请手续复杂,经手多个部门,审批时间冗长。企业常常会因为不知道找哪个管理部门办理这些文件,做了很多重复性工作,耗费了较多人力和时间,也提高了土地的租用成本。

《土地法》对外国投资者的拆迁补偿,仅规定根据土地使用者的登记记录,确定因征地而导致土地使用者财产损失的补偿额度,再按照价格审定理事会确定的补偿额度,最后由省、县级人民委员会主席决定补偿额度,但具体补偿额度的确定没有落实和公开。因此,企业拆迁补偿没有可以参照的统一补偿标准,大多数外国投资者只能根据当地政府的政策来执行,很难争取到合理的补偿金额。

2. 全面掌握土地政策信息,严格依法投资

外国投资者应要求当地的合作伙伴或者法律机构拓宽信息来源渠道,更加全面地了解越南政府的办事惯例,土地回收补偿、优惠减免政策等,尤其是对有投资意向的项目的土地的使用性质及相关规划做深入研究和掌握,减少因为信息不对称导致的损失。

此外,应严格按照越南法律规定的程序获得合法土地使用权,按时缴纳土地租金和土地相关费用。在使用土地的过程中,投资者要严格遵守土地法规并且使自身投资项目符合土地利用规划,避免在接受土地监管机关审查时出现问题。在项目拆迁时,投资人应及时通过专业人员对不动产进行预算和评估,准备好防范方案,通过正常法律渠道为自身解决困难。若存在续租问题,投资人应按照要求处理好手续交接问题,避免法律纠纷。

第七章 税收法律制度及法律风险

一 税收法律制度

1. 税收体系和制度

越南的税收立法权和征税权集中在中央，税收法律须经国会批准才能生效执行。越南建立了统一的国家税务部门，建立起了相对完善的税收体系。现行税收法律法规主要包括《税务管理法》《关于税务管理法部分条款实施细则的议定》《企业所得税法》《关于税务、发票违法行为行政处罚规定的议定》《增值税法》及相关规定等。

越南的税务管理部门由税务和海关两部分组成。税务局负责大部分税种的征收，海关负责关税的征收。税务总局和海关总局是越南财政部领导下的两个负责税款征收的直属机构。越南税务系统包括税务总局、省/直辖市税务局（直属省/直辖市税务局）、市/县/郡税务分局以及地区税务分局。海关系统包括海关总局、省/直辖市海关局和海关分局。越南税务局不分国家税务局和地方税务局，没有中央税和地方税之分，税收收入全部由财政预算统一调整。

2. 主要税种和税率

越南为 WTO 成员，内外资企业都采用统一的税收标准，对于不同领域的项目实施不同的税率和减免期限。现行税制中的主要税种有：企业所得税、增值税、特别销售税、进口出口税、个人所得税、资源税、农业土地使用税、非农业用地使用税、环境保护税、财产税、印花税、门牌费等。

（1）企业所得税。企业所得税是指对越南境内的企业（居民企业及非居民企业）和其他取得收入的组织的生产经营所得所征收的一种税。

①居民企业。居民企业应就其源于越南境内、境外的所得缴纳企业所得税。企业所得税是根据企业利润课征的，包括其子公司及分支机构（从属公司）的利润。

在境外投资的越南居民企业将已在收入来源国缴纳税款的收入转移回国时，若该收入来源地已与越南签订避免双重征税的协定，则按照该协定执行。

自2016年1月1日起，越南企业所得税的基本税率为20%。在越南境内从事油气勘测、勘探、开采活动的，企业所得税税率为32%～50%。勘测、勘探、开采其他稀有资源（包括铂金、黄金、银、锡、钨、锑、宝石和稀土）的，企业所得税税率为50%。对于珍贵矿山和稀有自然资源，若其有70%及以上的面积位于社会经济条件特别困难的地区，适用40%的税率。

②非居民企业。对于非居民企业：如在越南境内设有常设机构，则税务部门对该常设机构有关的所有境内境外收入征税，且对该企业在越南境内的所有生产经营收入征税；如未在越南境内设立常设机构，则只对该企业在越南境内的所有生产经营收入征税。对非居民企业征收的企业所得税的基本税率是15%。

非居民企业在越南境内未设立机构、场所的，或者虽设立机构、场所但取得的所得与其所设机构、场所无实际联系的，其应纳税额根据在越南境内取得的销售商品、提供劳务所得及相应百分比计算，具体如下：a. 提供劳务：除商店、酒店赌场管理为10%外，销售商品时提供应税劳务的为1%；无法划分商品价值和劳务价值的为2%；其他为5%。b. 按照国际贸易条例在越南境内提供和调拨商品：1%。c. 特许权使用费：10%。d. 船舶、飞机（包括其发动机及配件）租赁费：2%。e. 井架、机械设备、运输工具租赁费：5%。f. 借款利息：5%。g. 证券转让、再保险海外转移：0.1%。h. 金融衍生服务：2%。i. 建筑、运输及其他活动：2%。

此外，符合相关条件的外资企业可享有10%～17%的所得税优惠，并享受“四免九减半”或“六免十三减半”的优惠政策。对于投资规模大、科技含量高的项目，经政府总理批准最高可享受30年的所得税减半征收优惠政策。

（2）增值税。越南增值税征税范围覆盖生产、销售、服务全过程，对货物或服务在生产、流通、消费过程中所产生的增值额征收增值税。除《增值税法》规定的农业初级产品、公共产品、金融服务产品、土地流转和部分医疗产品等外，其他项目均属于越南增值税征税范围。在越南，增值税税率分为零税率、5%、10%，零税率适用于出口商品，5%的税率适用农业、医药、卫生教学、科学技术服务等，10%的税率适用于石化、电子、化工机械制造、建筑、运输等。

（3）特别销售税。根据《特别销售税法》及其相关规定，越南对部分产品、进口商品和服务征收特别销售税。如对烟叶制品征收75%的特别销售税，酒类根据度数征收35%或65%的销售税，9座以下汽车根据排量征收35%～150%的特别销售税，新能源混合动力汽车税幅为同类排量汽车的70%，生物燃料汽车税幅为同类排量汽车的50%，歌舞厅、赌场、高尔夫球场等娱乐经营场所征收15%～40%的特别销售税。

(4)进口出口税。越南财政部每年年底更新商品的出口税税率和进口税税率。除免税商品外,企业进口越南的商品均需缴纳进口税。进口商品税率分为普通税率、优惠税率和特惠税率。优惠税率适用于原产于在贸易关系中给予越南最惠国待遇的国家(地区)的进口货物。越南对从 WTO 成员进口的商品给予承诺的优惠税率。特惠税率适用于从与越南签订自贸协定(Free Trade Agreement,FTA)的国家(地区)进口的商品。享受特惠税率的商品须提供原产地证书,否则适用普通税率,即优惠税率 ×150%。

(5)个人所得税。越南个人所得税免征起点为月收入 1100 万越南盾,如家庭成员无收入,每增加一个成员,月免征起点上浮 440 万越南盾。月收入超过免征额度的家庭需缴纳个人所得税,个人所得税实行累进税率,5% ~35%。

非居民外国人仅就来源于越南的收入纳税,第 1 年适用 25% 的税率,以后各年度适用外国居民应征税率。与越南签订避免双重征税协定的国家,其居民如果属于越南非居民纳税人并符合一定条件,可免缴个人所得税。

(6)环境保护税。越南对部分在使用时产生环境污染的商品在生产和进口环节征收环境保护税。如对汽油、柴油和润滑油每升或每公斤征收 1000 ~4000 越南盾,煤炭为 15,000 ~30,000 越南盾/吨,尼龙袋为 50,000 越南盾/公斤,等等。

(7)非农业用地使用税。根据《非农业用地使用税法》及相关规定,多层多户住宅、公寓和地下工程用地、非农业生产经营用地和商业用途非农业用地、投资商注册并经国家主管部门批准的分期投资项目用地适用 0.03% 的税率,用途不符或未按规定使用的土地适用 0.15% 的税率,被侵占或挪用的土地适用 0.2% 的税率。

(8)门牌费,即营业执照费。企业除投入生产经营的第 1 年(1 月 1 日至 12 月 31 日)免缴营业执照费外,此后每年根据注册资金额度缴纳相应的费用。根据越南政府 2016 年 10 月 4 日颁布的《关于对许可证费用规定的议定》及 2020 年 2 月 24 日对上述议定部分条款补充修改的议定,对于从事商品生产经营和服务活动的企业,注册资金在 100 亿越南盾以上的需缴 300 万越南盾/年,100 亿越南盾以下的缴 200 万越南盾/年,代表处、办事处、事业单位和其他经济组织缴 100 万越南盾/年。

3. 特殊经济区域规定

(1)工业区

工业区内的外资企业按以下规定缴税:

①进出口税

a. 生产性企业和服务性企业均可免缴出口税。

b. 被鼓励投资的生产性企业进口构成企业固定资产的各种机械设备、专用运输车的，免缴进口税；对用于生产出口商品的物资、原料、零配件和其他原料可暂不缴进口税，在企业出口成品时，再按进出口税法补缴进口税。

c. 服务性企业按进口税法缴税。

②企业所得税

从2009年开始，企业所得税优惠政策按工业区所属区域划分。

③土地优惠

工业区基础设施建设项目免土地租金15年，公共设施用地土地租金全免。

④信贷优惠

工业区和出口加工区基础设施建设项目，可获得国家投资信贷和出口信贷支持。

⑤基础设施建设扶持政策

越南国家预算内资金可对以下情况予以扶持：向工业区内被征地的人提供征地和易地安置补偿；对于经济困难地区的工业区，政府支持污水和垃圾处理工程建设，以及工业区内配套基础设施和公共服务设施建设。

(2) 出口加工区

出口加工区内的外资企业按以下规定缴税：

①进口出口税

a. 生产性企业和服务性企业均可免缴出口税。

b. 生产性企业和服务性企业进口构成企业固定资产的各种机械设备、专用运输车辆、各类物资和原料的，免缴进口税。

②企业所得税

出口加工区内的外资企业与工业区的外资企业享受同等优惠待遇。

二 税收法律风险及防范建议

1. 越南税务稽查涉及很多法律、规定或协定，对企业影响较大，建议企业聘请有经验的会计师事务所协助，合法合规纳税。

2. 对于很多境外投资项目，中资企业是跟东道国的相关政府部门或国有企业谈判的，并在合同中约定了相应的税收优惠。但需要注意的是，从法律效力上看，东道国的税法制定和执行部门，可以否定或不予认可民事合同中的税收优惠条款。因此,在中资企业与越南相关政府部门或国有企业谈判合同条款时,建议在合同中明确约定其有义务帮助中资企业向政府相关部门申请,在一定期限内获取合同约定的税收优惠批文或函件。在合同签署后,中资企业要及时跟进,及时获取免税函件或批文,以保障税收优惠条款得以有效落实。

三 相关案例

免税条款需以免税函确认方可认定有效

某中资企业到越南承建水电站项目,与越南水电局(业主)签约时达成了免税条款。中资企业认为"合同在手,免税无忧",没有争取获得该国财政部门的免税函。几年过去了,越南因财政紧张,便以整顿税收秩序、加强征管为由,对所有外资企业进行稽查补税。该国基层税务稽查人员认定,虽有合同免税条款,但是没有财政部门的免税函,仍属程序不符,效力不够,最终决定对该企业追溯补税。合同中的免税条款,终成一纸空文。

第八章 劳动就业法律制度及法律风险

一 劳动用工法律制度

1. 劳动法相关内容

在越南，劳动伤兵和社会部对劳动领域负有主要监管责任。《劳动法》是越南规范劳动用工的主要法律。《劳动法》对劳工标准，在劳动关系和与劳动关系直接相关的其他关系中的劳动者和用人单位的权利、义务和责任，基层劳动者的代表组织，用人单位的代表组织，国家对劳动的管理等方面作出规定。核心内容包括：

(1)适用范围。《劳动法》的适用对象包括：劳动者、学徒、实习生以及无劳动关系的劳动者，用人单位，在越南务工的外国人，与劳动关系直接相关的其他机构、组织和个人。

(2)劳动合同。劳动合同是指劳动者和用人单位就有偿工作、薪资、劳动条件、劳动关系中各方的权利和义务等达成协议。双方达成的涉及工作和工资，一方的管理、协调和监督等内容的合约则被视为劳动合同。用人单位和劳动者须签订书面劳动合同(劳动期限在1个月以下的可口头订立劳动合同)。根据与电子交易有关法律规定，以数据信息形式订立的电子劳动合同与书面劳动合同同样有效。劳动合同包括固定期限劳动合同和无固定期限劳动合同两类。合同内容应包括工种和工作地点、合同期限、薪资及支付方式、升职加薪制度、工作休息时间、社保医保和失业保险等内容。

劳动者和用人单位可在劳动合同中明确试用期，也可另行签订试用合同。一项工作只能试用一次。企业管理岗位试用期不超180天，高级及以上专业技术工作岗位试用期不超过60天，中级专业技术岗位、技术工人和业务人员试用期不超过30天，其他工作试用期不超过6天。试用期薪资不少于正式录用期薪资的85%。

(3)薪资。按区域实施最低工资制度，政府根据国家薪资委员会的建议决定并公布各地区最低工资标准。

(4)保险。用人单位和劳动者需参加强制性社会保险、医疗保险和失业保险。对于不属于参保对象的劳动者,用人单位向其支付工资时需同时支付与三种保险额度相当的费用。

(5)合同终止。用人单位在单方终止劳务合同时,应事先通报劳动者。通报时间要求如下:无期限合同,至少提前 45 天;12 个月至 36 个月的合同,至少提前 30 天;12 个月以下的合同,至少提前 3 天。此外,劳动者有权单方面终止合同,但也需事先通报用人单位。

2. 外国人在当地工作的规定

越南对外籍劳务管理的主要法律依据是《劳动法》《外籍劳务聘用与管理规定》《外籍劳务聘用与管理规定实施细则》等。根据《劳动法》的规定,在越南工作的外籍人员需满足以下条件:年满 18 岁以上且具有完全民事行为能力;具有专业、技术水平和工作经验,身体状况符合卫生部长规定;非正在执行刑罚或未消除犯罪记录或依照越南法律或外国法律规定正在被追究刑事责任的人;有越南职能部门颁发的劳动许可证(无须办理劳动证的情况除外)。

根据 2021 年 2 月 15 日开始实施的越南政府关于对在越南工作的外国人管理的规定,用人单位应确定每个使用外籍劳动者的工作岗位情况并在拟雇用外国劳动者前至少 30 天向越南劳动伤兵和社会部或外籍劳动者工作地的省、中央直辖市人民委员会(省级人民委员会)报告说明。用人单位如对外籍劳工的需求发生变化,须至少提前 30 天报告说明。劳动伤兵和社会部或省级人民委员会在接到报告的 10 个工作日内书面回复,明确是否批准。

外国人在越南工作需获得劳动许可,劳动许可期限一般不超过 2 年。外国人的劳动许可证可视情况重新申领、办理延期或撤销,办理延期的条件包括:劳动许可证的有效期至少还有 5 天,但不超过 45 天;使用外国劳动者须获得主管部门批准;具有证明外国劳动者继续为用人单位工作的证明材料。

以下场合的外籍劳动者无须办理劳动许可证:有限责任公司的所有者或出资人;股份公司的董事长或董事会成员;在越南的国际组织或外国非政府组织的总代表、项目负责人或主要负责人;以推介业务为目的入境越南期限少于 3 个月的;入境越南期限少于 3 个月,处理越南专家和目前在越外国专家无法处理的影响或有可能影响生产经营的事故、技术问题或复杂问题;根据《律师法》获得执照的外国律师;越南作为成员缔结的国际条约规定的情况;与越南人结婚并在越南境内生活的外国人;政府规定的其他情形。

3. 劳动争议解决

(1)工作对话制度。工作对话是雇主与雇员或雇员代表组织就与该问题有关的问题，在工作场所各方的权利、利益和关注点进行信息共享、协商、讨论和交换意见，以增进了解、合作，共同努力，实现双赢的解决方案。

工作对话每年至少定期进行一次，政府应规定在工作场所组织对话和实施基层民主监管。

(2)人民委员会下设的专门劳动机构是受理劳动争议解决请求的归口单位，负责对劳动争议当事人进行分类、指导、支持和协助劳动争议解决。

(3)有权解决个人劳动争议的机构、组织和个人包括：劳动调解员、劳动仲裁委员会、人民法院。

(4)有权解决集体劳动利益纠纷的组织和个人包括：劳动调解员、劳动仲裁委员会。

二 劳动用工风险及防范建议

1. 注意防范违反劳动限制的风险

在对越南的工程承包中，中方企业一般都乐于使用中国劳工，不愿意使用东道国劳工。但越南对工程在建过程中外籍劳工的雇用比例是有限制的，如果超过比例会被处以罚款。因此，企业需要注意在外籍劳动者雇用比例限制范围内使用中国劳工。

2. 注意严格遵守劳动用工相关规定

赴越工作取得合法证件是前提。在越南用工应通过正规中介，并在当地办理劳动许可证。目前一些非法中介以收费较低为诱饵，擅自招收劳务人员并输往越南，不与劳务人员签署劳动合同，也不协助办理当地劳动许可证，导致劳务纠纷频频发生，给劳务人员造成较大损失。需要注意，根据商务部、外交部等相关部委的规定，只有获得外派劳务人员资格的公司才可对外派出劳务人员。并且，越南法律规定，不允许外籍人员持旅游签证在越南务工。在越南工作 3 个月以上的外籍劳务人员须办理劳动许可证。

企业在聘用中方劳务人员时，还要检查其是否合法入境，是否持有合法证件，以避免发生违法事件；在给中方工人支付工资时，争取直接交给工人，避免出现工人工资被克扣或者中介恶意欠薪等劳资纠纷发生。

如果中国企业在外派劳务时，不遵守相关法律，没有通过正规途径办理护照及签证手续，由于无相关出入境手续，不能在当地办理居留证等合法居留、就业的证件,被东道国劳动、警察部门发现后,往往面临被处罚和驱逐出境的风险。

3. 越南用工成本逐年提高,应注意遵守相关工资、社保等规定

根据《劳动法》,雇主在裁员时还应组织相关培训,如不能组织培训,雇主需另支付2个月工资作为遣散费。并且,越南政府要求所有制造商每年至少将工资提高10%,这些都给劳动密集型外资企业带来不小压力。并且,根据《刑法典》,自2018年1月1日起,用人单位不为外国劳动者缴纳强制社会保险的,最高可被处以罚金30亿越南盾(折合约人民币90万元)。

越南能够吸引外资与当地土地成本和劳动力成本较低有关,但随着越南不断提高工资标准,劳动力优势逐渐减弱,中国投资者在越投资前,也需充分考虑人工成本上涨趋势、人工成本与劳动效率之间的平衡、文化差异等综合因素,做到未雨绸缪,避免产生投资风险。

4. 关注罢工相关问题,避免遭受相关损失

越南是明文规定"劳动三权"的国家,劳动三权即组建工会、集体谈判和罢工。《劳动法》强制用人单位组建工会,而基层工会权力强大,用人单位的用工、工资、休假、解除劳动合同、处分、罢工等与劳动者权益密切相关的方方面面,基层工会都有决定权或者否决权,特别是组织罢工。罢工只适用于集体劳动关系纠纷,并且在发生集体劳动关系争议后,必须先经过基层劳动调解委员会的调解以及省级劳动仲裁委员会的仲裁。对省级仲裁委员会的裁决不服的,才可以行使罢工权,这是越南罢工制度的一大特点。对罢工合法性进行审查的机关是省级人民法院,省级人民法院是解决集体劳动合同纠纷的一审法院。

虽然对于罢工有着严格的审查条件和时间限制,但是越南当地的非法罢工事件频发,多数与薪资有关。然而,越南政府不干涉劳动者的罢工行为,持中立态度,致使企业为了平息罢工,只能集体涨薪。这无形中增加了许多经营风险。

一旦国内公司在当地的用工规模扩大,集体用工问题就会凸显出来。国内公司务必要制定备用计划,以免深陷罢工泥沼。可行的方案:一是与多家当地公司建立合同关系,控制单一公司的用工人数;二是建立子公司并保持与工会的良好关系,继而减少罢工的可能。

三 相关案例

1. 当地雇员人数比例不达标导致罢工造成损失

2002年,我国某公司中标越南的水利项目,合同总金额1亿美元。由于该公司

过多使用我国劳工,使用当地雇工的比例达不到越南法律要求,引发当地工会组织的不满,该项目多次出现工人罢工事件,严重影响了工程进度,使工程不能按时完工。

越南工会的力量比较强大,针对中资企业的罢工、停工事件时有发生,这不仅有中资企业内部管理、员工待遇的原因,也与越南人对中国人的感情比较复杂有关,更直接的原因是中国投资者没有严格执行越南的劳动法律制度。

2. 中国雇员未办理劳动许可证被处罚

某中资企业在越南台塑河静钢铁厂项目施工时,由于工期时间短、手续流程繁杂等原因,部分中方工作人员未能依法办理在越劳动许可证,使用的是 3 个月期限的商务签证。在越方突击检查中该情况被发现并被处以每人约 7000 元的罚款,相关人员被要求限期离境,给项目施工进度和企业形象带来了不良影响。

第九章 环境法律制度及法律风险

一 环境法律制度

1. 主要法律法规规定

越南环保法规主要包括《环境保护法》及相关实施细则、有关政府总理决定以及越南资源环境等相关部门的决定、通知和联席通知等，还包括《关于环境保护规划、战略环境评估、环境影响评估和环境保护计划的规定的议定》《环境保护法部分条款实施细则的规定的议定》《关于环保领域行政违法处罚的规定的议定》《关于修改资源环境领域投资经营条件有关议定部分条款的议定》《补充修改环境保护法相关实施指导意见、细则部分条款的议定》等。

2. 环保法律法规基本要点

越南现行《环境保护法》鼓励保护、合理使用和节约自然资源，严禁破坏和非法开发自然资源；严禁采用毁灭性的工具和方式开发生物资源；严禁不按环保技术规程运输、掩埋有毒物质、放射性物质、垃圾和其他有害物质；严禁排放未处理达标的垃圾、有毒物质、放射性物质和其他有害物质；严禁将有毒的烟、尘、气体排放到空气中；严禁进口或过境运输垃圾；严禁进口未经检疫的动植物；严禁进口不符合环保标准的机械设备等。

《环境保护法》把投资项目分为四类：环境影响高风险项目（一类）、可能影响环境的项目（二类）、环境影响低风险项目（三类）和无环境影响项目（四类）。投资项目的环保指标包括项目的规模，生产、经营和服务类型，土地、水面和海域使用面积，自然资源开发规模，环境敏感因素等。政府对不同类型的投资项目采取相应的管理措施，如一类项目需进行初步环境影响评估，前三类投资项目必须获得环保许可等。

越南政府日益重视环境保护，其国内工程开工前，都必须经过严格的环保核查，环保部门定期对企业的环保情况进行检查，不达标的企业须马上进行停工整顿并接受处罚。所有生产企业须安装污染控制和处理设备，以确保符合相关的环境标准。

根据越南政府关于环保行政处罚的有关规定,个人环保违规行为最高将被罚以10亿越南盾(约合4.4万美元),机构组织罚金最高为20亿越南盾(约合8.8万美元)。

越南对部分行业征收环保费。根据2016年2月越南政府颁布的关于矿产资源开发环境保护费的第12号决定,原油环境保护费收取的幅度为10万越南盾/吨;天然气、煤气收费标准为50越南盾/立方米,开发原油(天然气)过程中的天然气收费标准为35越南盾/立方米。石油、天然气和煤气开发环境保护费归国家财政所有,100%上缴国家;矿产资源开发环境保护费(原油、天然气和煤气除外)100%归地方财政所有,以扶持对环境的保护和投资。

二 环境保护的具体标准和措施

1. 环境保护标准

越南法律规定,所有在越南境内从事经营活动的企业,都必须遵守越南关于环境保护的国家标准和相关技术规范。标准由相关组织以文件形式公布,企业自愿采用,而技术规范由国家职能部门以文件形式发布,是强制实施的。

越南关于环境保护的国家标准体系主要包括周边环境质量和废弃物质排放环保标准。周边环境质量标准包括:各种用途的土地环保标准,各种用途的地表水和地下水环保标准,服务于水产养殖和娱乐项目的沿海水域环保标准,城市和农村居民区空气标准,居民区噪声环保标准。废弃物质排放环保标准包括:工农业生产废水排放、工业气体和固定排放及有毒物质排放环保标准。

越南关于环境保护的技术规范体系主要包括废水排放技术规范(21项)、废气和噪声技术规范(8项)、危害性污泥(土)污染度技术规范(6项)、水源和生活用水技术规范(6项)等。

2. 环境影响评估

越南政府要求,国内外企业在设立前均须提交环境影响评估报告。对于相关投资项目,环境影响评估结果也会作为项目审批的依据之一。

对于国家级或跨省的投资和工程项目,环境影响评估委员会成员由项目审批部门、政府相关部委、有关省政府的代表以及相关行业的专家组成;对于省级投资和工程项目,环境影响评估委员会成员由所在省或直辖市政府和环保部门代表及相关行业专家组成。

越南资源环境部负责组织对国会、政府和政府总理审批的项目进行环境影响评估,政府相关部委负责组织对本部门审批的项目进行环境影响评估,省政府负责对本省审批的项目进行环境影响评估。

需提供环境报告的投资或工程项目包括:由国会、政府、政府总理审批的项目;使用自然保护区、国家公园、历史文化遗迹和旅游胜地部分土地的项目;建筑,建材生产,交通,电子、能源和放射性物质制造,水利和森林种植开发,矿产勘探开发和加工,油气开采,垃圾处理,机械冶金,食品生产加工等项目;有可能对内河流域、沿海地区和生态保护区造成不良影响的项目;工业区、经济区、高新技术区和出口加工区建设项目;新都市和居民聚集区建设项目;地下水和自然资源大规模开发和利用项目;对环境有较大潜在不良影响的项目。

环境报告须列明项目具体建设细节、对项目所在地环境状况总体评价、项目建成后可能对环境造成的影响及具体应对方案,在项目建设和运营过程中采取环保措施的承诺,当地乡级人民委员会和居民代表的意见等。根据越南政府2019年第40号议定,对于现有工厂、工业园区扩容、扩能或变更工艺的项目,环境影响评估报告中必须增加当前采用的环境保护措施以及扩容、扩能或变更工艺的项目对环境影响的总体评估;对于投资建设工业园区项目和可能造成环境污染的工业生产项目,环境影响评估报告必须包含预防方案及废气、废水泄漏事故的应急处置预案;带有垃圾处理设施的投资建设项目须包含该垃圾处理设施的基本设计方案、环保事故的预防和应对方案、项目施工过程的环境管理和监测计划等。

三 环境法律风险及防范建议

1. 企业需关注环境保护相关问题带来的不利影响,注意严格遵守相关规定

据现行《环境保护法》的规定,企业在将可能对环境造成负面影响的项目提交审批前,须建立环境影响评估报告并呈递国家环境管理机关审核和登记证明。对于未按照规定完成环境影响评估报告或环保计划完整流程的项目,将面临罚款、停工停产、拆除违反环境评估许可或环保计划的设施、弥补对环境造成的污染等处罚。

在实践中,环境影响评估报告或环保计划的审定较为复杂,横跨多个部门,还牵涉征询民众意见等环节,造成完整进行环境影响评价流程耗时较长,会影响企业进入越南投资经营的效率,导致后续项目工期的延迟。

同时,《环境保护法》规定企业的各类环保信息必须向社会公开,企业可能在项目建设和运营的全阶段随时被要求提供环保相关信息,并接受环境管理机关和社会

大众的共同监督。一旦企业的环保程序不到位,对越南当地环境造成了消极影响,无论是当地的环境管理部门还是普通民众,都可以依据环境法督促职能机关对其进行追责。尤其在自媒体时代,企业若在排放废弃物等方面违反当地环保法律法规,信息的传播和发酵往往十分迅速,极易酿成公共事件。

2. 健全环保监测体制,加强与环境组织的沟通

企业应强化环保意识和理念,将环保观念纳入企业拓展市场的战略宏图。同时企业的管理者和决策者也应综合考虑环境指标中的越南标准、中国标准、东盟标准、国际标准,尽量采用先进的环境标准,把环保水平和能力列为提升自身核心竞争力的指标之一。

建立健全企业环保的评估、监测及管理体制。投资类的企业,应在项目正式开启前的调研阶段就充分考虑自身环保能力的建设,加强对企业环保资质的评估;在项目建设和运营阶段须全程对项目可能造成的环境负面影响进行监控和管理,及时发现并处置环境问题。对于承包工程类的企业,应在运行维护阶段开展环境保护培训,并作为承建方监督、敦促业主的环保工作,加强业主的环境管理能力及环境保护水平。

另外,企业应加强与当地环境保护相关的政府机关、民间团体和社会民众的沟通。企业应与环保监管机构建立顺畅的沟通机制,及时关注并了解环保政策的调整方向,杜绝因不熟悉而违反当地环保法律的情况发生;应公开答复当地员工、民间环保组织、媒体、项目社区民众等各方对项目提出的质疑,通过实地访谈、第三方机构咨询和公众参与等模式了解并满足各利益相关方的环保诉求。

四 相关案例

1. 未完成环境评价即动工建厂遭拆除

某中企在越南投资兴建过一个钢铁厂,为了赶进度,在未完成环境影响评价完整流程的情况下就擅自动工,最终遭到暂停项目并拆除违反环境评价规定的已建部分的处罚。

2. 不当排污水引发民众示威和巨额索赔

2016 年 4 月,越南媒体报道台塑河静钢铁厂不当排污导致北部沿海四省发生大面积海鱼死亡,渲染为“越南史上最严重的污染事故”,从而引发了全国性的民众示威。该钢铁厂最终被处以 5 亿美元的巨额罚款。

第十章

知识产权法律制度及法律风险

一 知识产权法律制度

越南主管知识产权的行政部门为隶属于越南科学技术部的知识产权局。目前，越南保护知识产权的法律主要是2023年1月生效的《知识产权法》和民法中关于知识产权保护的条款。越南是多项知识产权条约和公约的成员，目前正在完善其国内知识产权保护体系。

关于专利保护，越南共有三种专利，即发明专利、实用专利、外观设计专利。

在专利侵权诉讼中，专利权人可申请执行初步禁令立即制止专利侵权行为。一旦侵权行为被认定成立，专利权人可获得下列任一救济措施：永久性禁令、损害赔偿、返还侵权所得利益。目前，越南尚未设立不侵权宣告诉讼和针对无理威胁诉讼的救济措施。

商标专用权从申请日起算，有效期10年，在期满前6个月申请续展注册，每次续展注册的有效期为10年。

注册商标必须使用。如果在注册后连续5年未使用，有可能被撤销。

商标申请或注册商标均可转让。注册商标的转让必须登记，才有法律效力。商标申请的转让只有在注册后才能登记。只有注册商标才能许可他人使用。许可合同必须登记。

二 知识产权法律风险及防范建议

(一)商标抢注风险

对于在越南投资的企业，需要特别注意的是商标抢注风险。在越南注册商标需要经过委托代理、受理回执、审查和公告等流程，如果一切顺利，所需的时间跨度为

12～18个月；但若在审查过程中遭遇“补正”“答辩”“异议”等情况，则会增加相应时间，整个注册时间也会往后延迟。这就容易让一些不法分子利用这个时间差来抢注商标，导致外国投资企业产品进入越南后，被迫面临侵权诉讼，处于被动地位。对我国投资者而言，鉴于我国企业习惯以产品销售为中心，即市场跟随产品销售的进度，产品到哪，市场开拓到哪，稳定市场后才开始考虑在该国或地区注册商标，甚至有时会忽略商标注册。在这种习惯下，随着产品知名度的提高，容易引起竞争者的注意，招致商标抢注的风险。商标一旦被抢注，不仅增加了我国企业海外维权的成本，还给其进入越南市场带来了阻力。

很多中国企业商标意识比较淡薄，容易在“走出去”过程中面临商标被抢注的风险。一旦商标在越南被抢注，我国企业要想继续在越南市场发展，就只能通过花大价钱买回本应属于自己的商标或者被迫使用新的品牌，无论是哪种方法，都会给企业带来损失。因此，以越南为投资意向的中国企业要对此提高警惕，在需要注册商标时，可以借鉴发达国家跨国公司的成功经验，积极采取“产品未动，商标先行”策略，对商标进行先期布局，把申请商标注册作为开拓越南市场的先行因素进行考虑。

除此之外，我国企业还应该建立知识产权预警机制。从目前来看，由于我国政府或行业协会在知识产权侵权监测预警机制方面尚处于摸索阶段，因此较为可行的办法是委托类似于商标监测代理的机构，让其提供从申请注册到续展、侵权预警以及维权的相关服务。通过建立知识产权预警机制，能够让企业在第一时间发现商标、专利等知识产权在国内外所受到的侵权风险，并及时地、有针对性地采取相关措施，力求将风险和损失降到最低，以维护企业的权益。

（二）著作权风险

越南存在盗版现象，尤其是影视剧方面的盗版较为常见。尽管发行到越南的影视剧版权费并不高，但是盗播行为依然存在。《知识产权法》中规定的著作权包括人身权和财产权，具体包括发行权、保护作品完整权、网络传播权等，任何人若要行使这些权利，就必须向著作权所有者支付特许权使用费、报酬及其他费用。盗版者在未经著作权所有者许可的情况下，擅自通过通信网络和数字方式向公众复制、分发、展示或传播作品，明显侵犯了著作权所有者的权利，应该受到法律的制裁。越南盗版现象之所以得不到有效遏制：一是盗版分子利用了绝大部分中国片方将作品发行至东南亚国家仅以扩大作品影响力为目的的心理，钻了空子；二是越南的知识产权法律法规在国际著作权交易方面尚不完善，就算国内公司想维权，最终结果也不理想。

在互联网时代，网络视频行业收益可观，但该行业的著作权纠纷却一直没有停歇。为了应对此类风险，在作品完成之时，应进行版权信息记录，明确版权。在海外发行时，中国片方应摆正心态，重视影视作品的知识产权，基于正版购买模式签署采购合同，授予海外客户播放权。一旦其他未签署合同的网站擅自播放，则应联合海外客户追究其侵权责任，而不能仅仅以扩大作品影响力作为海外发行的目的，让不法分子利用。

同时，企业在被侵权时，应该积极维权。越南分别于2004年和2007年加入了《伯尔尼公约》和《与贸易有关的知识产权协定》等国际公约，作为成员，必须遵守公约中关于版权保护的规定。因此，中国企业在面临此类侵权时，不能因为越南国内针对国际著作权交易缺乏完善的法律监管措施而采取消极的应对态度，而是应该积极拿起法律的武器维护自己的权益。一个企业的力量是有限的，且面临的维权成本较高，效果也不甚理想。鉴于受侵犯的范围较广，企业较多，可采取"抱团"形式，多个企业联合起来，形成联盟，向越南知识产权局提起诉讼，坚决打击盗版侵权行为。

（三）商业秘密泄露风险

作为知识产权重要部分，商业秘密是企业无价的财富。商业秘密面临的最大风险莫过于泄露，泄密将给企业带来巨大的经济损失。中国企业在越南投资，在雇用外国员工、合作开发、委托生产过程中，很容易面临商业秘密泄露风险。例如一些企业会在越南采取定牌加工的方式，委托越南厂商进行产品生产。在产品生产的过程中，除了涉及商标、专利外，还会涉及商业秘密。随着近几年越南大力发展基础设施建设，我国越来越多的企业以承包工程的方式承接越南项目。针对外国人在越劳动的行为，越南的管理非常严格，要求办理劳动许可证，因此很多中国企业在越南不得不雇用大量的越南工人。在雇用外国员工这一环节中就容易发生商业秘密泄露，如果保护不当，容易引发由员工流动导致的商业秘密泄露风险。一旦商业秘密被泄露，即使通过维权获得相应赔偿，可能也会因为信息曝光而无法挽回实际损失。

为了防止商业秘密泄露，企业除了提高自身警惕外，还应该将双方的权利义务书面化，通过相关条款或协议的方式明确规定保密责任。一些中国企业在越南投资过程中，往往需要向合作伙伴提供商业计划书，而计划书中经常包含企业的商业秘密。这些合作伙伴往往也会和我国企业的竞争对手进行商贸往来，不排除存在商业秘密泄露的风险。因此企业要在计划书上对此进行标注，并通过备注或附件形式要求对方予以保密。在商谈中，若涉及商业秘密，也应该签订保密协议。无论是以何种形式在越南投资，都应该在相关合同、协议上增加保密条款，从根本上明确保密责任和义务。

在越南投资的大部分企业都需要雇用越南本国员工，为应对因人员流动所引起的商业秘密泄露风险,企业应尽可能地采取多重保护措施。通过完善门卫管理、内部监控、信息管理、离职制度等方式,进行企业内部商业秘密的保护。在入口接待处、主要通道及档案室等重要区域设置监控,对企业内部电脑实行监测和授权,提高防备。为了避免企业因内部人才的流动而导致的商业秘密泄露风险,企业需要重视内部职工的管理和培训。企业在与雇员签订劳动合同时,应在合同中增加保密条款,或与员工另签保密协议,明确员工保密义务。在员工入职时,需向其灌输保密意识,并根据不同部门的情况来开展培训,让员工了解哪些属于公司的知识产权,哪些属于商业秘密。在员工离职时,除了办理交接手续外,还需要求离职人员将持有的文件销毁或返还给公司。同时,涉及重要商业秘密的工作应尽可能地由我方企业员工负责,并与其签订竞业限制协议。

(四)地理标志风险

根据《知识产权法》,地理标志是指将产品标识为来自特定区域、地区、领土或国家的标志。具有地理标志的产品之所以具备声誉、质量或特点,主要归因于与该地理标志对应的区域、地区、领土或国家的地理位置。地理标志不仅能够带动某一地区特色经济发展,还可以刺激与该地理标志相关产业链的发展。地理标志作为一项重要的知识产权,越来越受到国际社会的广泛关注。各个国家对地理标志的保护力度都逐渐上升,越南也不例外。近年来,为了保护国内产品(特别是农产品)的知识产权,越南严格落实地理标志申请工作。截至2016年,一共有43个产品取得了地理标志保护。越南在《刑法典》(2015年)中对侵犯工业产权犯罪的门槛进行设置,同时也明确规定若构成工业产权罪(侵犯商标和地理标志),法人可能面临罚款、暂停营业、禁止营业、禁止融资等刑事处罚。因此,投资者在越南投资时,应特别注意识别哪些产品受地理标志保护,以免构成侵犯工业产权罪。要特别注意的是,在越南,工业产权所有人可以转让在产权保护证书规定范围内的工业产权,但是地理标志不可转让。

(五)国内外知识产权法律不一致的风险

各项国际公约的存在使知识产权制度逐渐趋于一体化和国际化,但由于各国知识产权法发展程度不一致,在知识产权法的制定上会依据本国的实际情况而有所不同,所以投资者应明确本国与越南知识产权法的差异,以免造成侵权。例如,越南与中国对某些权利的保护期限规定不一致,越南对电影作品、摄影作品、戏剧作品、应用艺术作品和匿名作品保护期限为75年,其中电影作品、摄影作品以及应用艺术作品在作品完成之日起25年未发表的,保护期限将为自完成之日起100年。中国对电影作品和以类似摄制电影的方法创作的作品、摄影作品的保护期限为50年,但如果作品创作完成后在50年内没有发表,则将不再受保护。

因此,在赴越南投资之前,应仔细研究两国知识产权法的不同之处,明确差异所在,全面了解越南的知识产权法,这将有利于企业作出准确的投资规划。

三 相关案例

使用的商标未注册导致被仿冒

1. 案情简介

我国W公司的G品牌拖拉机从1985年就开始进入越南市场,凭借高质量的优势,在越南很受欢迎。但因为之前W公司的G商标尚未在越南申请注册,导致越南的厂商大量使用G商标仿冒拖拉机并在本地进行销售,给W公司带来了巨大的损失。幸亏W公司及时吸取了教训,随后在海关申请了知识产权保护,同时在越南注册了G商标,才避免了损失进一步扩大。

2. 案例分析

其实,中方企业商标被越方抢注的案例不在少数,其中不乏我国知名品牌。

综上所述,在越中资机构及个人在与越方进行贸易或投资合作时需注意以下几点:

(1)应提高品牌保护意识,充分认识品牌在当地市场的价值,建立长远发展目标。在密切关注市场的同时,及时采取在当地注册商标等知识产权保护措施。

(2)对冒牌产品应做到早发现、早制止、早申诉。

(3)合作协议应包含品牌保护等知识产权保护条款。在商标权受到侵犯时,企业可联系当地律师事务所或者可信赖的合作律师,根据律师指导收集有利于申诉的相关材料。

第十一章 争议解决制度

一 争议解决制度概述

1. 相关法律规定

(1)国内法律规定

越南解决争议的法律法规相对健全,包括民事诉讼法、行政诉讼法和仲裁法等。越南现行的合同法律制度以《民法典》关于合同的规定为基础,合同的形式和合同种类与中国相似。当事人在签署合同时,须考虑选择适用的法律,包括中国法律、越南法律、国际条约和国际惯例等。在合同中须明确纠纷处理办法,一般选择第三国仲裁机构进行仲裁。越南认可国际仲裁或外国法院裁决。

《投资法》规定,如越南投资者与外商投资企业在越南境内产生投资争议,应通过越南仲裁机构或法院解决,但外资控股企业除外。对于外资控股公司发生的投资争议,可选择通过越南法院、越南仲裁机构、外国仲裁机构、国际仲裁机构或争议双方成立的仲裁庭等解决。对于与越南管理部门间的纠纷,企业可选择越南仲裁或法院,除非与该管理部门另有约定或越南所参加的国际公约另有规定。

(2)双边投资协定

根据《中华人民共和国和越南社会主义共和国关于鼓励和相互保护投资协定》的规定,中国投资者在越南直接投资产生的纠纷如通过协商不能解决,只能提交越南法院处理。同时,该协定规定,涉及征收补偿款的争议,在协商 6 个月内仍未能解决的,可将争议提交专设仲裁庭。

(3)加入的国际组织和相关协定、公约

中、越两国都加入了世界贸易组织和中国—东盟自由贸易区协定,两个组织都制定了争端解决机制,包括磋商、斡旋、调停、调解和裁决等,争端当事人可以自由选择。

越南于 1995 年 7 月 28 日签署《承认及执行外国仲裁裁决公约》,成为该公约成员。

2. 争议解决机制

(1)协商调解

越南法律高度强调调解的作用,调解是某些诉讼程序的强制性组成部分,例如民事诉讼、劳工诉讼、婚姻及家庭诉讼。越南鼓励通过调解来解决民事、家庭纠纷和其他不构成刑事犯罪、行政违法的纠纷并在《民事诉讼法》中规定。在当地社区,成立了专业调解员小组来执行此类调解任务。

(2)仲裁

仲裁在越南是一种可能的替代性争议解决方式,但仅限于商业纠纷。《商事仲裁法》规定,越南仲裁庭给予的仲裁裁决将自动执行,即当事各方不再需要为执行仲裁裁决而寻求法院的裁决。越南著名的仲裁组织是越南国际仲裁中心(Vietnam International Arbitration Centre)。

(3)诉讼

如果纠纷当事人不愿协商或调解,司法诉讼便成为解决经济贸易纠纷的一种必要的方式。

二 争议解决常见问题及注意事项

1. 中国投资者在越南开展投资、经营活动,存在各项风险和潜在纠纷,除了在事前准备阶段进行规避、在运营过程中注重风险防范之外,了解纠纷解决机制是维护企业权益的重要方式。

企业如果在越南当地发生投资合作纠纷,通常的解决途径如下:委托当地律师诉诸当地司法部门,之后如果出现判决或执行不公,则向上级主管部门及相关政府监察部门投诉;直接依据合同通过国际仲裁方式解决,同时报告驻外经商机构予以配合。

2. 在越南境内向越南法院提起的诉讼与在中国境内向中国法院提起的诉讼有所不同,企业大多会遇到语言不通、不熟悉越南法律法规和不够了解越南国情等问题,这些问题会对诉讼过程和诉讼结果产生很大的影响。并且,由于越南法院的判决缺乏强制执行力,中越企业如发生合同纠纷,即便法院判中方胜诉,执行起来也十分困难。

因此,企业在越南投资、建厂、合作、经营过程中,应当遵守越南的法律规定,按照签订的合同认真履约;合同约定应具体明确,在签订合同之时就应当对未来履行合同过程中可能产生的争议和纠纷提前设置好救济措施,预先在合同中约定好出现争议时的解决办法和方案。在合同履行过程中一旦发生争议和纠纷,企业应当根据争议的性质及其规模及时向律师寻求帮助。

由于相关的诉讼大多涉及债务事宜,因此在进行诉讼前,建议企业先评估相关情况,尤其是对对方的偿付能力进行调查。除了调查偿付能力,企业还可以向法官提出扣押资产的要求。

三 相关案例

越南法院拒绝承认中国法院判决

——TN. Ltd. 与 TT Joint Stock Company 纠纷案例

1. 案情简介

本案申请人为 TN 公司,被申请人为 TT 股份公司。2015 年 11 月 23 日,越南南定省人民法院受理了申请人提出的承认和执行中国法院判决的申请,并于 2016 年 11 月 7 日审理了此案。

2016 年 11 月 14 日,越南法院根据 2015 年《民法典》第 439 条第 3 款和《中华人民共和国和越南社会主义共和国关于民事和刑事司法协助的条约》(以下简称《中越条约》)裁定拒绝承认和执行中国法院的判决,理由如下:首先,被告没有得到适当的传唤,中国法院的文件也没有按照中国法律在合理时间内送达给被告,这使被告无法行使其辩护权。其次,鉴于申请人与被申请人之间不存在民事关系,申请人在中国法院对被申请人提起的诉讼是毫无根据的。申请人与另一实体 TP 公司签订了一份货物销售合同。被告是货物的承运人,但没有与申请人和 TP 公司签订货物运输合同。因此,无论是申请人提起诉讼,还是中国法院应申请人的要求对该纠纷进行裁决,都不符合越南的法律原则,并构成违反越南公共政策。综上所述,越南一审法院拒绝承认和执行中国北海海事法院于 2013 年 4 月 22 日作出的北海海事(2011)第 70 号民事判决。

此后,申请人向越南二审法院提出上诉,二审法院为河内高级人民法院。2017 年 12 月 9 日,越南二审法院作出终审裁定,维持原审法院的判决。二审法院持与原审法院相同的观点。

2. 案例分析

《中越条约》第 1 条规定双方应在承认与执行法院民事裁决和仲裁裁决方面相互提供司法协助。越南的一审和二审法院都援引了《中越条约》第 17 条第 3 款,即以程序正当作为拒绝承认和执行的理由。在本案中,越南法院亦援引了《中越条约》第 9 条审查了案情,认为原告和被告之间不存在民事法律关系,中国法院的判决违反了越南的法律原则,并因此构成了违反越南公共政策。

在这个案例中我们可以看到,外国法院判决在越南面临较高的被拒绝承认、执行的风险。对中国当事人以及中国法院而言,有必要关注越南法院在此案之中体现出的裁判观点,对此妥善应对,避免出现中国法院判决后越南法院不予执行的风险。

第四部分

菲律宾篇

第一章 菲律宾基本概况

菲律宾共和国(Republic of the Philippines)简称菲律宾,是位于东南亚的一个群岛国家。其地处西太平洋,西濒中国南海,东临太平洋,独特的气候环境造就了丰富的自然资源,具有生物多样性。菲律宾由7000多个岛屿组成,国土总面积约30万平方公里,其首都为大马尼拉市。菲律宾总人口达1.1亿(截至菲律宾国家统计局2022年统计),马来裔占全国人口的85%以上。菲律宾语是以他加禄语为基础的国家官方语言,英语为菲律宾语言。

根据菲律宾统计署数据,约85%的人口信奉天主教,4.9%信奉伊斯兰教,少数人信奉独立教与基督教新教。菲律宾人性格开朗、热情友善、讲究礼仪。日常见面,无论男女都握手,男人之间有时也拍肩膀。菲律宾人忌讳数字13和星期五,华人忌讳数字4;忌进门时脚踏门槛;忌红色;忌左手传递东西或抓取食物。

菲律宾实行总统制,总统是国家元首、政府首脑兼武装部队总司令。菲律宾于1946年独立,先后颁布三部宪法。现行宪法于1987年2月2日由全民投票通过,该宪法规定:实行行政、立法、司法三权分立政体;总统拥有行政权,由选民直接选举产生,任期6年,不得连选连任;总统无权实施戒严法,无权解散国会,不得任意拘捕反对派;禁止军人干预政治;保障人权,取缔个人独裁统治;进行土地改革。

菲律宾宪法规定,立法权属于菲律宾国会,但由关于人民创制权和公民复决权条款规定保留给人民的除外。其主要职权是:制定法律,选举议长、内阁总理,决定对外宣战或媾和,检举违宪事件和弹劾违法官员。国会议员2/3多数赞成即可宣布进入战争状态。在战时和紧急状态下,国会可以暂时授权总统行使必要的权力,实行某一已公开宣布的政策。

菲律宾宪法规定,司法权属于菲律宾最高法院和依法设立的地方各级法院。其主要职权是:由法院解决有关正当合法权利的实际争议和裁决政府部门或其代理机构是否存在严重的滥用权力问题。菲律宾最高法院是菲律宾最高审判机关,设在首都大马尼拉,最高法院由1名首席法官和14名陪审法官组成,可分成大法庭或2个小法庭。大法庭负有违宪审查的职责。关于条约、行政协定、法律是否违宪的案件须由大法庭审理,没有大法庭10名以上法官一致同意不得判决条约,行政协定或法律是违宪的。

菲律宾由于历史原因,法律制度明显受到大陆法系和英美法系的影响,是大陆法系和英美法系的混合体。一般认为,在婚姻家庭法、继承法、合同法、刑法这些部门法中大陆法系起主导作用;而在宪法、诉讼法、公司法、票据法、税法、保险法、劳动法、金融法等方面,英美法系的原则有显著的影响。因为菲律宾有着相对完备的法律制度,吸收借鉴了英美法系和大陆法系的制度,其在法律制度建设方面的经验有着独特之处。

第二章 投资法律制度及法律风险

一 投资法律制度概述

随着我国“一带一路”倡议的不断推进,近年来国内一大批企业和个人响应国家的号召,不断加快“走出去”的步伐,赴海外投资发展,实施海外发展战略。目前,中菲合作不断深入,中国已连续多年成为菲律宾最大贸易伙伴,并跃升为菲律宾第二大出口市场。越来越多的中国企业和个人在国家政策的引领下,选择赴菲律宾投资,因此,有必要了解菲律宾关于投资的相应法律制度,降低法律风险。投资法律关系在中菲经贸关系中占据着不可或缺的重要地位,本章将集中介绍菲律宾现行投资法律制度方面的重要法规及相关的投资管理制度。

(一)菲律宾共和国宪法

宪法是一个国家的行动总纲领,现行《宪法》就菲律宾的投资政策作了基本规定,奠定了菲律宾投资政策的总体方向,从原则上对国内投资者和境外投资者在菲律宾境内投资的基本权利予以保障,同时也作出了相应的限制,相关制度主要体现在《宪法》第12章。《宪法》允许境内外投资者在法律规定的范围内投资发展,菲律宾政府根据本年度的发展目标,依据法律的规定,对外国投资进行管理和规范,在有关国家安全、社会经济安全的公用事业方面对外国投资者进行限制,以保证国民经济健康有序发展。

(二)1987年《综合投资法典》

1987年《综合投资法典》是菲律宾投资领域的基本法,适用于来自国内和国外的投资。该法典阐述了投资基本政策,其内容主要涉及本国投资计划、投资委员会职权、企业登记程序、投资优惠措施等内容,由投资署负责法律的实施和投资管理。此外,菲律宾投资署每年都会颁布优先投资计划作为该法的补充,以此规定重点投资行业的优惠政策。

（三）1991 年《外国投资法》

1991 年《外国投资法》及其修正案放宽了对外国投资者在菲律宾投资的限制，例如规定对非菲律宾国民的投资无须事先经过批准。同时也明确了外商投资于出口企业、外商投资于国内市场及菲律宾本国国民的投资权利和义务，并规定了禁止、限制投资的领域。除此之外，该法还规定了跨国公司或者区域性办事处设立的程序等。

（四）1995 年《经济特区法》

为规范菲律宾创建、经营、管理和协调各经济特区的框架及机制，为各经济特区、工业园区及出口加工区和其他经济区的整合、协调、规划和监管建立法律框架，将国内选中地区转化为高度发达的工业、商业、旅游业、银行业、投资业和金融中心，促进国内外投资者在经济特区投资，菲律宾在 1995 年通过了《经济特区法》。该法将经济特区予以明确划分，主要分为工业园区、出口加工区、自由贸易区、旅游经济区、农业经济区等各类园区，由菲律宾经济特区署批准经济特区内的合格企业享受优惠政策。同时依据该法，菲律宾还成立了经济特区管理委员会，按独立关税区对经济特区实施管理和经营。

（五）其他投资规定

1.《投资租赁法》

该法允许外国投资者在菲律宾初次经营时获得 50 年的土地租赁期限且可申请延长 25 年（仅限一次）。租赁的土地仅限用于投资用途，在满足一定法律条件下，可以一次性授予 75 年的租赁期限。

2. 1992 年《基地转型及发展法》

根据该法成立了基地转型发展委员会、苏比克湾管理署以及苏比克经济特区和自由港区。在苏比克经济特区和自由港区注册的企业将享受各种投资优惠，包括一流的商业、居住和旅游设施。

3.《地区总部、地区生产总部和地区仓储中心相关法》

该法明确了关于在菲律宾设立跨国公司地区总部、地区运营总部和地区仓储中心的规定和指南。地区总部是指跨国公司在菲律宾设立、但并不从菲律宾获取收入的分支机构。地区生产总部指跨国公司在菲律宾设立、可以通过提供服务而获取收入的分支机构。

4.《公共服务法》

该法规定了公共服务领域定义及从业要求。2022 年该法修改，根据修订后的法案，电信、铁路、高速公路、机场和航运业将被视为公共服务领域，外资可在上述行业拥有 100% 的股权。随着该法案的实施以及对外国股权限制的放松，将吸引更多全球投资者，公共服务部门将实现现代化，为民众提供的基础服务也将得到改善。并且该法案的实施将对菲律宾经济发展十分有利，预计将为菲律宾人创造更多就业机会，并为与外国投资者进行技能和技术交流创造良好条件。

以上是关于菲律宾投资领域的相关法律体系的概述，除上述提到的各类法律法规外，还有一些特殊行业限制的规定，如证券交易、外国公司承包当地工程、银行业等。与投资相关的《公司法》等内容，也会在相应章节中展开介绍。

二 投资法律风险及防范建议

（一）法律风险

1. 投资领域限制风险

菲律宾政府将投资领域分为三类，即优先投资领域、限制投资领域和禁止投资领域。

对于优先投资领域，菲律宾政府定期制定《投资优先计划》，列出政府鼓励投资的领域和可享受的优惠条件，引导国内外资金向国家指定行业投资。优惠条件包括减免所得税、免除进口设备及零部件的进口关税、免除进口码头税、免除出口税费等财政优惠，及无限制使用托运设备、简化进出口通关程序等非财政优惠。

对于限制投资领域和禁止投资领域，应当遵守该国的外国投资负面清单的规定。菲律宾政府部门每2年更新一次外国人在菲律宾投资的法律规定。外国投资负面清单包括清单A与清单B。清单A是宪法或其他特别法律规定的限制外资进入的领域的清单；清单B是因安全、国防、健康和道德风险以及保护中小型企业，外资投资比例受到限制的行业清单。

2. 劳务风险

菲律宾是世界上重要的劳务输出国之一，海外劳务汇款是菲律宾重要经济来源。菲律宾对外国人到菲律宾从事普通劳务有严格的限制，投资者、高级管理人员、技术人员等只有经过一系列审批手续后，才能获得工作或居留许可。过去曾发生过中国企业员工不按规定办理手续或违法务工被扣留的事件，因此中国企业不要贪图一时之利，应特别注意遵守菲律宾移民局关于在菲律宾居留和工作的相关规定。

3. 金融汇率风险

经历了1997年亚洲金融危机后，菲律宾金融体系健全许多，但受经济规模和结构的制约，菲律宾汇率市场波动较大。2007年菲律宾比索兑美元升值幅度达19%，成为亚洲表现最强劲的货币,2008年比索却又大幅贬值,一度创下2年来最低纪录。2012年,菲律宾比索对美元稳步升值,但受美国经济复苏和量化宽松政策退出影响,2013年下半年比索兑美元一度创下44.75的纪录。因此,中国企业在菲律宾开展经营活动要注意规避汇率风险。

4.政治风险

菲律宾政治和商业问题比较突出,根据“透明国际”组织公布的2012年廉洁指数排名,175个国家中菲律宾排在第105位。中国企业在菲律宾开展活动应以遵守当地法律为前提,不做违法和授人以柄之事,避免卷入当地政治斗争,成为政治斗争的牺牲品。

(二)防范建议

第一,了解菲律宾国情,研究投资法律政策。菲律宾法律法规健全,对外资企业有诸多限制规定,建议计划前往菲律宾投资合作的中资企业加强与当地律师事务所或会计师事务所合作,进入市场前充分了解、论证具体鼓励投资政策和限制条款,做好进入市场后的各种预案,防范风险。

第二,认真考察调研,熟悉投资环境。菲律宾岛屿众多,各地存在一定文化差异。在菲律宾开展投资前,建议通过咨询机构进行认真细致的实地调研,准确掌握项目实际情况。尤其是要尊重当地宗教和风俗习惯,做好环境评估和保护,履行必要的社会责任。

第三,选择可靠合作伙伴,开展本地化经营。菲律宾社会环境复杂,基本属于“熟人社会”,在投资合作中选择好合作伙伴会起到事半功倍的作用。建议通过可靠的渠道结交当地合作伙伴,实施本地化经营策略,为以后的企业经营扫除障碍。

第四,有效利用当地劳动力资源,杜绝非法务工。在菲律宾开展投资合作时,除必要管理人员、高级技术人员由国内选派外,建议尽量雇用当地员工。中国籍员工来菲律宾后应第一时间办理临时工作许可,并启动工作签证申请程序,中资企业及劳务人员来菲律宾后应及时到中国驻菲律宾大使馆经济商务参赞处备案登记。

三 相关案例

2010年,中国某企业应菲律宾政府邀请,拟在菲律宾投资建设风能、太阳能发电站。为投资此项目,中国某企业和菲律宾当地合作伙伴成立联营体,在菲律宾注册成立项目公司负责投资发电站的具体事宜。该中国企业占有项目公司约90%的股权,菲律宾当地合作伙伴则占有另外 10% 的股权。

菲律宾重视、鼓励开发本国丰富的风能、太阳能,于 2008 年通过了《可再生能源法》,规定了菲律宾政府促进开发利用再生能源的政策、机构设置等内容。并规定投资于开发利用再生能源领域的企业能够享有:电网接入、购买、传输、支付的优先权;商业运营起 7 年免缴所得税,7 年后享受 10% 的优惠;能源转换和传输所需机械设备和材料从领取再生能源发展商证书之日起免除进口环节税;从国内购买机械设备和材料享受相当于进口环节免税额的税务抵扣;缴纳不超过财产净值 1.5% 的特别财产税;运营损失延迟 7 年抵扣;加速折旧;增值税率为 0;碳排放信用所得税免税;等等。因此,自 2009 年以来,大量民间资本、外国资本有意投资菲律宾的风能、太阳能开发利用项目。

该中国企业对拟投资的风能、太阳能发电站项目进行可行性研究后,还对该项目的法律环境进行了调研。经调查了解,根据菲律宾 1991 年《外商投资法》,2010 年第八版外商投资产业指引,菲律宾能源部关于促进私人参与勘查、开发、利用和商业化海洋能、太阳能和风能用于发电的规定及相关法律法规,勘查、开发和利用资源受菲律宾政府完全监控。菲律宾政府可通过合作、合资、产品分成协议的方式与菲律宾公民或菲律宾公民至少控制 60% 权益的实体进行合作。菲律宾能源部代表菲律宾政府与私人优先通过产品分成协议的方式从事海洋能、太阳能和风能的评估、勘查、开采、开发和使用。能与菲律宾能源部订立产品分成合同的主体是具有签约能力的菲律宾公民或根据菲律宾法律在菲律宾注册成立且菲律宾公民至少控制 60% 权益的公司、合伙企业、联营企业、合作企业或其他商业组织。

根据以上规定,由该中国企业与菲律宾当地合作伙伴设立的项目公司与菲律宾能源部订立开发风能与太阳能的产品分成协议不符合菲律宾公民至少控制 60% 权益的规定。

鉴于此,中国某企业不得不在可行性研究报告通过后,根据法律环境分析评估报告,对项目公司的股权结构进行调整,以符合菲律宾的规定。

因此,在对投资项目进行可行性分析的同时,应当对项目所在国的法律环境进行分析评估,发现东道国对投资项目的限制性、禁止性规定,以对项目投资架构进行调整,以符合东道国法律。

第三章 贸易法律制度及法律风险

一 贸易主管部门

菲律宾的贸易主管部门是贸易工业部(以下简称贸工部),该部是菲律宾的外贸政策制定及管理部门,成立于1898年6月,其前身为菲律宾商务部。该部门的主要职能是:制定综合的工业发展战略,制定鼓励政策促进出口;创造有利于促进投资贸易和工业发展的环境;促进竞争和公平贸易;负责双边和多边贸易合作的谈判;支持中小企业的发展。贸工部下设的纺织服装工业发展办公室,主要负责发展和促进菲律宾纺织品和服装的出口贸易。

贸工部同时也是负责投资政策实施和协调、促进投资便利化的主要职能部门。贸工部下设的投资署、经济特区管理委员会负责投资政策包括外资政策的实施和管理。此外,菲律宾在苏比克、克拉克等地设立了自由港区或经济特区,并成立了相应的政府机构进行管理。

纺织服装业的管理机构有菲律宾纺织制造商协会和服装出口商协会等。

二 货物贸易的法律规定

在国内立法层面,菲律宾涉及对外贸易的法律主要有《出口发展法》《海关现代化和关税法》《反倾销法》《反补贴法》《保障措施法》《电子商务法》等。此外,《消费者保护法》《知识产权法》等法律也是菲律宾贸易投资管理法律体系的重要组成部分。在国际条约层面,菲律宾加入了多个全球或区域性的协议或组织,具体包括《关税和贸易总协定》(General Agreement on Tariff and Trade,GATT)、世界贸易组织、《服务贸易总协定》(General Agreement on Trade and Services,GATS)、《与贸易有关的知识产权协定》、世界知识产权组织、亚太经济合作组织(Asia - Pacific

Economic Cooperation, APEC)、东盟、《国际咖啡协定》(International Coffee Agreement, ICA)、《欧盟普遍优惠计划》(European Union Generalized Scheme of Preferences, EU GSP)。另外,菲律宾通过加入东盟,与世界其他主要国家建立了自贸区,如中国—东盟自由贸易区、韩国—东盟自由贸易区、日本—东盟自由贸易区、澳新—东盟自由贸易区、印度—东盟自由贸易区。菲律宾还与日本达成了建立双边自由贸易的自贸区协定——《菲律宾—日本经济伙伴关系协定》(Philippines Japan Economic Partnership Agreement, PJEPA)。菲律宾与欧盟的自贸区谈判正在稳步推进中。

三 贸易法律风险及防范建议

(一)相关风险

1. 行政效率风险

根据透明国际组织发布的2023年全球清廉报告,菲律宾在全球180个国家中排名第115位。官僚作风问题在菲律宾贸易领域依然比较突出,进出口贸易在最终批准之前,需要经过多个部门的批准审核,这就为行政腐败、权力寻租提供了机会。

对外贸易管理局的行政效率低下也是影响菲律宾对外贸易自由化的因素之一。根据货物风险大小,海关局对不同货物采用不同清关通道。低风险货物走"绿色通道",不需要进行文件审查或物理检查;中度风险货物走"黄色通道",需要对其进行书面审查;而高风险货物则需要走"红色通道",接受书面和实物(通常为X光检查)双重检查。为奖励对菲律宾有重大贡献的进口商,海关局对其给予更大的特权优待——"绿色通道+"(The Super Green Lane Plus, SGL+),以进一步简化流程、提高清关效率。但目前,仅有8%左右的产品享有"绿色通道+"和"绿色通道"的便利(各占4%左右),而80%的产品还需要走"黄色通道",受到严格监管,需要走"红色通道"的产品也达到12%。

2. 司法成本高

菲律宾的司法体制与英美类似。在菲律宾,通过法庭解决纠纷往往是一个非常冗长和昂贵的过程。再加上政府透明度、廉洁性较低,司法腐败也颇受指责,法院裁决经常被质疑受到不公正因素干扰。

3. 法律制度不透明

自从菲律宾1995年加入世界贸易组织，菲律宾制定了大量与动物卫生措施有关的法律法规，已经建立了相当完备的动物卫生措施制度体系。但这些立法也规定，进口商与出口商需要从海关局或相关机构获得多项许可，才能顺利完成货物进出口。虽然立法上限制很多，但菲律宾在法律制度的公开性上做得还不够。相关政府官员也承认，在其政府网站上很多内容都缺失，例如，没有关于费用的信息，不能下载相关表格，关于许可证的审批不透明，等等。总体上看，想要获得与动物卫生措施有关的要求、费用、程序、期限、表格等信息十分困难，主要还是通过政府官员的口头告知。进出口卫生和植物检疫措施的复杂性以及透明度不足常常备受进出口商的指责和抱怨。

（二）防范建议

1. 推动政府信息公开化

信息的公开透明对于贸易自由化、便捷化的重要性不言而喻。建立开放的、指引性强的“一站式”门户，将制度流程化，才能够提高企业办理进出口手续的速度和效率，缩短通关时间；将规则公开化、透明化，尽可能减少企业获取相关贸易及进出口信息的成本，才能够增强企业对政策的可预计性，明确其权利义务，给贸易活动增强稳定和安全性。同时信息公开化也是接受公众监督、提升政府行政效率和服务的有效方式。《电子商务法》规定政府机构应当接受以电子数据形式创建、提交的文件，并以电子数据的形式发放许可证，通过电子系统实现收付款和出具收据，这也可以在一定程度上提高政府效率。

2. 主动从相关部门获取信息

目前虽然通过贸工部网站可以获取一些信息，但是不同部门的网站建设完善程度不同，而且“一站式”的进出口商服务门户网站尚未建成，因此获取全面的信息仍然较为困难，因此建议企业除在贸工部网站了解进出口相关规定外，还可以通过贸工部下设的菲律宾贸易培训中心、海关局、出口商联合会等部门获取与贸易相关的信息和贸易政策。电子政务推行后，政府职能部门的联系方式都已公开，方便获取，建议在必要时直接跟相关部门负责人联系。

3. 提高防范交易风险的意识

企业应通过已有客户以及律师、会计师事务所对进出口商及其所在国家进行最基本的调查，包括注册资本、当地影响、商业信誉、资产情况、重大诉讼、当地市场、产品信息，所在国的国家稳定情况以及该国与我国的对外关系等，以提前做好防范策略。在合同缔约阶段企业应围绕重要贸易事项和法律风险详细磋商，尽可能让律师或者公司法务人员介入谈判过程。

曾有一批价值5800万元的大米经由苏比克自由港进入菲律宾,由于监管当局对于走私物品的处置效率低,待处理结果出来时该批大米已全部腐烂,不再适合人类食用,而这批被缴获的大米原本可以通过社会福利署(Department of Social Welfare Development,DSWD)捐赠给遭受超级台风"海燕"袭击的难民。除此之外,许多外国救援物资因为菲律宾冗杂的进口程序和海关政策而被推迟入关,曾经就有一批阿尔及利亚政府捐赠的91,000袋大米在1月就抵达宿务国际港口,但直至5月底仍滞留在海关。

第四章 公司设立法律制度及法律风险

一 公司设立基本法律制度

（一）概述

菲律宾对于公司设立的法律制度主要规定在《公司法》中，旨在保护菲律宾境内的公司，以及外国投资公司的合法权利。从内容上看，涉及公司分类的内容主要集中在《公司法》第1章、第11章、第12章、第13章、第15章。其具体内容包括股份公司、非股份公司、外国公司和特别公司。

涉及公司的设立、清算和解散的内容主要集中在《公司法》第1章、第2章、第9章和第14章。其具体包括：公司的定义、公司的发起人、公司的合并与分立等内容。

涉及公司管理制度的内容主要集中在《公司法》第3章、第6章、第8章。其具体包括：董事会、理事会的组成，董事、理事和高级管理人员的权利与义务，公司的会议，议事程序等内容。

涉及股东权利的内容主要集中在《公司法》第5章、第6章、第7章和第10章。其具体内容包括股东名册、股东的资格、股东的权利和义务、召开股东大会的人数等。

（二）外商设立公司类型

1. 个人独资企业：由个人全部出资、独享收益并承担全部责任的企业形式，须向贸工部申请设立。

2. 合伙企业：由2名以上合伙人建立，具有区别于合伙人的独立人格，可以承担有限责任或无限责任，在菲律宾证券交易委员会申请设立，要求每名合伙人至少出资3000比索。

3. 公司：根据《公司法》规定，由5～15名发起人设立，向菲律宾证券交易委员会申请注册，实缴资本至少为5000比索。

4. 分公司：外国公司的延伸机构，不是独立法人，可以在菲律宾境内取得收入，注册时须向菲律宾境内汇入20万美元资本。

5. 代表处：代表母公司在菲律宾境内从事信息发布、联络、促销、质量控制之类的活动，不在菲律宾境内取得收入，注册时须向菲律宾境内汇入3万美元资本。

（三）主要制度

1. 公司的设立

菲律宾在公司的设立上是采取核准设立主义（许可设立主义），即公司设立除了必须具备法律所规定的条件之外，还须经过行政主管部门的核准，否则公司不得成立。

在公司的发起人方面，《公司法》第10条规定，"发起人应当是5～15个达到法定年龄的自然人，其中半数以上应当是菲律宾公民"。除此之外，创立人为了成立公司，还可以寻找名誉发起人，名誉发起人不用出资，只在发起人名单上签名即可。

根据《公司法》规定，股东可以就以下事项达成协议，例如，授权股东之间成为合伙人的效力；如果股东对自己的决定的事项负责，协议可以规定股东不遵守董事会的决议；参加公司经营管理的股东可以视为董事。

2. 公司组织机构

菲律宾的公司设有股东会、董事会和其他高级管理者。菲律宾的董事会是由公司董事组成的负责公司经营管理的决策机构，并且在菲律宾公司内部还存在执行委员会，根据菲律宾法律规定，执行委员会应由不少于3位董事会成员组成，并由董事会任命。对于公司董事会的组成人员，菲律宾法律规定，任何公司董事在任职公司必须至少拥有其公司股票的1份股份，并且董事会过半数的成员应为菲律宾公民。

3. 公司股权

根据《公司法》的规定，股票可以按等级或序列进行分类，菲律宾股份公司的股票一般可以划分为优先股、可赎回股、库藏股等。其中可赎回股可以在公司存续期由证券公司买回。库藏股是指已经发行并足额交付，但后来被发行该股票的公司通过购买、赎回、接受捐赠或其他合法方式收回的股票。这种股票仍可以由董事会以合理的价格处分。

4. 公司解散

菲律宾的公司解散包括自愿解散和非自愿解散。公司章程规定的经营期限届满或通过修改公司章程提前终止公司存续的，公司须向证券交易委员会申请解散。在非自愿解散情形下，证券交易委员会根据申诉申请，并在经正当通知和听证程序后，根据现行法律、法规或规则解散公司。

二 公司设立的法律风险及防范建议

（一）公司设立的法律风险

1. 选择设立公司类型的法律风险

对于在菲律宾投资者而言，选择不同的公司形态，意味着投资者享有不同的权益，其所承担的风险和责任也不同。因此，选择公司形态必须要综合考虑各种因素，包括菲律宾公司法律制度、菲律宾对外贸易的国家政策以及公司自身的经营管理和风险控制。追求利益最大化是每位投资者的目标，如果投资者在菲律宾设立公司形态选择不当，极有可能给投资者带来巨大的财产损失和法律风险，因此，公司形态的选择在菲律宾至关重要。

2. 公司出资的法律风险

股东出资是公司成立和存续的基础。公司设立出资的法律风险可以归为虚假出资、抽逃出资和出资形态不当三个方面。

虚假出资是指股东表面上出资而实际没有出资，却取得了公司股权。菲律宾公司法有名誉发起人的规定，名誉发起人不一定需要出资，只需在发起人名单上签字即可，所以中国投资者在此方面要格外注意。

抽逃出资，是指股东将已缴纳的出资又通过某种形式转归自己所有。对公司而言，公司享有返还财产请求权。股东出资后，公司对其资产享有独立的财产权，有别于股东的个人财产，这种抽逃出资的行为侵犯了公司的独立财产权。对公司的债权人而言，抽逃出资造成资产不当减少，公司的偿债能力被大大削弱，在实践中，往往存在公司资不抵债，而债权人债权实现困难的情况。

出资形态不当方面的法律风险，菲律宾公司法在出资方面只规定了股份公司的认购资本数额，《公司法》第 13 条规定，“章程中规定的最少百分之二十五的股本应在公司成立时认购，认购总额中至少百分之二十五的份额应在认购日期或认购合同中约定的日期前认购，并且已交付资本不能少于五千比索”。由此可以看出，《公司法》中只规定了一种出资形态，即资金出资。只要出资形式不被菲律宾法律认可，即使发起人就出资达成协议，该协议也是无效的。如果出资形式选择不当，公司将面临不能设立的风险。

3. 公司股权配置的法律风险

股权设置是出资人根据其出资比例确定的，通过设置股权以确认投资者在企业中的地位、权利以及承担的义务和责任。公司的股权配置结构对企业的类型、发展及组织结构都具有重大意义。在实践中,股权配置不当往往会带来跟设立时的初始期望背道而驰的结果。根据菲律宾公司法的相关规定,在菲律宾的公司设立股权配置的法律风险主要包括股权设置过于集中、股权结构平衡、夫妻公司中的股权等几个方面。

4. 股东行使权利的法律风险

股东权利的不当行使,在各个国家都有存在。菲律宾公司法对于股东滥用权利的后果并未作出明文规定,股东滥用权利的行为在菲律宾普遍存在。股东权利的不当行使是指股东为了达到个人的某种目的,恶意运用自己的股权优势,迫使股东会无法召开、召开无法达成有效决议或达成对自己有利而对其他股东不利的决议的行为。为了防止这种情况发生,在菲律宾进行投资的公司应该充分利用章程“自治原则”,在公司章程中限制大股东或控股股东的权利。

(二)防范建议

1. 注意公司分支机构的设立风险

对分公司在经营过程中产生的债务,其设立公司必须以其所有的财产承担相应的法律责任。所以,分支机构是典型的“风险大、责任重”,在菲律宾设立公司时,应当特别注意。

2. 严格依法出资

公司的出资人一定要依据菲律宾公司法的相关规定出资,并且要对出资形式以及改变出资形式的责任承担作出明确约定。根据菲律宾公司法的规定,“股份公司没有最低股本的限制,特别法对此有要求除外”。

3. 充分利用相关司法救济

在菲律宾设立公司,应当充分利用公司法的各项救济制度,如股东行使评估权制度、禁止反言的公司制度、公司解散制度等。在设立公司初期,这些制度可以有效地保障公司和股东的合法权益,避免股东和公司的权利在公司出资设立阶段受到侵害。

三 相关案例

(一)案情简介

2019 年,中国交通建设股份有限公司与亚洲宏观航空服务公司共同竞标,赢得菲律宾桑莱岬机场的大规模重建权。此前该机场项目一直都因严重缺乏资金支持而无法顺利开展,不利于当地经济工作和基建设施的发展。该项目的实施将极大缓解菲律宾马尼拉国际机场的拥挤程度。

(二)案例分析

1. 与当地部门组建合资企业。中国交通建设股份有限公司与亚洲宏观航空服务公司组成合资企业参与竞标,并通过了菲律宾公私营合作伙伴关系(PP)委员会的评估,获得对合资计划的批准。选择与当地公司进行合资的方式,一方面可以满足菲律宾对于部分行业外资持股比例不能超过40%的规定;另一方面可以降低风险,同时也能引起当地更多的关注。

2. 赢得当地政府部门的支持。该项目由机场所在地政府部门发起,无须获得菲律宾相关部门的许可及批准,程序上大大简化。由于基础设施建设是菲律宾的当务之急,且该项目是中菲战略对接下的重要合作项目,桑莱岬机场所在的甲米省政府对中企承接该项目表示非常满意,给予充分的期待和支持。

第五章 外汇法律制度及法律风险

一 外汇法律制度

1992年,菲律宾开始进行外汇管理制度改革:解除外汇管制,实行浮动汇率;在银行体系之外,可以自由买卖外汇;外汇收入和所得可以出售给授权代理行,也允许在银行体系之外进行交易,还允许在境内外自由存储外币,并且可以自由用于任何目的。菲律宾政府就经常项目、资本项目、海外金融单位、外国银行代表处及外汇存款体制等制定了综合外汇管理制度。

菲律宾负责外汇的主管部门是菲律宾中央银行,其直属中央政府,负责制定和实施国家外汇管理政策。菲律宾中央银行的国际业务部是国际金融业务的主管部门,通过管理外债、外国投资和其他外汇交易,对内维护价格稳定,对外维护菲律宾比索的持续性投资价值。

菲律宾实行浮动汇率制;根据《外国借款法》《外国投资法》《中央银行宪章》等法律条例规定,交易者在银行系统之外,可以自由买卖外汇,也允许在银行体系之外进行交易,还允许在境内外自由存储外币,并且可以自由用于任何目的,较为宽松。

在菲律宾注册的外国企业可以在菲律宾银行开设外汇账户,用于进出口结算。所有进口商品的支付方式均无须经中央银行批准,商业银行可以下列方式出售外汇用于支付进口:信用证、付款交单、承兑交单、贸易账户和直接汇款。在所有出口商品中,出口商均须向商业银行申领“出口报关单”。对出口可采取如下方式支付:许可的方式、其他许可方式、支付可兑换的外币。在菲律宾工作的外国人,其合法税后收入可全部转出。携带1万比索现金出入境需要申报,外汇无限额,1万美元以上须报关。

二 外汇法律风险及防范建议

(一)外汇法律风险

1992 年,菲律宾政府解除了外汇管制,但在外贸总额增加的同时,外贸逆差以更快的速度增长,这是由于菲律宾在放宽外汇管制的同时,没有推出配套措施使菲律宾货币币值稳定在一个恰当的水平,这导致外汇汇率居高不下。菲律宾货币币值被高估,抑制了菲律宾国内产品的出口,外贸逆差因此增大。菲律宾政府虽然也采取过相应的干预措施,但收效甚微。

(二)防范建议

企业应采取措施积极预防在菲货币汇兑的风险。外汇风险防范是外币资金管理中的重要内容之一,良好的外币资金管理不仅可以避免风险,还可以优化企业的资产结构和质量。所以外币风险防范在企业的日常经营管理和财务管理中占有重要位置。实际上,外汇风险的产生与消失直接反映在会计的"汇兑损益"账户中,同时也可导致企业资产的流入或流出。汇兑损益是在企业持有外币货币性资产和负债期间,由于外币汇率变动而引起的外币货币性资产和负债的价值发生变动所产生的损益。外汇风险的分析在很大程度上取决于企业的预测能力,预测的准确程度将直接影响该企业在融资、销售与生产方面的战略决策。因此,在菲企业应当结合每笔交易的特点与贸易实务条件,采取一定的方法防范外汇风险。比如企业可采取计价货币从优法,即在出口贸易中选择硬币或具有上浮趋势的货币作为计价货币;在进口贸易中则应选择软币或具有下浮趋势的货币作为计价货币,以减少外汇收支可能发生的价值波动损失。

为偿还债务,全球最大的水泥生产商拉法基豪瑞正在转移资产,并希望退出此前所谓"竞争极其激烈"的东南亚市场,该公司已经退出了印度尼西亚、马来西亚和新加坡市场。2019 年 5 月,该公司宣布将 85.7% 的股份出售给菲律宾最大的食品、饮品及包装上市公司生力集团(San Miguel Corporation),价格为 21.5 亿美元,原本预期在 2019 年年底完成交易,该交易涉及 4 家水泥厂和 1 家研磨厂,尚待菲律宾竞争委员会批准。但菲律宾竞争委员会并未及时批准,该交易因而未成功。

第六章

土地法律制度及法律风险

一 土地法律制度

菲律宾与土地管理有关的法律主要包括《公共土地法》(Commonwealth Act 141)、《地籍法》(Act 2259)、《综合土地改革法》(Republic Act 7279)等法令。

菲律宾土地所有权分为国家土地所有权、私人的土地所有权以及法人社团的土地所有权。鉴于菲律宾的国情,《宪法》第12章第2条规定:“一切公有土地、水域、矿藏、煤、石油和其他矿物油,一切潜在的能源、渔场、森林或树林、野生物、动植物和其他自然资源,都属于国家所有。”

外国人原则上不得在菲律宾购买土地,但可通过合资公司的形式来购买。但是,菲律宾法律对这种“合资公司”进行了专门规制,要求公司至少有5人、菲方持股在60%以上(含本数)、成立后还必须在菲律宾开设主要的公司银行账户。公司必须获得菲律宾投资委员会的许可,方可进行菲律宾土地买卖。

此外,1993年颁布并生效的第7652号共和国法案《投资者租赁法案》第2条规定:“为鼓励外国人投资,根据宪法规定保护和发展菲律宾私人祖传财产,国家允许将私人土地灵活、动态、长期地租赁给外国投资者以从事工业、建筑业、机械化农业、工商业土地开发、旅游业。”从此,菲律宾允许外国投资者采取租赁的方式使用土地。第4条规定:“所有投资菲律宾的外国投资者都应该被允许根据菲律宾共和国的法律租赁私人土地,但必须满足以下条件:(1)任何租赁合同不得超过五十年,可续期一次但不超过二十五年。(2)租赁地区只能被用于双方达成共识的投资之目的。(3)租赁房地包括为投资目的而合理需要的范围,但是违反《综合土地改革法》及《地方政府法令》的除外。(4)根据本法所订立的长期租赁合同取得的租赁权可以被出售或转让;如果买方或受让人是外国人或者外国企业,本法对租赁房地的条件和限制仍将继续适用。”这条规定表明,外国投资者可以在菲律宾租用土地,但必须满足以下条件:①土地租赁合同期限为50年,仅可一次性延长25年;②租赁的土地仅可用于投资;③租赁合同不能违反《综合土地改革法》和《地方政府法令》;④这种租赁权可以在外国投资者之间流转。

二 土地风险及防范建议

(一)土地风险

在土地租赁方面,菲律宾能被外国投资者租赁的土地只有私人所有的土地,与投资者磋商的主体也是私人土地所有者。由于历史原因,菲律宾政府对个人财产的权利看得很重,政府在投资者租赁私人拥有的土地的过程中,无论是在程序上还是在实体上都没有进行大幅度的干涉,给予了双方很大的自由。如果不能与当地土地所有者达成合意,政府介入的余地非常小,中国投资者习惯了我国政府对于土地租赁程序的相应流程,需要适应菲律宾的相关程序。

在土地购买方面,菲律宾宪法规定其所有自然资源都归国家所有,任何针对资源的勘探、开发和利用都要受到国家的全面监督和控制。只有菲律宾公民和菲方持股的合资公司可以通过购买的方式获得私人土地。但是"合资公司"这样的方式使企业面临巨大的法律风险。与国内不同的用工制度、管理规定、文化等可能蕴含巨大的法律风险,菲律宾在购买土地问题上坚持的"菲方60%持股"更是给经营蒙上了变数。

(二)防范建议

1. 做好前期调研工作

在投资者与土地所有者达成租赁合意的过程中,后者原本就握有极大的主动权。由于菲律宾特殊的政治环境,当地土地大多集中在私人财阀、家族势力手中——这些土地所有者的优势地位就更加明显了。因此,我国企业在菲律宾投资时一定要做好前期调研,针对土地所有者展开背景调查。

2. 订立租赁合同时审查土地用途

投资者在菲律宾获得土地使用权有两种方式:原始取得是与土地所有者签订土地租赁协议,继受取得是在外国投资之间进行土地租赁权流转。租赁的土地按用途不同大致可分为工业用地、农业用地、娱乐用地、住房用地、科研用地等;菲律宾法律规定,投资者在与当地土地所有者订立租赁合同(原始取得)时应当注明土地用途,在租赁权的存续期间这个用途不得更改,即使将租赁权转让,后来者也必须遵守第一任租赁者与土地所有者所订立合同中约定的用途。这就要求投资者无论是通过原始取得还是继受取得获得土地使用权时,都必须再三确认土地用途,避免出现差错导致投资目的不能实现。

3. 合资公司经营过程中谨防被架空

如果投资者以合资公司购买土地,就必须面临菲方持股 60% 的不利局面。持股 40% 的中方对经营没有决定性的发言权,只能扮演“技术员”角色。当菲方宣称不再依赖中方技术之后,中方在技术上的发言权也会被剥夺,最终我国投资都打了水漂。因此我国投资者若是选择以合资经营的方式获得土地所有权,那么必须警惕被架空的危险。

4. 聘请熟悉当地土地政策的律师、律所担任法律顾问

聘请熟悉当地法律法规、办事流程的律师、律所担任法律顾问,更能有效地协助我国投资者了解菲律宾土地流转的状况、限制、政策等,给投资者正确交易土地提供很好的指导意见。因此聘请当地律师、律所作为投资法律顾问也是较为可靠的降低法律风险的措施之一。

2007 年,中国国家电网公司与菲律宾蒙特罗电网资源公司、卡拉卡高电公司共同出资设立菲律宾国家电网公司,其中中国国家电网以 39.5 亿美元(约合人民币 247.2 亿元)拥有 40% 的股权,并且正式接管了菲律宾国家输电网,获得了 25 年的特许经营权。但在 2015 年 2 月 25 日,菲律宾政府宣布:基于“国家安全的担忧”,中国技术人员日后将不会再参与菲律宾国内的电力输送工程。菲律宾能源部部长佩蒂拉表示:菲律宾国家电网公司旗下的 16 名中国技术人员将于当年 7 月返回中国,菲律宾人已学习到中国技术人员所懂得的所有技能。

第七章 税收法律制度及法律风险

一 税收法律制度

目前,菲律宾的税收基本法为1997年的《税收改革法》(共和国第8424号令)。自2005年11月1日起实施的共和国第9337号令《改革后的增值税法》再次对《国家税收法典》中规定的所得税和增值税进行了实质性改革。国家税收管理部门出台的许多行政规章也构成税收法律体系的一部分,如条例、备忘录命令、裁令、行政命令等。最高法院裁决也是税法法律渊源之一。菲律宾已经与世界上其他国家和地区共缔结了约40个税收协定。其主管的税务当局为国内税收局(国税)、市财政局(地税)、海关局。

菲律宾的主要税种有:公司所得税、个人所得税、增值税、消费税和关税。公司所得税自2009年1月1日起税率降低至30%。如果公司应税收入为零或者负数,或低于最低公司所得税,则自该公司第4个年度起可按2%的最低公司所得税征收。专营教育机构和非营利性医院按应纳税收入净额的10%征收。

就外商投资项目而言,优惠政策主要为:(1)新注册的优先项目企业免除6年的所得税,传统企业免交4年所得税;(2)可征税收入中减去人工费用;(3)减免用于制造、加工或生产出口商品的原材料的税费;(4)可征税收入中减去必要和主要的基建费用;(5)进口设备的相关材料和零部件减免关税;(6)减免码头设备费用以及出口关税;(7)自投资署注册起免除4~6年地方营业税。

二 税收法律风险及防范建议

(一)税收法律风险

1. 税制风险

受国家历史、经济发展、政治背景、社会文化等多方面因素的影响,中菲两国税制结构大不相同。菲律宾实行以所得税为主的复合税制(以所得税为主的税制)。中国实行的是以流转税为主、所得税为辅,同时其他税种相配合的税制(以间接税为主的税制)。直接税广泛应用于发达国家,而间接税多被发展中国家所采用。企业避税筹划会因税制不同有很大差异。中国企业在间接税制下更注重增值税的抵免政策,用进项税额的抵扣和调整来进行避税筹划。中国企业在以所得税为主的菲律宾投资时,容易套用国内的做法,运用同样的避税思维去选择投资地和投资目标,仅关注当地的抵免政策。可是,抵免政策的不确定性,会给企业造成潜在的税务风险。

2. 信息报告风险

外商在菲律宾投资时,可以采用不同的组织形式:个体工商户、合伙企业、公司、分支机构、代表处或联络机构、地区总部、地区经营总部,每一种投资形式的注册资本要求、流程以及所承担的法律责任都有所不同,所行使的功能也不尽相同。例如,分支机构和代表处不是独立法人,因此其从事的经营活动须由外国投资者承担无限责任;地区总部和地区运营总部所行使的功能不同,以至于前者不能获取收入,且注册资本的要求较低,而后者可以获取收入,相应地应满足较高的最低注册资本要求。因此,我国投资者在选择投资形式时应慎重考虑,结合投资的实际状况和需求,选择最为合适的投资形式。

为有效开展经营活动,外商投资的各类法人和实体应向菲律宾有关机构注册。其中,个体工商户须在贸工部注册,而分公司、代表处、地区总部、地区经营总部、合伙企业均需在证券交易所注册。为确保投资者从菲律宾取得的投资所得、股利分红和利润能通过当地银行系统顺利汇回投资母国,投资者应在菲律宾中央银行进行注册,并在投资后的 1 年内提交申请。超过上述期限,中央银行将不再接受有关投资注册申请。

3. 享受税收协定待遇风险

我国与菲律宾现行适用的双边税收协定签署于 1999 年。在适用该协定的过程中,值得注意的要点包括:

(1)关于营业利润,根据双边税收协定文本第 7 条第 7 款第 2 项的规定,分公司支付给总机构的利润汇出时按不超过汇出额的 10% 征税。这意味着赴菲投资的中国企业在菲律宾设立的分支机构向中国总机构汇回利息时,菲律宾对汇回的总利润额,在不进行任何税收扣除的情况下仅按 10% 课征预提税,而非按照国内法中所规定的 15% 的税率进行课税。

(2)关于国际运输营业利润以及股息所得,中菲协定文本中规定了最惠国条款,即菲律宾对于中国居民源于菲律宾的国际运输营业利润以及股息所得给予单边性的最惠国待遇，也就是说，中国居民从菲律宾取得的这两种所得可以享有的优惠并不局限于中菲税收协定规定的优惠，而是可以参照适用菲律宾对外签订的税收协定中规定的最优惠待遇。截至2019年4月，在菲律宾所签订的税收条约中，关于“国际运输营业利润”的最优惠条款体现在菲律宾与荷兰签订的税收协定中，根据《菲荷税收协定》第8条第2款的规定，来源地国对于国际运输营业利润的课税权范围限制在取得总收入的1%以内。关于“股息”的最惠国待遇体现在与德国新修订的税收协定（2013年）中，根据《菲德税收协定》第10条第2款的规定：如果受益所有人是直接拥有支付股息公司至少70%资本的公司，为股息总额的5%；在其他情况下，为股息总额的15%。

（3）为应对纳税人滥用协定中的财产收益条款，菲律宾国内税法备忘录指令RAMO No. 1－93规定了税务审计程序，即税务局对于非居民纳税人将位于菲律宾的财产或股权转让给缔约国另一方居民，而缔约国另一方居民又将该财产或股权再次转让的情形通常会适用税务审计程序。如发现有滥用财产收益条款的情形，纳税人很可能会面临税务机关的转让定价调整。

（4）关于享受协定待遇的申请，按照RMO No. 72－2010的规定，申请的提交必须在交易发生之前完成，也就是在第一次应税事件发生前完成。若未在规定时间内递交申请，申请人将面临丧失申请税收协定优惠待遇的资格之风险。此外，非居民纳税人应先向国际税务处申请纳税识别号，根据不同的税目填写对应的表格，并提交所需的相应材料，从而确保能及时并顺利地享受协定项下的优惠待遇。

（二）防范建议

1. 了解、掌握菲律宾的税法环境

企业在进行境外投资决策时需要提前熟悉菲律宾的税制，了解并掌握菲律宾税法对投资项目的规定及相关税收协定与优惠政策，掌握菲律宾的税法的前提是获取充足的税收信息。菲律宾的税收信息可以从其政府网站上获取，正式公布的法规、政策是最权威的税法信息，也可以借助国际上知名的信息提供商如荷兰财政文献局的信息产品。在收集菲律宾税收信息后，需要企业内部的财务、税务人员进行初步的整理与测算，因此企业需要培养精通财务、税收、外语的复合型管理人才，为公司在境外投资时避免税收风险提供软实力。财务、税务人员在关注企业日常经营工作的同时，还要深入研究菲律宾的企业经营状况、经营内容、税收政策以及政治、军事、科技、文化、民俗等，将各种影响因素综合起来分析，设计多个纳税筹划备选方案，并从中选择最优方案，使纳税筹划的成本和风险降到最低。国际税收环境复杂多变，企业在境外投资的初期需要做大量筹划准备工作，此时单靠企业内部人员进行税收风险管理可能力不从心。为此,企业可以借助经验丰富的专业机构,聘请国际知名咨询公司、会计师事务所、税务师事务所、律师事务所等中介机构对境外投资税收风险进行调查与评估。

2. 遭遇税收调查时善用国民待遇和协商程序解决

中国的公司、企业在菲律宾投资设立分公司、分企业过程中如果遭遇菲律宾税务机构的税收调查,应当善用国民待遇和协商程序来解决问题,如果用其他不合法、不合理的途径来处理问题只会加剧矛盾,损失更多的利益。所以,中国企业如果在菲律宾投资过程中受到了不公平的税收待遇或者税负水平比菲律宾本国企业更重,可以向菲律宾税收机构提出申诉,申请双方税务机关协商解决。当中国企业开展境外投资受到菲律宾税务机构调查,并可能导致重复征税或遭遇其他税收歧视待遇时,可依据中国与菲律宾签订的税收协定,申请启动相互协商程序,尽可能规避税收风险。协商程序是境外投资的企业解决税收争端、应对税收调查的有力机制。

三 相关案例

2022 年,菲律宾税务上诉法院已免除 2 名马尼拉企业高级管理人员的 160 万比索税款,此前他们在另一起逃税案被宣判无罪。法院全体法官表示,Active Travel and Tour, Inc. 的总裁及财务总监施秀洪(Siu Hung Dionesio)和施秀英(Siu Ying Dionesio)不需要承担支付 160 万比索的增值税的责任,因为审计是非法进行的。由于税务局未能在合理怀疑范围内证明这 2 人有罪,他们在早些时候摆脱了涉嫌在 2008 年未缴纳超过 300 万比索所得税的控罪。南马尼拉税收区官员通过向一组审查员发出税务核查通知和任务备忘录来征收拖欠的增值税。但法院表示,审计程序是错误的,称税务核查通知和任务备忘录不是用来进行评估的,而是按照菲律宾税法要求的授权书。撰写判决书的副法官指出,无效的审计不能成为补收税款的理由。

首先,无论是个人还是企业,都应当按照当地法律规定,缴纳相应税款。若不正确纳税,必然会受到法律的追究。其次,当面临不合理、不公正的程序时,应当保持冷静,寻找对自己有利的证据并加以保存。最后,若自身的能力不足以解决问题时,应当及时寻求专业法律人士的建议和帮助,以捍卫自身合法权益。

第八章

劳动就业法律制度及法律风险

一 劳动用工法律制度

《劳动法》对于菲律宾工资标准和雇佣关系进行了规定。雇员的工作时间为每天不超过 8 个小时或者每周不超过 48 个小时，这段工作时间应支付雇员正常工资。雇员在连续工作 6 天后应享受连续 24 个小时的休息。工资或薪水必须 2 周支付一次，且不能以发票、代币等形式发放。同时，《宪法》规定工人有权由工会代表其进行集体劳资谈判。菲律宾劳动法也有条款规定，为了解决劳资纠纷，鼓励和保护这种谈判，可采取仲裁和调解手段。谈判完成后，双方将形成劳资谈判协议（Collective Bargaining Agreement）。菲律宾登记在案的劳资谈判协议有 274 个，主要为两种类型，即经济性和非经济性协议。经济性劳资谈判协议直接与工人的工资和福利有关，非经济性劳资谈判协议则涉及工会权益和各种非现金待遇。

外籍人士在菲律宾工作须获得劳工部颁发的外侨就业许可和移民局发放的合法签证。外籍人在菲律宾工作享有与本地雇员相同的权利。在获得许可后，非经劳工部批准，外籍人不得更换工作或雇主。

二 劳动用工风险及防范建议

（一）劳动用工风险

1. 菲律宾劳工争议解决的自愿机制存在漏洞

为了鼓励和促使双方采用自愿仲裁来解决劳动争议，《劳动法》规定自愿仲裁应当作为争议处理程序最后的一步，并且仲裁部门对由于集体协议的解释和实施、企业人事政策的实施和工资结构不合理所产生的争议具有法定和排他的管辖权，也就是说国家劳资关系委员会及其地区办公室、劳工部地方官员都不能受理此争议；如在处理涉及对国家利益至关重要的行业的争议时,在强制仲裁开始前和开始后的任何阶段,争议方都可以将争议提交自愿仲裁机构处理。由此可见,自愿仲裁机构的管辖权范围可以很广泛。

2.《劳动法》对外国劳工的限制性规定

《劳动法》对外籍人员工作的规定是,外籍人在菲律宾工作须获得劳工部颁发的外侨就业许可和移民局发放的合法签证。外籍人在菲律宾工作享有与本地雇员相同的权利。外侨就业许可由劳工部签发给欲在菲律宾就业的外籍人(离岸银行地区总部的执行官不包括在内)。劳工部用以评估申请者的主要标准是申请者能否在菲律宾胜任其申请工作的要求并愿意从事该工作。《劳动法》第 41 条规定外国人到菲律宾就业后禁止工作调动,即未经劳动部部长许可不得调动工作或自行更换雇主,并且任何违反该法的外国人在受到该法第 289 条和第 290 条的处罚后还要被驱逐出境。也就是说,非经劳工部批准,我国劳工在菲律宾工作期间不得更换工作或雇主。此外,若外国承包商雇用的员工是外国人,那么这些员工在菲律宾工作前,还必须通过菲律宾劳工部和专业管理委员会组织的劳动市场测试。

3. 劳动签证存在的风险

中国劳工到菲律宾工作还需要遵守当地关于移民签证的法规,切勿从事与签证种类不相符的活动。

(二)防范建议

1. 及时办理相应签证手续

中国公民到菲律宾工作,要根据目的和停留时间,申请相应的入境签证种类和相应停留时间。因为个人需要,所持签证时间不够的,应该事先向菲律宾有关部门申请办理签证延期手续。如果未被批准延期,则应及时出境;如果获得延期,也要注意在准许的时间内停留。另外,注意不要擅自涂改证件,以免触犯相关法律。

2. 及时寻求相关部门的救济

在菲律宾务工的中国公民,如发生劳务纠纷,可通过法律手段维权,或通过劳工部及其下属的工作环境局、有特殊关切工人局以及员工补偿委员会等机构寻求救济。在菲律宾的中方人员应注意提高风险防范意识,增强自救能力。在菲律宾的中方人员和机构应遵守当地法律和风俗习惯,合法经营,与当地人和谐相处。如有需要可联系大使馆,大使馆将密切跟踪有关事件进展,及时为中方人员提供协助。

三 相关案例

2016 年 9 月 9 日，菲律宾移民局在首都大马尼拉地区帕赛市（Pasay）开展检查外国人身份行动，数十名外国人涉嫌从事与签证种类不符的活动或签证过期被移送移民局接受调查，其中有中方人员 30 余人。中国驻菲律宾大使馆随即派员赶赴移民局核实了解情况，探望相关中方人员，要求菲律宾移民局公正执法，保障中方人员合法权益和人道待遇。菲律宾移民局应允尽快完成调查，依法作出处理。

首先，中国公民到海外工作发展，应当以合法途径办理签证，并且应当按照签证规定的类型，从事相应的活动。其次，应当密切关注签证的有效时长，当剩余时间不足时，应当及时到移民局办理相关续签手续或重新办理签证。最后，在遇到相关的问题时，应当及时寻求大使馆的救济或寻求专业人士的帮助。

第九章 环境法律制度及法律风险

一 环境法律制度

菲律宾的环境保护主管部门是环境与自然资源部，所属的环境管理局承担环境保护行政工作，在各地设置了环境管理局所属部局，负责环境监测和环境规制的实施。此外，保护野生生物局及公害裁定委员会直接负责环境管理保护计划的实施。

菲律宾 1976 年制定了《污染控制法》，1977 年制定了《环境政策法》《环境法》——两部法律基本参照美国的环境政策法制定，1978 年制定了《环评法》，还制定了《水资源保护法》《防止海洋污染法》等。后来，菲律宾又完善了环境法治，制定了《有害物核废弃物法》《统一森林保护区法》《生物多样性、遗传基因法》等。20 世纪 90 年代以来，针对日益严重的环境问题，菲律宾制定了《洁净空气法》《生态性固体废物管理法》《洁净水法》。

二 环境保护的具体标准和措施

1.《洁净空气法》颁布了空气污染物排放标准，并规定如下处罚方式：固定源污染超标的，根据偿付能力、是否疏忽、污染历史处以每污染持续日 10 万比索以下罚金（每 3 年增长 10%）至污染消除为止，此外还可处停止或中止施工、营业等处罚措施。

2.《洁净水法》界定构成水体污染行为的要件，并规定如下处罚方法：对每污染持续日处以 1 万比索以上 20 万比索以下的罚金（每 2 年增长 10%），此外还可处停止或中止施工、营业，减少工程量，暂停水供给等处罚措施，直至污染者建立健全排放保护机制、排放达标为止。因重大疏忽或故意不采取清理措施的，处以 2 年以上 4 年以下监禁并处每污染持续日 5 万比索以上 10 万比索以下罚金；如造成人员因污染重大伤亡或死亡,则处以6年以上12年以下监禁,并处每污染持续日50万比索罚金,严重违法行为可提起刑事诉讼。

3. 第705号总统令《森林法修订案》第4章规定了按刑事案件处罚的情形,如偷伐按盗窃罪判处等。此外,非法占有或毁坏林区的,在处以定额罚金并处6个月以上2年以下监禁的基础上,按合法占有林区价格(租金等)的10倍缴纳额外罚金;烧荒的,处2年以上4年以下监禁并处所毁坏木材价值8倍的罚金。

4. 第1586号总统令《环评法》规定:如果投资项目或其执行有可能影响环境质量,项目计划内容中要包含"环境影响评估",以确保项目可能带来的环境影响问题得以解决,使其与国家可持续发展目标协调一致。根据项目地点和性质的不同,项目执行单位要准备一份"环境影响声明"或"初始环境检测报告"。最终报告将递交至菲律宾环境与自然资源部,附带文件还包括其他政府部门的批准文件和地方政府对项目的批准文件。复核后,菲律宾环境与自然资源部决定发放或拒发"环境合格证",如无此证,项目就不能合法进行。

三 环境法律风险及防范建议

(一)环境法律风险

1978年生效的菲律宾《环评法》规定:投资者必须在项目计划书中附上"环境影响评估"报告,提交菲律宾环境与自然资源部审核;送审项目只有通过审核才能获得"环境合格证",否则就不能开工。该法律同时明确影响可能涉及自然环境(包括土地、水、空气、地上生命、水中生命和生态平衡)和社会经济(包括人口、生活方式、建筑、少数民族文化、名胜古迹、健康和当地经济)的,需要申请"环境合格证"。如此宽泛的范围,导致几乎所有的投资项目都需要申领"环境合格证"。因此,我国投资者在菲律宾投资面临的最大环境法律风险,就来自"环境合格证"的申请。根据前述法律规定,向环境与自然资源部申请"环境合格证"需要提供两份文件:一是投资者自行准备的评估报告,二是菲律宾其他政府部门和地方政府对项目的批准文件。这意味着投资者不仅要有完善的环境影响评估能力,而且需要先获得当地政府和有关部门的批准。

(二)防范建议

1. 委托有资质的专门机构或个人代为办理

投资者的环境影响评估能力参差不齐,一些中小企业恐怕无从下手。考虑到这样的情况:有实力的大中型企业投资菲律宾时可以在内部设立一个环境影响研究部门;不能成立研究部门的投资者,可以委托有资质的专门机构进行目标投资地区的环境影响评估。一份准确可靠的环境影响评估报告是申请“环境合格证”的基础,投资者切不可敷衍了事,因小失大。菲律宾政府机构叠床架屋,各级审批程序较为烦琐,外国投资者在将评估报告提交给各级政府部门的过程中必然遇到很多不便。针对这种情况,可以委托有资质的专门机构或个人代为办理。

2. 关注政策信息变化

随着政策变化,之前不被当作污染的项目可能被新政策禁止,之前不被处罚或处罚较轻的污染可能被新政策处以较重的处罚。我国企业投资时,要严格遵守当地法律法规,对于当地政策变化要坦然面对,不可忽视菲律宾法律规定。另外,投资者也需要时刻关注菲律宾政局的变化,可以在企业内部设立专门的研究部门监测政策变化;必要时也可以雇用专业人士(当地律师、政界人士)和委托专门机构侦测风险并设法规避。

3. 遵循我国《对外投资合作环境保护指南》的指引

目前,规范我国海外投资环境的主要政策是《对外投资合作环境保护指南》,它是由商务部和环保部在2013年联合发布的指导性文件。该指南的设立宗旨是指导我国企业进一步规范在对外投资合作活动中的环境保护行为,及时识别和防范环境风险;同时引导我国企业积极履行环境保护社会责任,树立我国企业良好的对外形象,并支持东道国的可持续发展。《对外投资合作环境保护指南》对于涉足境外投资的中国企业的环境管理给予了较为全面具体的指导,包括建立环境管理制度、采取污染预防措施、加强沟通和宣传、借鉴国际经验等。我国企业应当认真领会《对外投资合作环境保护指南》的精神,自觉遵守《对外投资合作环境保护指南》的规定;在对外投资过程中不忘环境保护,做到自身盈利和环境保护的双赢。

广州某环境科技股份有限公司在菲律宾马尼拉马拉提区为某制造公司建设污水处理系统。污水处理系统的处理量为120t/d,以每天运行24小时计,处理量为6t/h。治理前水质:COD≤200mg/L,BOD≤160mg/L,SS≤1600mg/L,pH6~9,油≤10mg/L。治理后水质:COD≤100mg/L,BOD≤500mg/L,SS≤70mg/L,pH6~9,油≤6~9mg/L,总大肠杆菌≤10,000mg/L。该系统解决了菲律宾马尼拉马拉提区日常生活污水污染问题,改善了当地环境,降低了与污染有关疾病的传播,从根本上减少了因为污染导致的经济损失。

第十章

知识产权法律制度及法律风险

一 知识产权法律制度

菲律宾全面保护外国投资者的知识产权。在亚太地区的其他国家,知识产权的保护有的缺乏,有的刚开始,而菲律宾在未独立的1946年就有知识产权保护方面的法律措施,这些措施与美国的法律法规相一致。1997年菲律宾颁布了《知识产权法》,并成立了知识产权办公室。菲律宾加入下列知识产权条约:《保护文学和艺术作品伯尔尼公约》(1948年布鲁塞尔版本)、《保护工业产权巴黎公约(里斯本修正案)》、《保护表演者、录音制品制作者和广播组织国际公约》。

菲律宾保护知识产权的核心法规是《知识产权法》,其主要内容包括:第1章知识产权办公室,第2章专利法,第3章商标、商品名、服务商标法,第4章版权法,第5章总则。

知识产权的执法单位有贸工部、知识产权办公室和音像法规委员会。

知识产权法规定侵权处罚分两种情况:情节较轻时,可由上述执法部门责令停止侵权行为、罚款(6000至10万比索,约4166美元),可由当事人提起司法诉讼,由上诉法院或高级法院裁决,处以刑罚。菲律宾贸工部负责受理侵权投诉,知识产权办公室负责纠纷调解。

二 知识产权法律风险及防范建议

菲律宾是知识产权法律体系及司法环境仅次于新加坡的东南亚国家,目前已经建立了相对完善的法律保护体系和行政保护体系。但开拓菲律宾市场的中国企业仍然面临着恶意注册商标和专利侵权等行为的威胁. 多数在菲中国企业对当地知识产权保护情况了解较少,致使他们难以及时有效布局以及申请商标和专利,也难以应对复杂的知识产权诉讼。

首先,企业有可能遭遇恶意注册行为。菲律宾当地的公司可能会抢注外国公司的商标,而后以高价出售给外国公司,中国企业在菲律宾也曾遭遇过类似的情况。由于包括菲律宾在内的东南亚各国基本采取申请在先的原则,首先注册商标的所有人就是该商标的合法所有人,在这一原则之下恶意抢注者实际上受到法律的保护。理论上说,开拓菲律宾市场的中国企业能够通过证据证明自己是该商标的首先使用人并以此夺回商标的所有权,但这要求企业本身对商标保护高度重视,注意及时留存使用证据,同时具备足够的实力进行维权行动、能在规定的期限内向商标局提交各种指定文件。但是,很多中小型企业并不具备上述两个条件,因此对他们而言,一旦商标被抢注,不仅有可能造成巨大的损失,而且有可能直接导致他们的海外投资走向失败。因此,提前申请、布局对于有意向拓展菲律宾市场的中小企业来讲,是成本最小、最可控的选择。

其次,企业可能遭遇无法要求赔偿的专利侵权行为。《知识产权法》第 80 条规定,"在侵权人知道或有理由应该知道该专利存在前,不能要求其对所实施的侵权行为造成的损害进行赔偿。如果向公众提供的专利产品或是其包装或容器上,或是在专利产品或专利方法广告资料已标有'菲律宾专利'字样及其专利号,则法律推定侵权人已经知道专利存在"。换言之,如果进入菲律宾的中国企业在菲律宾申请了专利,但并没有在产品上明确标明"菲律宾专利"字样及其专利号,很可能被认定为"侵权人不知道该专利的存在",从而无法要求侵权人进行赔偿,使企业白白蒙受损失。在专利保护方面还有可能存在的问题是,由于此类案件在菲律宾不太常见,因此法官不熟悉专利侵权案件,这个时候裁决须依赖于指定专家的意见,裁决的公正性和透明性可能受到很大的影响。针对菲律宾专利法中的特殊规定,需要以合规操作指南的形式系统落实到企业日常生产、管理及各类经营活动中。

三 相关案例

普利司通公司(以下简称普利司通)反对杭州永利百合实业有限公司(以下简称永利百合)注册商标一案中,前者反对后者在商标分类第 12 类中寻求注册以"STONE"为后缀的商标。永利百合试图在菲律宾第 12 类商标中注册"R-STONE"商标,普利司通则坚称在轮胎的设计、制造和技术方面是"BRIDGESTONE"商标的首次使用者,而"STONE"是公司专用标志"BRIDGESTONE"中的重要组成部分,并且实际上"BRIDGESTONE"商标已经被世界上的大部分国家宣布为驰名商标(Well - Known Mark)。普利司通进一步指出,永利百合申请的商标中含有"STONE",前缀字母"R"在"R-STONE"和"BRIDGESTONE"商标中均有出现。菲律宾的法律事务局认为,普利司通持续使用"STONE"这一单词,尽管该词在英语词汇属常用词汇,但并非用以描述轮胎,因此认同普利司通的上述主张,并指出尽管两个商标的前缀字母不同,但这种差别无法消除在市场推广时令公众产生误解的可能性,尤其是在两个商标均用于轮胎商品之时。因而该案的结果是,永利百合败诉,普利司通胜诉。

第十一章 争议解决机制

一 争议解决制度概述

菲律宾经贸法律争议解决制度主要是民事诉讼法律制度与民商事仲裁法律制度,本章将从司法审判制度、民事诉讼法律制度以及民商事仲裁法律制度三大方面介绍菲律宾经贸法律争议解决机制。

(一)法律诉讼

在菲律宾,企业不仅要依法注册,合法经营,必要时也需要通过法律手段解决纠纷、维护自身权益,可以采取的途径有法院诉讼、仲裁与和解等。根据 1987 年《宪法》和 1980 年《司法重组法案》,菲律宾全国法院体系共分四级:最高法院是全国最高司法机构,其下依次为上诉法院、地区法院和城市法院(或城市巡回法院)。城市法院(或城市巡回法院)受理诉讼请求赔偿额为 10 万比索(在大马尼拉地区为 20 万比索)以内或诉讼标的物价值为 20 万比索(在大马尼拉地区为 50 万比索)以内的民事案件,地区法院受理诉讼请求赔偿额超过 10 万比索(在大马尼拉地区为 20 万比索)或诉讼标的物价值超过 20 万比索(在大马尼拉地区为 50 万比索)的民事案件。当事人不服城市法院或地区法院的判决可上诉至上诉法院,直至最高法院。上诉法院除可对下级法院的判决提起上诉外,也可对准司法机构(如证券交易委员会、国家劳动关系委员会、土地注册局等)的裁决提起上诉。在南部,设有伊斯兰教巡回法院、地区法院和上诉法院。另外,菲律宾还设有专门的税务上诉法院。

只有律师可代表当事人在法院或行政机构行使其准司法职能。菲律宾全国设有多家律师事务所,法律行业属于外资禁止进入领域。由于法律体系不同和语言差异,建议中资企业聘请当地律师处理法律事务。

(二)仲裁

依据《仲裁法》,发生争议的双方可以通过事先约定或事后双方同意的方式,提起仲裁。

仲裁双方应首先签署书面的仲裁协议,并由起诉方或其合法代理人签署。当事人可自由选择仲裁员,如无指定仲裁员,一级法院可根据争议指定 1~3 名仲裁员。如双方当事人认为仲裁员的任命有失公允,可对该任命提出异议。仲裁裁决通常在听证会结束后 30 天内作出,裁决必须由独任仲裁员或多名仲裁员书写、签署和确认,并向各方均提供一份裁决副本。

菲律宾争议解决中心(Philippine Dispute Resolution Centre,PDRCI)成立于 1996 年,是菲律宾最主要的仲裁机构。该机构已与多家仲裁中心达成了合作协议,如韩国商事仲裁委员会、印度仲裁委员会、印度尼西亚国家仲裁委员会、新加坡国际仲裁中心、中国香港国际仲裁中心、新加坡国际调解中心等。双方可自行协商增加仲裁员数量、仲裁地址、仲裁语言等内容。

(三)中国贸促会纠纷解决服务

随着“一带一路”建设的逐渐深入,为响应国际社会呼声,在中国贸促会推动下,中国国际商会联合“一带一路”建设参与国相关工商会、法律服务机构等按照共商、共建、共享原则共同发起成立国际商事争端预防与解决组织。作为第二届“一带一路”国际合作高峰论坛重要成果,2020 年 10 月 15 日,该国际组织正式成立。该国际组织为非政府间、非营利性国际社会团体,将为境内外企业提供包括宣传培训、对话磋商、合规建设、预警防范、标准合同制定、调解、仲裁等国际商事争端预防和解决多元化、“一站式”服务,依法保护企业合法权益,营造高效便捷、公平公正的营商环境。其服务范围包括商事仲裁(一般商事仲裁、海事仲裁)、知识产权保护、“两反一保”(反倾销、反补贴、保障措施)服务、商事认证服务、商事调解服务、合规建设服务等。

二 争议解决常见问题及注意事项

1. 起诉阶段的常见问题及注意事项

起诉阶段的风险,是指因当事人起诉行为引起的、在法院审查起诉时即可能对当事人造成不利影响的风险,例如,原告或被告身份上的不适格,争议内容不属于法院主管范围或非受诉法院管辖,等等。这部分风险在整个诉讼过程中所占比例相对较小,而这一阶段不当行为的后果往往是在庭审的相关步骤中体现出的,并且可能直接导致于己不利的后果。起诉阶段由于其只审形式、不审实体,使其中存在的许多问题,都要在后续的各个步骤中才能产生影响;这种影响的非即时性,也更容易使当事人权益无法得到更好的保护。主要是提起诉讼的原告方放松警惕,以为只要一纸诉状递上去,便将所有问题推给了对方,缺乏风险审查和应对意识,殊不知起诉中的不合理行为会在日后的诉讼活动中构成胜诉的重大障碍。事实上,诉讼绝不是只有举证、庭审那些正面交锋的部分,原告在启动诉讼中的主导地位,对其防范和减轻诉讼风险是相当有利的。一旦决定起诉,原告就必须全面审视每一个步骤,力争抢占诉讼先机,通过合理起诉,正确选择被告和诉讼请求,将诉讼引向一个于自己最为有利的方向。

2. 审理阶段的风险与防范

就举证责任而言,当事人在诉讼中可能面临以下举证风险:(1)提供证据不充分的举证风险;(2)提供证据虚假的风险;(3)不能提供原始证据的风险;(4)提供取得方式不合法证据的风险;(5)证据证明力不强的风险;(6)证人不出庭的风险。当事人应当在专业律师的指导下有计划、有目的地收集证据,针对具体案件所应采取的诉讼策略确立收集证据的目标,列出证据清单,防止证据滥、杂、没有重点,给举证带来不便。当事人在制定了明确的证据清单与收集目标后,应当依法收集证据,避免珍贵的证据因手段非法而被否定,若遇到确实难以通过自身能力取得的证据,可以申请法院调取,切不可采取非常手段。此外,有的证据收集必须及时,必要情况下要采取证据保全措施,否则可能给当事人带来举证不能的风险。将前列证据收集齐全后,为防止出现无效证据,应当会同律师对所有证据进行审查,包括证据的形式与实质,发现纰漏要及时补正,避免当庭失措。

3. 庭审中的风险与防范

庭审中的风险主要是指在案件庭审阶段当事人可能遭遇的诉讼风险,具体包括以下几个方面:

(1)无正当理由不按时出庭或者中途退出法庭的风险。法律并未要求当事人及其代理人必须出庭,但如果一方不出庭,将承担相应的诉讼风险。法院在确定了开庭时间后都会以传票方式通知当事人或其代理人,如果当事人及其代理人确有特殊情况而无法按时参加法庭审理活动,应当提前通知法院。这种不按时参加庭审的风险:对原告而言,法院的撤诉处理,意味着其所交的诉讼费用分文不退,使其尚未同被告进行第一回合的交锋,便败下阵来;对被告来讲,因为他自动放弃了庭审中抗辩说理的机会,缺席判决,凶多吉少。

(2)证人、鉴定人不出庭的诉讼风险。除了法律规定的特殊情况外,证人都应出庭作证。菲律宾民事诉讼法对证人和鉴定人接受当事人质询作出了规定,同时对"证人确有困难不能出庭"的情形进行了明确限定。前文亦已提及,证人不出庭将可能导致证言效力受损，当事人需要承担因证据不充分或不确实而不被采信的风险。但在审判实践中，很多证人、鉴定人不愿意出庭接受质询，特别是证人、鉴定人为机关、机构的，他们往往只愿意出具书面证言、书面鉴定结论。

(3)违反法庭纪律和审理规则，妨害民事诉讼的风险。作为诉讼参与人，必须认真遵守法庭规则，忠于事实、恪守法律、实事求是地参与诉讼活动，否则不但不能赢得诉讼，而且要承担上述案件以外的妨碍民事诉讼的风险。

4. 仲裁法律风险及防范

以仲裁方式解决涉外民商事纠纷已成为中国企业的首选，但近10年来，中国企业的外国仲裁之路却走得十分艰险。由于中菲商事仲裁所追求的价值观、理念不同，中菲仲裁法、仲裁规则的差异，中菲法律传统、文化传统乃至中菲籍仲裁员思维方式的不同，中国企业到外国仲裁案件大多折戟沉沙，最终以高额赔偿外方当事人的惨败局面而告终，某些中资企业甚至因此倒闭。

对中国企业在外国仲裁的败诉原因进行分析，可提醒有关企业注意防范相应的法律风险。中国企业在外国仲裁中败诉，既有企业自身的原因，如选择律师或仲裁员不当、不适应外国仲裁程序等，也有仲裁庭里的外籍仲裁员不了解我国法律甚至歧视我国当事人等方面的原因，这在一定程度上都可归因于选择了外国仲裁。因此，要做到以下几点：

第一，慎重约定仲裁条款。不要习惯性地接受外方提供的格式条款，使自己在将来的争议解决中处于非常不利的局面。比如，我国企业在海事、粮食贸易中经常使用外国行业协会、商会提供的标准合同条款，而这些标准合同中往往含有涉外仲裁（主要是伦敦仲裁）的争议解决条款。正是因为这种格式条款在国际上广为流行，中国当事人不知不觉中要到海外去仲裁。因此，在审查合同时，要注意看合并的其他格式合同、术语、条款中是否有仲裁条款，对中方是否有利。

第二，尽可能地选择中国境内的仲裁机构。在具体合同谈判中，仲裁机构的选择，是双方利益的博弈和谈判地位、能力的较量。随着国内外经济形势的变化，在越来越多的交易中，中国企业占据有利地位。此时，在签订合同时就应据理力争，尽量争取在仲裁协议中约定我国境内的仲裁机构。

第三，尽可能选择相对公平的外国仲裁机构。即便不能选择中国仲裁机构，也应努力选择一个有利的第三方仲裁机构。在具体选择时至少需要考虑以下几条原则：首先，仲裁机构所在地必须具有较完善的法律；其次，中方可以较便利地聘用掌握第三方法律的律师；最后，应选择仲裁费用和其他成本相对较低的境外仲裁机构。同时，仲裁地点要尽可能地便于中方人员出入境。

第四，积极谨慎应诉。一是要合理运用确认仲裁协议无效制度，在合适时机启动该项程序。二是要谨慎应诉，不要轻易缺席，不要轻易拒收仲裁通知。在仲裁裁决作出后，要正确理解、审慎运用不予承认与执行外国仲裁裁决程序。

三 相关案例

1. 案情简介

2010 年 10 月，RICKMERS DALIAN 轮（悬挂马绍尔群岛旗）停靠在美国新奥尔良作业时，受雇于该轮的菲律宾籍船员 Asignacion 在机舱工作时被蒸汽和热水烫伤，身体超过 35% 的部分受到了不同程度的伤害。Asignacion 首先尝试在美国法院提起诉讼，要求按照美国法律审理案件并计算赔偿金额。但法院认为，根据船员签订的菲律宾海外就业管理局（Philippines Overseas Employment Administration，POEA）标准合同中的劳动争议纠纷仲裁条款和菲律宾法律适用条款，船员需按照合同在菲律宾进行仲裁。

2013 年 2 月，菲律宾国家劳动关系委员会（National Labor Relations Commission，NLRC）仲裁员裁决 Asignacion 十四级工伤伤残成立，可以获得 1870 美元的赔偿。船员对此赔偿金额不满，向路易斯安那联邦东区法院提起诉讼，认为相关仲裁裁决违背了美国的公共政策，不应得到承认及执行。船东应当按照美国一般海商法对其进行赔偿。法院认为仲裁裁决实质上剥夺了船员本可以通过美国法律获得救济的权利，判决不予承认及执行仲裁裁决。船东不服一审判决，上诉至美国联邦第五巡回上诉法院。2015 年 4 月，第五巡回上诉法院推翻路易斯安那联邦东区法院的判决，判决承认及执行仲裁裁决。船员随后向美国联邦最高法院提出再审请求。2016 年 1 月，最高法院拒绝向船员签发调卷令重审本案。2016 年 2 月，该船员另辟蹊径，在马绍尔群岛高等法院提出诉讼，要求法院按照船旗国法律审理此案。2016 年 11 月，马绍尔群岛高等法院以超过诉讼时效和一事不再理原则驳回了船员的诉讼请求。

2. 法院判决及其司法态度综述

由于美国联邦最高法院并未对本案实体内容进行审理，美国联邦第五巡回上诉法院的判决成为事实上的终审判决。因此我们以第五巡回上诉法院和马绍尔群岛高等法院的相关判决为分析对象，总结其对相关议题的司法态度。

（1）美国联邦第五巡回上诉法院的司法态度

第五巡回上诉法院认为本案的仲裁裁决并未违背美国的公共政策。原因在于：

首先,充分尊重仲裁裁决与给予船员特殊保护同样都属于美国的公共政策。即使外国法下的救济标准低于美国标准,也并不意味着相关的争议纠纷必然适用美国法。即使针对需要特殊保护的船员,美国的公共政策中也并不包含否定外国法下稍低标准或不同类型救济方式的内容。

其次,在船员外派过程中使用 POEA 标准合同对于菲律宾的经济具有重要意义,而出于国际礼让以及维护争议解决制度可预见性的考虑,也应承认及执行有关的仲裁裁决。重要的是,POEA 标准合同是为保护菲律宾船员的利益而设计、制订的,而非为了限制其权利。

船员辩称,美国联邦法院也有拒绝承认及执行菲律宾劳动仲裁裁决的判例,且与本案情况类似。2014 年 8 月,马里兰联邦地区法院在 Aggarao v. MOL Ship Management Co. ,2014 WL 3894079 案(以下简称 Aggarao 案)中就判定有关菲律宾仲裁裁决违背美国公共政策,不能予以承认及执行。第五巡回上诉法院分析了 Aggarao 案的特殊性,表明该案同 Asignacion 案不可同日而语:第一,Aggarao 案中菲律宾船员所遭受的是最严重的工伤(第一级),Asignacion 案中船员被评定的则是最轻微的工伤(第十四级)。第二,Aggarao 案中船员有尚未结清的医疗费用,并且高达 70 余万美元,而 Asignacion 案中船员伤后恢复良好,不存在医疗费用不足的证据。Aggarao 案中船东拖欠船员薪金和医疗福利待遇的行为违背了美国的公共政策,但在 Asignacion 案中并未出现类似情况。

(2)马绍尔群岛高等法院的司法态度

船旗国马绍尔群岛高等法院基于下述两个理由,驳回了船员的起诉:

第一,根据马绍尔群岛法律,相关诉讼已经超过了 2 年的人身伤害索赔诉讼时效。但船员认为其在美国起诉的行为(事故刚发生时即在美国提起诉讼)已经中断了诉讼时效。马绍尔群岛高等法院认为只有在以下三种情况下方有适用诉讼时效中断衡平准则的余地:

①被告故意错误诱导原告;

②原告有特殊情况无法及时向法院声张权利;

③在无管辖权的法院错误地声张权利。

第二,基于一事不再理原则,法院认为,本案在美国司法体系下已经经历从联邦地区法院到联邦最高法院完整的司法程序,无再做审理的必要。

当下,我国企业在对外投资时应及时了解并遵守东道国法律和国际通行规则,构建海外投资合规体系,在发生争议时运用国际仲裁等方式尽可能防范和应对相关风险。

第五部分

缅甸篇

第一章 缅甸基本概况

一 缅甸简况

缅甸联邦共和国(The Republic of the Union of Myanmar,以下简称缅甸)位于中南半岛西侧,西南濒临孟加拉湾和安达曼海,西北与印度和孟加拉国为邻,东北与中国毗邻,东南与泰国和老挝接壤,面积676,578平方公里,海岸线长3200公里。主要自然资源有矿产资源、石油和天然气资源、林业资源、水利资源、渔业和海洋资源。截至2024年5月,缅甸全国人口总数为5417万,共有135个民族,主要有缅族(约占65%)、掸族(约占9%)、克伦族(约占7%)、若开族和华人(约占3%)等。

官方语言为缅语、英语。

二 行政区划与政治环境

1. 行政区划

缅甸全国分为7个省、7个邦和1个直辖市。7个省分别为:仰光、曼德勒、勃固、马圭、实皆、伊洛瓦底、德林达依;7个邦分别为掸邦、克钦邦、克耶邦、孟邦、克伦邦、钦邦、若开邦;1个直辖市为内比都(首都)。

仰光是缅甸第一大经济中心,是仰光省的省会,是缅甸最大的城市,下辖33个镇区,面积312平方公里,人口约500万。

2. 政治制度

缅甸是总统制的联邦制国家,实行多党民主制度。总统既是国家元首,也是政府首脑,由议会两院联席会议选举产生,任期5年,连任不得超过两届。议会是缅甸最高立法机构,实行两院制,由人民院和民族院组成。议会每4年选举一次,年满21岁的缅甸公民均可当选为议员,每届议会任期5年。

缅甸实行多党民主制。主要政党包括全国民主联盟(National League for Democracy)、联邦巩固与发展党(The Union Solidarity and Development Party)、民族团结党(The National Unity Party)、掸邦民族民主党(Shan Nationalities Democratic Party)、若开民族发展党(The Rakhine Nationalities Development Party)、全国民主力量党(The National Democratic Force Party)。

3. 政府机构

联邦政府是缅甸的最高行政机关,联邦行政权属于总统。省、邦分别设置省政府或邦政府。政府管理机构共设30个部,其中经济主管部门主要有:投资与对外经济关系部、计划与财政部、央行、工业部、商务部、农业畜牧与灌溉部、电力部、能源部、资源与环保部、交通与通讯部、建设部、国际合作部等。

缅甸投资与对外经济关系部下辖对外经济关系司、下设投资与公司管理局(DICA)。

计划与财政部负责国家经济社会发展规划相关事宜,起草财政预算、决算报告。其下设国税局、中央监察局、中央统计局、国家档案局、计划局和项目发展评估工作局等。

商务部负责制定和颁布关于进出口贸易的法令法规,批准颁发进出口营业执照以及进出口许可证,管理协调国内外展会,对进出口贸易活动进行统一管理。

缅甸投资委员会(MIC)负责投资审批工作,并向投资者颁发“投资许可证”,具体业务由投资与对外经济关系部负责。

三 法律体系

1. 司法系统

缅甸法院和检察院共分四级。联邦层面设有最高法院和最高检察院,下设省邦、县及镇区三级法院和检察院。

最高法院为国家最高司法机关,最高检察院为国家最高检察机关。联邦最高法院有权监督缅甸所有法院,其判决对所有法院都有约束力。联邦最高检察院的主要职能包括刑事诉讼、民事诉讼及行政管理。省邦、县及镇区三级检察院各自负责本地区的检察事务。

2. 法律制度

缅甸曾受英国殖民统治,因而受英国普通法系影响较深,在独立后仍继续以普通法法律制度为基础。缅甸的法律渊源主要包括宪法、成文法、习惯法和英国普通法。

缅甸立法权属联邦议会,由民族院(相当于上议院)和人民院(相当于下议院)组成。议会可制定全国性的法律和地区法案,人民院制定、通过的法案均需交由民族院讨论、修订,民族院拟定的法案亦需由人民院讨论、修订。省和邦议会实行一院制,省、邦议会有权在宪法附录所列的省、邦立法事项范围内制定在省邦全境或其部分地区适用的法律。

四 经济概况

1. 经济发展情况

近年来,缅甸经济发展呈上升趋势。在新冠疫情前,缅甸经济保持较高增速。2021 年受政局变化和疫情影响,经济出现下行,2022 年开始逐步恢复。2021 ~ 2022 财年经济总量为 74.839 万亿缅元(Kyat)。

根据国际货币基金组织(IMF)发布的报告,缅甸在东盟国家中,人均收入最低。截至 2024 年 4 月,缅甸的人均收入为 1250 美元。

缅甸官方货币为缅元。

2. 对外贸易情况

2021 ~ 2022 财年,缅对外贸易额 162.7 亿美元,其中,出口 83.1 亿美元,进口 79.6 亿美元。

主要贸易伙伴为中国、泰国、新加坡、日本和韩国。

缅甸主要出口商品:天然气、大米、玉米、豆类、水产品、橡胶、皮革、矿产品、木材、珍珠和宝石等,主要进口商品:燃油、工业原料、化工产品、机械设备、零配件、五金产品和消费品。

3. 吸收外资情况

缅甸官方媒体报道,2023 ~ 2024 财年缅甸吸引外资 6.61 亿美元,主要投资来源国包括新加坡、中国、泰国等。外国投资主要集中在能源、电力和工业等领域。[1]

4. 外国援助

根据缅甸政府统计,2011 年 1 月至 2021 年 4 月,缅甸共接受 88 个外国政府或

〔1〕 参见《缅甸国家概况》,载中华人民共和国商务部网 2024 年 5 月,https://www.mfa.gov.cn/web/gjhdq_676201/gj_676203/yz_676205/1206_676788/1206x0_676790/。

机构提供的1822个官方发展援助项目(含优惠性质贷款),援款承诺总额为167.8亿美元,援款支付总额为84.2亿美元,已经完成项目总额为50亿美元,实施中的项目总额为95亿美元,储备或立项中的项目总额为15亿美元。前十大援助方依次为日本、世界银行、亚洲开发银行、欧盟、美国、英国、世界粮食计划署、韩国、德国、挪威。

第二章 投资法律制度及注意事项

一 投资法律制度概述

1. 投资主管部门

缅甸投资与对外经济关系部是投资主管部门，下设 DICA，负责公司设立及变更登记、投资咨询建议及报批、对投资项目的监督等日常事务。

缅甸投资委员会是由相关经济部门领导组成的投资审批机构。《投资法》规定，投资委员会对申报项目的资信情况、项目核算、工业技术等进行审批、核准并颁发投资许可证，在项目实施过程中提供必要帮助、监督和指导，同时也受理投资许可时限延长、缩短或变更等申请。

2. 投资法规

目前在缅投资主要适用的法律包括：《投资法》《投资法实施细则》《经济特区法》《经济特区法实施细则》《公司法》《工业区法》等。

3. 外资优惠政策

缅甸对不同地区的投资项目给予不同免税待遇。《投资法》第 75 条将欠发达地区指定为“一类区域”，位于一类区域的投资享受至多连续 7 年的企业所得税豁免待遇；将一般发达地区指定为“二类区域”，位于二类区域的投资享受至多连续 5 年的企业所得税豁免待遇；将发达地区指定为“三类区域”，位于三类区域的投资享受至多连续 3 年的企业所得税豁免待遇。一类区域包括 13 个省、邦的 160 余个镇区，二类区域包括 11 个省、邦的 122 个镇区，三类区域包括曼德勒省的 14 个镇区和仰光省的 32 个镇区。

《公司法》规定，外资持股比例不超过 35% 的公司为缅甸当地公司，享有当地公司同等待遇。

4. 市场准入相关规定

(1)禁止外国人投资的行业和领域

《投资法》禁止对以下项目进行投资:①可能带入或导致危险或有毒废弃物进入联邦的投资项目;②除以研发为目的的投资外,可能带入境外处于试验阶段或未取得使用、种植和培育批准的技术、药物和动植物的投资项目;③可能影响国内民族地方传统文化和习俗的投资项目;④可能危及公众的投资项目;⑤可能对自然环境和生态系统带来重大影响的投资项目;⑥现行法律禁止的产品制造或服务相关项目。

(2)限制外国人投资的行业和领域

根据《投资法》有关规定,缅甸投资委员会负责制定并及时修订限制投资的行业目录。2017 年 4 月发布的限制投资行业分为 4 类:只允许国营的行业、禁止外商经营的行业、外商只能与本地企业合资经营的行业、必须经相关部门批准才能经营的行业。具体如下:①只允许国营的行业包括根据政府指令进行的安全及国防相关产品制造业、武器弹药制造及服务、仅限政府指定邮政运营主体运营的邮政服务及邮票发行、航空交通服务(包括航班信息服务、警告、航空咨询服务、航空管理)、导航、自然林管理、放射性物质(如铀、钍等)可行性研究及生产、电力系统管理、电力项目监管等 9 项;②禁止外商经营的行业包括使用缅语或缅甸少数民族语言的新闻出版业、淡水渔业及相关服务、动物产品进出口检验检疫、宠物护理、林产品加工制造、依据矿业法开展的中小型矿产勘探开采及可行性研究、中小型矿产加工冶炼、浅层油井钻探、签证及外国人居留证件印制发行、玉石和珠宝勘探开采、导游、小型市场及便利店等 12 项;③外商只能与本地企业合资经营的行业包括渔业码头及渔业市场建设、渔业研究、兽医、农业种植及销售和出口、塑料产品制造及国内销售、使用自然原料的化学品制造及国内销售、易燃品制造及国内销售、氧化剂和压缩气体制造及国内销售、腐蚀性化学品制造及国内销售、工业化学气体制造及国内销售、谷物加工产品制造及国内销售、糕点生产及国内销售、食品(牛奶及奶制品除外)加工及销售、麦芽酒生产及国内销售、酒精及非酒精饮料生产加工及国内销售、饮用纯净水生产及国内销售、冰块生产及国内销售、肥皂生产及国内销售、化妆品生产及国内批发、住房开发销售及租赁、本地旅游服务、海外医疗交通服务等共 22 项;④必须经相关部门批准的行业包括须经内政部批准的使用麻醉品和精神药物成分的药品的生产及销售行业,须经信息部批准的使用外语的出版刊物、广播节目等 6 个行业,须经农业畜牧与灌溉部批准的海洋捕捞、畜牧养殖等 18 个行业,须经交通与通讯部批准的机动车检验、铁路建设及运营等 55 个行业等,共有 10 个部委辖下的 126 个行业。

(3)鼓励投资的行业

2017年4月1日,缅甸投资委员会发布2017年第13号通知《鼓励投资行业分类》将20类行业列为缅甸鼓励行业,包括工业区或工业园区建设,新的市区建设,公路、桥梁、铁路线,海港、河港、无水港的建设,发电、输电和配电等。符合鼓励范围的行业,可以享受所得税的减免优惠。

2017年6月,缅甸投资委员会再次发布通知明确鼓励投资者投资10个行业,这10个行业包括:①农业及相关服务行业,包括农产品加工业;②畜牧业及渔业养殖;③有助于增加出口的行业;④进口替代行业;⑤电力行业;⑥物流行业;⑦教育服务;⑧健康产业;⑨廉价房建设;⑩工业园区建设。

2022年以来,缅甸投资委员会尤其欢迎国内外商人对电动汽车、医药、化肥、水泥、钢铁、农畜水产养殖及相关产业、食品加工以及公共交通等8个领域投资。缅甸政府对这几类投资申请给予优先审批。

(4)允许的投资

①能矿资源类。缅甸允许外资企业投资大型矿(面积1平方公里以上)。根据《矿业法》以及《矿业法实施细则》,矿权申请主要包括以下步骤:a.发现目标矿业资源;b.通过当地土地管理部门获取矿区的坐标,并通过自然资源与环境保护部初步查询是否有在先权利人已经就该矿区申请矿权或者正在申请矿权;c.经核查无在先权利人,或者存在在先权利人但是不影响矿权申请,向自然资源与环境保护部提交探矿权申请;d.自然资源与环境保护部根据申请,通过内部会议,征询省、邦及所在地区各主管部门意见,作出是否同意的决定;e.如自然资源与环境保护部作出同意的决定,申请人根据自然资源与环境保护部的要求提交环境评估报告/环保方案、地质情况报告等资料;f.相关材料符合要求的,自然资源与环境保护部将与申请人签署《探矿权协议》并颁发勘探许可证;g.如经过勘探,申请人有意向进行矿产开发,与自然资源与环境保护部下属国企签署产品分成协议或完善其他手续,将探矿权转成采矿权;h.在矿权申请的过程中,可以同步申请缅甸投资委员会许可/认可。

②农业/林业投资。外资企业可以获得农业/林业用地的使用权。农业耕地/林地使用权年限由缅甸投资委员会根据土地性质、投资类型等因素进行审批,但不得超过《投资法》所规定的使用年限上限。从事农业/林业投资的投资者应当严格遵守与相关政府部门签订的协议以及缅甸投资委员会投资许可所规定的条件,不得超出许可范围进行经营,同时应当按时足额缴纳土地租金和其他费用。

(5)金融业投资准入

根据2016年1月颁布的《金融机构法》的规定,外资金融机构在缅甸设立代表处须在中央银行注册审批，且只能从事央行规定范围的业务活动。若外资银行希望在缅甸开展银行业务，须向中央银行提交其国际信用机构评级材料、资产资本情况、书面保证书、国内监管机构的书面证明等材料，且实收资本不少于7500万美元。央行通过审批并发放执照后，外资银行可在缅甸设立分支机构或子行，从事银行业务。若需从事非银行金融机构业务，也须向央行提出申请，但对股比要求及外籍员工管理等方面无明文规定。

5. 投资方式

外商在缅甸投资可以根据缅甸公司法设立子公司（私人有限公司或公众有限公司）、海外法人（Overseas Corporation，相当于分公司或代表处，缅甸公司法不区分两者的注册形式）。在不违反限制投资行业有关规定的前提下，外商可以自由选择采取独资、合资、合作或者并购等方式进入缅甸。缅甸公司法对于公司股东出资形式没有限制，现金、设备或技术投资等都可以作为股东出资。缅甸并不禁止外国投资者以二手设备出资，但在向缅甸投资委员会申报投资许可以及设备进口清单时应当列明设备有关情况。

缅甸鼓励外国投资者建立工业园区，《鼓励投资行业分类》中包括了工业区或工业园区建设。

为提高外商在缅投资注册效率，缅甸在仰光、曼德勒和内比都开设国内外投资注册等业务的“一站式”窗口，为获准投资的国内外企业提供注册、延期及其他服务。

6. 安全审查

缅甸目前暂无明确的外资并购安全审查机制。2015年颁布的《竞争法》禁止从事限制市场竞争行为，包括并购、业务整合、购买和兼并其他企业、设立合资公司或其他缅甸竞争委员会认定的行为等，但尚无相关实施细节安排。

7. 基础设施PPP模式

在缅甸开展PPP项目，主要商业模式有BOT、BT、BTO等。

缅甸计划与财政部下设PPP中心，负责确定项目库里的哪些项目适合以PPP方式开展以加强政府内部评估、策划、采购、实施、执行、监管项目的能力。PPP中心将向其他政府部门提供PPP能力建设支持，发起评估程序，进行预可研，进行成本—效益、成本—效率分析，进行采购分析，评估私人主体提出的项目建议，进行风险分配评估，对PPP的模式和结构以及合同主要条款提出建议、协调促进。PPP中心还将负责制定享受政府支持的政策标准，符合标准的PPP项目将获得如政府担保或资金补助等支持，并向项目实施部门提供建议和支持来推进PPP项目的招投标、签约和管理。

电力能源部、建设部、交通通讯部等具体 PPP 项目实施部门将负责酝酿 PPP 项目，管理 PPP 项目招标，为签署 PPP 协议做准备，管理 PPP 合同等。

2018 年 11 月 30 日，缅甸总统府发布 2018 年《关于建立项目银行的公告》（Project Bank Notification），该公告对 PPP 项目的立项、招标、管理单位等作了明确规定。截至 2020 年 2 月底，该项目银行网站已经正式开通运营。

二 投资法律风险

虽然缅甸外商投资规模并不小，但在缅甸仍处于紧急状态且美国、欧盟、英国等国家或地区对缅甸的个人或实体进行制裁的情况下，在缅甸开展投资存在一定的风险，如政治环境不稳定、法律体系不完善、缺少公平的法律投资环境等，这些都加剧了外国投资者受到侵害的风险。因此，中国企业如选择前往缅甸投资，在作出相应投资决策前应充分考虑和权衡，避免因仓促决策而遭受大额损失。如果最终决定前往缅甸投资，应注意采取必要的风险防范措施。具体建议如下：

1. 熟悉缅甸法律法规，审慎选择投资领域

目前，缅甸政府虽采取一系列措施吸引外资，但也加强了对投资方向、投资方式等方面的要求。缅甸投资法将投资项目划分为三种类型：禁止类、限制类、鼓励类。因此，投资人在选择投资领域之前，应对相关法律规定进行全面了解，以降低法律风险。包括：

（1）了解缅甸的市场准入规则。如果拟投资项目属于缅甸禁止、限制外商投资的产业则应当及时终止投资。

（2）发现潜在的投资壁垒。如缅甸在投资项目涉及的特定领域对外资的股比进行限制，则会影响中国投资者投资目标的实现。

（3）了解缅甸的投资优惠政策。对于鼓励投资的产业投资人可以根据相应的政策获得优惠。

在投资方式的选择上，缅甸政府鼓励采取 BOP 和 PPP 模式，投资者企业应熟悉这两种运营模式，与缅甸政府以及当地实力强大的企业建立良好的伙伴关系。在投资区域上，应尽可能避免选择动荡区域，重点投资缅甸设立的经济特区和政策优惠力度更大的一类投资区域等。

2. 建立健全风险评估体系

缅甸国内复杂的局势使中国企业赴缅甸投资面临诸多的不确定性，为避免中国

企业遭受损失,应建立健全风险评估体系。

投资者在企业内部可以建立专门的投资风险评估体系,及时收集、更新缅甸政局、政策和法律法规等信息,对缅甸的政治风险、法律风险、金融风险和社会风险等进行有效评估,提出防范风险的措施。并且,企业可以与国际风险评估机构开展合作,采用国际标准评估投资风险,增强评估结果的可靠性和可参考性。

3. 重视投资前尽职调查

中国企业如拟与缅甸公司在缅甸设立合资公司,在与缅甸公司正式签署合作文件之前,建议对其展开尽职调查,以确认其是否具有合作实力、是否与其描述情况相符、是否被列入制裁名单,尤其是合作伙伴是否具有其所宣传的资源、许可证、资产等,是否可以投入新设合资公司中。企业在确认合作伙伴后,应通过聘请专业律师与其签署正式的合作文件,包括可能的合资协议、股东协议等。

中国企业如采取收购方式在缅甸投资,也建议对目标公司展开尽职调查,以确认目标公司资产情况、公司债权债务情况、公司经营情况、财务数据、税务状况、法律纠纷情况以及是否被列入制裁名单。在确认目标公司后,企业应通过聘请专业律师与其签署正式的合作文件,包括可能的收购协议、股东协议等。

4. 分散项目投资的主体风险

企业可以通过合资经营、灵活退出或投保等方式分散和降低赴缅甸投资风险。

针对在缅甸投资的法律风险:一方面,中国企业可以寻求与当地企业、缅甸政府、大型跨国公司等的合作,共同出资、共担风险;另一方面,在项目管理上可以聘请当地人才参与项目建设,缓解融资难的问题,有效分散项目的建设、运营风险。并且,企业可以设置灵活的退出机制,在遵守缅甸法律前提下,在交易文件中约定其有权逐步出售部分或全部股权给第三方,包括随售权、拖售权、回购权、优先清算权,分情况分阶段逐步撤出投资。合理设置退出机制有利于帮助企业减少时间因素带来的投资成本,可将风险有效转移。此外,中国投资者也可以考虑设立 SPV[1]来投资缅甸业务,即通过转让 SPV 灵活退出缅甸业务,避免在缅甸直接转让股权面临的监管要求。而且,外国投资者可以通过设立 SPV 隔离母公司对缅甸业务承担的责任。在选择设立 SPV 地点时,企业通常考虑的因素主要包括未来海外业务的战略安排、税收减免政策、融资安排、企业架构层级以及成本等,这需要结合中国企业的实际情况加以确定。

同时,企业可以利用投保的方式转移部分风险,并在风险发生后获得赔偿。赴

---

〔1〕 特殊目的载体是一类为金融活动而专门创设的法律载体,Special Purpose Vehicle。

缅甸投资企业应及时向中国出口信用保险公司投保包括政治风险、商业风险在内的信用风险保障产品，或者购买中国进出口银行提供的商业担保服务；还可以在缅甸境内向缅甸保险公司投保人寿、工程、石油天然气等相关险种。

5. 妥善处理各方关系

面对缅甸国内复杂的形势，中国企业赴缅投资应妥善处理各方关系。赴缅甸投资的企业应注意避开武装冲突频发地，妥善处理缅甸的中央和地方、少数民族与缅族之间的关系，降低政治风险和安全风险。在项目建设过程中企业应兼顾经济效益和社会效益，注重履行社会责任，切实保障当地居民利益，降低项目被搁置的风险。中国企业可以利用专门网站或本地媒体来宣传自身主张、展示项目运行情况，增加企业和项目的透明度，让民众充分了解项目的真实情况，树立中国企业的良好形象。另外中国企业应及时与工会、民间组织和宗教团体进行沟通，了解雇员、民众的合理诉求，并尽量满足这些诉求，减少对抗和摩擦。尤其在企业管理、环保评估、劳工关系方面，中国企业应邀请当地人士参加，增强企业经营的本土化。

三 相关案例

中缅油气管道建设项目采用“四国六方”的股权安排获得成功

1. 案情简介

中缅油气管道建设项目是中缅两国在油气领域重要的合作项目，包括中缅原油管道建设和中缅天然气管道建设两部分。其中，中缅原油管道由中缅两国合资建设，全长 771 公里，原油管道有 2200 万吨的运送能力。

中缅天然气管道建设项目采取了四方六国的股权结构，中国（中国石油）持股 50.9%、缅甸（缅甸油气）持股 7.4%、韩国（韩国大宇和韩国燃气）持股 29.2%、印度（印度石油和印度燃气）持股 12.5%。原油管道建设项目只有中缅双方参与，中石油持股 50.9%、缅甸油气持股 49.1%，全长 793 公里，每年能将 120 亿立方米天然气运送回国内。中缅油气管道总投资额为 25.4 亿美元，其中石油管道投资额为 15 亿美元，天然气管道投资额为 10.4 亿美元。

中缅油气管道建成后，我国的石油运输可以不经过马六甲海峡，直接从陆上由缅甸进入我国西南地区，大大节省了运输成本，保障了运输安全，也缓解了我国对马六甲海峡的严重依赖。由于涉及多方利益主体,中缅油气管道建设项目在筹备谈判、签署合同和建设等过程中,经历了重重困难。但多方始终保持合作、利益共享、互利共赢的原则,最终实现了项目的圆满成功。

2. 案例分析

一是这种“四国六方”的股权安排,一方面将各方绑在一起形成了一个利益共同体,在商务谈判过程中可以形成合力向缅甸政府争取外汇、税收等方面的优惠政策;另一方面提高了项目抵抗政治风险的能力。二是公开透明的项目运行机制构建了与管道沿线百姓息息相关的利益关联关系,保障了项目的顺利实施。

第三章

贸易法律制度及法律风险

一 贸易法规和政策

1. 贸易主管部门

缅甸贸易主管部门为缅甸商务部，负责批准颁发进出口营业执照、签发进出口许可证，管理举办国内外展览会、办理边境贸易许可、研究缅甸对外经济贸易问题、制订和颁布各种法令法规等。其下设部长办、贸易司、消费者事务司、贸易促进局和专利司。缅甸私营企业从事对外贸易须向进出口贸易注册办公室申领进出口许可证，在国家政策许可范围内自由从事对外贸易活动。

2. 贸易法规体系

缅甸国内现行与贸易管理相关的法律和规定有：《关税法》、《联邦税法》、《进出口贸易法》、《贸易部关于进出口商必须遵守和了解的有关规定》、《关于边境贸易的规定》、《进出口贸易实施细则》、《进出口贸易修正法》、《植物检验检疫法》、《植物细菌防疫法》、《重要商品服务法》、《竞争法》及其实施细则、《消费者保护法》、《进口保护法》、《破产法》等。

缅甸是世界贸易组织创始成员，为发展国际贸易，还签订了多份双边及多边自由贸易协定。中缅之间签署的双边贸易协定主要包括：

(1)2001 年 12 月 12 日，中缅双方签署《中华人民共和国政府和缅甸联邦政府关于鼓励促进和保护投资协定》，协定对给予彼此国家投资者最惠国待遇、国民待遇及例外、征收、损害及损失补偿等内容作出了明确规定。

(2)2002 年 11 月，中国和东盟十国共同签署《中国—东盟全面经济合作框架协议》，建成中国—东盟自由贸易区。中国—东盟自由贸易区框架内已取消 7000 种产品关税，90% 以上商品实现零关税。缅甸作为东盟成员，享有中国—东盟自由贸易区协定框架下的权利和义务。

3. 进出口贸易管制

缅甸政府实行市场经济，允许私人从事对外贸易，对外贸易实行许可证管理制度。在缅甸从事对外贸易的私营企业必须办理进出口贸易登记，取得营业执照，申请进出口许可证，在国家政策和法律允许的范围内自由从事对外贸易活动。

缅甸对部分货物种类进行进出口管制，除禁止特定类别货物进出口外，还把多类商品列入进口监管名单，名单内商品需要提前办理进口许可证。

缅甸商务部根据缅甸进出口法规制定、更新禁止出口物品清单。钻石、原油、象牙、大象、马匹、珍稀动物、武器弹药、文物古董、大宗黄金等被列为禁止出口物品。各种易燃危险物品、各种麻醉药品、扑克牌、没有标记尺寸的商品等被列为禁止进口物品。

2020 年 10 月 22 日，缅甸商务部发布了第 68/2020 号进口执照相关通令，共有 3931 类进口商品被列入监管名单。

4. 进出口商品检验检疫

缅甸进出口检验检疫工作由农业、畜牧与灌溉部主管。

《植物检验检疫法》规定禁止有害生物通过各种方法进入缅甸；切实有效抵制有害生物；对准备运往国外的植物、植物产品，必要时给予消毒、灭菌处理，并发给植物检疫证书。无论是从国外进口的货物，还是旅客自己携带的物品入境时，都必须接受缅甸农业服务公司的检查、检疫。

《植物细菌防疫法》规定，任何人未取得进口许可证，不准从国外进口植物、植物产品、细菌、有益生物和土壤；必要时对即将运往国外的植物或植物产品进行杀虫和灭菌工作，发给无菌证书。缅甸根据接收国的需要，规定进行检验的方法。

截至 2022 年 10 月，中缅双边已签订大米和碎米、热处理蚕茧、肉牛、玉米、香蕉 5 项农产品卫生检疫议定书。上述产品可在检验检疫后合法对我国出口。

5. 海关管理

(1)相关法律法规

《海关进出口程序》对禁止进出口的物品作出了详细规定，《海关计征制度及通关程序》对进出口关税、通关程序作出了详细规定。

与海关管理相关的法规还有：《海洋关税法》《陆地海关法》《关税法》《国家治安建设委员会 1989 年第 4 号令》《商业税法》《进出口管制暂行条例》《外汇管制法》等。

(2)关税

根据缅甸关税税则，缅甸对进出口货物征收 0～40% 的关税。原则上所有的进口物品均需缴纳关税。目前,缅甸95%的输华产品享受零关税待遇。

自2022年5月1日起,《区域全面经济伙伴关系协定》对缅甸正式生效,RCEP其他成员对自缅甸进口的适用RCEP原产地标准的货物给予优惠协定税率。

6. 销售商品规定

2018年5月,缅甸商务部发布通告,允许外资企业在缅甸从事批发和零售业务(小型市场及便利店除外),但拟从事相关业务的外资企业需要向商务部申请相关执照。

2019年3月,缅甸颁布《消费者保护法》,规定自2020年3月开始,在缅甸销售的商品必须标有缅文说明,包括使用方法、储存方式、过敏警告及可能产生的副作用等。

二 贸易法律风险及防范建议

近年来,随着中国—东盟自由贸易区、"一带一路"倡议等区域性经济协作框架的完善,中国企业与缅甸的贸易逐年增加。但考虑到缅甸国内复杂多变的政治局势以及由此受到的相关制裁,企业开展贸易也面临较大风险。为防范该等风险,建议中国企业采取以下措施:

1. 对现有的缅甸贸易、委托加工或其他经贸项目进行风险评估,特别是对缅甸合作伙伴的股权结构,以及该企业及其关联公司的既往被制裁历史进行合理调查,进而评估再度被制裁的风险。对于风险较高的合作伙伴的项目,应考虑清理应收账款,以及其他在合作伙伴方的权益,尽可能缩小制裁实施后可能导致的财务风险敞口。并且,需密切关注美国等国家在缅甸制裁方面的动向,及时更新风险评估和应对方案。

此外,中国商务部最新公布的《阻断外国法律与措施不当域外适用办法》(以下简称《阻断办法》)也可能对中国企业的决策产生重大影响。如果美国对缅甸的制裁措施被《阻断办法》项下的禁令所"阻断",那么企业面临的合规挑战将更加复杂。

2. 与新客户或合作伙伴交易前,应先确认缅方公司是否在缅甸商务部登记注册、是否具备取得申请进口商注册证或出口商注册证的资格(只有具备该资格,在双方签订贸易合同后,缅方才能申请出口许可证或进口许可证)。进出口许可证未经缅甸商务部批准不得转让。如遇贸易纠纷,建议企业优先通过友好协商解决,如果无法协商,则应选择诉讼或仲裁的途径,首选国际商事仲裁。

3. 在合同履行过程中，要遵守目前缅甸的法律法规，严把质量关，履行自身义务。企业在与缅方进行贸易时，应保证自身具备出口许可等相关资质，严把出口商品质量关，维护中国制造国际声誉；还应提前研究掌握缅甸海关、贸易方面相关政策法律法规，在提单等海关材料方面做好充分准备，防止出现不必要的损失；此外，要特别关注合同风险的管控，尤其是预防合同履行中的违约责任。

4. 注意选择结算方式。因受美国等西方国家的制裁，若在对外贸易中以美元或欧元结算，则由于结算主要通过银行信用证和汇款进行，而缅甸无法直接开展信用证结算，要通过设在新加坡或我国香港地区等第三地的公司进行，存在较大风险。

根据缅甸中央银行在 2019 年 1 月 30 日发布的 2019 年第 4 号令，人民币和日元已正式纳入其官方结算货币，并且，缅甸中央银行已在 2020 年 4 月 9 日宣布授予中银香港在缅甸经营牌照，为来缅甸投资中资企业本地化融资提供双支撑。因此，在缅甸贸易中，建议选择使用人民币进行结算，以规避相关风险。

第四章

公司设立法律制度及法律风险

一 公司设立法律制度

缅甸关于公司设立的法律法规主要包括《公司法》《公司条例》《特别公司法案》等。在缅甸可以设立及注册的公司(或实体)类型包括:合资公司、私营有限责任公司、股份公司、分支机构、代表处等。外国主体可在缅甸境内注册公司、外资公司分支机构或代表处,也可与缅甸国民或相关政府部门、组织共同组建合资公司。其中,私营有限责任公司是外国主体在缅设立实体最常用方式。

按照《公司法》,独立个人也可以申请注册公司,外资持股超过35%即被认定为外国公司,外国人也可以入股国内公司。新注册的公司至少有一名董事会成员为缅甸常住居民,该人需要在1个年度内在缅甸居住至少满183天,该人可为法人。

1. 公司类型

(1)合资公司。外国投资者可与缅甸自然人、私营公司、合作社、国营企业等合伙设立合资企业。合资企业通常由投资者提供机器、设备、技术、流动资金、公用设施等,缅甸合作方提供土地、劳动力或原材料。一般情况下,合约期满后,企业全部资产归提供土地一方所有,另一方完全退出。

(2)私营有限公司。私营有限公司需满足下列条件:公司股东人数不超过50人,不得向公众发出认购公司股份、债券或其他证券的要约,可由章程限制股份转让。

(3)股份公司。股份公司也称公众有限公司。公众有限公司无须在缅甸上市,但如果在仰光证券交易所上市,则至少需要50万美元的注册资本。公众公司的信息披露要求较高,其注册簿需提供给公众查阅,如不遵守招股说明书的要求,可招致最高1000万缅元的罚款。

(4)分支机构(分公司)。《公司法》允许外国人设立分支机构,公司授权代表可以是外国人。缅甸的分支机构可以开展业务活动并开具发票。但是,母公司应对分支机构的行为承担全部责任。该分支机构适用35%的公司税率。

(5)代表处。外国公司可在缅甸设立外资100%拥有的代表处。代表处可以代表总部从事联络或营销活动,但仅限于市场调查、可行性研究、数据采集,不能从事与生产或商业相关的活动,也不能赚取收入或开具发票。

2. 设立流程

DICA负责本地和外国公司的注册事宜。投资者确定了企业的类型、名称、在缅甸的注册地址后,应按要求准备注册公司的相关材料,并向DICA申请商业注册证书。公司成立之后,投资者还需向企业注入50%的资本金、提交董事和股东名单,完成这些程序后,才能获得正式的公司印章、登记税收和雇员的社会保障文件。

在缅甸设立公司前,需要对企业名称是否可用进行审核。如果企业使用了具有欺骗性或与已注册企业名称相近的名称进行注册,必须及时到DICA进行更改。公司成立后,可以根据需要变更名称。变更名称需要到DICA登记备案,获得公司名称变更证书。

3. 注册的有效期

在缅甸企业注册后经营有效期较短,为5年。到期后,企业如要续期应及时到投资与公司管理局办理延期手续。

已注册公司需按规定时间提交年度报告,否则将被注销。

4. 公司合规经营的要求

一家公司经营业务所应遵守的一般法律要求列示如下:

(1)拥有一间已登记的使用公司名称的办公室。公司在缅甸应拥有一间已登记的办公室,且应通知DICA该办公室的地址。所有与公司的联络及向公司发送的通知可通过该办公室进行。

(2)妥善保存公司登记簿及记录。根据《公司法》的要求,除提交给DICA的申请文件外,每家公司还应置备并依法保存最新的公司登记册(诸如股东名册和董事及秘书名册),亦应保存正确记录及解释交易与公司财务状况的财务记录。若法律要求公司准备经审计的财务报表,亦应做相应准备。此外,公司还应向DICA提交其财务报告。公司依法应保存的登记册和记录包括:股东登记册、董事及秘书登记册、会议纪要及决议、公司章程、公司资产抵押及担保登记册。

这些公司的登记册及记录应被保存于公司的已登记办公室或主要营业地点,或被指定保存公司登记册的人士的办公室。

(3)详细披露董事信息。应将董事(及公司秘书,若已任命)的姓名、出生日期、性别、国籍及目前居住地址等信息通知DICA。若信息发生变化,亦应通知DICA。

(4)将公司的变更通知 DICA。应就公司详细信息的变更情况(诸如发行新的股份、转让股份,对股东或董事、公司章程、公司名称或已登记办公室地址等信息的变更)通知 DICA。若延迟申报将被处以罚款。

(5)每年提交年度申报。应通过每年提交年度申报的形式,确保公司于线上登记系统中记录的详细信息系准确且为最新的。未能提交年度申报可能会致使公司被暂停营业或从 DICA 登记簿上被划销。

(6)向 DICA 支付相关费用。DICA 在公司登记及提交特定文件时会收取申报费用。

(7)遵守董事职责。公司董事应谨慎勤勉并以公司最佳利益行事。董事应以公司、公司股东及包括公司债权人在内的利害关系人的利益优先。董事亦应妥善使用其董事地位及所获得的信息,不得为其牟取优势地位或对公司造成损害。

(8)召开股东大会。不符合"小型公司"条件的公司应每年召开一次年度股东大会(AGM)。公司应自成立之日起的 18 个月内召开首次 AGM。之后,其应每年至少召开一次 AGM,并且应在不迟于上一次召开 AGM 之日起 15 个月内召开本年度 AGM。小型公司指雇员少于 30 人和年收入少于 5000 万缅元的公司。

(9)保存财务记录及账户。公司应保存最新的正确记录及解释公司财务状况和业绩情况的财务记录及账户。

(10)准备经审计的财务报表。每家不符合"小型公司"条件的公司,应于成立之日起的 18 个月内并且每年一次,向股东大会提交其财务报表(包括资产负债表及损益账户)。该等财务报表应已经过公司审计师审计并同时附上审计报告。

二 公司设立的法律风险及防范建议

1. 投资者应关注是否应注册公司

《公司法》规定,海外公司或其他任何实体公司未经注册不得在缅甸开展业务,且规定了几种不视为在缅甸开展业务的活动,包括:在法律程序中作为当事一方,维持银行账户,借出款项和担保、收债。因此,任何在缅甸有日常经营活动和交易的海外公司都需要考虑这一规定以决定是否需要注册。如果公司仅在缅甸开展"不视为在缅甸开展业务"的活动,则不需要注册。

2. 投资前应谨慎选择设立的公司类型

外国主体可在缅甸境内注册公司、外资公司分支机构等不同类型的实体,但法律对不同类型的公司有不同的规定和限制,投资前应在充分了解缅甸公司设立法律相关规定的基础上,结合实际需求,审慎考虑选择设立的公司类型,以避免不必要的损失。

例如,根据《公司法》的规定,外国人允许拥有“缅甸公司”至多35%的股份,外国投资者可以据此参与《投资法》等法律法规中仅面向“缅甸公司”开放的投资活动,例如拥有土地、在仰光证券交易所挂牌等,只要他们在“缅甸公司”中的持股不超过35%。另外,外国人可在缅甸设立分支机构,至少有1名股东和1名授权公司代表(可以是外国人),分支机构可以开展业务活动并开具发票,但是母公司对分支机构的行为负全部责任,并且,该分支机构的最低资本为50,000美元,需缴纳35%的公司税率,而不是适用于在缅甸注册的公司的25%的税率。因此,在缅甸设立新公司可能比建立分支机构更具成本效益。

3. 防范挂名股东导致的风险

一直以来,由于缅甸的很多贸易活动对外国人、外国公司并不开放,相关项目投资准入手续的办理也比较复杂,因此市场上有不少外国人、外国公司借本地人名义设立公司并开展相关限制业务。在法律上,这类行为属于违法行为,一经查处,公司及相关涉案人员(包括外国公民及缅甸公民)将可能被处以罚款、吊销公司营业执照、进入缅甸政府黑名单、监禁等相关处罚。现在随着越来越多相关纠纷的发生(如缅甸挂名股东债务纠纷引起公司货物被查封、以缅甸人名义购买不动产而产生的产权纠纷等),缅甸政府开始对这类行为加强管控,外国投资者需警醒并及时应对。

挂名人是公司法律意义上的股东和董事,对公司经营活动的合法性、税务、劳务等方面负有直接义务。如果挂名人指示公司进行资金转移、债务转让、担保、公司清算、分红等行为,该等行为的后果直接由公司承担,隐名股东将难以维护自身权益。一旦公司出现经营问题(如大额亏损、非法贸易等),则挂名股东也将面临巨额债务及违法风险。

因此,对于外国投资者而言,应尽可能在日常经营中实现合法化、正规化。对于已经涉及上述挂名行为的外国企业而言,应尽早重新成立公司并注销已经注册的挂名本地公司,以隔离日益增长的经营风险。对于缅甸公司挂名股东而言,也应尽早与相关外国公司沟通并尽快办理公司注销手续。

第五章 外汇法律制度及法律风险

一 外汇法律制度

缅甸对外汇实行管制政策,禁止外汇自由出入和自由兑换,外汇与缅元的汇率由政府规定。

1. 相关法律法规

缅甸外汇相关法律法规主要包括《外汇管理法》《外汇管理条例》《投资法》等。

《外汇管理法》规定,禁止出口商出售外汇,并要求银行核查出口商的外汇账户,如发现出口收入未存入账户,要向央行汇报;央行将审核外资项目的投资资金来源,以作为后续外资企业的资本、利润、利息等资金顺利汇至国外的审核依据,而外资要向央行提交资金来源证明与金额,如证据不充分,央行可以拒绝同意企业资金汇至国外;民间货币兑换机构和“地下钱庄”经营者都会被依法定罪。为促进国际支付、结算与边境贸易的发展,缅甸央行已于 2019 年允许人民币和日元作为国际支付和转账的结算货币。2022 年 4 月 3 日,缅甸中央银行依照《外汇管理法》第 49 条(b)款发布第 12 号通令,规定当地人从国外获得的外汇收入汇回缅甸,在获得外汇经营许可证的银行(AD 银行)开设外汇账户,外汇到账后必须在 1 个工作日内兑换为缅元。

根据《投资法》第 56 条的规定,外国投资者可以将下列与投资有关的资金汇往境外:[1]

(1)符合缅甸中央银行关于资本账户规范的资本金;

(2)收益、财产获益、股息、特许权使用费、专利费、授权使用费、技术协助和管理费及其他与该法任何投资有关的利益分享和经常性收入;

---

〔1〕 参见吴宇宏:《中国企业投资缅甸法律环境概览(下)》,载融商研究网 2021 年 9 月 15 日,http://www.bnrmediation.com/CN/NewsContent/02/47ee49cd-d7c1-4b76-bd39-da21b4843e33。

(3)整体或部分出售财产,或投资清算投资所得的资金;

(4)依合同(包括借款合同)所获款项;

(5)因投资纠纷解决所获款项;

(6)因投资或征收所获的补偿和金钱补偿;

(7)在境内被依法雇用的外籍人士取得的酬劳、薪资和报酬。

另外,在发生严重收支失衡和外部金融困境时,依据《外汇管理法》和其他国际规范,政府可以采取或维持与投资有关的对境外付款和划转的限制。

2. 强制结汇

缅甸于2022年4月开始实行强制结汇政策,居住在缅甸境内的人士均需按照缅甸央行发布的12/2022号令进行结汇,范围包括预缴进口费用(含预付款)、服务费及其他费用、外商投资分红和投资还款、外商投资转移、投资还款及利息偿还以及"外汇管理条例"第27条规定的汇款。具体要求如下:(1)企业出口获得的外汇收入需在当日兑换成缅元并将其转入企业缅元账户;(2)因服务或其他业务所取得的外汇收入需转至当事人账户或企业账户并兑换成缅元;(3)用于项目投资的外汇(除外汇管理委员会特批可保留的外汇外)须在收款当日兑换成缅元并转至相关企业账户;(4)用于项目投资的外汇贷款(除外汇管理委员会特批可保留的外汇外)需先确认是否已获得缅甸央行的批准,确定后需于当日将其兑换成缅元转入相关企业账户;(5)汇入外币需先确认是否获得央行批准,确认后需于当日将其兑换成缅元并转入相关企业账户。

2022年4月20日,缅甸对以下项目及人员进行强制结汇豁免,包括:缅甸投资委员会批准经营的外籍投资项目;在经济特区经营的投资项目;使馆外交官与其家属和与外交官同等级的外籍工作人员;驻缅联合国机构及为其下属机构工作的联合国工作人员,以及持有联合国工作人员通行证的缅甸公民;在缅甸援助机构外籍工作人员;国际机构(国际红十字会、国际劳工组织等)、国际非政府组织、发展署(Development Agencies)等机构的与外交官同等级的外籍工作人员。

3. 离岸贷款

从2014年开始,缅甸中央银行规定,在缅甸企业举借离岸贷款(包括股东借款)时需经缅甸央行批准,中央银行的审核条件包括:如果是缅甸投资委员会批准的企业,股本不少于50万美元且已到位至少80%,负债股权比率不高于4∶1,如果是DICA注册公司,股本不少于5万美元,负债股权比率不高于3∶1;企业在缅甸的经营收入应能够偿还贷款;企业需要有与贷款币种相应的外汇收入,如果没有则需要有规避汇率风险的安排。根据《投资法》第57条的规定,划转或接受贷款,应取得缅甸中央银行批准并依其规定进行。

2022 年 7 月 13 日，缅甸中央银行发布通告，所有缅甸境内居住者目前须暂停支付包括境外贷款和租赁在内的本金和利息。

4. 外汇汇入汇出相关手续

（1）跨境汇入款项，银行在收到汇入资金后会联系收款人提供汇入款相关证明材料，确认材料齐全后即可办理入账。一般来说贸易项下跨境汇入款需要提供合同、发票、报关单等证明材料；跨境汇入投资款需提供付款方和收款人的关系证明，需提供“企业境外投资证书”，汇出报文中用途项应注明“Capital”（资金）或“Investment”（投资）；跨境汇入营运资金应在汇出报文中注明用途为“Office Expense”（办公费用）。

（2）跨境汇出外汇首先需要将汇出款相关证明材料提交银行审核，确认材料齐全后可到银行或通过网上银行办理。一般来说，贸易项下跨境汇款需要提供销售合同、发票、进口许可证、进口报关单、装箱单、提单等，非贸易项下跨境汇款需要提供销售合同、发票、客户为收款方代扣代缴的往期税票等，偿还跨境借款需要提供借款合同、缅甸中央银行对借款的批准文件等，公司利润汇回需要提供股东关系证明、经审计的财务报表、完税或免税证明、董事会决议、相关政府机构的批准文件等。

公司利润汇回需要提供经审计的财务报表及完税或免税证明。根据缅甸联邦税法，除按规定享受税收减免的情形外，居民及非居民企业一般需按 25% 的税率缴纳企业经营所得税，资本利得的所得税率根据企业类型不同而有一定的区别，一般企业为 10%，石化类企业为 40% ~50% 的累进税率。

从 2012 年 4 月开始，外国人在进入缅甸时，可携带不超过 1 万美元或相当价值外币而不必向海关申报。

二 外汇法律风险及防范建议

1. 外汇法律风险

缅甸政府宏观调控能力较弱，缺乏成熟的调控机制，汇率和利率形成机制缺乏灵活性，影响外商投资收益。受政局变动影响，汇率大幅波动，缅甸银行体系运转不畅，资金汇兑、取款、汇款等在不同程度存在障碍。外国直接投资减少以及西方国家对缅甸制裁使缅甸外汇收付能力受到直接影响。目前，在缅甸企业普遍存在外汇提现、汇兑困难。

缅甸外汇储备短缺,近几年来通过自有财政预算以缅元支付的项目增多,缅方有意将缅元作为支付货币用于结算,由于缅元币值不稳且巨额缅元能否及时兑换为人民币或美元存在一定不确定性,对长周期投资项目而言风险敞口较大,中资企业需充分考虑收汇风险以及汇率变动风险,减少损失。比如,2022 年以来缅甸进一步加强外汇管制,如暂停企业和个人外币偿还、强制结汇等,对企业经营造成很大影响。

2. 防范建议

中国企业应加强企业内部汇率风险管理,合理调度资金,减少因货币贬值、无法及时兑换等情况造成的损失。一方面,需要密切关注缅甸外汇市场政策变化和动态,及时进行相关避险操作,防范相关风险;另一方面,尽量避免将缅元作为计价货币,积极争取采用人民币结算,在中国相关银行(如中银香港等)开立外汇账户,在相关合同中制定汇率或价格调整机制,最大限度地避免因为汇率、资金汇兑等问题造成损失。

第六章 土地法律制度及法律风险

一 土地法律制度

1. 土地管理制度

缅甸关于不动产的法律法规多达几十部，法律体系较为复杂，目前适用的法律跨越多个历史时期，时间跨度长达百年。英殖民政府、军政府直至当前的政府都制定和修改了诸多不动产相关法律法规。其中地位最高的是 2008 年制定的《宪法》，规定了缅甸的土地归国家所有。《宪法》第 37 条规定，缅甸联邦为所有土地以及地上和地下自然资源、水上和水下资源的最终所有者。

基于现行缅甸不动产法律体系，常见的土地类型主要有以下几种：

（1）自由保有土地，该类土地是少有的土地国有化的例外，自由保有土地的所有权属于地主且不需要缴纳土地税费。

（2）授予地为国家所有，授予地通常伴随有一定的授予期限。

（3）农用地，是指由 2012 年颁布的《农用地法》所规范的土地。农用地涵盖了水稻田、旱田、冲积地、常年生植物种植用地、滨海土地、园林地、蔬菜和花卉种植用地和冲积岛等土地类型。

（4）闲置地、荒地和未开垦地，是指由 2012 年颁布的《闲置地、荒地和未开垦地管理法》所规范的另一大类农业用地，政府可以授权给国有经济组织、合资企业或其他组织和私人基于商业目的耕种或利用该种土地。通过该法获得的土地可以根据政府批准的用途用于从事农作物种植、工业作物种植、果园、水产养殖、畜牧养殖、矿业项目以及其他政府批准的合法项目等生产行为。该法对于不同的土地使用类型设定了不同的授予面积上限以及时间期限。

除上述土地外，缅甸还有共有土地、军事用地、寺院用地等多种土地类型。

2. 外资企业获得土地的规定

根据《限制不动产转让法》的规定，缅甸禁止外国人及外资企业获得土地的所有权或者长期租赁土地（时间超过 1 年）。但获得缅甸投资委员会许可的外国人或者外资企业可以长期租赁土地（最长不超过 70 年）。任何人不得出售、转让、抵押不动产给外国人及外国人控制的公司，并且，外国人及外国人控制的公司也不能买受、受让不动产或取得其担保利益。违反前述规定者，将被处以 3～5 年有期徒刑。

根据《特别经济区法》的规定，在特别经济区投资的外国公司承租土地的期限为 50 年，到期后可再延期 25 年。

从事农业投资的投资者应当严格遵守与相关政府部门签订的协议以及缅甸投资委员会所规定的投资许可条件，不得超出许可范围进行经营，同时应当按时足额缴纳土地租金和其他费用。

外国人可以依据《公寓法》，取得符合该法令所规范的公寓的部分所有权（不超过 40%）。

二 土地使用风险及防范建议

1. 缅甸对于外国投资者使用土地限制非常严格，若有违反，可能会受到刑事处罚。因此，外国投资者需要注意严格遵守缅甸土地相关法律、政策。

2. 外国投资者需要及时关注缅甸法律法规中对于土地相关的规定的更新和变化，并根据该等变化作出相应的举措。例如，《公司法》中规定外国人、企业持股 35% 以下的企业为缅资企业，外国投资者可据此突破对外国投资者获得土地的限制，公司对于这一类问题可以保持关注，以便及时对公司战略作出相应的调整。

第七章 税收法律制度及法律风险

一 税收法律制度

缅甸财政税收体系包括对国内产品和公共消费征税、对收入和所有权征税、关税、对国有财产使用权征税4个主要项目下的15个税种。以上税收主要由缅甸国家税务局管理。

缅甸与外资直接相关的税收法律主要有:《联邦税法》《所得税税法修正案》《所得税法实施条例》《所得税法实施细则》《商业税法》《商业税条例》《商业税法修正案》《所得税法》《所得税法修正案》《特殊商品税法》《特殊商品税法修正案》《特殊商品税法实施细则》《关税法》《印花税法》《水与堤坝税法》《税收征管法》《税收上诉审理法》《投资法》《投资法实施细则》《特别经济区法》《特别经济区法实施细则》《仰光市政发展法》等。

1. 缅甸主要赋税和税率

(1)企业所得税。缅甸税法定义下的居民企业(依据《公司法》成立的实体,如私人有限责任公司)应就其全球所得缴纳企业所得税。非居民企业(如海外公司)仅应就其源于缅甸的所得缴纳企业所得税。缅甸实行单层所得税制,即股东从合伙企业、合营企业、合作组织机构及政府经济团体等法人团体取得的股息、红利免缴所得税。缅甸没有单独的资本利得税,资本利得适用于所得税法,为区别于主营业务所得,资本利得征收的所得税亦被称为利润税。

对于依照《投资法》取得投资准证并属于“鼓励类投资行业”的投资项目,根据其项目所在区域发达程度不同,运营实体可在项目正式运营开始后依法享受3年、5年或7年的所得税免税优惠;项目建设期内进口材料和设备免缴2%进口环节预提所得税;项目开始经营后的最初3年内,进口原材料可免缴预提所得税。预提所得税可以抵扣本财年末应缴年度企业所得税。

(2)个人所得税。缅甸居民纳税人就其在全球范围内取得的包括工资、薪金、补贴、奖金和佣金等全部收入,在扣除法定税前扣除项目后,依照 0～25% 超额累进税率缴纳个人所得税。非居民纳税人仅以其来源于缅甸的所得,按照相同税率缴纳个人所得税,但不得进行任何税前扣除。

纳税人全年工资、薪金所得不超过 480 万缅元的,免缴个人所得税。

(3)预提所得税。自 2018 年 7 月 1 日起,向境外实体或个人支付款项时应代扣、代缴预提所得税。

根据缅甸国税局发布的《2020 年第 2 则通告》的规定,对于 SAS 税务征管系统下的纳税人,经自行评估后,如满足以下条件之一,则无须再向国税局提交资料申请扣缴预扣税:

①如收款方提供的服务全部在境外完成,且双方拟定的合同金额不超过 10 万美元;

②在收款方所属国家已经与缅甸签署了避免双重征税协定的情况下,尽管收款方在缅甸境内提供了服务,但只要未在缅甸形成常设机构且双方拟定的合同金额不超过 10 万美元。

(4)商业税。缅甸政府对进口及本地生产和销售货物、贸易及提供服务所产生的收入以营业额为基础征收商业税。对于企业在未来 12 个月内的营业收入,商业税的起征额为 5000 万缅元。商业税的税率需根据商品及服务的种类而定。大多数商品和服务适用的商业税率为 5%。

(5)特殊商品税。《特殊商品税法》《特殊商品税法修正案》《特殊商品税法实施细则》《联邦税法》对香烟、雪茄、烟草、烈酒、啤酒、红酒、柚木、宝石、玉石及石油等特殊商品税率作出了规定。特殊商品税适用于该等特殊商品的进口、本地生产和出口。

(6)印花税。依据《印花税法》,缅甸政府对不同类型的、需要加盖印花的契约文书征收印花税。对于应纳税并以外币计价的合约,应将合约价值按缅甸中央银行发布的当日汇率转换为缅元之后计税。

在合约正式签订的当日(或提前)企业应完成印花税申报及缴税工作,否则将面临 3 倍的罚款。

(7)关税。缅甸关税税率从 0～40%,一般在到岸价格的基础上加 0.5% 计算,部分进口物品无须缴纳关税。

2. 税收优惠政策

(1)投资激励税收优惠政策

对于按照《外国投资法》注册成立并获得了投资委员会许可的公司,可享受以下税收优惠政策。这些优惠政策由投资委员会决定。

①根据企业投资地区不同提供不同的所得税免税优惠:

a. 欠发达地区(1 区),自生产经营之日起连续 7 年可免缴企业所得税;

b. 中等发达地区(2 区),自生产经营之日起连续 5 年可免缴企业所得税;

c. 发达地区(3 区),自生产经营之日起连续 3 年可免缴企业所得税。

②制造企业或服务企业自生产经营之日起连续 3 年可免缴企业所得税;投资委员会可根据企业的经营情况,酌情考虑适当延长免税期。

③企业取得利润后在 1 年内再投资的,该部分再投资利润可免缴企业所得税。

④机器、设备及厂房等资产可享受加速折旧。

⑤对于产品出口所得盈利,企业所得税减免幅度可达 50%。

⑥可将为外籍员工代扣、代缴的个人所得税从企业应税收入中扣除。

⑦可将在缅甸境内发生的研发费用从企业应税收入中扣除。

⑧若企业亏损,可从企业亏损发生之年后连续 3 年结转弥补亏损。

此外,2022 年《联邦税法》规定,在仰光证券交易所(YSX)上市的公司的所得税税率降至 17%,该减税政策于 2022 年 4 月 1 日起效。

(2)特区优惠政策

《经济特区法》规定了对投资者和投资建设者的优惠政策。自由贸易区外资企业在前 7 年可享受企业所得税税收减免,经济开发区外资企业在前 5 年可享受企业所得税税收减免;自由贸易区及经济开发区的外资企业自所得税免税期结束起 5 年内可享受 50% 所得税减免;若外资企业成立储备基金,将其利润保留在储备基金中,并在基金成立 1 年内将其利润进行再投资,则其可在未来 5 年享受 50% 所得税减免;若企业亏损,可从企业亏损发生之年后连续 5 年结转弥补亏损;企业在第 2 个 5 年销往海外的产品利润享受 50% 所得税减免;企业用于再投资的海外销售盈利,其所得税在之后的 5 年可减免 50%。

(3)外商投资企业优惠政策

根据《外国投资法》开展业务并获得缅甸投资委员会许可的外商投资企业为缅甸发展发生的研究费用、开发费用可从其应纳税所得额中扣除。

(4)中小型企业优惠政策

根据 2022 年《联邦税法》的规定,自生产经营之日起连续 3 年,净收入未超过 1000 万缅元的中小型企业免缴企业所得税。净收入超过 1000 万缅元的部分仍应计算缴纳企业所得税。

3. 企业在缅甸报税的相关手续

(1)报税时间

缅甸收入年度及指定纳税评估年度为每年 10 月 1 日至次年的 9 月 30 日。纳税人需要在每年 12 月 31 前提交纳税申报。

根据缅甸计划财政部内税局规定,企业所得税须按季度缴纳,在每个季度结束后的 10 天内完成。预付税应在支付时进行代扣并在支付之日起 7 日内向税务局缴纳。商业税按月缴纳,在次月 10 日前完成缴税,并按季度申报。

(2)报税渠道

企业需按税务部门要求向各省、邦税务机构申报并办理税票。

(3)报税手续

中国在缅甸企业需聘请缅甸当地注册会计师协助整理账务,中方同意签字后,由会计师或律师代提交税务机关,待税务官核定税款后即通知公司签字缴税。

(4)报税资料

企业报税需提交月度、季度、年度营业收入,营业费用,银行流水,进出口报关文件,各类税票,商业合同,发票,收据等财务相关资料。

二 税收法律风险及防范建议

(一)税收风险

1. 信息报告风险

根据缅甸税法的规定,除从事特殊商品进出口业务的居民企业外,从事特殊商品生产制造的居民企业必须办理特殊商品税注册手续,而非居民企业则无须办理相关手续。但需要提醒的是,无论是居民还是非居民企业,凡是有商业税纳税义务的,皆需在营业前 1 个月在税务机关办理商业税纳税人注册手续。

2. 纳税申报风险

(1)在缅甸设立子公司的纳税申报风险

外国企业在缅甸设立的子公司需严格遵守缅甸税法规定的纳税申报流程并在规定申报期限内完成纳税申报工作。

在纳税申报过程中,企业面临的风险主要包括:①未按规定在相关说明材料、申请表格或支付凭据中签字,未准备齐全相关资料或未能在申报期限内按时完成申报;②在企业所得税方面,企业容易出现未准备好审计报告或申报抵扣所得税的费用不被税务机关认可的风险;③在商业税方面,企业容易出现未完成或未能按时完成年度更新或登记注册的情况。

若企业因未能规避上述风险而出现纳税申报不合规的情况,将需要向缅甸税务机关缴纳罚款,罚款金额按其应纳税额的10%计算。

(2)在缅甸设立分公司或代表处的纳税申报风险

若分公司或代表处的海外母公司适用的纳税年度不同于缅甸纳税年度,则其位于缅甸的分公司或代表处在缅甸进行纳税申报时,需准备一套时间为当年10月1日起至次年9月30日的管理台账。

在缅甸的纳税实务中,如果企业在某一纳税年度发生经营亏损,可以结转至下一个纳税年度进行弥补。下一纳税年度所得不足弥补的,可以逐年延续弥补,但最长不得超过3年。然而,外国企业在缅甸设立的代表处通常仅从事联络等辅助性活动,而不开展任何经营活动,因此没有经营收入。即便该类代表处发生亏损,也无法享受亏损结转弥补可能带来的税收损失。

同时,外国企业在缅甸设立的分公司或代表处也不能以其公司名义进口货物,而需要委托当地代理机构办理通关。

(3)在缅甸取得与常设机构无关的所得的纳税申报风险

如果外国企业在缅甸没有子公司或分公司,或外国企业生产经营活动没有在缅甸构成常设机构,则其在缅甸没有所得税纳税申报义务。

凡是在缅甸提供服务的外国企业,即使没有常设机构,也需按其服务费的5%向缅甸税务机关缴纳商业税。在该种情况下,外国企业可以委托服务购买方代其缴纳商业税。

3. 调查认定风险

随着近年来缅甸税务管理力度不断加大,缅甸税务机关以正式书面通知的形式要求企业注意税务合规管理及告知企业可能会接受专项税务调查的情况越来越多。针对该类通知,缅甸多数企业会采取自查机制以确保自身税务管理合规。

4. 享受税收协定待遇风险

若企业在与缅甸签订税收协定的国家(地区)具有居民纳税人身份,根据税收协定中的条款,该企业可在缅甸享受一定程度的企业所得税税收减免待遇。但需要注意的是,该税收减免并非自动获得,企业需要在企业所得税汇算清缴前,向缅甸税务机关提交相关资料申请享受税收减免待遇,并在纳税年度完结前,即每年9月30日前获得批准,才可以根据税收协定享受适用条款规定的企业所得税减免待遇。

5. 其他风险

除上述风险外,税收风险还包括缅甸税法的不确定性、企业缺乏对缅甸税法及其征管体制的了解、较多的税收人为干扰因素、缅甸税务机关对企业进行的税务事项评估抽查、税法更新琐碎频繁、缺少对现行税法的解释性意见及各税务机关对税法解读存在差异性、缺乏税务专业人员等导致的风险。

(二)税收风险防范

赴缅甸投资的中国居民企业在遵守缅甸税法的基础上,应从以下几点着手,防范并妥善应对跨境税收风险:

1. 掌握缅甸税法,把握经营中的主动权

中国赴缅甸投资的居民企业应尽量全面掌握缅甸税法,在遵守所在国法律的前提下,在税收法律框架下应对各种税收问题。

同时,赴缅甸投资的中国居民企业还要注意对缅甸投资环境和税收制度(包括投资回收的税收规定、资金汇出监管等规定)进行整体性风险评估,并尽量做好涉税政策趋势预判。另外,在纳税申报方面,赴缅甸投资的中国居民企业应严格按照缅甸规定的方式、时间进行申报,必要时聘请当地税务代理机构协助。企业在履行纳税义务之后,要妥善保存涉税资料,做好应对缅甸税务审计的准备。

2. 积极争取优惠政策,保障合法权益最大化

缅甸对投资优先领域的外国企业给予相应的税收优惠,中国居民企业要积极关注缅甸的投资优先领域,以争取得到税收优惠政策。缅甸政府及各部门根据不同的行业发展目标,提供所得税免税、加速折旧等灵活的税收优惠政策。中国居民企业可以积极参与缅甸政府各部门所扶持的行业建设,以争取更多的税收优惠。

3. 搭建海外投资架构应注意的问题

企业在海外投资的初期,通过搭建有效的投资架构,不仅可以有效优化海外投资整体税负,降低税务风险,还可以达到更高的运营和管理效益,有利于企业今后的海外拓展活动。企业在搭建海外投资架构时,应根据企业自身的海外业务发展规划,综合考虑投资法规、资本保护、资金需求、资金回流、税务效率等各项因素。

第八章 劳动就业法律制度及法律风险

一 劳动用工法律制度

1. 主管部门及相关法律

在缅甸，劳工雇用相关法律由人民院和民族院下设的农民、劳工和青年事务委员会以及劳工权利保障委员会负责制定，劳工部和缅甸投资委员会负责劳工雇用监管。

缅甸颁布的劳工雇用相关法律法规较多，如《联邦劳动法》《劳工组织法》《最低工资法》《劳动争议解决法》《就业和技能发展法》等。此外，《社会保障法》《经济特区法》等法律中也有劳工雇用相关内容。

2. 劳动法的核心内容

缅甸劳动法的核心内容包括：

(1)签订劳动合同。雇主和员工须签订劳动合同，方能确立雇佣关系。劳动合同分为有固定期限劳动合同和无固定期限劳动合同，合同类型以及合同期长短由劳资双方协商确定。劳动合同中通常会规定员工的试用期，一般不超过3个月。在劳动合同签订后，雇主要将副本提交镇区劳动办备案。雇用超过5名雇员的雇主需使用政府提供的劳动合同模板或使用比模板对劳动者更为有利的劳动合同。

(2)解除劳动合同。如果雇用双方中任何一方想要提前解除劳动合同，须提前1个月通知对方。在提前解除固定期限劳动合同时，雇主需要支付离职补偿，补偿金额的计算以员工在该雇主处的工作期限为依据。

(3)劳动条件及报酬。雇主须为员工提供安全、环保的工作环境，保证员工身心健康。公司、商店、贸易中心、服务型企业、娱乐场所的员工每天工作8小时，每周工作48小时；工厂工人每天工作8小时，每周工作44小时，但对于因技术原因必须保持生产持续24小时不得间断的工作，工人每周可工作48小时。

为私人企业工作的员工每年可以享受6天临时休假、30天病假、10天带薪假期、21天公共假期。

劳动者的薪金根据工作的不同可分为计件制、计时制、日薪制和月薪制。2018年5月起，缅甸政府规定最低工资为4800缅元。

(4)职工社会保险及福利。根据缅甸议会通过的《社会保险法》，聘用5名员工以上的缅甸及外国公司，须按照员工工资比例向社保理事会缴纳社会保险。社会保险的缴存比例为员工月薪、工资的5%（其中雇主承担3%，员工承担2%），月缴费上限为15,000缅元。在发生工伤事故时，社保有助于雇主降低赔偿风险。对于未被纳入社会保险及福利计划的劳动者，如劳动者受工伤或患有职业病，雇主有责任向劳动者支付补偿金。

(5)工会。法律规定，如果工厂有30名以上或超过10%的工人同意，就可以组建工会。相比政府劳动部门、民间组织或非政府组织、职场合作委员会，员工更倾向于求助工会组织。

(6)童工。《联邦劳动法》规定，年满14岁的儿童可以合法工作，但必须持有医生出具的健康证明，表明其满足要求。健康证明须在青少年年满18周岁前每年更新一次。14～16岁的儿童，每天只能工作4小时；16～18岁的少年，每天可以工作8小时，但不可以加班；只有年满18周岁的成年人，才可以正常工作及加班。

(7)外国人在缅甸工作的规定。截至2022年，《外籍劳工法》尚未出台，因此缺少外籍劳务可就业的岗位、市场需求等方面的规定。目前，缅甸对公司的外籍劳工数量没有一般的限制。但是，特定行业对雇用外国工人会有限制。

外国人赴缅甸工作主要需解决签证延期及居留许可等方面的问题。外国人赴缅甸工作，须持有效护照，提前办妥商务签证；办理商务签证需要持有缅甸政府有关部门或企业出具的邀请函。中国公民可在缅甸驻华使馆或缅甸驻昆明、南宁总领事馆办理商务签证。商务签证有效期为70天，可延期。外国人连续在缅甸居留90天以上的须提前到移民局办理外国人注册证。未办理外国人注册证的，将不予办理签证延期。

凡属在缅甸正式注册的中资企业人员或缅甸本地、在缅甸注册的第三国外资企业的中方员工，可经DICA、缅甸投资委员会协助向移民局申请办理商务签证以及居留许可延期。

二 劳动用工风险及防范建议

1. 关注《外国投资法》对企业招聘外籍员工的限制

缅甸政府一方面积极鼓励外国投资者在缅甸进行投资，另一方面又对引进外籍工人进行了较为严格的限制。通常，外资企业必须优先雇用缅甸籍劳工，只有在没有合适人选后，方能聘用外籍劳工，并对缅甸籍劳工与外籍劳工的比例进行了明确的限制。根据《外国投资法》第24条的规定：外资企业在公司运营的头2年内必须至少拥有25%的缅甸技术工人、非技术人员或员工；该缅甸籍劳工百分比在第2年至第4年至少增加至50%，在第4年至第6年至少要增加至75%。缅甸投资委员会可以延长知识型技术劳工工作的时间期限。有技能的缅甸公民有权享有与外国专家同等的薪酬。

《经济特区法》第75条的规定也是如此。然而，经经济特区管理委员会批准，雇主可雇用更多的外国雇员进行技术和管理工作。

2. 遵循有关法律法规并不得侵犯员工权利

外资企业在录用缅甸籍员工时，应当遵循缅甸劳工法律法规的有关规定，依法签订劳工合同。企业应在合同内明确双方的权利与义务，不得侵犯员工的合法权益。此外，缅甸是一个佛教国家，超过80%的人信仰佛教，除法律规定的劳工权利外，企业还应当注意尊重当地居民宗教信仰，避免触犯当地居民的普遍禁忌。

此外，劳资纠纷是企业与员工经常发生的纠纷，虽然缅甸的《劳工争议解决法》及其实施细则已详细规定了劳资纠纷的解决机制，但在实践中，适用劳工争议解决机制耗时长，并且当地执法部门更倾向于保护当地员工的权益，在处理外资企业与当地员工的纠纷时，失之偏颇。因此，外资企业雇用员工之前，不仅应当熟悉与掌握缅甸的劳工法律法规，更要认真考察当地劳工保障的规定与一般执行标准，要充分尊重当地员的合法权益，尤其是办理和缴纳员工相关社会保险，做到不遗漏、不拖欠，以免受到缅甸相关监管部门的责任追究。

3. 关注外籍劳工获取工作许可证的限制

缅甸政府为了保证本国的就业稳定，提高本国公民的就业率，对于引进外籍员工规定得非常严格。一般情况下，外籍工人在缅甸工作，必须依法取得许可证。受《外国投资法》约束的企业的外籍雇员必须向劳工移民和人口部申请取得工作许可证，并向缅甸投资委员会提供当地居留许可证。在经济特区工作的外国工人的许可证受经济特区法管辖，由经济特区“一站式”服务局的劳工局代表处签发。但是，无论是本地企业或是外资企业，都应优先雇用当地员工，只有在没有适合的人选时，方能雇用外籍劳工，并且需要向缅甸国家投资委员会申请，经过同意才能聘用。

此外，对于外籍劳工工作许可证的核发程序，缅甸投资委员会对外籍劳工的工作领域和工作年限作出了严格规定。就工作领域而言，缅甸批准工程师、专家等高级技术人员和高级管理人员在缅甸就业。对于普通的工作人员，在申请工作许可证时，缅甸投资委员会为了保障缅甸公民优先就业，如无特殊理由，一般不会批准。

4. 关注外籍劳工的工伤损害赔付执行困难问题

缅甸的工伤保险制度覆盖范围过窄，对外籍劳工的工伤保险没有强制性要求。外籍劳工想要获得工伤损害赔偿困难重重，执行问题更是严峻。中国目前尚未制定有关境外务工人员发生工伤损害事件的处理、追偿等内容的专门性法律法规。因此，中方员工在缅甸因工致伤的，一般适用中国《劳动法》《工伤保险条例》等法律法规的规定处理。但在实践中，因法律适用、执行等各种问题，上述法律法规往往难以实际履行。

因此，中资企业与在缅务工的中国公民不仅应熟悉掌握缅甸劳工领域的法律规定，还要注意避免与缅甸进行劳务合作时可能面临的风险，并运用法律武器，维护自己的合法权益。

第九章

环境法律制度及法律风险

一 环境法律制度

1. 环保管理部门

缅甸环境保护部门为自然资源与环境保护部(以下简称环境保护部)。根据职能分工,涉及保护环境的相关政府部门还有农业、畜牧与灌溉部,野生动物保护委员会,农业服务局等。

2. 环境保护法规

缅甸关于环境保护方面的法律主要有:《动物健康和发展法》《植物检验检疫法》《肥料法》《森林法》《野生动植物和自然区域保护法》《环境保护法》《环境保护条例》。

同时,缅甸还签署了一系列国际环境保护条约,于 1992 年签署了《联合国气候变化框架公约》《生物多样性保护公约》,并承诺将环境保护列入缅甸国家重点任务,参与全球环境治理合作,加大环境保护的力度。

3. 环保法律法规基本要点

(1)《环境保护法》规定了环境保护部职责,并要求对涉及自然资源开发、工业等领域的项目需提前办理项目许可,工业区、经济特区企业或环境保护部指定的企业需履行相应的责任。

(2)《动物健康和发展法》在单独规范动物健康和发展工作的同时,就促进家畜发展、防止和控制动物传染性疾病、规范兽医行医资格、规范动物及动物产品和饲料的国际贸易、对动物及动物产品和饲料进行进出境检验检疫及防止虐待动物等作出综合性规定。

(3)《植物检验检疫法》规定,进出境植物检验检疫主要针对植物及植物产品等货物进出口进行检验检疫,同时对进出境旅客携带的物品如水果、花卉等植物进行检验检疫。植物及植物产品进口需要获得缅甸农业服务局发放的进口许可证和检疫证书。该法规定了申领许可和申请检疫的程序。

(4)《森林法》规定,为了环境保护,保证林产品的产量,经政府批准,林业部可以建立储备林。同时,为保护水资源和森林资源,保护旱地森林和红树森林,运输林产品应当持有有效的运输通行证,并接受林业局设立的税务站的检查和收费。违反《森林法》相关规定者,将被处以一定金额的罚款和6~36个月的监禁。

(5)根据《野生动植物和自然区域保护法》的规定,自然区域是指为保护野生动植物、生态系统或者重要的自然风景区以及有代表性的地理地貌特征而划定并加以保护的专门区域,未经林业部部长批准和相关部门核准,捕猎、杀死、饲养、保管、销售、运输、转让、出口野生动物,将被处以一定金额的罚款和相应时间的监禁。

4. 环境影响评估法规

2015年12月,缅甸环境保护部发布了《环境影响评估程序》。该文件规定,经缅甸环境保护部认定,对环境有潜在负面影响的投资项目,须事先提交环境评估报告;规模较小、对环境潜在影响较小的项目,只需提交初步检验报告;包括能源、农业、制造业、垃圾处理、供水、基础设施、交通、矿业等领域在内的141类投资项目须提交环境评估报告或初步检验报告。环境评估报告必须委托有相关资质的第三方机构开展,负责审议环境评估报告的责任方由环境保护部组建,由相关部门的专家、政府机构、专业机构和社会团体组成。环评费用、时间没有明确规定,但总体上环境评估周期较长,需要半年或更长时间。企业需与环保部门加强联系,根据环境保护部要求提供相关材料,完成具体审批手续。

二 环境法律风险及防范建议

由于缅甸工业化水平低,化工制品在农业中的使用率低,空气、水源受污染的程度也较低。林业、矿业、渔业是缅甸发展经济、增加外汇收入的重要基础,也是缅甸重点保护的领域。

中资企业在缅甸生产生活中,应严格遵守缅甸当地有关环境保护的法律规定,非法砍伐、采矿、捕鱼行为将会受到民众举报和有关部门的严厉处罚。

三 相关案例

迪吉燃煤电厂合作项目或成功改造运营

无锡华光电力工程有限公司(以下简称无锡华光)在缅甸实施的迪吉(TIGYIT)2×60MW燃煤电厂项目,原属缅甸电力部所建,2014年停产。2015年无锡华光以投资租赁模式与缅方进行合作,通过一期修复,于2017年2月试运行,5月正式运行。一期工程投产以来,始终保持安全、稳定、环保运行,未发生一起超标排放事件。

该项目2014年以前在缅甸自主运行期间,由于缺乏必要的日常检修维护,不注重环保排放,电厂污染严重,给当地居民带来了严重的负面影响。中方2015年接手该电厂初期,当地居民对重启电厂普遍持反对态度,顾虑较重。为此,一方面,公司建立村民沟通机制,组织附近24个村庄的村民代表成立电厂监督委员会,每月定期召集会议,听取村民代表提出的意见,解答村民的疑问,并在电厂大门口设立了村民联络办公室,与村民建立起日常直接沟通渠道。在电厂门口设置电厂排放数据公示大屏幕,将电厂实时排放数据公开,接受社会监督。电厂生产用水取自距离电厂8公里的自然河流,通过地下管道输送至电厂原水池,由电厂水处理系统进行净化处理,电厂发电流程中所需生产用水均循环使用,没有废水向外排放。另一方面,公司通过各种形式加强电厂宣传,尤其是无锡华光接手后对电厂环保系统进行了升级改造,以期改善当地居民对电厂存在的固有负面认识。

电厂一期投产后各项运行指标均达到缅甸政府要求,环境评估和社会评价工作有序推进,多次抽查中,电厂排放结果均远优于合同规定的排放标准,未对周边居民产生任何影响。缅甸各级部门高度认可中方在项目建设和运行期间所做的各项工作。公司在当地履行社会责任,极大改善了当地居民对电厂原有的负面认识,消除了当地居民对电厂的偏见和顾虑。

第十章 知识产权法律制度及法律风险

一 知识产权法律制度

缅甸知识经济发展落后，知识产权立法和管理还处于较低的水平，颁布的专门法律法规很少，没有专门主管知识产权的机构，如果知识产权受到侵犯，权利人主要依据民事和刑事的相关规定来保护自己的权益。

作为世界贸易组织、世界知识产权组织和东盟的成员之一，缅甸政府正由司法部抓紧起草颁布知识产权方面的法律法规，以符合《与贸易有关的知识产权协定》和《东盟知识产权合作框架协定》的相关规定。

截至2008年年底，缅甸没有商标方面的特别法，有关商标的法律规定散见于《刑法》《商品市场法》《注册法》《特定救济法》等法律中。

《专利设计法》(Mvanmar Patents and Desians Act)颁布生效于1945年，尽管目前仍然有效，但它颁布的目的在于应用《印度专利设计法》(India Patents and Designs Act)，而《印度专利设计法》从未在缅甸施行，因此，《专利设计法》在实际生活中也没有被使用。

《著作权法》(Myanmar Copyright Act)颁布生效于1914年，目前仍在施行。该法适用于原创文学、戏剧、音乐和艺术作品，对出版物的保护年限为作者终身及死亡后50年。如果著作权受到侵犯，作者可以依据《特定救济法》等其他民事、刑事法律来保护自己的权益。根据2019年联邦会议法第(15)号所颁布的《著作权法》，由此法的第(1)条第(6)款规定，本法于2023年10月31日生效。

除了《著作权法》外，近年来，缅甸先后颁布了《电视广播法》《计算机科学发展法》《电子交易法》等涉及著作权的相关法律，对新出现的著作权问题作出了规定。

知识产权侵权的相关处罚规定：

在商标保护方面，缅甸《刑法》规定：非法使用他人商标的，将被处以1年监禁，并处罚金，或者单处罚金；伪造他人商标的，将被处以2年监禁，并处罚金，或者单处罚金;伪造用于表示特定品质物品的标识(商标)的,将被处以 3 年监禁,并处罚金,或者单处罚金。

在专利保护方面,由于《专利设计法》没有正式施行,因此也没有相关处罚规定。

在著作权保护方面,1945 年颁布生效的《专利设计法》年代久远,处罚部分的规定已失去意义。例如,制作侵犯他人著作权的复制品的,依据法律规定应当被处以每件 20 缅元的罚款。但总额不超过 500 缅元。根据 2008 年 12 月的市场汇率,仅分别相当于 0.017 美元和 0.45 美元,无法发挥法律的威慑力。在缅甸司法实践中,没有适用《著作权法》的案例,缅甸的民事法庭也缺乏在著作权案件方面的审判经验。如果发生文学、艺术、音乐等方面的著作权纠纷,通常都通过友好协商的方式解决。作为著作权人,当事人也可以依据《特定救济法》等其他民事、刑事法律来保护自己的权益。

专利与商标类似,也采用注册登记制度。依照现行规定,外国人不能直接提出专利注册申请,需以合法注册的缅甸公司的名义或者缅甸当地代理人的个人名义提出申请。注册成功后,需要在报纸上发布公告,时间为 1 周。公示期间如没有人提出异议,登记注册即可生效。在专利权受到侵犯时,权利人可参照商标权的有关规定提起民事诉讼。

在商标所有权问题上,缅甸坚持“在先使用”的“先到先得”的原则,并不强制要求商标注册,商标所有人自商标首次使用之日起即获得商标专用权。但是注册商标可以使商标持有人在刑事或者民事诉讼中取得证据,从而对抗侵权人。根据缅甸《注册法》(Registration Act)和注册检察长第 13 号令(Direction No. 13 of the Inspector General of Registration)的规定,商标持有人可以通过发布商标所有权声明的方式实现商标注册。注册一旦完成便是永久性的,不需要续展。如果商标持有人的名称、地址,商标的图案,使用商标的商品、服务等事项发生重要变更,那就需要重新进行注册。

依照缅甸《特定救济法》的规定,一旦权利人的商标专用权受到侵犯,就可以向法院提起民事诉讼,授权法院对侵权人发出永久的、要求停止侵权的禁令,并可要求侵权人赔偿商标持有人由此造成的损失。除民事诉讼外,根据《刑法》的规定,法院还可以对使用假冒商标、制造工具假冒商标、销售假冒商标的商品的侵权人处以刑事处罚,包括罚款、处以 3 年徒刑、并处没收和销毁侵权物品和商品等。

二 知识产权法律风险及防范建议

缅甸知识产权法律的制定和执法水平较低。缅甸在2015年宣布实施《竞争法》，但是实施规则至今仍未出台，致使缅甸竞争委员会适用法律困难。在2020年，《商标法》正式进入过渡时期，10月1日缅甸知识产权局开始运营。2023年4月26日，《商标法》正式实施，其商标申请在线平台正在建设，不排除《商标法》在后续实施过程中有进一步调整的可能。关于维权，需要注意缅甸基本没有刑事或民事诉讼，而是与柬埔寨一样，多数案件通过律师函解决。

针对缅甸知识产权保护的现状，企业应尽可能与当地律师或熟悉的律师紧密沟通与合作，尽可能及时解决相关问题，把损失降到最低。

第十一章 争议解决制度

一 争议解决制度概述

《投资法》规定了三种纠纷解决机制:(1)在投资者与政府之间的争议提交至法院或仲裁机构前,各方应尽力友好解决争议;(2)若未能友好协商解决,按相关合同中的争议解决机制进行;(3)若相关合同中未约定争议解决机制,则应依照缅甸现行法律将争议提交至有管辖权的法院或仲裁机构。

如投资者与政府之间发生争议,缅甸投资委员会应在纠纷进入解决程序前,就投资过程中所发生的问题开展问询工作。

1. 诉讼

缅甸采取了普通法系、民法法系及习惯法混合的法律体系,缅甸法院基于现行立法、习惯法、判例法和英国普通法对案件进行裁判。对于同缅甸方面签订的合同,《合同法》中并没有明确规定双方适用法律的方式。因此,在签订合同时,法官会基于公正、平等等原则对案件行使自由裁量权。

缅甸的法院组成如下:

(1)镇区法院、县法院、联邦最高法院、省高等法院、邦高等法院、民族自治区法院和其他法院;

(2)军事法庭;

(3)联邦宪法法庭。

根据诉讼请求的种类以及涉及的价值、当事方所在地或行为点,当事人可至不同层级的法院提起诉讼。

2. 仲裁

2013 年 7 月,缅甸加入了《承认及执行外国仲裁裁决公约》。2016 年,缅甸通过《仲裁法》。2019 年 8 月 3 日,缅甸仲裁中心于缅甸工商联合总会成立,标志着在缅甸境内进行仲裁成为可能,有助于在缅甸投资的外资机构获得更多保护其合法权益的选择。

《仲裁法》(2016年)以《联合国国际贸易法委员会国际商事仲裁示范法》为基础,详细规定了仲裁的定义和分类,但法院在仲裁中的权力较大,且该法律对仲裁员的具体资质、仲裁中的第三人和紧急仲裁员制度等问题缺乏规定。《仲裁法》规定进行仲裁需至少满足下列条件之一:(1)仲裁协议的一方在协议签署时其营业地不在缅甸;(2)仲裁协议约定的仲裁地不在仲裁协议双方的营业地所在国;(3)商事关系中实质性义务履行地与争议事由发生地均不在仲裁协议双方的营业地所在国;(4)仲裁协议双方明确就协议内容涉及多国达成一致意见。

法院在仲裁中的权力主要包括:(1)认定仲裁协议的效力和对仲裁员的委任与异议作出决定;(2)协助取证;(3)在国内仲裁中对预备性法律问题进行裁定;(4)修改、更正、撤销或承认执行仲裁裁决的权力等。

3. 其他争议解决方式

《中缅双边投资协定》将友好协商作为优先解决争端的方式,并规定了6个月的期限,如果在6个月内无法通过友好协商达到争端解决的目的,可启动下一步程序。

二 争议解决常见问题及注意事项

1. 在争议发生时尽可能寻求帮助和保护

(1)寻求法律保护

中资企业在缅甸开展经营活动应当认真学习和遵守当地的法律法规,可聘请当地律师作为法律顾问,提供具体的法律意见。当合法权益受到侵犯时,中国公民可依据当地法律要求对方承担法律责任,必要时提起仲裁或诉讼。

(2)寻求当地政府帮助

缅甸政府要求开展公务活动要秉持公正、透明、廉洁原则。中资企业在缅甸从事商务活动,应处理好与政府主管部门的关系,尽可能了解相关的工作程序,在遇到困难和问题时能够尽快寻求帮助。

(3)获得中国驻当地使(领)馆保护

中资企业在缅甸投资合作过程中,要与中国驻缅甸大使馆经商处保持密切联系,并及时向经商处通报企业情况,反映遇到的困难和问题,寻求经商处的帮助与支持。

2. 建立并启动应急预案

(1)全面评估:中资企业到缅甸开展投资合作前,应通过各渠道综合了解项目情况,全面客观评估政局、安全、治安、金融、施工等方面潜在的风险,有针对性地建立内部安全防范预警机制和突发事件应急处理机制,并预留安全经费。

(2)强化安全教育:严格依法依规经营,在日常生产经营过程中,加强对员工的教育,强化安全防范和施工安全意识;设专人负责安全生产管理和安全保卫工作,突发事件应急处理机制并定期模拟演习。

(3)启动应急预案:如遇自然灾害、人为安全事故、恐怖袭击或其他突发事件,企业应立即启动应急预案,并向中国驻缅甸大使馆、驻曼德勒总领事馆和企业国内总部报告。不要消极等待,如尚有安全方式离开,应立即行动。

3. 学会和执法人员打交道

缅甸执法部门对处理涉及外国人的案件十分慎重。当中国公民被卷入案件中,或已经被警方拘押时,应请求打电话给懂缅文的朋友或熟人,请其充当临时翻译,同时立刻向中国驻缅甸使(领)馆报告,寻求保护。在向警方交代案情后,当事人应抓紧寻找代理律师,并委托其代理一切法律程序。

若中国公民在缅甸受到犯罪分子侵害,应立即向当地警方报告,并与律师或医生(如需就医)联系,同时向中国驻缅甸使(领)馆反映情况。

如当地警察、海关、税务等执法部门依法查验相关证件、询问有关事宜或搜查某些地点,在场中国公民应予以积极配合。中方人员外出要随身携带护照等身份证件,妥善保存营业执照、纳税证明及其他重要证件并进行备份,如遇执法人员查验,应礼貌出示,冷静回答有关问题。如因疏忽未携带证件,不要刻意回避,应主动说明身份,如对方需要核实有关信息,可向其提供公司联系方式。如执法人员要搜查公司或住所,应要求其出示证件和搜查证明,要求与中方律师取得联系,同时立即向中国驻缅甸使(领)馆报告。

三 相关案例

缅甸啤酒仲裁案

该案的申请人缅甸经济控股公司(以下简称缅经控)为缅甸知名的具有军方背景的国有企业,被申请人为新加坡食品公司 F&N,两者就合资协议中的股权收购条款产生纠纷并于 2013 年在新加坡进行仲裁。仲裁庭最终裁定缅经控有权收购 F&N 在双方合资公司中的股份,但收购价格应由独立第三方评估确定,最终双方自愿执行了仲裁庭裁决。

第六部分

老挝篇

第一章 老挝基本概况

1975 年 12 月 2 日,老挝人民民主共和国成立。1997 年 7 月,老挝正式加入东盟。老挝于 1997 年提出申请加入世界贸易组织,1998 年成为观察国,2012 年 10 月 26 日正式加入世界贸易组织。

一 老挝的地理资源

(一)地理位置

老挝是中南半岛北部唯一的内陆国家,北邻中国,南接柬埔寨,东接越南,西北达缅甸,西南毗连泰国。湄公河在老挝境内干流长度为 777.4 公里,国土面积 23.68 万平方公里。首都万象市属于东 7 时区,比北京时间晚 1 小时,无夏令时。

(二)自然资源

老挝有金、铜、锡、铅、钾、铁、石膏、煤、盐等矿藏。全国锡储量为 6.5 万吨至 8 万吨。迄今得到开采的有锡、石膏、钾、盐、煤等。水力资源丰富。2019 年,老挝森林面积约 1700 万公顷,全国森林覆盖率约 50%,产柚木、酸枝、花梨木等名贵木材。

(三)人口分布与气候条件

截至 2023 年 1 月,老挝人口总数为 758 万。分为 50 个民族,分属老—泰语族系、孟—高棉语族系、苗—瑶语族系、汉—藏语族系,统称为老挝民族。通用老挝语。居民多信奉佛教。华侨华人 7 万多人。[1]

老挝属热带、亚热带季风气候。5 月至 10 月为雨季,11 月至次年 4 月为旱季。

(四)行政区划

老挝全国共有 17 个省、1 个直辖市。全国自北向南分为上寮、中寮和下寮三大区。首都万象市是全国的政治、经济、文化和科研中心,其他主要经济中心城市包括

---

〔1〕 参见《老挝国家概况》,载中华人民共和国商务部网 2024 年 4 月,https://www.mfa.gov.cn/web/gjhdq_676201/gj_676203/yz_676205/1206_676644/1206x0_676646/。

位于老挝北部的古都琅勃拉邦市、中部的沙湾拿吉市以及南部占巴塞省的巴色市。

(五)政治制度与对外关系

老挝实行社会主义制度,人民革命党是老挝唯一政党。该党于1955年3月22日建立,原称老挝人民党,1972年召开"二大"时改为现名。现有党员约34.8万人。其宗旨是:领导全国人民进行革新事业,建设和发展人民民主制度,建设和平、独立、民主、统一和繁荣的老挝,为逐步走上社会主义创造条件。

老挝对外关系奉行和平、独立和与各国友好的外交方针,主张在和平共处五项原则基础上同世界各国发展友好关系,重视发展同周边邻国关系,改善和发展同西方国家关系,为国内建设营造良好外部环境。截至2019年,老挝共与141个国家建立外交关系,在海外常设40个外交机构,其中包括26个大使馆、3个代表处和11个领事馆。

中国和老挝山水相连,两国人民自古以来和睦相处。1961年4月25日,中国和老挝正式建立外交关系。20世纪70年代末至80年代中期,两国关系曾出现曲折。1989年中老关系正常化以来,双边关系得到全面恢复和发展,两国领导人频繁互访,在政治、经济、军事、文化、教育等领域的友好交流与合作不断深化,双方在国际和地区事务中保持密切协调与合作。老挝政府坚持一个中国立场,支持中国人民和平统一大业。2006年6月,原老挝人民革命党中央总书记、国家主席朱马里对中国进行国事访问。同年11月,时任中共中央总书记、国家主席胡锦涛对老挝进行国事访问。双方发表联合声明,推动中老关系进入新的发展阶段。2009年9月,朱马里成功访华,两国元首一致同意将中老两国关系提升为全面战略合作伙伴关系,为两国各领域合作开辟了更加广阔的前景。

二 老挝经济表现

(一)宏观经济

老挝自然资源丰富,矿产资源多未开发。老挝属中国三江成矿带延伸部分,主要矿藏有金、银、铜、铁、钾盐、铝土、铅及锌等,水电资源丰富。老挝是东南亚地区水能蕴藏量最丰富国家之一。湄公河水能蕴藏量的60%以上在老挝境内,全国200公里以上的河流有20余条。

老挝以农业为主,工业基础薄弱。1986年起推行革新开放,调整经济结构,即农林业、工业和服务业相结合,优先发展农林业;取消高度集中的经济管理体制,转入经营核算制,实行多种所有制形式并存的经济政策,逐步完善市场经济机制,努力把自然和半自然经济转为商品经济;对外实行开放,颁布外资法,改善投资环境;扩大对外经济关系,争取引进更多的资金、先进技术和管理方式。1991 年至 1996 年,国民经济年均增长 7%。1997 年后,老挝经济受亚洲金融危机严重冲击。老挝政府采取加强宏观调控、整顿金融秩序、扩大农业生产等措施,基本保持了社会安定和经济稳定。受疫情影响,2020 年老挝国内生产总值增速下滑,约 197 亿美元,同比增长 3.28%,人均 2642 美元。2021 年老挝 GDP 增长 3.5%,外贸总额 112.44 亿美元,同比增长 19.8%。2022 年,老挝 GDP 增长率达 4.4%。2023 年 1 ~9 月,老挝 GDP 增速为 4.4%。老挝货币名称是基普(KIP),2024 年 1 月与美元汇率约为 20632:1。[1]

(二)产业结构

根据老挝的统计数据,2019 年老挝农业增长 1.2%,占 GDP 的 15.2%;工业增长 5.6%,占 GDP 的 31.4%;服务业增长 6.9%,占 GDP 的 42.3%。电力行业下降 2%,总发电量为 311 亿千瓦时,电力收入为 15,440 万亿基普。矿产总产值为 11,656 万亿基普(约 13.55 亿美元),下降 1.76%。关税和税收增长 5.5%。全年通货膨胀率维持在 3.32%。粮食总产量为 350 万吨。受益于中老铁路、万万高速和水电站等大型项目,老挝建筑行业增长 21%。受益于 2019 中老旅游年,老挝全年共接待外国游客 470 万人次,旅游业增长 14.4%,旅游业间接带动批发零售业增长 8.3%,房地产业增长 7.8%,银行和保险业增长 8.3%,酒店和餐饮业增长 8%。

(三)重点产业

作为"一带一路"、中老友谊标志性工程的中老铁路,计划总投资为 374 亿元人民币,于 2016 年 12 月 25 日全线开工,已于 2021 年 12 月正式通车。该项目属于泛亚铁路中线的一部分,老挝境内段由中老边境的磨丁至万象,全长约 420 公里,其中隧道 195.8 公里,桥梁 67.2 公里,全线设 33 个车站,时速 160 公里/时(部分路段 120 公里/时)。中老铁路的建成有助于实现两国在贸易、投资、物流、运输等领域更高程度的便利化,不仅造福当地百姓,促进减贫脱贫,还将实现老挝与中国西南地区经济深度融合,形成现代农业、旅游业、能源业、物流业、加工制造业协同发展的格局;与此同时,还将有力提升老挝与其他域内国家的交通联通水平,助力老挝实现"陆锁国变陆联国"的战略目标。

在矿产领域,老挝政府共批准 193 家公司从事地质勘探和矿产开发,其中地质

---

[1] 参见《老挝国家概况》,载中华人民共和国商务部网 2024 年 4 月,https://www.mfa.gov.cn/web/gjhdq_676201/gj_676203/yz_676205/1206_676644/1206x0_676646/。

勘探公司69家、项目咨询公司43家、矿产开发公司81家。2016~2020年,能源矿产业共计向政府纳税17.54亿美元,占GDP的16%,其中电力和矿产行业分别纳税10.2亿美元和7.34亿美元。

老挝目前已探明570个矿区,面积达162,104平方公里,占整个国家国土面积的68.46%;有649个公司从事着942个矿业领域的勘探、开采和可行性研究项目。据老挝《人民报》2020年2月6日报道,老挝总理通伦在出席老挝能源矿产开发第八个五年规划(2016~2020年)执行情况总结大会时强调,能矿业发展要坚持社会主义市场经济方向,把发挥老挝比较优势和加强国际地区合作结合起来,矿业发展要继续贯彻矿石开发加工和矿成品出口结合的方针,取代原矿出口。[1]

(四)财政收入及外汇储备

2019年老挝政府财政收入为28.265万亿基普(约32.87亿美元),增长4%,超计划0.46%;财政支出为31.338万亿基普(约36.44亿美元),财政赤字为3073万亿基普(约3.57亿美元);通货膨胀率为3.32%;汇率波动大,基普兑美元贬值3.59%,基普兑泰铢贬值7.59%。不良贷款率(NPL)维持在3.04%。

根据老挝国家银行发布的年度经济报告,2018年老挝外汇储备为8.73亿美元,可满足3.23个月的进口需求。2019年老挝外汇储备为8.3亿美元,可满足3.69个月的进口。

三 基础设施

(一)公路

老挝是内陆国,基础设施比较落后,近年来政府加大对基础设施的投入,中心城市基础设施有所改善。老挝已修建4座连接泰国的跨湄公河大桥(万象—廊开、沙湾拿吉省—穆达汉府、甘蒙他曲—那空伯侬府、波乔会晒—泰国清孔)。2015年5月9日,老挝、缅甸两国间第一座跨湄公河友谊大桥正式通车。

老挝全国公路里程为43,604公里,其中混凝土路866公里,柏油路6496公里,碎石路15,324公里,土路20,919公里。老挝全国没有高速公路,公路运输占全国运输总量的79%。昆曼公路的贯通降低了中国与东南亚国家的陆路运输成本,有利于中国与东南亚国家的经贸往来。作为中老高速的重要一段,由云南建投集团投资建

[1] 参见《老挝政府指导能源矿产业发展》,载中华人民共和国商务部网,http://www.mofcom.gov.cn/article/i/jyjl/j/202002/20200202938963.shtml。

设的万象—万荣高速公路项目进展顺利,下一步将推动中老高速其他部分建设。此外,老挝北13号公路作为老挝最重要国道干线的一部分,已于2019年启动建设工作,现已建成通车。上述骨干公路建成后将极大促进老挝境内公共交通运输行业发展,提高与周边国家的互联互通水平。

(二)铁路

老挝现有铁路3.5公里,从首都万象市的塔那凉车站通往老泰边境的友谊大桥,由泰国政府投资1.97亿泰铢修建,于2008年5月完工,2009年3月正式通车。2014年12月,中老启动铁路合作。2015年年底,中老铁路举行开工奠基仪式,2016年12月正式举行全面开工仪式,中老铁路已于2021年12月正式通车,将带动磨丁—磨憨跨境经济合作区的发展。

(三)空运

老挝全国有12个机场,20多条航线,首都万象机场能起降大飞机,客运量为44万人次/年,货运量为2万吨/年。较大的机场有万象瓦岱机场、琅勃拉邦机场和巴色机场等。

(四)水运

老挝的水路全长3000公里。湄公河在老挝境内全长1800多公里,流经13个省(市),湄公河沿岸有20多个小型码头,运输总量占18%。上湄公河部分航道在整治后,旱季能通行150吨级船只,雨季能通行300吨级船只,下湄公河航段从会晒以下仍未畅通。

第二章 投资法律制度及注意事项

一 投资法律制度概述

老挝的外商投资法律体系是以《投资促进法》为代表的包括一系列法律法规在内的统一整体,包括投资法、贸易法、外汇法、税法、知识产权法、劳动法等。老挝投资法律主要从投资领域、投资方式、外国投资方的权利和义务、老挝外资管理机构和投资争议解决五个方面阐述了老挝对外投资的内容,外资法规定外来投资者与老挝要在互利互惠的基础上,遵守老挝的各项法律规定。另外,老挝总理府还颁布了以《关于外国投资审批手续的政令》《老中两国关于鼓励和相互保护投资的协定》《外国投资项目在老挝审批程序的若干规定》为主的若干行政规范性文件。

(一)投资法

为了保护国家主权和独立自主性,老挝政府在20世纪80年代前期施行限制外资的政策,只与苏联、越南等社会主义国家进行经济往来,直至80年代末,才开始全方位对外开放。老挝通过《投资促进法》及其他相关法律,调整外资关系,并对外资的投资任务、资本构成、国有化和征收措施、投资范围、投资期限、投资比例、投资资本和利润汇出、投资鼓励和优惠措施、投资争议的解决等基本外商投资问题作出了统一规定。

(二)贸易法

老挝的贸易法律法规包括:1994年颁布的《企业法》、1994年颁布的《进口关税统一与税率制度商品目录条例》、2001年颁布的《出口与进口管理令》、2005年颁布的《海关法》《关税法》和2010年颁布的新版《投资促进法》等。老挝所有经济实体均享有对外经营贸易的权利,除少数商品受限制外,其余商品均可进出口。老挝对各类动植物产品的进口均有检疫要求,对进口产品的特征及进口商的相关信息进行检查。

(三)外汇法

为了实行对外合作、开放政策、开放国内商品、货币流通,逐步发展商品经济和货币市场,保障国家货币的主权性和独立性,使国家的货币价值日益提高,并独成体系地管理外汇流通和更好地保障国家财产,老挝执行严格的外汇和贵金属流通管制制度。

外汇管理相关法律法规主要有《中央银行法》《老挝关于外汇和贵金属流通管理的法令》《老挝银行关于在境内使用外汇的公告》等。除获得老挝中央银行的批准外,任何自然人、法人禁止在老挝境内的经济流通领域直接使用外币进行买卖或结算。当持有外币者需要在老挝境内支付或结算时,须到获准经营兑换外币业务的银行和机构把外币兑换成老挝基普,需要支付外币者可向获准经营兑换外币业务的银行和机构购买外币。

(四)税法

2005 年老挝开始实行新税法,与旧税法相比,新税法几乎做了全面修改,税法的定义更加明确,老挝的税收仍由间接税(营业税、消费税)和直接税(利润税、最低税、所得税、各种手续费和服务费)组成。

(五)知识产权法

老挝的知识产权法律主要包括 1995 年颁布实施的《商标令》,以及 2008 年 1 月颁布实施的《知识产权法》。老挝《商标令》规定,在老挝的个人或法人可以向老挝国家科技署提出商标注册申请。商标保护期为 10 年,每次可延长 10 年;连续 5 年不用或商标注册批准书过期,则失去效力。《知识产权法》规定,知识产权包括工业产权、植物新品种和版权及邻接权三大类。工业产权保护期限一般为 10 ~ 20 年;物种保护期乔木类为 25 年,灌木类为 15 年;著作权保护期为创作者终生及死后 50 年。老挝国家科技署是负责包括专利申请在内的一切知识产权事务的主管部门,下设省(市)科技厅,企业或个人申请专利须向其提交申请。申请人在老挝注册商标需到其主管部门国家科技与环境署提交商标注册申请、授权书、商标样本、商标使用规定、优先使用权证明、缴费单等文件,受理后将于 60 日内获批。

(六)劳动法

老挝劳动法允许用工者根据劳动单位需求招工,但须优先考虑老挝公民。外国投资者使用外籍员工,体力劳动者不能超过本企业职工人数的 10%、脑力劳动者不超过 20%。

老挝劳动法对于老挝缺乏的专业技术员工有特殊规定,各经济部门的劳动单位认为有必要可以招聘外国员工。招聘外国员工到老挝工作必须对名额和时间作出限制,并须制订传授技术给老挝员工的详细计划,以便当外国员工在老挝工作期满后替补。

二 投资法律风险

在“一带一路”框架下,中国企业对老挝投资的法律风险主要有:

(一)投资准入阶段的法律风险

1. 权利限制规定

老挝对外国资本的进入设置了股权投资比例、行业准入门槛和融合范围的制约门槛,这就包括了我们最常说的投资领域准入约束条件,主要表现为限制投资国在特定行业或者特定领域的投资活动。2002 年颁发的《国内外投资管理委员会关于外国投资项目审批程序的规定》列出了严禁外国资本投资的行业范围。在资金准入方面,老挝当下正在施行的政策与中国早年相似(清单制度)。2016 年的《投资促进法》将投资活动分为三类,分别是鼓励类、限制类和禁止类,这是对老挝传统投资模式的突破且该法简化了投资申请程序,使批准更为透明。尽管在形式上满足了外资享受国民待遇的要求,但是在实际的投资申请程序中,却暗含着非国民待遇和超国民待遇,非国民待遇往往落在了具有外资属性的投资者身上,而超国民待遇往往被本国投资者享受,这在本质上就是对内资与外资的区别对待。

2. 投资履行中的要求和规定

履行要求最直观的体现是取消了外国投资者在普通商业领域的最低注册资本要求,这在一定程度上激发了外国投资者的投资兴趣。但是在一些具有吸引力的行业,仍设置了最低的投资门槛,而这些是由专门的法律进行规定的;除此之外,老挝还要求外国投资者优先雇用本地的劳动力,对于一些非必要工种,在 2016 年前是禁止引入外国劳工的,自 2016 年之后,该规定有所松动,但仍没有完全放开。该规定虽对本国劳动者就业有一定的促进作用,但对于外国投资者而言是一种限制。除了履行要求之外,还需要对东道国的国内法进行一定的研究,中国企业在对老挝投资过程中,要注意民商事法律的相关规定,尤其是与违约责任相关的内容。因为在实际操作中遭受损失的一方往往需要举证证明,否则就会承担不利的法律后果。

(二)投资运营阶段的法律风险

1. 现行税法不合理、不公平

老挝非常渴望能有更多外国企业对他们进行投资,所以为这些企业打造了很多税收方面的有利政策,但美中不足的是,老挝在经济方面的法律制度并不完善,这也导致了他们在税收方面制定的政策常常出现各种各样的问题。其在立法中规定,外国投资的企业,无论是合作经营还是联营,还是独资,都必须依法向政府缴纳企业所得税。其中,如果是为老挝所鼓励的和享受政策优惠的行业的企业,那么只需缴纳所获利润的10% ~15%,而其他的行业则需要缴纳所得利润的35%,商业等服务业所负担的税率都在35%以上,呈现出税率畸高的特点。

2. 知识产权方面的法律有差异

在知识产权方面,中老两国的规定大致相同,但仍旧存在一些不同之处。比方说在专利方面,老挝法律中规定了小专利,中国则有与之相对的实用新型专利,老挝法律中规定了工业设计专利,中国则在法律中规定了外观设计专利,相比之下,老挝法律所涵盖的范围更广。同时针对专利申请问题,两国均实行请求审查制度,针对优先权问题,两国的不同之处是老挝在其现有法律中只规定了为期12个月的外国优先权,而中国除此之外,还在法律中规定了国内优先权。另外,值得注意的是中国在相关法律中确认实行续展制度,而老挝则没有相关规定。

3. 对劳工的法律保护力度过小

雇用劳工所导致的法律风险是中国企业所面临的主要风险之一。针对劳工保护问题,老挝已经出台了法律,专门对外国投资加以规范,无论是工作时间,还是劳动保护,抑或社会保险都涵盖在内,根据此规定,雇用工人需要签订正式的劳动合同。在雇用方面,中国企业有两种方式可以选择,一种是自己雇用,另一种则是通过劳动管理机关进行雇用。针对工资问题,则要求用人单位必须完全排除性别歧视,坚持公平、平等原则,不允许出现相同工作强度或质量而工资不一的情况,在此基础上工资标准可以经由双方协议确定并在劳动合同中注明。外资企业所给予的工资额度需使雇员能够达到一定标准的合理生活水平,付给雇员的最低工资标准也在规定中加以明确,即不得低于相同条件下的国营企业工资,此外该标准还规定了针对特定对象的补助费,即包括雇员妻子、儿女在内的亲属。在工资的发放问题上,企业应当以合同为标准按时进行,雇员针对工资异议有权利创设工会,以此来保障自己的权益。

(三)投资退出阶段风险

1. 中国企业因经营不善或者基建完工直接撤资

数据表明,在共建"一带一路"过程中,老挝在基础建设领域得到了来自中国企业的大量投资。基础设施建设是长久型的获利项目,然而由于自身的特殊性也同时表现出了周期长以及短时期内收益率低的问题,难以同众多用时短的高回报项目竞争。不可否认的是,在"一带一路"建设问题上,老挝方面一直保持着积极态度,然而老挝政府自身存在严重的财政问题,其薄弱的经济实力难以给予基础建设项目应有的投入,这使中国投资方面临巨大的资金压力和投资风险。

2. 受老挝政策或者国内特殊情况影响而被迫撤资

中国企业要想在老挝投资设企,需要明晰准入问题,避免因为行业准入或其他限制问题招致风险,同时企业还需要密切关注操作性风险,即因为当地政府、政策原因使投资企业的利益受损,甚至出现撤资问题,要想避免此类风险,就必须将此类情况同投资当地政府进行事前协商,并将协商结果于准入阶段就加以确定。

三 相关案例

国际投资仲裁中的贿赂腐败行为认定问题

——澳门世能诉老挝政府案

1. 裁判要旨

(1)根据《联合国反腐败公约》及经济合作与发展组织(Organization for Economic Co-operation and Development,OECD)的规定,腐败为"在国际商事行为中获取或保留商业或其他不正当好处"。原告的财务违法行为违反了东道国关于"合法、善意投资"的规定。但是,如果将"Clean Hands"不加谨慎和限制地随意适用于国际投资法和投资仲裁实践中,将会增加投资风险,使纠纷结果模糊不清且不受控制。

(2)在腐败行为的证据标准上必须整体评估哪些腐败行为已被"明确和令人信服的"证据所证实,哪些行为已被合理推断所排除,哪些行为是被"明确和令人信服的"证据证明,但又低于刑事犯罪的合理怀疑标准。应该根据具体行为来区分证据的意图,单一地适用某一证据标准对于处理复杂案件,尤其像本案原告实施了多种贿赂和贪污行为,并非最优解。或许"区分具体行为适用的具体标准",才能使不同证据标准的价值最大化。

2. 案情简介

注册并成立于中国澳门地区的世能公司作为LHNV公司的子公司,主要在老挝投资并运营酒店及赌场项目,拥有包括沙湾拿吉的维加斯酒店等设施。

早在2012年8月14日,世能公司就老挝政府违反1993年1月31日签订的《中华人民共和国政府与老挝人民民主共和国政府关于鼓励和相互保护投资协定》(以下简称《中老 BIT》)向海牙国际仲裁法庭(PCA)提起仲裁,仲裁地位于新加坡。世能公司认为其在老挝投资运营的酒店赌场综合娱乐城项目被老挝政府吊销经营许可证和征收"歧视性"税款,主张老挝政府违反了征收条款、公平公正待遇条款、最惠国待遇条款,且构成对资本和利润转移的限制。2013 年 12 月 13 日,仲裁庭依据《UNCITRAL 仲裁规则》作出裁决,认为世能公司属于《中老 BIT》下的适格投资者,《中老 BIT》可适用于包括世能公司在内的中国澳门地区投资者。同日,LHNV 公司根据《老挝与荷兰王国关于鼓励和相互保护投资协定》和 ICSID 仲裁规则对被告提起仲裁。2014 年 1 月 10 日,老挝政府依据新加坡《国际仲裁法》向新加坡高等法院请求撤销仲裁庭作出的裁决。2015 年 1 月,新加坡高等法院作出一审裁定,撤销仲裁庭的管辖权裁决,认为《中老 BIT》不适用于中国澳门特别行政区,世能公司随即上诉至新加坡最高法院上诉法庭。2016 年 9 月,新加坡最高法院上诉法庭判决维持仲裁裁决,认为《中老 BIT》适用于中国澳门特别行政区。案件的审理经历了从仲裁裁决认定"《中老 BIT》适用",到新加坡最高法院高等法庭主张"不适用",再到上诉法庭支持"适用"的"波折剧情"。至此,《中老 BIT》是否适用这一问题已通过新加坡国内法院体系的救济流程得到判决。

对此审理结果,原告世能公司表示不满,并称老挝政府实质违反条款内容。随后,原告依据双方于 2014 年 6 月 15 日在新加坡举行的听证会上达成的《和解协议》(以下简称《协议》)第 32 节的规定,向 ICSID 接连提出"第一次实质违约申请"与"第二次实质违约申请",意图"复活"案件。《协议》第 32 节规定了"赋予原告复活国际仲裁程序"的内容。2017 年 12 月 15 日,仲裁庭认为被告违反了《协议》第 8 节的内容,对原告"征收占赌博总收入 28% 的歧视性税收,减少了原告在收益中的份额",违反第 23 节的内容"未遵守承诺以使原告免于'当前的刑事调查'"。仲裁庭依据《协议》第 32 节的规定最终认定被告之行为构成"实质性违约",允许原告"复活"仲裁。

3. 结论

仲裁庭对于贿赂问题的审理于 2019 年 7 月 17 日结束,并于 8 月 6 日发布仲裁裁决。ICSID 和 PCA 两个仲裁庭都驳回了原告对老挝政府提起违反《中老 BTI》、征收条款及要求赔偿的主张,并裁定驳回原告的所有主张并由其承担相关费用。

4. 仲裁庭认为

(1) 仲裁庭对于腐败行为的认定

被告认为原告在投资过程中实施了贿赂和腐败行为,并在随后对东道国的投资行为中也涉嫌贿赂，故原告没有权利提起任何关于索要赔偿的主张。但是，原告否认其行为构成贿赂，并且否认所谓的贿赂和腐败行为与请求之间存在因果关系。对此，仲裁庭首先认定原告的行为涉嫌腐败，并根据《联合国反腐败公约》及经济合作与发展组织的规定将腐败定义为“在国际商事行为中获取或保留商业或其他不正当好处”，原告的财务违法行为违反了东道国关于“合法、善意投资”的规定。但是，仲裁庭也并未完全支持被告将“Clean Hands”作为抗辩理由，并认为如果将“Clean Hands”不加谨慎和限制地随意适用于国际投资法和投资仲裁实践中，将会增加投资风险，使纠纷结果模糊不清且不受控制。

(2)举证标准的适用原则

双方均认为原告行为违反了老挝国内法，但在证明标准应采用盖然性权衡标准，还是应适用更高的“明确令人信服”标准问题上，双方存在分歧。被告认为，“证明”贿赂和腐败具有较大难度。因此，为了有效打击上述行为，从现有的证据进行推论变得十分必要。识别“危险信号”作为合理的“推论”方法，已经在 Metal-Tech *v.* Uzbekistan 案中被成功运用，原告应该进行自证。但是，原告通过援引 Waguih Elie George Siagand Clorinda Vecchi *v.* The Arab Republic of Egypt 一案中的仲裁庭意见，即“适用的举证标准应当高于盖然性权衡而低于排除所有合理怀疑”，认为腐败证明标准应是提供“明确令人信服的证据”，被告应提供实质证据而非模糊的“推论”。

对此，仲裁庭虽然承认举证腐败较为困难，但程序公正要求提供的是确实证据而不仅仅是推测。“盖然性标准”要求对证据进行整体性评估和推论，而“明确令人信服的”证据则寻求更加紧密的证据模块，以确保证据链条可以经得起严格的审查。仲裁庭认为，在腐败行为的证据标准上必须整体评估哪些腐败行为已被“明确和令人信服的”证据所证实，哪些行为已被合理推断所排除，哪些行为是被“明确和令人信服的”证据证明，但又低于刑事犯罪的合理怀疑标准。

(3)举证标准的具体应用

仲裁庭对原告涉嫌向多个老挝政府官员行贿的行为作出区分，并且给出适用不同证据标准的认定结论。首先，对于被告认为原告为取得 2009 年 FTA 实施的贿赂行为，仲裁庭认为原告向老挝人员 Sengkeo 支付 3 万美元成功费与其顾问职业和原告获取投资比例的数额相符，支付“咨询费用”并无不妥，而被告提交的腐败证据“既不明确也不令人信服”，被告指控原告在取得 FTA 中实施贿赂行为的证据并未达到严重指控的必要标准。同样，仲裁庭也基于被告无法提供“明确令人信服的证据”证明贿款被转交至老挝政府官员处，裁定原告为了延长 FTA 的期限向老挝人员 Bouker Noutharath 支付 2.1 万美元的行为不构成行贿。其次，被告指出原告曾于

2012年向老挝人员支付50万美元用于停止安永会计师事务所的审计,但原告坚称这仅是对其提供的"贷款"而并非行贿。仲裁庭认为安永会计师事务所的审计将会对世能集团的业务造成威胁,该证据并未达到"明确令人信服的证据"标准,但已满足低一些的"盖然性权衡标准",这可以证明老挝人员和原告牵涉有关终止安永会计师事务所审计的违法行为,原告极有可能存在行贿行为。最后,对于原告曾有向老挝人员支付57.5万美元贷款的仲裁申请的行为,被告认为上述行为是为了使原告不提供证言。仲裁庭认为,被告所提证据虽未达到"明确令人信服的证据"标准,但已满足"盖然性权衡标准"。对于这一争议还需要结合原告的善意及其所主张的合法期待来讨论。

虽然仲裁庭并未在原则上明确答复"盖然性标准"和"明确和令人信服的证据"的适用标准,但在本案中,仲裁庭至少认为应该根据具体行为来区分证据的意图,单一地适用某一证据标准对于处理复杂案件,尤其像本案原告实施了多种贿赂和贪污行为,并非最优解。或许"区分具体行为适用的具体标准",才能使不同证据标准的价值最大化。

5. 律师点评

在以往案件中,一旦证实投资者与东道国之间的投资协议或者双方行为中存在贿赂和贪污行为,仲裁庭通常基于投资过程中的非法行为而裁定对案件缺乏管辖权,也就不会触及东道国后续的违约及其违反投资协定义务的问题。同时,仲裁庭无法对涉嫌贿赂的官员和东道国政府进行任何实质性制裁,很可能会导致东道国"全身而退",而投资者承担不利后果。因此,在涉及贿赂和腐败的投资仲裁管辖权范围上,是否有其他机制使东道国受贿官员得到相应制裁,或许会成为今后管辖权制度的讨论内容之一。同样,目前在贿赂和贪污行为的证明标准方面,采用"盖然性权衡标准",还是"明确令人信服"证明标准也依旧存在争议。

自2013年"一带一路"倡议提出以来,我国对外直接投资实现巨大突破。我国投资者在加大对外投资的同时,更应关注对外投资风险的规避。基于对本国投资者利益的保护,我国应明确是否可将贿赂和腐败问题纳入仲裁庭的管辖范围,并明确贿赂行为的证明标准,以及在投资仲裁中能否参照我国国内法关于腐败贿赂的证明标准以维护我国投资者的利益。

在老挝,中国企业拥有众多发展机遇,然而当世能公司在当地投资并极大地促进了当地经济发展时却遭遇了当地政府的不合理对待,这一点是我们难以预料和无法理解的。作为投资企业,我们期盼当地政府可以理解、充分认识外资对自身发展的重要性。

第三章 贸易法律制度及法律风险

一 贸易主管部门

老挝贸易主管部门为老挝工业与贸易部(下设省、市工业与贸易厅,县工业与贸易办公室),主要职责是制定、实施有关法律法规,发展与各国、地区及世界组织的经济贸易与合作,管理进出口、边贸及过境贸易,管理市场、商品及价格,对商会或经济咨询机构进行指导以及企业与产品原产地证明管理等。

二 货物贸易法律规定

老挝与贸易相关的主要法律有《投资促进法》《关税法》《企业法》《进出口管理令》《进口关税统一与税率制度商品目录条例》等。老挝所有经济实体均享有经营对外经济贸易的同等权利,除少数商品受禁止和许可证限制外,其余商品均可进出口。

禁止进口商品:枪支、弹药、战争用武器及车辆,鸦片、大麻,危险性杀虫剂,不良性游戏,淫秽刊物等5类商品。

禁止出口商品:枪支、弹药、战争用武器及车辆,鸦片、大麻,法律禁止出口的动物及其制品,原木、锯材、自然林出产的沉香木,自然采摘的石斛花和龙血树,藤条,硝石,古董、佛像、古代圣物等9类商品。

进口许可证管理商品:活动物、鱼、水生物,食用肉及其制品,奶制品,稻谷、大米,食用粮食、蔬菜及其制品,饮料、酒、醋,养殖饲料,水泥及其制品,燃油,天然气,损害臭氧层的化学物品及其制品,生物化学制品,药品及医疗器械,化肥,部分化妆品,杀虫剂、毒鼠药、细菌,锯材,原木及树苗,书籍、课本,未加工宝石,银块、金条,钢材,车辆及其配件(自行车及手扶犁田机除外),游戏机,爆炸物等25类商品。

出口许可证管理商品:活动物(含鱼及水生物),稻谷、大米,虫胶、树脂、林产品,矿产品,木材及其制品,未加工宝石,金条、银块等7类商品。

此外,老挝对各类动植物产品的进口均进行检疫,并对进口产品的特征及进口商的相关信息进行检查。

动物检疫:根据老挝动物检疫规定,活动物、鲜冻肉及肉罐头等进口商须向农林部动物检疫司申请动物检疫许可证。商品入境时由驻口岸的动物检疫员查验产地国签发的动物检疫证和老挝农林部签发的检疫许可证。

植物检疫:老挝农林部负责植物检疫工作。进口植物及其产品须在老挝的边境口岸接受驻口岸检查员检查,并出示产品原产国有关机构签发的植物检疫证。

海关管理制度:老挝政府于1994年12月颁布实施《统一制度和进口关税商品目录条令》,2005年5月颁布实施《关税法》,2001年10月颁布实施《商品进出口管理法令》等法律法规,对海关管理作了一系列规定。其中,《关税法》对进出口商品限制、禁止种类、报关、纳税、仓储、提货、出关、关税文件管理及报关复核等作了相关规定。

关税税率:老挝关税分自主关税、协定关税、优惠关税、减让关税和零关税等五种不同的税率,详情可参见《统一制度和进口关税商品目录条令》及有关关税调整通知等文件。

报关流程:货物进入仓库→过磅→做仓库临时报关单→打货物临时报关单→报海关审核→报海关领导签字→打税单上税→海关检验货物→付仓库费→海关做记录、进关。

报关所需材料:老挝计划投资部批文、企业投资许可证、企业申请报告、企业营业执照(复印件)、企业税务登记(复印件)和货物老文清单(含数量、价格、重量、规格等)。

三 贸易法律风险及防范建议

老挝境外投资主要来自东南亚、中国、韩国、日本、欧洲、北美洲、澳大利亚等国家和地区。其中,前三分别为中国、越南、泰国,其他国家和地区投资比例较低。这不仅是因为老挝和中国地理位置接近,更是因为其历来是中国的友好邻邦。同时,为了推动“一带一路”在东盟国家的深入发展,中国不断地对周边友邦进行投资支持。对老贸易法律风险主要体现在以下方面。

(一)政府违约风险

在对老挝投资的实际操作中,除了掌握繁复的准入规定,明确哪些行业可以投资哪些行业不能投资或者限制投资外,还有一些操作性的风险,首要的就是政府违约风险。在老挝投资的企业会遇到由于政府违约而遭受损失的情况,这就需要投资者和老挝政府在准入阶段签订的协议的内容有明确的法律规定支撑,否则在之后的经营阶段将承受巨大风险。如第 2 章所提到的世能公司诉老挝政府案就是一个例子。

(二)合同风险

中国企业在对外投资过程中,不仅要注意自身违约的风险,还要注意对方违约的可能性,因为实际操作中遭受损失的一方往往需要举证证明,否则将会承担不利的法律后果。由于老挝《民法典》与中国《民法典》存在差异,中国企业若不能对老挝《民法典》与中国《民法典》中对合同相关规定的异同作出区分、明晰相应法律风险,贸然投资,将会面临巨大的投资法律风险。

针对以上提及的对老贸易法律风险的应对策略有:

1. 投资前进行客观全面的尽职调查和策划。中国企业在投资前应当对老挝投资相关法律法规和政策进行客观全面的尽职调查和投资项目策划。一方面,可以做到让法律先行,尽可能地避免由于对老挝投资法律法规不了解、不熟悉而产生的法律风险;另一方面,也可以保障投资人在投资运营过程中合法合规地开展投资活动。

2. 选择合适的投资保险。中国企业在对老挝投资过程中,应当注意选择合适的投资保险种类向国际投资担保机构或国内投资担保机构投保以分担贸易投资风险。

3. 主动构建良好投资合作环境。境外投资的中国企业需要主动构建良好的投资环境,积极与当地政府沟通建立良好的合作伙伴关系,组织并参与当地的公益活动,树立中国企业在东道国政府和当地居民心中的良好形象,推动投资活动有效开展。

4. 加强投资企业信息公开。中国企业在对老挝投资过程中可以增强企业信息公开的透明度,在投资过程中对资本准入、运营阶段可能遭遇的法律风险具体涉及内容可以通过媒体、网络、企业官网等向东道国、东道国居民及员工公开,这样可以树立企业形象、增强企业在东道国的民众信任度,使企业获得公正、公平的待遇,也可以避免由此引发的一系列不必要的法律风险。

四 相关案例

对老投资贸易前应对老挝法律规定知晓明晰

——中国某工程建设集团与老挝企业债权转让纠纷

1. 裁判要旨

依据《合同法》,债务转让无须取得债权人同意才能生效。

2. 案情简介

2007 年,中国某工程建设集团赴老挝开展基础设施项目的投资活动,与当地一家合资公司合作,承揽该合资公司道路建设项目中五座桥梁的建设项目,标的额为 500 万美元。当时,由于迫切希望能够获得此次投资机会,中方在合同订立时做了较大程度的让步,约定合资公司在合同成立之后支付标的额 10% 的定金中方即可开始建设,完工验收之后再付剩余的 90% 尾款。中方在收到合资公司支付的 50 万美元定金之后即刻开始项目的建设工作并如期完工交付,可合资公司迟迟以暂时没有足额的资金支付为由一拖再拖,最终中方通知其若不在一个月内支付项目剩余款项将依法提起诉讼。此时,合资公司未经中方同意擅自将其对中方建设公司的债务全部转让给了一家濒临破产的泰国公司。由于老挝《合同法》没有关于债务转让时应当取得债权人同意才能生效的"同意权利"的规定,因此老挝法院判决债务转让有效,给中方项目建设公司造成了巨大损失。

3. 案例分析

法律风险是海外投资所有风险中的首要风险。老挝的基本法律都已经具备,但已有法律法规比较抽象,可操作性不强,各种补充类规定及政策比较分散,造成了老挝法律体系缺乏条理性的局面。另外,对于已有的法规,各个部门之间定义不尽统一,解释不尽相同,与我国国内法律规定更是存在诸多不同。故我国企业不能贸然对老挝投资,而应当明确老挝合同相关规定与我国合同规定的区别和其他法律风险,对于法律规定意思不明确的,可以向当地的律师咨询,必要时可要求其进行调查和核实并出具相关的法律意见书,避免面临巨大的投资法律风险。

第四章 公司法律制度及法律风险

一 公司设立法律制度

老挝于1986年开始实行革新开放政策,完善法制建设。1991年8月,老挝颁布了第一部共和国宪法,以后又陆续制定颁布了《合同法》、《所有权法》、《会计法》、《外国投资法》及其实施细则、《外援外贷管理法》等数十部法律法规。

1994年8月,老挝颁布了第一部《企业法》,该法共4章31条,使老挝社会经济建设和发展逐步走上了法制化的轨道。

2005年11月,老挝国会为促进经济发展,应对新的发展趋势,对1994年《企业法》进行了大幅修订,新修订的《企业法》共10章245条。

二 公司设立的法律风险及防范建议

近年来,在老挝设立公司面临的主要法律风险在于:对老挝的法律规定不了解、忽略对环境保护的重视、未进行有效税务管理、没有强化知识产权保护及相关风险控制、没有全方位保护劳工权益等。故应当从以下几个方面入手改善现状:

(一)适应法律环境的复杂性

近年来,随着老挝对外开放力度加大,各种法律都在修改完善之中,需不断关注最新法律、法规和政策,可聘用律师事务所和政府部门中的资深法律专家作为法律顾问,也可随时登门或通过电话咨询和请教。还需特别注意两点:①在同老挝政府签订投资协议时,老挝承诺的优惠政策应有法律依据,否则在执行中仍可能会出现争议;②老挝计划投资部为老挝外商投资的统一受理部门,在实际运作中存在内部程序多、时间长的问题,因此需要有耐心并保持沟通,及时提供补充资料和解答有关问题。

（二）披露相关信息并重视环境保护

环境影响评估是很多国家的一项重要制度，老挝也不例外，中国企业在老挝的投资建设过程中，要注意环境的保护，遵守与环境保护相关的法律规定，最大限度地减少由于环境问题所招致的法律处罚。大量资料显示，在环境方面中国企业面临众多非自身原因所导致的风险，因此必须要从环评信息公开入手，强化这一环节的透明程度。作为企业需要将自身的有关环境信息向社会披露，使民众充分了解项目情况以及对环境所产生的影响，减少民众因为不了解所产生的担忧，从而使自身可以有效并合理地远离环境法律风险。

（三）创设有效税务风险管理系统

在税收层面，要想最大限度上管控风险则需要企业积极强化自身主动性，通过合理手段与多重方法在遵守有关税收规定的前提下创设行之有效的税务风险管理系统，做好公司在该领域的风险管理工作，从而在满足发展需求的同时在一定程度上减轻税务机关的工作压力。

（四）强化知识产权及相关法律风控

保护知识产权是规避法律风险的又一重要举措。大量实践表明，知识产权中凝结着价值难以估量的智慧，能够在社会经济活动当中创造财产利益，是企业的文化象征，于其发展有着举足轻重的作用。技术成果恰恰是知识产权当中的一种，一项技术成果的实现往往需要大量的投入，关系到企业的发展速度和方向，一旦出现问题将使企业蒙受巨大损失。

三 相关案例

在老挝法人犯罪投资者或与公司一同承担刑事责任

——某土地租赁公司负责人指使员工焚烧林地事件

1. 裁判要旨

老挝《刑法典》第 88 条规定，法人的犯罪是组织机构或法人的代表的犯罪。因此，法人若犯罪也将承担刑事责任。

老挝《刑法典》第 89 条规定，法人在以下情形将对自己的行为承担刑事责任：

（1）该犯罪是以法人名义而为的行为；

(2)该犯罪是为法人的利益而为的行为;

(3)该犯罪是在法人自己的指示、管理和决定之下而为的行为。

法人承担刑事责任,将不会导致相关犯罪的个人的刑事责任被免除。

2. 案情简介

某公司在老挝经营土地租赁项目,其名下租赁有大量土地,并雇用老挝员工管理。公司主要管理人员决定并下发通知,要求公司员工对其名下租赁的一块林地进行焚毁破坏,开垦后用于种植芭蕉树,老挝员工根据公司决定参与了放火和清理工作。造成林地焚毁面积达 20 公顷。当地法院判决该公司与指使员工违法犯罪的主要管理人员均承担刑事责任。

3. 案例分析

该公司的员工虽然是实施放火毁林行为的主体,但作为公司员工执行公司的决定,公司不能被豁免刑事责任。因此,该公司要承担相应的刑事责任,放火毁林的员工、指使员工焚烧的负责人也将承担相应的刑事责任。

第五章 外汇法律制度及法律风险

一 外汇法律制度

老挝的金融环境相对宽松，原本严格的外汇管制政策也在逐渐放宽，目前老挝外汇管理法允许在老挝注册的外资企业在老挝银行开设外汇账户，用于进出口结算，但外汇的进出仍然需要向老挝海关和政府申报。

1. 境内外汇使用

外汇管理法允许定居或非定居在老挝的自然人或组织机构在老挝通过持有或开户存入商业银行的方式依法支配所得外汇，但法律对可以使用外汇的情形有所限制，根据《外汇管理法》第10条的规定，自然人和法人可以基于以下情形在老挝境内使用外币进行结算：①结算外国进口商品；②结算与商品进出口直接相关的服务，如过境运输费、保险费、过境仓储费及其他服务费；③清偿外国债务和商业信贷；④根据政府决议对外国进行援助；⑤将外国投资者的利润、股息、基金、利息、其他服务费和外国人的劳务费汇回或者汇入第三国；⑥将资金转入外国进行投资；⑦在境外留学、旅游、访问和疗养；⑧老挝人民民主共和国银行公布的符合法规的其他情况。除此之外，在老挝境内进行的任何买卖商品、服务、清偿债务、支付工资、纳税、定价等行为必须使用老挝基普进行结算。

2. 外汇的跨境转移

外汇管理法将外汇的跨境转移分为两种情形：一是为个人目的或商业目的而进行的外汇跨境转移，对于这一类外汇的转移，外汇管理法规定定居老挝和非定居老挝的人员和机构将外汇汇入老挝可以不限数额。将外汇汇出老挝需要遵守相关法规并符合上述外汇使用的规定；携带现钞出入境的，有数额限制；如果携带现钞入境超过数额限制，需要向海关进行申报；如果携带现钞出境超过数额限制，应当经老挝人民民主共和国银行批准。二是为投资等目的的资本出入境行为，对于这一类外汇转移，《外汇管理法》第24条规定有意赴老挝投资的外国个人、法人和机构必须通过银行系统转入资金并在老挝境内的商业银行开立存款账户。外汇资本和物质资本入境必须依照法规向老挝人民民主共和国银行出示证明文件;《外汇管理法》第25条规定定居老挝的人员和机构需要携带资本出境投资时,必须在相关部门同意的基础上经老挝人民民主共和国银行的许可。

3. 外汇账户开立与外汇业务经营

外汇管理法允许在老挝的自然人或法人在老挝境内的商业银行开立账户、取款及获得外汇利息,对于非定居人员还可以通过在老挝境内的商业银行兑换外汇的形式开立基普存款账户,并可以取出、获得基普利息以及将该账户中的基普兑换为外汇。同时,对于定居在老挝的自然人和法人,外汇管理法也允许在特定范围内开立境外账户,以便使用外汇进行国际结算,这类业务范围包括:①陆路、航路和水路运输、邮政、保险、旅游、劳务输出和国外项目承包等跨境经营活动;②接受和清偿外国贷款,包括外国商业贷款;③经有关部门批准在境外设立分支机构或者代表处;④在境外投资;⑤老挝人民民主共和国银行规定的符合法规的其他目的。

就外汇业务而言,老挝政府对外汇业务的经营采取严格的管控措施,《外汇管理法》第19条规定,自然人或法人须向工贸部门提出申请,并且必须获得老挝人民民主共和国银行批准,方能经营外汇业务。

二 外汇法律风险及防范建议

老挝的金融业整体而言不发达,金融管理的水平较低,因此在老挝投资的外国企业,存在投资汇兑风险。例如,虽然根据老挝相关规定,外国投资者可以汇出利润,但在实际操作中,很多企业仍然反映有很多障碍。投资者将利润汇出老挝境外,需事先得到老挝国家银行的批准,但这一审批程序的过程等待时间较长,还会遇到一些不透明和不确定性的问题。

同时,老挝的政府管理效率较为低下,据报道行政机关的官僚作风较为严重,贪污腐败和索贿受贿的现象和其他东南亚国家相比有过之而无不及,这些情况,在金融监管和外汇管理当中依然存在。虽然老挝政府为改善对外投资环境设立了"一站式"的窗口服务,但投资项目的审批程序仍然非常烦琐,很可能贻误重要的投资时机。

针对上述问题,赴老挝投资的企业应注意:在进行投资前,要对老挝的金融体制和外汇管理规定进行充分的调研;对于注册资本金和投资比例的确定,要和企业的发展相适应;对外汇的汇入和利润的汇出,均要考虑时间余量。如果涉及投资强度大、投资期限长的项目,投资人还可以基于老挝主权信用较低的情况,咨询相关的对外投资担保机构,考虑是否需要采用对外投资的保险。

三 相关案例

对老挝投资的企业应充分重视外汇法律风险

——老挝警方严惩未经许可的货币兑换

1. 案情简介

老挝一位名为 Phutthavong Sisuwan 的男子在没有从事外汇业务的许可证和未经有关方面许可的情况下,通过网络社交媒体(Facebook)宣传其可以进行货币兑换。在调查过程中,当事人供认其存款账户在 2022 年 5 月一直处于活跃状态。他的账户在 1 个月内入账 957,625,800 基普,转出 957,846,000 基普;转入 872,870 泰铢,转出 850,856 泰铢;转入 31,043 美元,转出 31,116 美元。

2022 年 6 月 17 日,警方对该男子擅自开通网上外汇服务的行为进行了教育和警告,下一步将依法追究其刑事责任。

2. 案例分析

无从事外汇业务许可证和未经有关方面许可进行外汇活动违反了《外汇管理法》第 285 条和《非法经营法》第 297 条(《非法经营法》第 297 条规定,任何人在未注册企业或未按照企业目标开展业务的情况下开展业务活动,将被处以 3 个月至 1 年的监禁或不得假释的监禁,并处以 500 万~1000 万基普的罚款)。在老挝投资的中国企业务必对老挝的金融体制和外汇管理规定进行充分的调研、学习,或请当地熟悉外汇业务的人士进行外汇操作。

第六章 土地法律制度及法律风险

一 土地法律制度

1. 老挝实行土地公有制,国家拥有土地的唯一所有权

老挝《土地法》规定,中央政府统一、集中管理全国范围内的土地,授权国家土地管理局具体负责相关事务。

2. 老挝土地分类

(1)按区域划分:平原地区、高原地区和山区。

(2)按经济功能划分:城镇地区、农村地区、经济特区和经济专区。

(3)按土地用途划分:农业用地、林业用地、水域土地、工业用地、交通用地、文化用地、国防治安用地、建筑用地。

3. 外国投资者用地相关规定

老挝现行《土地法》规定,外侨、无国籍人、外国人、外籍老挝裔及其组织在老挝获得土地使用权的方式有三种,分别是:

(1)租赁

外国人投资者可以以租赁方式获得土地使用权,即投资者可以向国家租赁土地,也可以向老挝公民租赁土地,但政府一般不会向外国投资者出租土地,而是以特许经营的方式向外国投资者出让土地特许权。投资者以租赁方式向老挝公民租用土地取得土地使用权的,需要在村长见证下签订租赁合同,再由村委会逐级向县级土地管理所、省级土地管理局、国家土地管理局报送租赁材料,并且租赁的期限不得超过30年,但经租用双方同意,在国家土地管理局审批后,可以续租。

以租赁方式取得土地使用权的,存在租赁合同报备程序烦琐、租赁期限短、稳定性差的缺点。

(2)特许经营国家土地

若外国投资者拟通过土地特许权的方式,在支付一定的特许经营费用后获得土

地使用权，则需要在取得土地权利前与老挝政府达成一项谅解备忘录和一份项目开发协议，该方式需注册登记企业，不得以个人名义申请。

以土地特许权方式取得土地使用权的，存在程序烦琐、门槛高、限制多的缺点。

(3)购买国有规划土地有条件使用权

老挝现行《土地法》允许外国人购买国有规划土地有条件使用权，这意味着外国人不需要通过老挝人代持土地也可以购买老挝的土地用于建房、投资等。

需要注意的是，国有规划土地有条件使用权的年限仅为 50 年。

二 土地使用风险及防范建议

(一)土地使用风险

《土地法》实施后，传统土地代持的土地交易模式将面临政府的严厉处罚。《土地法》第 186 条规定，违反该法的个人、法人或组织将被教育、警告、纪律处分、罚款、赔偿民事损失或者依法处以刑事处分。如果个人实施或合谋参与伪造土地产权证、颁发的土地产权证重复或重叠，将按照损失价值的 2 倍处以罚款，并依法处以刑事处分。如果发现老挝的个人、法人或组织，把土地使用权出售给外侨、无国籍人、外国人和外籍老挝裔，除了要按照本条第一段所规定的惩罚措施执行外，上述土地还将被没收。

(二)防范建议

1. 在《土地法》实施的背景下，外国投资者在老挝以土地代持方式交易土地的风险进一步提升，投资需谨慎。如果有意向投资老挝土地，应当先咨询当地法律服务机构，了解土地政策，选择更加合适的投资模式，合理把控投资风险。

2. 外国投资者在租赁土地时，应尽量直接与老挝政府签署土地租赁协议，在向私人租用土地时要注意土地类型，以免土地用途和类型不符造成不必要损失。

3. 在投资项目涉及征地赔偿问题时，应事先与土地使用权人达成书面共识，以免引起不必要的纠纷。

三 相关案例

1. 案情简介

A、B 均为在老挝投资的外国自然人，于 2019 年 4 月初达成书面合作协议，即

A、B 共同投资设立一家经营酒店业务的有限责任公司(以下简称酒店公司),A 以 60 万美元现金出资,持有该酒店公司 60% 份额,B 以万象市某地段的土地使用权出资,持有该酒店公司 40% 份额。同时,A、B 约定酒店公司设立前,统一由 B 代为管理注册资本,待公司设立后存入公司账户,为保障 A 的权益,B 同意将上述土地使用权抵押给 A,双方签订了《土地使用权抵押合同》,但未实际交付土地使用权证书原件,也未办理土地使用权抵押登记。后因公司注册、土地归属等问题发生纠纷,B 拒绝返还代为管理 60 万美元。

2. 案例分析

本案中,A 应该在签订合作协议之前对以下 3 个问题进行核实,从而有效地防范风险,避免不必要的损失:

(1)该土地使用权的权属、位置、土地性质等问题。

本案中,B 以万象市某地段的土地使用权出资,那么 A 首先应该核实 B 是通过何种途径获得该土地使用权,比如租赁或者特许经营的方式,目的是明确该土地使用权的真实性、合法性,以及进一步明确土地使用权的剩余年限,避免正式进入合作阶段,却出现土地使用权已到期的情况。实践当中,许多在老挝的外国投资者声称对某块土地享有"永久使用权"或"所有权",然后以寻求项目合作的名义骗取钱财。《土地法》(2003 年)第 3 条明确规定老挝土地所有权属于国家,外国人只能通过租赁或者特许的方式获得一定年限的土地使用权。所以,老挝国民和外国人对土地仅拥有使用权,而非土地所有权。

核实土地位置和土地性质也是必不可少的环节,实践当中,大量出现"土地证"所载明的土地坐标与原土地使用权人描述的位置不符,从而使投资者蒙受巨大损失的情况。之所以要核实该块土地的性质,是因为它直接关系投资者的投资目的能否实现。比如,本案中的两位投资者 A、B 要经营酒店业务,如果核实到的土地性质为"农业用地",那么就需要转变土地性质,土地性质转变流程较为烦琐,要获得相关土地管理部门的书面同意,并且需要对土地性质转变的必要性、环境影响、居民影响等方面进行考察。若不事先核实清楚,可能会因酒店场所不能确定而影响投资进度。

(2)外国投资者从事酒店业务类的基本条件。

老挝政府为保障本国国民就业,对外国投资者的投资行业作了一系列限制性规定,其中三星级以下的宾馆属于保留类经营范畴,仅允许老挝国民经营。上述案例中,若 A、B 所经营的宾馆达不到 3 星级标准,可能会面临不能获得相关经营许可证的风险。

(3)土地使用权抵押的生效要件。

在上述案例中,B 同意将上述土地使用权抵押给 A,但双方仅签订了《土地使用权抵押合同》,并未办理土地使用权抵押登记,实际上该抵押行为并未发生法律效力,A 就该土地使用权不能主张优先受偿权。《履约担保法》第 31 条明确规定了不动产抵押的登记要件,即不动产抵押合同应该向不动产所在地的土地管理机关进行登记备案,不动产抵押合同自登记之日发生法律效力。

因此,如某合作方提出以土地使用权作为出资进行项目合作,建议投资者一定要谨慎,要对该土地的权属、位置、性质等方面进行核实。如果需要签订《土地使用权抵押合同》,那么一定要严格按照《合同法》《履约担保法》的相关规定,从形式和内容上规范合同文本,从而有效保障投资者自身权益。

第七章 税收法律制度及法律风险

一 税收法律制度

目前,老挝实行全国统一的税收制度,对外国企业和个人与老挝本国的企业和个人同等适用。老挝财政部下设的税务总局是税收主管部门,主要负责管理税收,制订收支计划,检查、统计纳税情况等。

与外资直接相关的老挝税收法律主要包括《投资促进法》《企业法》《税法》《增值税法》等。

老挝将其税收分为直接税和间接税。其中,直接税以个人、公司及其他组织为纳税人,包括任何取得源于老挝境内收入的外国公司或外籍个人,直接税主要是利润税、所得税、定额税、环境税、手续费和专业服务费五种。间接税主要是增值税和消费税两种。具体见表2。

表2 老挝主要税种和税率

税种	税率		征税对象
利润税	进口、生产和销售烟草产品的企业	22%	任何公司如根据老挝法律注册,或是根据外国法律注册成立并在老挝从事经营活动,需就其来源于老挝境内的利润缴纳利润税。同时,在老挝从事经营活动的主体或老挝居民,应就其在海外的经营利润在老挝缴纳利润税
	矿业活动企业	35%	
	个体经营者和自由职业者	0~20%	

续表

税种		税率		征税对象
所得税	工资所得税（月薪，累进税率）	130 万基普以下（起征点 100 万基普）	0	外籍人员除非来自与老挝签订避免双重征税协定的国家，否则需在老挝缴纳个人所得税
		130 万～500 万基普	5%	
		500 万～1500 万基普	10%	
		1500 万～2500 万基普	15%	
		2500 万～6500 万基普	20%	
		6500 万基普以上	25%	
	其他所得税	股票转移、网上交易	2%	
		外籍人士所获得的股息、利息、租金收入	10%	
		知识产权	5%	
定额税		年营业收入不超过 120 万基普	免税	由未在税务机关进行增值税注册登记的个人及法人（年营业额不超过 4 亿基普）按照与税务部门签订的《定额税合同》缴纳
		年营业收入超过 120 万但少于 500 万基普	不超过 6 万基普/年	
		年营业收入超过 500 万基普但少于 4 亿基普	3%～7%	
增值税		进口货物/商品，老挝当地制造的商品或提供的服务，出口未经处理的自然资源	10%	在老挝境内从事进口、生产、销售应税商品及提供应税服务的单位、组织和个人均须缴纳增值税
		出口货物/商品，以及处理后的自然资源	0	

续表

税种	税率		征税对象
消费税	燃料和燃气	9% ~39%	燃料、酒类或酒精类饮品、软饮料、烟草产品、电信服务、美容服务等19类商品和7类娱乐服务项目必须缴纳消费税
	酒类或酒精类饮品	45% ~50%	
	成品饮料	5%及10%	
	烟	25% ~45%	
	香水、美容产品和宝石类装饰品	20%	
	各类地毯	15%	
	牌及赌博玩具	90%	
	焰火、烟花和爆竹	80%	
	交通工具	10% ~150%	
	车辆配件及装饰品	10%及15%	
	通讯设备及配件	10%	
	电器(空调、洗衣机、吸尘器)	10%	
	台球桌、斯诺克球桌、保龄球器材、足球游戏桌	20%	
	各类游戏机	30%	
	娱乐服务	10% ~80%	
环境税	政府正在研究具体税率实施相关办法		在老挝境内被允许从事生产经营、使用自然资源并对环境造成污染,对人、动物、植物的生命健康以及生态平衡造成损害的个人、法人和组织需缴纳环境税
手续费和专业服务费	手续费、服务费税率应按照与手续费和专业服务费的实施工作有关的《政府令》以及各时期颁布实施的其他相关制度执行,政府组织应就其提供的与公文和其他公共服务相关的服务收取费用		使用与公文和其他公共服务相关服务的个人、组织或法人

二 税收法律风险及防范建议

(一)信息报告风险

1. 登记注册制度

老挝税法规定,所有境外承包商及分包商在老挝从事商业活动前都应取得纳税证明。需要注意的是,在实际操作中,境外承包商及分包商无法自行申请该项证明,应由老挝当地的代理机构代为申请,并提交给相关机构。

2. 信息报告制度

企业应在每年年末向税务机关提交财务报表。需要注意的是,在实际操作中,除非税务机关有特殊要求,否则大部分当地企业提交给税务局的财务报表均是未经审计的内部财务报表。通常情况下,金融机构及租赁公司才会被要求提供经审计后的财务报表。

(二)纳税申报风险

1. 在老挝设立子公司的纳税申报风险

一般而言,老挝纳税人在向税务机关正式提交纳税申报材料之前,便已就纳税事项与税务机关达成一致意见。因此,通常企业被老挝税务机关质疑的可能性相对较低。但如果主管税务机关或专管员发生变更,企业可能就同一纳税申报事项得到不同的纳税处理意见。鉴于此,企业应积极尝试与税务机关进行事前沟通,以规避该类风险。

2. 在老挝设立分公司或代表处的纳税申报风险

根据老挝法律规定,外国企业在老挝设立的分公司仅限于以下类型:

(1)航空公司;

(2)金融机构;

(3)保险公司。

需要注意的是,企业在老挝设立的分公司需要建立自己的增值税合规管理流程并向当地税务机关申报缴纳增值税。企业总公司需要合并计算各分公司的增值税应纳税额,并统一向总公司所在地的税务机关申报相关信息。

根据老挝法律规定,外国企业在老挝设立的办事处不得进行任何营利活动,仅被允许调查研究老挝的投资情况及收集相关数据。需要注意的是,该类办事处仍然需要向老挝财政部税务总局申领纳税人身份号码。

3. 在老挝取得与常设机构无关的所得的纳税申报风险

当老挝税法与税收协定中“常设机构”条款发生冲突时，老挝没有法规明确规定需要优先按税收协定条款执行。在实际操作过程中，老挝当地税务机关会根据对税收协定的理解，考虑税收协定条款的影响。因此，在老挝取得与常设机构无关的所得时，应事先咨询老挝税务机关对于纳税申报的处理意见。

（三）调查认定风险

企业（尤其是跨国企业）通常对引起税务调查的原因缺乏了解，可能因此造成税务成本的增加。然而，老挝的情况比较特殊，当地开展税务调查比较罕见。如前所述，一般情况下，纳税人会在主管税务机关的指导下进行纳税申报，纳税人在进行正式的纳税申报前便会与税务机关沟通。因此，企业被老挝税务机关质疑的可能性相对较低，但仍需注意规避由于税务机关或专管员变更所带来的税务处理不利影响。

（四）享受税收协定待遇风险

如前所述，老挝没有法规明确规定当税收协定与当地法规发生冲突时是否优先执行税收协定条款，针对该种情况，老挝税务机关在实际操作中拥有较大的自主决定权。因此，对于与老挝当地企业有业务往来的中国企业，应在进行交易前事先咨询老挝税务机关对于预提税的处理意见，从而规避因老挝税法与税收协定发生冲突而给自身带来的不利税务影响。

（五）其他风险

企业在海外投资的初期，搭建有效的投融资架构，不仅可以优化海外投资整体税负，降低税务风险，还可以达到更高的运营和管理效益，有利于企业今后的海外拓展活动。

常见的海外投资架构分为两类：第一类是直接控股架构，第二类是间接控股架构。

直接控股架构（见图1），即企业直接在老挝设立子公司或分支机构。其优点在于：（1）简化投资环节和设立企业的程序；（2）减少相应的设立、经营及管理费用。缺点在于：（1）股息分配的税负较高；（2）股权转让所得的税负较高，该税负无法递延到以后，从纳税时间上来看税务负担比较重；（3）中国企业转让海外子公司股权，应当向外汇管理部门提交股权转让报告书，并且需要将所得外汇收益调回境内，外汇管理复杂；（4）如果中国企业有多个海外投资项目均纳入上市范围，则需要在未来进行大规模的整合与架构重组，海外上市缺乏灵活性。

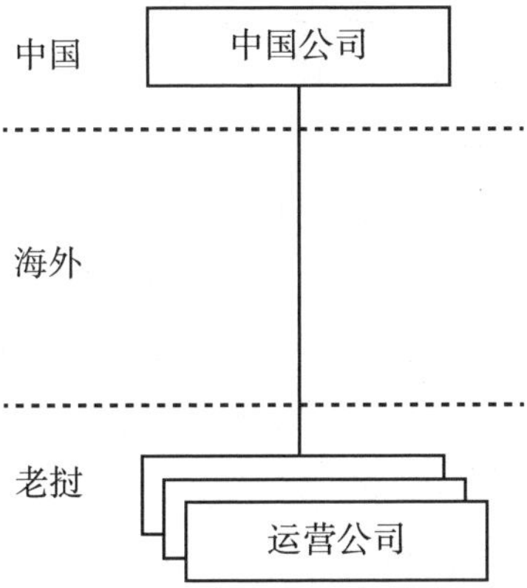

图 1 直接控股架构示意

间接控股架构(见图 2),指通过在中国及老挝之外的第三国设立一层或多层中间控股公司,间接持有位于老挝的运营公司。其优点在于:(1)降低股息的当地预提税;(2)避免股权转让所得的当地预提税;(3)第一层控股公司可以作为海外投资平台,便于管理,并在一定程度上降低第二层控股公司"受控外国公司"和"居民企业"风险;(4)海外上市更具灵活性。缺点在于:(1)需要中间控股公司的设立和维持成本,并且可能需要符合控股公司当地的实质性要求;(2)股息分配、股权转让所得的递延纳税存在一定程度的税务风险。

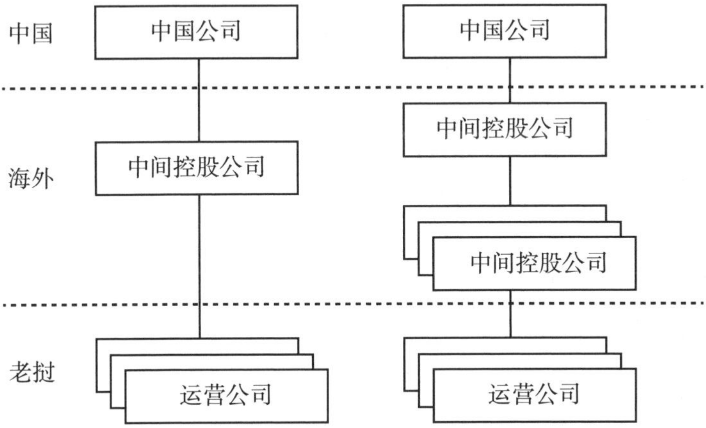

图 2 间接控股架构示意

企业在搭建海外投资架构时,应根据企业自身的海外业务发展规划,综合考虑投资法规、资本保护、资金需求、资金回流、税务效率等各项因素,其中应重点关注的税务事项包括但不限于:

中国(投资母国)企业需要关注的是股息收入的所得税、资本利得的所得税、税收协定、居民企业、受控外国公司、外国税收抵免。

如果有中间控股公司,需要关注中间控股公司所在国家(地区)的股息、资本利得的所得税、资本利得的预提所得税、税收协定。

老挝(投资东道国)子公司或控股公司需要关注的是股息汇出的预提所得税、资本利得的预提所得税、税收协定。

(1)股息、资本利得相关的所得税及预提所得税

中国企业取得海外控股公司分配的股息(红利)以及转让海外控股公司取得的资本利得,通常需要按其适用税率在中国缴纳所得税。

运营公司在老挝已缴纳的所得税,以及母公司在老挝缴纳的股息和资本利得预提所得税,在符合一定条件时,可以在一定限额内抵免母公司取得运营公司分配的股息收入和转让海外运营公司股权取得的资本利得需要在中国缴纳的所得税。

如果母公司通过中间控股公司持有海外运营公司的股权,中间控股公司会将海外运营公司分配的利润以股息的形式分配给母公司,因此需要考虑中间控股公司所在地对股息汇出征收的预提所得税。

(2)税收协定

应关注的税收协定包括中国与老挝之间的税收协定、中国与中间控股公司所在国家(地区)之间的税收协定以及老挝与中间控股公司所在国家(地区)之间的税收协定。

例如,若中间控股公司所在地和中国及老挝均签订了优惠的双边税收协定,则老挝运营公司通过中间控股公司向位于中国的母公司汇回股息所需缴纳的预提所得税,以及转让老挝运营公司股权或转让中间控股公司股权而获得的资本利得所需缴纳的预提所得税均有可能获得减免。

第八章

劳动就业法律制度及法律风险

一 劳动用工法律制度

老挝涉及劳动雇用保障权益的法律主要是《劳动法》(2013 年),其对签订及解除劳动合同、工作时间、工资、假期福利和社会保障等作出了详细规定。

(一)劳动合同

1. 签订合同

劳动合同一般以书面合同为主,计日和量小的工作可为口头合同。劳动合同必须规定工作地点、工作内容、工资标准和其他相关福利。劳动合同可分为固定期限合同和无固定期限合同。固定期限劳动合同的期限一般不超过 3 年,超过 3 年的视为无固定期限合同。雇用双方必须在固定期限合同期满后 60 天内确认是否续签新合同。

2. 解除合同

用人单位在解除劳动合同时,须至少提前 30 天告知体力劳动者、至少提前 45 天告知专业技术劳动者。对于固定期限合同,雇用双方可在协商一致的情况下提前解除合同。

在以下情况用人单位可提出解除劳动合同,并以书面形式告知雇员,解释相关原因,向员工支付月度剩余工资和其他相关福利:

(1)员工缺乏必要专业技能,或有医学证明身体状况不佳,经过培训或调整工作岗位,仍不能胜任工作;

(2)用人单位与工会、员工代表和大部分员工协商一致,认为需减少员工数量,并已向劳动与社会福利部报备。

在以下情况员工可提出解除劳动合同,以书面形式提前通知用人单位,并有权获得月度剩余工资和相关福利:

(1)员工患病或非因工负伤,在规定医疗期满后不能从事原工作,也不能从事用人单位另行安排的工作；

(2)员工就劳动合同向用人单位提出异议，但未得到解决；

(3)由工会或员工代表书面证明工作场所变更致使员工无法履行其职责；

(4)员工在用人单位遭到骚扰或性骚扰，或用人单位无视工作场所发生的性侵害行为。

(二)工作时间

普通工作每周最多工作6天，每天工作不得超过8小时，或每周工作不得超过48小时；无工资或劳动报酬等级之分；午餐时间不得低于60分钟且不计入当天工作时间。

特殊工作主要包括辐射性或疾病传染性工作，接触有毒烟雾或气味和危险化学物品的工作，在地下、隧道、水底或高空的作业，在高温和极寒场所工作，用冲击震动工具长期工作等，可根据特殊需要规定特定工作时间，但需协商达成一致并在得到劳动管理部门同意后方可实施，每天工作不能超过6小时或每周工作不超过36小时。

(三)加班和夜班

(1)加班。用人单位在征得工会或劳工代表及本人同意后可要求工人加班，加班时间每月不超过45小时或每天不超过3小时，非紧急情况(如灾害或对用人单位造成巨大损失等)禁止连续加班。每次加班前，用人单位需提前告知工人，解释加班的必要性，并按照劳动法规定发放加班费。

(2)夜班。夜班工作时间为22点至第二天6点且不得低于7小时。夜班工作员工有权在新的工作日前休息至少11小时。

(四)假期

(1)周末休息。员工有权每周休息1天或每月休息4天，时间可协商确定，可以是周日或雇用双方商定的某一天。

(2)法定假日。员工有权在以下假日里带薪休假：国庆节，休息1天(公历12月2日)；元旦，休息1天(公历1月1日)；国际妇女节，休息1天(公历3月8日)；老挝新年，休息3天(公历4月13~15日)；国际劳动节，休息1天(公历5月1日)；老挝教师节，教师、教育管理者休息1天(公历10月7日)；外国员工可在本国国庆节休息1天；若法定假日当天刚好是周末休息日，该假日可以补休。

(3)病假。在出具医院证明情况下，员工有权申请病假，但每年不得超过30天，病假期间有权获得正常工资。

(4)年假。工作满1年及以上的员工，可以申请休15天年假；从事重体力劳动或有害于身体健康劳动的员工,可以申请休 18 天年假,休假期间有权获得正常工资。

年假时间不能将每周休息日、法定休息日计算在内。

(五)女性员工权益

女员工有权在分娩前或分娩后至少休假 105 天,且分娩后休假不得低于 42 天,分娩双胞胎的女员工可至少休假 120 天。在女员工分娩前后的休假期间,用人单位需正常发放工资或报酬。女员工在分娩后的 1 年内,有权每天休息 1 小时给孩子哺乳、照料孩子并按规定给孩子注射疫苗。流产的女员工可根据医生规定休假,且休假期间正常发放工资。

怀孕和育婴期不满 1 年的女员工不得从事以下工作:在高于 2 米的场地工作,装卸重量超过 10 千克的物体,夜班工作,加班或节假日工作,连续站立超过 2 小时的工作,工作目录中规定为危险的工作。怀孕和育婴期不满 1 年的女员工如之前从事以上工作,用人单位需临时为其调整合适的岗位,但工资或报酬不变。

用人单位不得对女员工有以下行为:入职前检查女员工是否怀孕,有意避免录用或拒绝已婚、怀孕的女员工入职,有意解除已婚、怀孕的女员工的工作合同。

(六)工资

从 2018 年 5 月 1 日起,老挝政府将每月最低工资标准从 90 万基普提高到 110 万基普,此规定适用于所有在该国设立的企业。

加班费分两种情况:正常工作日加班的,白天以日常工资的 150% 计算,晚上以 200% 计算;法定节假日、公休日加班的,白天以日常工资的 250% 计算,晚上以 350% 计算;夜班(22:00 ~ 次日 5:00)补贴是日常工资的 15% 。

(七)社会福利

用人单位和员工必须参加社会保险,并向国家社会保障基金缴纳社会保险费,并按照规定领取各种社会保障福利。

未缴纳或已缴纳社会保险费但未享有福利的,用人单位必须依法负责。

(八)外籍员工工作规定

《劳动法》鼓励用人单位优先聘用当地员工,对外籍员工的聘用有严格规定。根据《外籍员工引进和使用管理规定》,外籍务工人员必须身体健康且具有一定技能。外籍体力劳动者不能超过劳动者总人数的 15% ,脑力劳动者不能超过 25% ;工作期限为 2 年,可续期 2 年,超过 4 年者不予批准工作证、居住证和工作签证,需间隔 2 年后才可再次申请。聘用外籍员工申请程序见图 3。

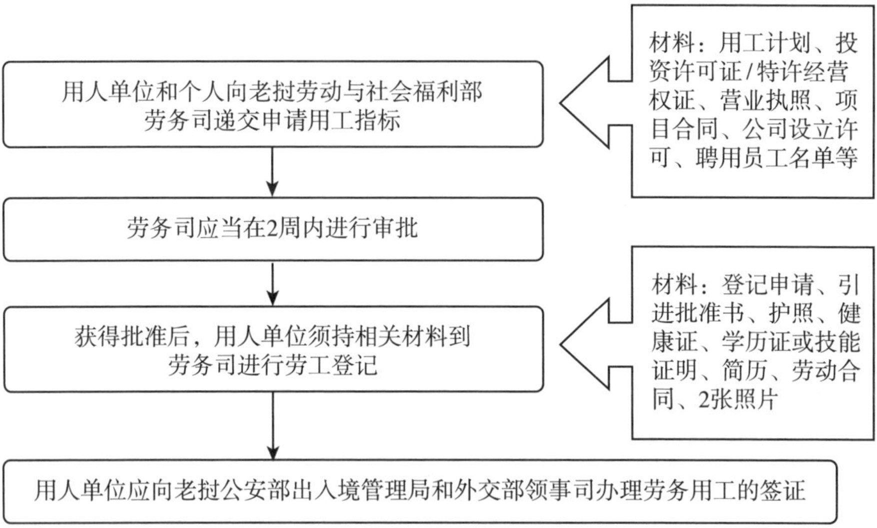

图 3　聘用外籍员工申请程序

二、劳动用工风险及防范建议

(一)劳动用工风险

1. 安全风险

该风险主要指政治风险,这是企业必须高度重视的。老挝是社会主义国家,政局稳定。1961 年,中国和老挝正式建立外交关系。2009 年,中老双方一致同意把双边关系提升为全面战略合作伙伴关系。

2. 法律风险

部分国家针对外资企业有一些特殊规定,须引起重视。老挝政府不鼓励引进劳务,但对本国公民无法胜任的工种则许可有条件引进。法律规定外资企业引进外籍劳务人员,体力劳动者不可超过员工总数的 15% ,如公司引进外籍脑力劳动者,不可超过员工总数的 25% 。2009 年《投资促进法》规定:当外资企业认为引进体力或脑力劳动者的比例有必要超过《劳动法》规定时,有权提请政府给予适当审批。自 2015 年以来,老挝政府加强对外籍劳务的登记管理工作。2016 年,北部省份不再允许用出入境通行证(或边民证)在老挝办理工作证和居住证。

3. 信用风险

一方面,有些境外中资企业不遵守国际劳工标准,片面追求经济效益,无视社会责任和企业名誉,埋下劳资纠纷的隐患;另一方面,有些中方劳动者不遵守所在国法律法规,不尊重所在国风俗习惯。

4. 日常管理风险

老挝工人在假期安排、宗教信仰方面往往有特殊需求,或对薪资待遇有较高期望,不愿意加班赶工。另外工人可能抱团针对企业,导致停工停产,给企业造成损失。

5. 聘请外籍员工的管理风险

(1)经老挝政府批准引进劳务的用工单位,未经政府劳动管理机关的许可,不能转移其引入的外籍员工给其他单位或企业使用。(2)劳动合同期满后,用工单位必须在15日内将外籍员工送回国内。(3)如果外籍员工在用工期间,擅自离开其劳务单位,到其他的单位打工或置业,用工单位应该对其提出警告,并同时报告省、县的劳动和公安机关,并将其遣送回国。如果用工单位不重视管理,或者与外籍员工合谋,也将受到严厉的处罚。(4)用工单位应注意管理劳工,外籍员工在老挝期间,应遵守相关的法律规定,不允许采取违法和无序的方式谋生,如随意兜售商品,未经许可开展按摩、美容服务等。根据老挝政府于2011年3月16日颁布的《关于外国人以经商和雇佣劳动方式到老挝谋生问题的处理方针和办法》,老挝对于以经商和雇佣劳动方式到老挝谋生的外国人,采取严格的管理措施。

(二)赴老挝投资企业用工风险防范建议

企业赴老挝投资经营,要提前考虑劳动用工的切实情况,调查老挝劳动用工法律规定和执行情况,建立科学有效的劳动法律风险防范制度。在老挝投资的企业,可以从以下方面开展防范劳动法律风险的工作:

第一,企业在对外投资前,对老挝的用工制度,根据所在的行业和地区,以及投资用工的具体情况,进行专项的法律调查。对老挝的劳动用工法律体系、企业将面临的用工环境、具体的用工风险等形成较为全面和充分的认识。

第二,根据企业的用工需求和劳动资源的配置,科学合理地设计企业用工的法律框架;明确了解通过劳动力市场招聘本地的员工或劳务工作人员的渠道,了解是否可以和劳动力派遣和代理机构合作,提前确定合作的法律框架。

第三,加大"本土化"推进步伐,尽量提高老挝员工的雇用比例,同时加强对老挝员工的培训和管理,提高其工作技能和业务水平。如果需要从国内派遣人员到老挝工作,应提前了解和办理相关的审批手续,熟悉签证事务的有关规定。

第四,认真研究当地投资环境和经济社会发展水平,在企业管理工作中体现一定灵活性,确保相关管理手段符合当地实际情况,并尽可能用当地人管理当地人,让企业更好地融入当地社会。

第五,企业应诚信经营,在追求企业经济效益的同时,履行企业社会责任,尽量让企业融入当地社会;加强对员工的教育培训,让员工学法、知法、守法,了解并尊重当地风俗习惯,加强与当地的文化沟通;做好企业宣传工作,使当地社会切实感受到企业生产经营为地方带来的好处。

第六,加强与使(领)馆及老挝地方有关部门的联系,出现问题及时通报,并妥善解决。

三 相关案例

1. 案情简介

甲公司于2016年3月开始在老挝万象省某县建设厂房并雇用老挝工人生产服装,陆续雇用了30多名老挝工人从事工厂的服装生产和其他辅助性工作,并以公司名义依法与劳动者签订劳动合同。老挝人李某在2017年8月1日与公司签订劳动合同(4年固定期限劳动合同)并入厂工作,其间一直遵守工厂的各项规章制度,负责一台旧机器的管理工作。由于疫情原因,工厂负责人要引进新机器和新机器的技术工人以改善工厂经营状况,多次将李某安置到工厂其他岗位,但经培训后均无法胜任,因此要解雇李某,经召开全体职工会议,讨论并通过了解雇李某的决定,形成会议备忘录并报告至当地劳动管理部门,于2021年8月2日书面通知李某解除劳动合同,后该员工要求工厂按老挝劳动法支付经济补偿,被该公司拒绝。

2. 案例分析

本案中雇主存在几个违反劳动法的行为:(1)签订《劳动合同》的期限为4年,超过劳动法规定的固定期限劳动合同最长不超过3年的限制。(2)未提前30日书面通知雇员解除劳动合同。

上述违反劳动法的行为,产生如下法律后果:(1)签订的固定期限为4年的劳动合同视为无固定期限劳动合同,解除无固定期限的劳动合同应提前30日书面通知雇员(针对体力劳动者)。(2)未按照劳动法规定提前30日通知解除劳动合同,视为违法解除劳动合同,需要恢复雇员工作或指派其从事其他工作,或支付赔偿金。

第九章 环境法律制度及法律风险

一 环境法律制度

近年来,老挝政府对环境可持续发展问题愈加重视,当地民众环保意识也日益提高。企业赴老挝投资时,应充分了解当地环境保护有关法律规定,严格遵守相关法律,同时还应秉承可持续发展观念,增强环境成本意识,处理好环境保护和利润最大化的关系。

老挝环境保护主管部门为老挝自然资源和环境部,下设省级、区市级、村级自然资源和环境机构。目前,老挝已初步形成环境保护法律框架,主要法律有《环境保护法》《环境保护法实施令》《水和水资源法》《水和水资源法实施令》。

二 环境保护的具体标准和措施

(一)环境保护禁止行为

根据《环境保护法》,禁止个人、法人或组织危害和破坏环境。危害和破坏环境行为具体如下:

(1)砍伐森林树木,破碎式采矿,违法使用土地资源。

(2)未经允许,进口、出口、运输、贩卖、储存、使用、再生产有毒及消耗臭氧的化学品、放射性物品、有害废弃物、持久性有机污染物等。

(3)未按技术标准处理、焚烧、掩埋、分解废弃物,将废水排入运河、河流、湖泊等。

(4)违法运输砂石、土壤及垃圾。

(5)排放超出国家环境质量标准与国家污染控制标准的有毒化学品、烟尘、蒸汽、气体。

(6)产生超出规定的震动、噪声和光。

(二)环境影响评价

《环境保护法》和《环境影响评价政令》构成老挝环境影响评价的法律依据。《环境保护法》确立了环境影响评价制度,制定了环境影响评价流程和方法。《环境影响评价政令》细化了环境影响评价制度的原则、规则和采取的措施,确保在老挝境内实施的所有对环境产生不利影响的项目都能够采取相应的评价措施。

在适用范围上,老挝将所有投资项目分为两类:一是投资规模小、对环境影响比较小的Ⅰ类项目,该类项目仅需进行初始环境影响评价(IEE);二是投资规模大、对环境影响比较大的Ⅱ类项目,该类项目需要进行环境影响评价(EIA)。

三 环境法律风险

违反《环境保护法》者,将视情节轻重,予以再教育、警告、行政处罚、罚款、民事赔偿、刑事处罚等。

四 相关案例

1. 案情简介

老挝北部某中国农业公司在2014年获得许可在老挝的160公顷土地上种植香蕉、甜玉米和其他农作物,但该公司违反规定,在其农场使用危险化学品,且化学品泄漏到当地河流中,进而导致河里300多公斤鱼类在11月死亡。该化学物质可增加香蕉产量,但对环境有负面影响,在2016年被老挝政府列为禁止使用的有害化学物质。

2018年11月7日,环境部门发现该农业进出口公司在香蕉种植过程中使用有害化学物质并造成严重环境污染,责令该公司在3年之内恢复被破坏的环境。

根据万象自然资源与环境部门的措施及要求,该公司必须严格按照万象农林部门规定的安全耕作方法作业。如果发现该公司违反安全耕作方法作业,其经营业务将可能面临被关闭的风险。这些措施还要求该公司聘请独立的环境顾问进行社会和环境影响评估,并提交给万象自然资源与环境部门审批。一旦获得批准,该中国农业公司必须严格遵守评估结果并严格执行。如果没有遵循相关要求和措施,它将面临其经营被关闭的命运。

2. 案例分析

企业赴老挝投资时,应充分了解当地环境保护有关法律规定,严格遵守相关法律,同时还应秉承可持续发展观念,增强环境成本意识,处理好环境保护和利润最大化的关系。

第十章 知识产权法律制度及法律风险

一 知识产权法律制度

老挝政府于1995年颁布实施《商标令》,2008年1月颁布实施《知识产权法》。

《商标令》规定,在老挝的个人或法人可以向老挝国家科技署提出商标注册申请。商标保护期为10年,期满后可申请延长,每次可延长10年;连续5年不用或者商标注册批准证书过期,则失去效力。

《知识产权法》规定,知识产权包括工业产权、植物新品种、版权及邻接权三大类。A部分工业产权保护期限一般为10~20年,期间支付费用;B部分物种保护期乔木类为25年,灌木类为15年,期间支付费用;C部分为创作者终身及死后50年。[1]

老挝国家科技署是负责包括专利申请在内的一切知识产权事务的主管部门,下设省、市科技厅,企业或个人申请专利须向其提交申请。

在老挝注册商标需到其主管部门即国家科技与环境署提交商标注册申请、授权书、商标标本、商标使用规定、优先使用权证明、缴费单等文件,受理后将于60日内获批。

二 知识产权法律风险及防范建议

老挝加入了所有知识产权条约,也与我国签订了知识产权保护的相关条约。中

---

〔1〕 A部分工业产权包括:1. 专利;2. 小专利;3. 外观设计;4. 商标;5. 商品名称;6. 集成电路布图设计;7. 地理标志;8. 商业秘密。工业产权保护期限一般为10~20年,期间支付费用。

B部分植物新品种指经过人工培育的或对发现的野生植物加以开发,具备新颖性、特异性、一致性和稳定性并有适当命名的植物品种。

C部分版权及邻接权包括:1. 艺术、文学、科学领域中对作品享有的版权;2. 与表演者、录音制品制作者和广播组织有关的作品邻接权。

国企业在老挝投资的知识产权风险大多是由企业知识产权意识淡漠造成的。其中，影响最大的事件是云南“999 牌”电池被抢注事件。云南“999 牌”电池从 2001 年进入老挝市场后销量很大，但因为企业缺乏知识产权保护意识，导致“999 牌”商标被老挝当地新兴企业抢注，丧失了绝大部分市场。

有意向进入或者已进入老挝市场的中国企业，应强化知识产权的保护及风险排查工作，委托专业人员对知识产权进行梳理、申请、布局和保护，同时定期排查知识产权侵权风险并及时应对。

第十一章

争议解决制度

一 争议解决制度概述

中国企业赴老挝投资建厂,要严格遵守老挝法律规定,并认真履行合同。合同约定应具体、明确。在签订合同时,应对未来履行合同过程中可能产生的争议预先约定好解决办法和方案,一旦发生争议,可视争议具体情形向律师寻求帮助。

除诉讼外,还可通过仲裁、调解、行政性争议解决及友好协商等方式解决投资争议。

(一)诉讼制度

诉讼是在老挝通过司法途径解决纠纷的主要方式之一。根据《民事诉讼法》的规定,民事诉讼活动是通过法院解决当事人之间在财产权、物权、知识产权等方面的民事纠纷的活动,案件类型主要包括贸易案件、家庭案件、未成年案件与劳动案件等。

(1)审理期限。《民事诉讼法》规定,一审法院的审理期限为9个月,上诉法院的审理期限为4个月,终审法院的审理期限为3个月,每一个审理阶段经院长同意可延期3个月,法院审判委员会可根据案件情况再延期。一个案件完成三级法院审理的法定期限可长达25个月,且不包括各种审理期限的中止情形。

(2)诉讼时效。经济审判庭对商事案件的受理有诉讼时效要求。以合同纠纷案件为例,建筑合同的诉讼时限为10年,其他合同的诉讼时限为3年。诉讼时限自合同终止之日起或自损失产生之日起开始计算。发生不可抗力或突发事件妨碍提起诉讼的,将相应延长诉讼时限。当诉讼一方或合同一方具有解决纠纷的切实行为,如承认自己的债务,此前的诉讼时限将被终止而重新计算。

(二)仲裁制度

仲裁作为国际上一种通行的商业争议解决方式,在老挝适用。老挝于2005年出台《经济纠纷解决法》。《经济纠纷解决法》规定,经济仲裁是在法院管辖之外的调解或裁决经济纠纷的方式；自然人、法人或其他组织有权选择以经济仲裁的方式处理经济纠纷。然而，任何涉及国家安全、社会稳定或环境保护的问题，无论是否违反法律都不得仲裁。老挝的仲裁方式主要分为国内仲裁和国际仲裁。

1. 国内仲裁

（1）仲裁机构。老挝对经济纠纷的仲裁由中央和省两级仲裁机构处理。中央级的经济纠纷解决中心，受老挝司法部监督与管辖，其性质是附属于司法部的行政机构，兼具仲裁与调解双重功能。省级经济纠纷处理办公室，分别设在乌多姆塞省司法厅、琅勃拉邦省司法厅、占巴塞省司法厅，由经济纠纷解决中心管辖。根据《经济纠纷解决法》的规定，纠纷双方向共同认可的纠纷解决机构提交仲裁申请。

（2）仲裁审理。仲裁庭由奇数仲裁员组成，可为 3 名或 3 名以上，仲裁员名单由仲裁机构提供。仲裁庭在组成后的 3 个月以内，作出仲裁裁决。

（3）仲裁裁决的执行。当事人在仲裁中的和解约定以及仲裁裁决具有法律效力，当事人应该在 15 日内履行。纠纷双方当事人可以向法院提出撤销仲裁裁决的申请，也可以向法院提出认可仲裁裁决并发布强制执行令的申请。法院在受理之日起 15 日内作出决定。

如法院对裁决作出撤销决议，当事人可再次向仲裁机构重新申请仲裁，或向法院提起诉讼。如法院对仲裁作出认可决议，则当事人不得向上一级法院提起上诉，但有权向最高检察院申请重审。如符合法定重审条件，则最高检察院送交最高法院对该决议进行重审；如不符合法定重审条件，则该决议生效，送交执行。

2. 国际仲裁

根据《经济纠纷解决法》的规定，任何在老挝进行贸易和投资的个人、法人及组织在发生争议后，争议双方均有权选择外国或者国际仲裁机构来解决纠纷，还有权选择仲裁员和仲裁小组、适用的法律、程序规则、仲裁地和语言。法院基于以下条件认可外国仲裁裁决效力：

（1）争议双方当事人为《承认及执行外国仲裁裁决公约》成员的公民。

（2）裁决内容不违反老挝法律关于国家安全、社会稳定及环境保护的规定。

（3）债务人在老挝有可被执行的财产。法院认可该裁决的效力后，依照《人民法院判决实施法》来执行。当事人对法院的效力认定决议不服的，可在收到法院决议之日起 20 日内提起上诉。收到上诉申请的法院将该案交由上一级法院进行二审，二审裁决为最终裁决。

（三）其他争议解决方式

1. 调解。根据《经济纠纷解决法》的规定，调解是指由一位或多位调解员作为中间人协助纠纷双方协商、谈判,以符合相关法律规定的方式和平解决纠纷的一种争议解决方式。纠纷双方可挑选调解员,但调解员或调解委员会人数必须为奇数。若选择由1位调解员调解,则纠纷双方须在作出决定之日起5天内选择调解员。委任调解员后,纠纷双方有权在调解期间向调解员提交有关纠纷的各种问题、资料或证据并寻求解决途径,调解员须在获得委任后15天内召开由纠纷双方或其代表参加的调解会议。

2. 行政性争议解决。行政性争议解决是指合同双方如无法通过友好协商方式解决争议,则有权向老挝计划投资部等相关部门提出申请,请求其解决相关争议。但通过行政手段解决纠纷,过程繁杂且效率低,可能无法及时解决纠纷,还会增加投资者成本。

二 争议解决常见问题及注意事项

(一)合同条款不够完善

相较于国内法律制度,老挝相关法律制度仍有较多不够完善、无法全面保护投资者利益的情况。投资者在赴老投资、企业经营过程中订立的相关合同,应当聘请专业人士草拟,对老挝法律未能明确规定的、同时可能使投资者遭受风险的各类情形,应在合同条款中明确约定,为投资者规避风险。

(二)管辖权问题

1. 老挝法院的管辖权分为地域管辖和级别管辖。地域管辖的原则是民事纠纷由争议产生地或发生地、争议财产所在地和被告住所地人民法院管辖。与中国地域管辖类似,老挝以原告就被告为原则,一般以被告户籍地为住所地,也可以被告暂住地为住所地。不动产纠纷由不动产所在地法院管辖。老挝实行三审终审制度,在级别管辖上的规定较为繁杂。一审案件的管辖标准主要是案件的性质与标的额:区、县人民法院只能审理民事案件、劳动争议案件和家事案件以及其他不涉及商事和未成年人的非财产性案件。区、县人民法院对案件标的额不超过3亿基普的民事案件具有管辖权,超过3亿基普的案件则由省、市人民法院管辖。商业纠纷由省、市人民法院管辖。当事人对区、县人民法院的判决、裁定不服的,可向省、市人民法院提起上诉;对省、市人民法院的判决、裁定不服的,可向上诉法院提起上诉。

2.《中华人民共和国政府与老挝人民民主共和国政府关于鼓励和相互保护投资

协定》(以下简称《中老 BIT》[1])能否适用于我国香港、澳门地区投资者的争议。根据 2012 年世能投资公司诉老挝政府案,常设国际仲裁院支持了投资者请求,确认了中国—老挝 BIT 适用于澳门地区投资者。

(三)判决执行

老挝法院不具备执行判决的职能,判决的执行由司法部下属专设的判决执行行政机构负责。判决执行官在收到生效判决并做好执行准备后 30 日内传唤被执行人,并要求其 60 日内遵守判决。如果被执行人在 60 日内未履行判决,判决执行官会通过查询财产、没收资产等方式执行判决。

(四)相较于诉讼,国际商事仲裁的优势

1. 纠纷解决效率高。国际商事仲裁一般都是终局仲裁,效率高。相对于需要耗费数年的诉讼程序,国际商事仲裁有着效率高的优势。依据《人民法院法(2017 年修订版)》的规定,老挝人民法院审判实行三审终审制度,分别是:一审(初审)、二审(不服初审判决的上诉审)、终审(不服上诉审判决的撤销审,不开庭仅书面审理)。实践中,一个复杂的商事诉讼案件往往经历很长的审理时间。

2. 仲裁机构选择多。商事合同争议的双方,可以自由选择在《纽约公约》的缔约国依法设立的国际商事仲裁机构进行仲裁,如新加坡国际仲裁中心、中国国际经济贸易仲裁委员会(CIETAC)、中国广州仲裁委员会(GAC)等。若选择在老挝通过诉讼来解决商事合同纠纷,当事人则不能随意选择管辖法院。

(五)如何选择适用国际商事仲裁?

当事人可以通过以下方式约定国际商事仲裁:

1. 商事合同拟定时,可以在合同中的争议条款内约定双方认可的具体的国际商事仲裁机构。

2. 商事合同纠纷发生后,双方应在协商一致后通过签署《仲裁协议》约定具体的国际商事仲裁机构。

商事合同纠纷发生后,双方均可提交至约定的国际商事仲裁机构进行仲裁。待国际商事仲裁机构作出仲裁裁定后,即可在老挝申请执行。但是,考虑到仲裁成本等各方面的因素,合同当事人也可以考虑约定由老挝经济纠纷解决办公室进行仲裁。

(六)中国民事判决、裁定和调解书以及仲裁裁决在老挝的承认与执行

1999 年,中国与老挝签订了《中华人民共和国和老挝人民民主共和国关于民事

---

[1] Bilateral Investment Treaty(双边投资协定)。

和刑事司法协助的条约》,双方互相承认和执行缔约方作出的民事案件的判决、裁定和调解书以及仲裁机构作出的裁决。

三 相关案例

债务转让不以债权人同意为生效要件

1. 案情简介

2007 年,中国某工程建设集团在老挝承揽一家老挝、泰国合资公司的桥梁建设项目,项目金额为 500 万美元。合同约定:合资公司在合同成立之后支付项目金额 10% 的定金,中方即开工建设;完工验收后,支付剩余 90% 尾款。在收到合资公司支付的 50 万美元定金后,中方进行施工并如期完工交付,但合资公司却以暂时没有足额资金为由拒不支付尾款,且未经中方同意,擅自将其对中方的债务全部转让给了一家濒临破产的泰国公司。

由于老挝合同法中没有关于债务转让应当取得债权人同意才能生效的规定,因此老挝法院判决债务转让有效,中方遭受了巨大财产损失。

2. 案例分析

老挝合同法没有对合同履行抗辩权、债权债务转让通知义务以及解除合同后的义务履行等作出规定,企业需要在合同中进行约定以规避风险。

第七部分

柬埔寨篇

第一章

柬埔寨基本概况

柬埔寨从1953年11月正式独立至今，虽然在经济建设中取得了一定的成就，却仍然处在贫穷落后的阶段，依旧是典型的农业国，属于比较贫穷的国家之一。2017年6月，世界银行宣布，自2016年7月1日起，柬埔寨正式脱离最不发达国家行列，成为中等偏下收入国家。柬埔寨经济体制先后经历了混合型、计划型、市场型的模式转变。1993年9月，柬埔寨宪法明确规定，柬埔寨实行市场经济体制，实行自由市场经济，推行经济私有化和贸易自由化。1999年，柬埔寨正式加入东盟，成为东盟第10个成员国。2003年，柬埔寨被批准成为世贸组织的正式成员。2007年，柬埔寨加入中国—东盟自由贸易区。

柬埔寨是大陆法系国家，法国法律制度对柬埔寨法律的制定有重要的影响。柬埔寨立法模式主要为单行立法式，制定了宪法、投资法、商业企业法、民法典、刑法典、知识产权法等。国际条约在柬埔寨国内同样具有法律效力，如柬埔寨加入的WTO的相关国际条约、知识产权保护的相关国际公约等。

柬埔寨的法院系统由三级法院构成：各省市的一审法院、上诉法院和最高法院。各省市的一审法院是初级法院，有权审理其地域内的所有刑事、民事、商事、行政诉讼和劳动争议案件。上诉法院对各省市的一审法院判决有关的上诉案件进行管辖，全国只有一个上诉法院。最高法院是审判的最高机构，有权对与上诉法院判决有关的上诉案件进行管辖。

第二章 投资法律制度及注意事项

一 投资法律制度概述

柬埔寨目前规范投资的主要法规有如下几个：

1. 1994 年通过并于 2003 年修订的《投资法》，是促进和管制柬埔寨投资的主要法律。该法创造了非常开放的投资环境，对外国投资的限制很少。《投资法》主要通过两个途径实现投资激励，合格投资项目和经济特区。

2.《关于柬埔寨王国投资法修正案的实施第 111ANK/BK 号法令》的附件，列出了禁止类及允许开展但无激励类投资活动。禁止类投资活动如生产麻醉品，生产影响公众健康和环境的有毒化学品和农药。允许开展但无激励类投资活动包括银行和金融、餐馆、专业服务、旅游服务和商业活动，开展方式包含进出口、批发和零售。较小规模的农业、畜牧业和木材生产无法获得投资激励，但这些领域的大型项目则可能符合获得投资激励。

3.《关于经济特区设立与管理的第 148ANK/BK 号法令》及其修正案，涵盖了在柬埔寨建立和管理经济特区各方面，改善了投资环境；除了制定和管理经济特区的法律框架外，还概述了开发经济特区以及投资经济特区的企业可享受的税收和非税收激励。

二 投资法律风险及防范建议

（一）投资法律风险

投资法律风险包括：

1. 柬埔寨投资法治环境落后引起的法律风险。柬埔寨在制定和出台相关法律方面效率较低，而且频繁改动相关法律法规，这导致与市场相关的法律缺少确定性和统一性，所以还存在较大的需要改善的空间。以《产品分成协议法》为例，这是柬埔寨在外商引资领域的重点法律，该法律于 1995 年 12 月制定，但在制定后的 8 年内，连续进行了两次大修订。如此频繁地对法律进行改动，导致原有规定大多被废除，加剧了法律的不稳定性，也增加了在柬埔寨的中资企业的法律风险。

2. 企业自身引起的法律风险。在柬埔寨的中资企业，尤其是中小型企业，往往没有形成较好的风险管理防控机制，在进入柬埔寨市场前没有进行充分的项目调查，再加上自身资金并不如国有企业雄厚，可能一个投资项目的失败就会导致该企业海外市场的丧失，甚至危及企业根本。例如，一家投资柬埔寨木材的中资企业，与当地政府签订了 30 年的森林开采合同，合同价值 3000 万美元，但项目仅开展 6 年，当地政府就以环境问题为由收回了中资企业森林采伐权，最终造成该企业直接损失 1500 万美元，不得不提前撤出柬埔寨木材市场。企业社会责任感不足也会导致法律风险的发生。当前，一些中资企业对社会责任的认知局限在修建学校、捐款捐物等公益活动上，而在尊重当地人权、环境保护、用工规范等问题上缺乏责任意识。例如，一家在柬埔寨柏威夏省投资的中资企业，在当地投资种植甘蔗和生产蔗糖，占地达 4 万公顷，但因为该企业和当地政府未与村民沟通到位，项目的开展遭到了当地村民的抗议。

（二）防范建议

1. 企业层面

要减少在柬埔寨的中资企业的法律风险，中资企业需要建立起长效法律风险防控机制。首先，中资企业管理层在进入柬埔寨某行业领域进行投资前，应该对该行业内涉及的柬埔寨法律、法规进行全面的了解，在此基础上熟悉利用这些法律对相应的法律风险进行规避。企业还应该对目标投资行业的执法机构、执法力度及司法裁判标准等进行分析与评估。此外，还要由公司的专业人员或委托相关机构对柬埔寨的法律、法规进行详细的调查，充分分析柬埔寨不同地区的投资环境，从战略高度进行法律风险防范，建立风险监测预警机制，以获取最大化的投资收益。其次，企业应强化自身的社会责任感。一是要注重项目开展过程中的环境保护。在实践中按照柬埔寨政府及国际公约或者相关投资协定的要求，做好污染净化相关措施，以避免因损害当地居民利益、违反环保法律要求而导致投资失败。二是要提高项目的公众参与度。中资企业在柬进行项目投资时，经常会涉及当地民众的土地和迁居问题，但往往因柬埔寨政府的不作为而导致当地民众无法及时获得与项目相关的信息，从而引发民众的警觉和忧虑，严重的还会引起民众聚众闹事，影响投资项目的进程。因此，中资企业在投资项目运行过程中，应该保持与当地民众的良好沟通，发现潜在矛盾时,要及时通过与当地政府协调、与民众协商等方式进行解决,将风险扼杀在摇篮中。再次,企业要及时掌握双边动态,熟悉《中华人民共和国政府和柬埔寨王国政府自由贸易协定》(以下简称《中柬贸易协定》)。2020 年 10 月 12 日,《中柬自贸协定》的签署,标志着共建中柬命运共同体进入了新时代。对于在柬投资的中资企业而言,熟悉并善用《中柬自贸协定》,能减少许多法律风险。《中柬自贸协定》在投资领域突出规定了以下内容:一是要求双方投资者遵循"绿色投资"原则,投资者应当遵守当地法律、法规的相关要求,在投资项目开始前进行环境影响评估和社会影响评估。二是建立与投资相关的法律共享机制,进一步加强法律信息的分享,提高双边贸易的法律透明度。构建"一站式"投资安排,便利双向投资。三是推动投资数字化发展,《中柬自贸协定》设电子商务专章,涉及电子签名及数字证书、电子认证、在线个人信息保护等内容,进一步保障企业的信息安全。在柬埔寨的中资企业要运用好《中柬自贸协定》中的相关规定,积极推动企业绿色化、技术化转型,通过法律信息分享平台及时了解柬埔寨投资法律动向,以此推动企业长效法律风险防控机制的建立。

2. 国际层面

中资企业应协助柬埔寨改善投资法治环境。在司法方面,我国应加强与柬埔寨的国际司法合作,积极探索柬埔寨境内经贸合作区的中国法律适用,并通过典型案例分享机制、法官培养机制、法律适用交流机制,帮助柬埔寨法院和仲裁机构正确理解适用中国法,增进中柬双方对彼此法律制度的了解与信任。此外,我国应积极与柬埔寨共建"一站式"国际商事争端解决机制。《中柬自贸协定》在《中华人民共和国政府和柬埔寨王国政府贸易协定》《中国—东盟自由贸易区升级议定书》的基础上,不仅进一步放宽了中柬两国在投资合作和服务贸易方面的限制,还进一步完善了争端解决和仲裁的规定。最后,在执法方面,中柬双方可以通过执法人才交流与培养等机制,提升柬埔寨行政执法的质量与效率,为在柬的中资企业打造良好的营商环境。

三 相关案例

1. 案情简介

2008 年 10 月 10 日,A 先生(以下简称出租人)与一家外国公司(以下简称承租人)签订了一项为期 50 年的长期土地租赁协议,租用一家服装厂,该厂涉及西哈努克省的土地(以下简称财产)。2014 年 9 月 7 日,出租人和 B 先生(以下简称买受人)订立了一份土地买卖协议。买受人在购买该财产时,打算驱逐承租人,理由是买受人在没有租约通知的情况下善意地取得了财产,并作为业主享有自由使用、收益和处置财产的充分权利。买方根据《民法典》第 138 条,于 2014 年 9 月 10 日在西哈努克省向法院提出申请,要求将承租人从财产中驱逐出去,该条规定,财产所有人有权自由使用、收益和处置财产,而且他不知道财产上有租约的存在。

西哈努克法院裁定,土地的财产和所有权受承租人租赁权益的制约。承租人的租赁权是至高无上的,承租人对该财产拥有有效和有约束力的租赁权益,这一权益已在地籍管理部门正式登记,因此没有批准驱逐令。最高法院维持了西哈努克法院的一审判决,因为长期租约向地籍局登记,以及该登记行为是在出售财产之前作出的。在这种情况下,买受人是否知道和是否善意无关紧要。

2. 案例分析

本案表明,企业必须遵守柬埔寨房地产方面的登记要求。根据《民法典》第 246 条,所谓的长期租约(15 年或 15 年以上的租约),除非在地籍当局登记并签发了长期租约证书,否则不得对抗第三方强制执行。对没有向地籍管理部门正式登记其租约为长期租约的租户来说,风险在于,善意的买方(不知道有租约)可以获得不受承租人利益影响的土地,并在土地上取得任何建筑物(根据《民法典》第 122 条)。

根据《民法典》第 155 条,业主可以要求承租人作为占有人归还租赁财产。但是,如果承租人在地籍管理部门登记,承租人根据长期租约享有的权益将取代购买土地的购买者享有的权益,则不适用这一规定。在本案中,买受人是否知道租赁权的存在不影响案件处理结果,因为在这种情况下,承租人事先向地籍管理部门正式登记了其土地权益。长期租约登记的目的是确保一般公众有办法了解租赁财产所附带的授予承租人的不动产权利。如果有潜在买家,他应该在购买财产之前承认租赁的存在。如果他购买租赁财产,承租人仍享有租赁人的权利,直至租赁期满(但因租赁一方违约而提前终止的除外)。

第三章 贸易法律制度及法律风险

一 贸易主管部门

柬埔寨商务部负责对国内外贸易活动进行全面监督。根据商务部机构与职责法令(第131号,于2014年3月19日实施),商务部负责以下工作:发展贸易政策、维持商品的市场价格及进行市场干预(特别是战略物资)、监督外国贸易、根据其法令法规要求颁布出口和进口贸易许可和证书、发布竞争政策、起草贸易相关法律、管理商标及工业产权、处理不正当竞争、控制商品和服务的质量安全、管理和推行贸易优惠政策、颁发原产地证书、管理商业注册和维持商业登记处运营、发展电子商务等。

根据商务部机构与职责二级法令,商务部通过国内贸易总部、国际贸易总部、进出口货物检查及打击欺诈总部履行其贸易监督职能。然而,与贸易相关的其他许多领域由其他机关负责管理。例如,税收和海关政策由经济与财政部管理。2006年3月1日,柬埔寨政府颁布了通过风险管理促进贸易发展的21号二级法令,以成立内部机构协调组织的方式通过风险控制管理进出口贸易。这个组织由海关机构、商务部、健康部、农林渔部、工业矿产能源部、柬埔寨经济特区管理委员会代表组成。

二 货物贸易的法律规定

1995年颁布、1999年修订的《商业规则和商业登记法》(Law Bearing Upon Commercial Regulations and Commercial Register, LCRCR),是柬埔寨主要规范贸易活动的法律。这部法律规定,贸易活动包括:不动产买卖,租赁,出版及其他服务,银行汇兑业务,中介服务,文化服务,与公众交易,为陆上、水上及空中交通运输而进行的船舶/车辆购买和租赁,各类保险,渔业,林业及矿业。

《民法典》规定了建立合同关系的规则,《产品、服务质量与安全管理法》赋予商务部相关权力以指定和确认商品和服务的质量标准、要求进口商及出口商提供其产品质量和安全的证书以及打击商业诈骗。《商业企业法》(Law on Commercial Enterprises,LCE)规定了成立不同类型的商业机构的规则。《海关法》规定了海关行政部门在管理海关程序、收取商品进出口中的关税和其他费用、预防和打击海关违法行为中的权利和义务。柬埔寨同时还颁布了许多与贸易相关的法规,包括植物检疫二级法令,规范了植物性产品的运输、进口及出口;动植物产品的卫生检疫二级法令;农业材料控制及标准的二级法令;关于建立禁止和限制商品清单的二级法令,列明了1537类需要办理进出口许可证书、植物检疫证书,以及完全禁止进出口的物品;农药进口、出口及流通注册的程序及标注要求;外国出口产品原产地证书修正程序;适用于服装及鞋类产业的原产地证书、商业发票、出口证书颁布程序。

三 贸易法律风险及防范建议

(一)在柬埔寨投资和经商可能遇到的风险

1. 没收

按照《产品、服务质量与安全管理法》第56条的规定,没收产品或货物是指完全剥夺所有人的所有权,适用于以下情况:(1)指经过实际检验或者根据该法第34条至第40条规定的样品测试之后,被发现是不符合法律、法规规定的产品和货物;(2)产品质量不合格,且产品管理人或所有人不同意修改;(3)该法第19条和第20条的规定的,用于欺诈的器具;(4)一般使用会损害消费者安全或健康的产品或货物。

有些产业和经济部门,如公共设施、采矿、能源和银行业,相比其他产业对柬埔寨经济更为重要,而且难以转变经营方向,因而面临的风险会更大。

2. 外汇管制

外汇管制是一种解决外汇短缺的间接方式。有时,一个国家可以对调进调出本国的资本加以管制,因而使公司难以将其利润或投资调出柬埔寨。有时,外汇管制也会被有选择性地针对某些产品和公司实施,以便减少奢侈品或者通过国内生产可以充分供应的产品进口量。

在柬埔寨的经贸活动中,外汇业务包括商业交易的付款、转账或资金流动(含投资)。另外,票面以外币计值的支付票据、证券以及粗金、粗稀有金属、未加工的宝石也被视为外汇。[1]按照《外汇法》的规定,当出现外汇危机时,中央银行可以发布执行期最长为3个月的法规,暂停或限制授权中介(银行)办理外汇业务活动。[2]

3. 价格管制

政府可以颁布法令,将价格管制作为对国内政治压力的回应,以便控制进口产品或服务的价格,比如食品或保健品,这些领域很容易受到政府对价格的管制。

(二)防范建议

1. 企业应积极采取预防和处置措施保障海外利益,在外交部、商务部等国家相关机构提供的对外投资风险预警和权益保障等方面信息的基础上,加大对柬埔寨政治、经济和社会重大风险的调研和预警;认清海外贸易环境、自身能力和可能出现的风险,进行风险评估,建立风险防范、危机应急预案和处置机制。

2. 对于外汇管制风险,应在签订合同前评估柬埔寨相关外汇政策对商贸交易的影响程度,在与政府作为合同一方的项目合同中,与柬埔寨政府沟通,争取豁免对合同履行产生不确定影响的限制程序,例如获得柬埔寨国家银行关于自由兑换硬通货的承诺,必要时购买中国出口信用保险公司的政治风险保险,转移外汇管制的风险。

3. 为了减缓柬埔寨政府价格管制所带来的风险,企业可以转换目标细分市场,考虑把在高通货膨胀国家的工厂作为生产基地,向不受价格管制的国家开展出口;企业也可以与政府当局进行谈判,争取获准调整产品的价格,将全行业联合起来,谈判则更有可能取得成功。

四 相关案例

1. 案情简介

2008年10月6日,原告A起诉,声称她的公司有意购买140吨大米向贝宁运送,然后她的公司与B公司联系,让该公司负责大米运输服务,并支付了23,025.5美元。B公司选择让C公司代替它运输大米。双方约定,2007年8月30日从西哈努克港开始用D船运输货物,货物一旦抵达新加坡港口就必须转移到F船,以便于10月4日前往贝宁。但是运输延迟了,没有在规定的日期到达。在这件事上,B公

[1] 参见《外汇法》第1~2条。
[2] 参见《外汇法》第6~7条。

司曾多次撒谎，这使原告 A 在贝宁等待货物的客户非常生气，并于 2007 年 9 月 13 日停止了购买 140 吨大米的订单，并要求原告 A 的公司赔偿 10% 的时间损失。此外，原告 A 在贝宁等候的公司的两名代表被当局逮捕，并以欺诈罪被拘留 5 天。

在本案中，原告 A 的公司要求 B 公司和 C 公司共同赔偿米价和其他费用 258, 397 美元，时间损失、服务费用和声誉损失 150, 000 美元，索赔总额为 408, 397 美元。

2. 案例分析

在本案中，2009 年 8 月 23 日，B 公司与 C 公司签署了合同，由 C 公司提供将大米从柬埔寨出口到贝宁的运输服务，运输服务价格为 23, 025. 5 美元。然后，该公司选择了 G 线，确定 2007 年 8 月 30 日至 10 月 4 日从西哈努克港到贝宁。但两家公司均未执行本合同，并至 2007 年 11 月 16 日才交货。因此，该案件事实上存在延迟，原告和被告的代表律师都承认这一点。根据共同被告的代表律师的观点，这种延迟是由于恶劣的天气（海上风暴）引起的，原告对这些损失和损害的要求不明确，合同也没有规定任何日期。这一观点与原告律师的观点相反，其他证据也表明，这种延迟实际上是共同被告的过错，并对原告造成了损害。因此一审法院在判决中也提到，共同被告具有法律上的义务来承担责任，且诉讼费由共同被告支付。

第四章

公司设立法律制度及法律风险

一 公司设立法律制度

由于历史遗留原因和立法经验的匮乏，柬埔寨的公司法并没有形成完整统一的法律体系，而散见于《商业法》、《商业规则和商业登记法》、《商业规则和商业登记法修正法》(Law on Amendment to Law on the Commercial Regulations and Commerce Register，LACRCR)、《商业企业法》、《投资法》、《投资法修正法》等单行立法中。其中，LCRCR、LACRCR 以及 LCE 为在柬埔寨境内的各类市场主体的合法经营建立了一个基本法律框架。

LCRCR 在 1995 年 5 月 3 日首次颁布，并在 1999 年 11 月进行修改，即 LACRCR，这两部法定义了“商人”“贸易”“交易活动”等，并规定了包括外商在内的公司的注册和商业登记所需的必要文件以及手续。两者的不同之处在于 LACRCR 将 LCRCR 的登记主体全部由原本的商业法院书记处变更为商务部，并且相关条文的用词、表述、排版等更符合世界贸易组织的要求，与国际接轨。

LCE 于 2005 年 4 月 26 日经国务院通过，并于 2005 年 5 月 19 日正式颁布，是柬埔寨的第一部综合性的公司法，基本上构建了柬埔寨境内市场主体的形式以及法律制度。该法适用于柬埔寨境内公司与合伙企业的商业活动，共 8 章 304 条，分别为总则、普通合伙企业、有限责任公司和股份有限责任公司、外国企业、股东衍生诉讼、罪行、罚则与补救措施、过渡性条文和最后条款等。

二 公司设立的法律风险及防范建议

1. 出资期限。柬埔寨没有就投资期限专门作出规定，只是在规定投资优惠和奖励及押金时涉及投资期限相关问题。依据《关于实施〈柬埔寨王国投资法〉的决定》

第7条第4款和《关于执行〈柬埔寨王国投资法〉的法令》第7条第4款的规定,投资申请中的25%的实缴资本或固定资产自批准之日起30日内没有付清,或总认购资本在投资企业成立之后3年内还没有全额缴足,柬埔寨投资委员会将全部或部分地撤销优惠和奖励。因此,在柬埔寨,外商投资企业的第一期出资为实缴资本的25%或固定资产,应当在投资项目批准之日起30日内缴清,总认购资本应当在投资企业成立后3年内缴清。未按照规定缴清的,将受到被全部或部分撤销优惠和奖励的处罚。

2. 柬埔寨采用英美法系的公司治理模式。按照这种模式,公司只有股东会、董事会,特征在于公司权力集中于资方,强调在资本的流动中提高效率。在这种治理结构中,除股东会为公司的权力机关外,公司的重大决策权由股东推选的董事会行使,公司高级管理人员也由董事会聘任,公司通常不设专门的监事会或监察人。柬埔寨公司的组织机构主要是股东大会和董事会。柬埔寨LCE规定"私人有限责任公司应由一个以上董事管理和控制,董事可以为股东或其他第三方""个人独资有限责任公司的股东应作为公司的董事,第三方也可被任命为公司独立董事""公众有限责任公司应在由二人以上组成的董事会的管理和控制之下,董事应在股东中选举产生并应有一名被股东任命的第三方独立董事"。这些规定体现了董事会中心主义管理体制。柬埔寨的公司没有设立监事会,权力集中于董事会,因此在某些情况下,公司董事可能对公司犯下的罪行负个人责任。因此,担任公司董事(在某些情况下为高级职员和管理人员)的人员,应勤勉尽责,充分了解相关法律规定,避免或减少发生严重的个人责任的风险,避免因此影响公司在柬埔寨开展业务。

三 相关案例

1. 案情简介

ABC有限公司有两名股东,一位是个人股东(以下简称甲方),另一位是公司股东(以下简称乙方)。公司已于1995年12月在柬埔寨商务部正式登记其公司组织大纲及章程细则(以下简称MAA)。

在1997年12月公司成立大约2年后,甲方在金边一审法院(以下简称一审法院)针对乙方提起诉讼,诉请为:因乙方违反其条件而申请终止公司的MAA等。一审法院基于公司在柬埔寨商务部正式登记的MAA,就甲方索赔的各个要素作出了有利于甲方的判决。在这种情况下,乙方向上诉法院提起上诉程序是关键。上诉法院驳回一审法院的判决,并命令甲方向乙方支付合同赔偿金,金额为50,000美元。甲方向最高法院提出上诉。在最高法院,甲方表示乙方未遵守向上诉法院就一审法院的判决提出异议的程序。甲方特别表示,乙方向上诉法院提出申请的时间太晚了。甲方表示,上诉法院的判决应被确认为无效。

甲方提出的观点是:

(1)在乙方向上诉法院提出申请之前,其对一审法院判决的质疑期限已满。

(2)案件当事方可在法院命令公布之日后15个工作日内向上诉法院提出上诉。在这种情况下,向双方通知判决的方式包括在乙方的房屋上张贴通知及在报纸上公布判决。因此,一审法院判决的公布符合要求。

(3)乙方律师根据授权书向上诉法院申请重审案件。甲方表示,授权委托书无效,理由是无法证明根据授权书委任的律师是在中国具有执业资格的专业律师。

(4)柬埔寨法律不承认在柬埔寨司法管辖区之外取得执业资格的律师。因此,外国律师可根据授权书行事或证明柬埔寨法院使用文件的真实性和准确性。这是根据《宪法》第5条得出的结论。

乙方以下列理由反对甲方的观点:

(1)由于乙方不在柬埔寨,一审法院的通知无效。

(2)乙方没有收到甲方的有关通知。乙方要求,由于文件上没有指纹,所以不能证明已收到通知。

(3)甲方未将一审法院判决通知中国大使馆,因此未能向乙方送达一审法院的通知。

(4)甲方未遵守与一审法院判决有关的必须要遵守的公告要求。因此,向上诉法院提出上诉仍在15天的期限内,向上诉法院提出的上诉是有效的,不应因时间已过而被驳回。

最高法院判决如下:

(1)驳回上诉法院的判决,理由是上诉法院的判决不符合《法院处理任命和活动法》第7条和第8条以及《刑法》第178条的规定。

(2)批准一审法院的判决,并下令执行一审法院的判决。

(3)命令乙方支付甲方在程序开始之前支付的正常管理费用。

2. 案例分析

这个案例强调客户在柬埔寨经营业务时应当重视以下要点:

(1)注册及MAA的重要性。通常,柬埔寨投资者选择成立子公司来经营业务。这样做的主要好处是它可使企业主从有限责任原则中受益。换句话说,股东对其业务的责任仅限于履行其认购的已支付股本。设立有限责任公司的程序相对简单,它涉及向商务部提交各种表格。我们也顺便指出,柬埔寨的潜在投资者可能希望让其投资和业务被柬埔寨发展委员会批准为合格投资项目并从中受益,如果柬埔寨发展委员会批准了合格投资项目的申请,则公司可能会受益于税收减免和其他激励措施。在柬埔寨的企业经常急于建立自己的业务,可能会忽略一些基本要点。公司注册程序的一个关键部分是向商务部登记公司 MAA。MAA 是一份重要的公司文件,特别是在有合资安排的情况下,各方同意涵盖哪些内容(无论是通过 MAA 还是通过股东协议确定均可)是关键。股东违反 MAA 并不总是被视为是对公司规则的轻微技术性违约。如果公司或个人由于未遵守公司的 MAA 而遭受损失,则可能会导致重大损害赔偿(取决于由此产生的无辜方的损失)。

(2)遵守《民事诉讼条例》的规定。如果公司或个人向一审法院提出申诉或辩护,《民事诉讼条例》规定了可将法院作出的判决提交给上诉法院上诉的明确时间段。在本案发生时,向上诉法院申请复审的根据是《民事判决执行法》。然而,同样的原则在《民事诉讼条例》也有概述。因此,如果客户不服法院的判决希望通过向上诉法院提出上诉,则应及时向上诉法院申请重新审理案件。如果没有遵守《民事诉讼条例》中规定的时间段,那么可能无法推翻一审法院作出的判决(即使该一审判决是错误的)。

第五章 外汇法律制度及法律风险

一 外汇法律制度

柬埔寨国家银行(NBC)是经授权的监督和审查柬埔寨外汇的主管部门。目前柬埔寨主要的外汇法律制度及规定如下:

1.《外汇法》

《外汇法》是柬埔寨关于外汇业务管理的主要法律,该法概述了柬埔寨外汇业务的主要条款。《外汇法》适用于任何外汇业务,也适用于居民和非居民之间就商业交易、转让或资本流动以及投资发生的支付业务。

《外汇法》允许通过银行系统购买外币。通过分类账目的外汇操作不受限制,包括在外汇市场上购买和出售外汇,以及柬埔寨与其他国家之间或居民与非居民之间各种国际结算转让和外国货币或本国货币资本流动。但是,这些操作必须通过柬埔寨授权银行进行。未能遵守这项规定的当事人将被处以涉及金额50%的罚款。

2. 外汇限制规定

国家银行是柬埔寨的金融监管机构之一。如果出现外汇危机,国家银行可以发布执行期最长为3个月的法规,对授权中介(在柬埔寨国内永久设立的银行)的活动或者他们的外汇头寸,或者以本币贷给非居民的贷款,加以某些临时的限制。如果需要延长这种计划,需由国家银行会同经济与财政部向政府首脑请求批准。

二 外汇法律风险及防范建议

在柬埔寨投资过程中,企业面临的一大问题就是外汇管制问题,如果认识不清,就会出现严重的风险。如资金的转移受到当地的限制,难以汇出,且汇率的变动也存在贬值的风险。同时,柬埔寨国家政策变动较大,也会使外汇政策不稳定,出现较大的风险。

因此,对于外汇管制和利润汇出风险,企业应在投资前评估柬埔寨相关外汇政策对项目影响程度,在政府作为合同一方的项目中,与柬埔寨政府沟通,争取豁免对项目操作产生不确定影响的限制程序,例如获得柬埔寨国家银行关于自由兑换硬通货的承诺协议,必要时购买中国出口信用保险公司的政治风险保险,转移外汇管制和利润汇出风险。

三 相关案例

柬埔寨涉及的外币币种主要为美元。2019 年 1 月至今,美元对人民币的汇率在 6.3 ~ 7.12 波动。由于中美贸易摩擦、新冠疫情带来的冲击以及美国社会动荡暴露出的系统性弊端,汇率于 2021 年 12 月低至 6.37。后因美联储加息,2022 年 5 月已回弹至 6.75。由于一系列经济改革、1700 亿美元的基础设施支出计划、通货膨胀缓解导致货币政策变更等因素,柬埔寨瑞尔对人民币的汇率由 2019 年 1 月的 0.1284 一路走高,于 2020 年 8 月达到高点 0.1424,涨幅达 10.88%。然而,2020 年 9 月开始,受新冠疫情、通货膨胀率高的影响,柬埔寨瑞尔出现下行趋势,2022 年 3 月已跌至 0.1224,为 2005 年 11 月以来最低。由于柬埔寨债务同国内生产总值比率较低(2019 年年底为 41.5%,同期中国为 50.5%、马来西亚为 51.8%、新加坡为 126%),柬埔寨对外债的依赖程度下降以及业务流程外包部门的强势增长,外汇储备良好。柬埔寨国家银行对实体经济信心十足,预计柬埔寨瑞尔汇率在小幅回调后会趋于稳定。

Z 公司在柬埔寨当地均以“Z(柬埔寨)有限公司”的名义进行生产经营并开展海外业务,柬埔寨同 Z 公司签订的主合同中部分涉及人民币同美元换算,但未明确该汇率为固定汇率。在实际生产经营中,除职工薪酬、水电费及现场经费外,项目收款及分供商的合同、支付均要求以美元进行。对于 Z 公司在境内以人民币支付的工程款项,在属地应同样做纳税申报,以避免属地税务风险和汇率损失。该主合同、下游分供商合同均以柬埔寨瑞尔签订,且除中方管理人员薪酬外其余经费同样以瑞尔在当地支付,因而资金收支部分同样不存在由于固定汇率带来的汇兑损失。

汇率波动可能对公司带来的影响主要为三种:一是项目完工后留存资金的转回,二是公司前期投入资金、中方管理人员薪酬的损益,三是折合本位币后营业收入、利润的增减。在留存资金方面,可以Z公司下属公司间换汇为主要手段,将汇兑风险控制在内部。若无法内部换汇,可在项目临近完工时对于汇率变动进行趋势分析,选择适当时机提前完成转回,以期降低风险。在中方管理人员薪酬方面,由于投标时使用的汇率为0.1291,且投标成本最终以瑞尔形式体现,则在实际履约过程中,若汇率上升,则薪酬折算后金额降低,同样存在汇兑收益。在营业收入、利润方面,影响主要体现为折算本币后,过程中列报和最终列报的差异,对此,至完工时可对汇率波动产生的差异进行调整。

第六章 土地法律制度及法律风险

一 土地法律制度

柬埔寨土地制度的主要法律依据是2001年7月出台的《土地法》，该法的主要目的是规范柬埔寨土地使用和管理，解决长期以来土地登记与交易的混乱情况。《土地法》不仅明确规定了土地产权的类型、土地交易的条件，还对土地征用等关键问题作出了规定。

(一)土地所有权制度

1. 国家土地所有权

根据《土地法》，国家土地分为国家公有土地和国家私有土地。

国家公有土地是具有公共利益的国有土地，这部分土地不能被出售给私人，但在有限的情形下，可以由私人承租，租期不超过15年。

国家私有土地是国家公有土地之外的国有土地，可供交换、出租、特许经营或出售给私人。国家私有土地的交易受特别法律和条例管辖。2006年，部长会议通过了第129号法令，其中规定了租赁、买卖、交换国家私有财产的规则和程序，任何违反第129号法令的国家公有财产交易都是无效的。

2. 集体土地所有权

柬埔寨的集体土地分为僧院的土地和山地社会的土地。

宗教及其继承者永久享有僧院中土地的所有权，该部分土地不得出售、交换或赠与，但在保证所获收入专用于宗教事务的前提下，可以出租或佃租。

山地社会的土地属于原住民。原住民群体享有山地社会土地的集体所有权，且无权将土地处分给群体之外的主体。

3. 私人土地所有权

《土地法》规定，人民对私有土地享有所有权和占有权。私人土地的所有人依法对自己的土地享有自由出入、居住、使用、转入或拒绝他人进入的权利。私人拥有的土地可以自由买卖、交换、赠与或继承。

《宪法》和《土地法》保护私人土地不被征收，只有在这种征收符合“公共利益”和“公平和公正”的情况下才是合法的。2010 年 2 月 26 日，柬埔寨颁布了新的征收法，该法授权国家征收私人财产用于发展公共基础设施，为“公共利益或国家利益”服务，前提是事先支付公平、合理的补偿。

4. 外国投资者取得土地所有权的限制

柬埔寨法律对外国投资者在柬埔寨拥有土地设有诸多限制。然而，《共有私人建筑物上外国人所有权条款法》与第 82 号二级法令（2010 年 7 月通过）在共有建筑物方面迈出了一大步。外国人被允许拥有共有建筑物中 70% 的所有权，地面和地下部分除外。外国人申请拥有共有权需办理特别手续，并对房屋共有权进行登记。该法有溯及既往的效力，不仅适用于新建造的房屋，也适用于已经建造且将为多人共有的房屋。

（二）土地使用权

1. 土地特许权

《土地法》规定了三种土地特许权，包括社会土地特许权、经济土地特许权和使用开发特许权。2005 年柬埔寨颁布的经济特许地二级法令规定了特许权确定标准、程序、机制和监管的细节。所有经济土地特许权必须由柬埔寨农业、林业和渔业部授予，面积一般限于 10,000 公顷，任何主体获得的多个经济特许地面积总数相加不得超过 10,000 公顷。

2. 土地长期租赁

《土地法》的一项重大修改是将长期租赁权视作一种土地用益物权。长期租赁权可转让、转租、抵押或继承，亦可作为融资的担保。长期租赁必须在 15 年以上，最长 50 年且可展期。

（三）土地担保物权

根据《土地法》的规定，不动产所有权人可以将土地作为债权的担保。《民法典》规定，外国投资者可享有不动产担保物权。

1. 质权。质权人对其占有的土地享有就债权数额优先受偿的权利。除非另有约定，土地质权人可以收取不动产的孳息，应当承担管理费用以及与该土地相关的所有其他费用。土地的质押期限不得超过 5 年，但可以展期。

2. 抵押权。债权人或第三人可以其拥有的土地为债权提供抵押担保，长期租赁或用益物权也可以作为抵押权的标的。抵押权的客体范围及于土地上的附属物，如建筑物。

（四）土地登记制度

不动产的登记制度分中央和地方两级。登记机关在进行登记前，要对土地所有人、土地的性质、土地的测量、土地上的变化、建筑状况、所有权的变更等事项进行调查，以保护所有权人的权利。登记机构根据登记文件和土地注册簿可颁发不动产所有人证明，不动产占有证明，抵押证明，关于土地性质、法律状况、自然情况和受侵害情况的材料和文件。证明等文件属于官方确定的法律文件。

二 土地使用风险及防范建议

（一）土地使用风险

土地使用风险不仅存在于柬埔寨的土地买卖市场，还更多存在于经济特许地投资商与当地社区居民之间，主要包括以下几方面：

1. 土地买卖不规范

由于《宪法》《土地法》《投资法》等法律明文规定，外国人不得拥有柬埔寨土地的所有权，因此外国人或外国公司直接购买土地并不受法律保护。而且他们很容易受到不法分子的欺骗：一方面，其购买的土地可能不具备合法的产权证；另一方面，一些卖家可能将同一块土地卖给多个买家，从而引起土地纠纷。因此，外国投资者通常采用长期租赁的形式租用土地，而实际上，在土地合同上，双方会注明土地使用期限是无限期。尽管如此，不规范的土地市场、无法律保障使外国人在柬埔寨购买土地存在较大的风险。

2. 开发商侵害当地居民权益

在农村，则存在开发商强占农田、破坏财产、农作物和森林等侵害当地居民权益的问题。由于一些特许地和居民的土地并未划分明确的界线，村民们并不知道政府为开发商分配了多少经济特许地，而且大多数人没有土地证来证明自己对土地的占有权和使用权，因此他们的土地很容易被侵占。

3. 当地居民强占开发商土地

开发商和当地居民的土地矛盾还表现为一些居民强占外国公司合法开发的土地，这不仅影响了外国企业的正常开发，也损害了外国企业投资柬埔寨的热情。一些靠近经济特许地的居民则利用地利，在特许地周边及区域内搭建简易棚屋和木板房，借机侵占开发公司合法经营的土地，致使投资者的权益无法得到保证，生产无法正常进行，从而破坏了柬埔寨的投资环境。

（二）防范建议

1. 确认土地权属清晰，取得相关权证

如果企业打算在柬埔寨投资，取得产权明晰的土地是非常重要的。值得注意的是，柬埔寨有多种并行的土地产权证书，但其效力和证明力各不相同，有些构成所有权的证明，有些则允许政府无偿收回土地。并非所有土地产权证书都意味着不可撤销的所有权。

投资者必须通过政府合法手续取得土地。相关合同必须以书面形式取得政府登记。投资者应当申领土地权证（在柬埔寨，如果土地未经登记，受让方可凭借社区官员或省官员认可的交易凭证证明其土地所有权）。

依法取得土地后，为维持产权明晰，防止不法分子侵占土地，投资企业可采取各种方法划清土地界限，如在土地边缘加固栅栏等；加强安保措施，维护财产安全亦是可行之道，但应尽量避免暴力冲突。

2. 设计土地架构，避免结构性隐患

因外国投资者一般不能拥有柬埔寨土地的所有权，实践中，大量存在土地交由柬籍自然人或法人形式持有，或使柬籍个人或法人在投资总额中占 51% 以上股份的情形。根据柬埔寨土地法的规定，在柬注册的企业，其 51% 以上的股份由柬籍自然人或法人持有的，可以成为土地的所有者。公司股权比例以公司章程为准。股东签署的违背该条款的私人协议无效。外国投资者取得合法土地权益的途径包括：长期租赁、取得经济特许地使用权以及担保物权。

3. 有序投资，避免闲置带来的风险

柬埔寨有"未使用土地税"这一税种，因此，在柬埔寨取得土地后应当及时进行开发。如果企业取得的是经济土地特许权，那么一定时间内的闲置一旦构成经济特许合同的违反，法院可以撤销该合同。根据柬埔寨政府的政策，未开发的经济特许地可能被撤销。以上都说明了在柬投资企业及时利用土地、避免闲置的必要性。

4. 处理好与政府及社会力量的关系

在法律的框架内开展投资是进行对外投资的一项基本原则。柬埔寨政府反腐败"雷声大雨点小"，官员财产申报制度执行不力，流于形式，反腐败过程中"只拍苍蝇不打老虎"的现象较为普遍。即便如此，在柬投资者还是要将投资行为限于合法框架内。运行在法律框架外的投资行为，虽然一时解决了问题，但是还有隐患存在。除政府之外，处理好与媒体、非政府组织等社会力量的关系也十分重要，这有利于维护企业声誉。

三 相关案例

1. 案情简介

中资企业桔井伟业农业开发有限公司的农业开发项目经过柬埔寨农业部审批，于2007年获得批地8000多公顷，用于橡胶种植。公司严格遵守当地法律进行开发，但当其准备大面积开发时，当地农民开始强占公司的大量土地。[1]

居民非法占地严重影响了合法用地企业的正常生产经营。在桔井伟业农业开发有限公司的场地内，强占土地的居民还砸坏过公司部分财产。[2]农林特许地大多远离市区，政府执法力量很难迅速到达。一旦公司与当地居民发生冲突，后果很难控制。

2. 案例分析

对于坚持正常、合法经营的公司来说，与土地相关的安全问题始终是商业经营中巨大的不确定因素。此案例给投资者的启示是，土地风险的事前防范固然是一方面，包括土地产权的事先调查、与政府部门的协商、相关手续的齐备，但即使取得了合法手续，也不意味着一劳永逸，企业仍须在经营过程中时刻防范土地风险发生，准备应急预案，一旦爆发土地纠纷甚至冲突，应当尽量取得政府及警力支持；如果政府怠于履行职责，企业必须维护生产经营的财产及职工的人身安全，并寻求与冲突方达成和解或第三方调解的可能。

---

〔1〕 2012年2月，特许土地内仅有4户居民在公路入口处生活，但短短7个月后，沿公司修建的简易道路进入特许地搭棚圈占土地的居民增加到300多户，但很少看到居民在内生活，很明显仅仅是为了强占土地。

〔2〕 仅在2012年，当地居民就七八次阻挠施工，双方曾发生严重对峙，还有居民在附近鸣枪恐吓中国员工。

第七章 税收法律制度及法律风险

一 税收法律制度

柬埔寨实行全国统一的税收制度,并采取属地税制。柬埔寨税收法律制度主要依据《税法》、《税法修正法》以及《公司利润税部长令》(财经部)。《商业法》《海关法》《投资法》亦是柬埔寨税法重要的法律渊源,其中特别规定了对柬埔寨投资或外贸的税收优惠政策。现行税收体系包括的主要税种是所得税、增值税、营业税等。

(一)个人所得税

柬埔寨个人所得税纳税主体包括居民纳税人和非居民纳税人。在柬埔寨境内依据法律成立的个人合伙企业、独资企业在柬埔寨税法中被视为“个人”,应缴纳个人所得税,而不再缴纳企业所得税。凡在柬埔寨境内无住所又不居住,或者无住所而一年中在境内居住不满 182 天的自然人为非居民纳税人,仅就其在柬埔寨境内取得的所得缴纳个人所得税。柬埔寨个人所得税的税率分为超额累进税率和比例税率两类。

(二)企业所得税(见表 3)

表 3　柬埔寨企业所得税

征税对象	居民企业纳税人:企业在柬埔寨境内所得与外国所得
税率	普通税率:20%;优惠税率:0,经柬埔寨发展委员会批准,最长达 9 年
纳税期限	每月按照月度营业额的 1% 预缴,期末可冲抵;税收年度一般为日历年度,可特殊申请
税损结转	税损最长可结转 5 年,不可转回;申报税损结转不可变更经营范围、不可转股

续表

资本弱化	柬埔寨法律没有关于资本弱化的规定，但在计算应纳税利润时，利息支出的扣减最多不能超过利息收益与其他收益50%之和
转移定价	柬埔寨税法没有关于转移定价的规定，但税局有极大的权力重估关联交易的定价。有20%的股权属同一股东的交易方，即可被认定为关联方

（三）公司营业税

一般公司营业税为9%，但不包括国家自然资源、森林、石油、矿藏和宝石等勘探和开采的税收，此类税率由其他法律另行规定。

（四）增值税

柬埔寨政府规定增值税税率为10%，但是对于柬埔寨境内出口的货物按照应税供应税额免征增值税。提供下列劳务免征增值税：公共邮电业的服务、医疗卫生业的服务、国有公共运输业和电力事业、保险业和特定的金融服务（见表4）。

表4 柬埔寨增值税

征税对象	提供免税货物/服务以外的货物/服务
免税货物/服务	公共邮政服务；医院、诊所、医疗、牙科服务等；保险服务；使馆和外交机构进口的物品；政府特别规定的货物/服务，如农业用的拖拉机、生产外贸服装的纺织设备等；其他为公共利益而提供的货物/服务
税率	10%
纳税期限	每月缴纳

（五）其他税

其他税种见表5。

表5 柬埔寨其他税

不动产产权税	不动产所有人缴纳，（不动产市场价值 - 估值下限）×0.1%，每年缴纳
不动产租赁税	不动产（包括土地和房屋）出租人缴纳，租金×10%
车船税	车船所有人缴纳
专利税（企业年度注册时缴纳）	300美元

续表

土地闲置税 （超过1200平方米的部分征收）	评估价值的2%
注册税	柬埔寨对企业的设立、合并或者撤销等有关特定文书、特定资产转让的有关文书征收注册税，税额按照转让价格的4%计算

（六）关税政策

根据进口货物的不同，关税具体由海关关税税则规定。海关法规定了诸多免于缴纳关税的情形，比如政府部门进口一般无须缴纳关税。普通进口货物经过柬埔寨发展委员会（Council for the Development of Cambodia，CDC）批准，也可免于缴纳关税。

（七）投资税收优惠政策

1. 柬埔寨对外国投资的优惠

柬埔寨政府给予外资与内资基本同等的待遇，《投资法》及其修正法为外国投资提供了保障和相对优惠的税收、土地租赁政策。此外，外国投资同样可享受美、欧、日等28个国家（地区）给予柬埔寨的普惠制待遇（GSP）。

2. 投资保障

柬埔寨政府对投资者提供的投资保障包括：

（1）对外资与内资基本给予同等待遇，所有的投资者，不分国籍和种族，在法律面前一律平等；

（2）柬埔寨政府不实行损害投资者财产的国有化政策；

（3）已获批准的投资项目，柬埔寨政府不对其产品价格和服务价格进行管制；

（4）不实行外汇管制，允许投资者从银行系统购买外汇转往国外，用以清算其与投资活动有关的财政债务。

3. 特别经济区政策

2005年12月，《关于特别经济区设立和管理的148号次法令》颁布，特别经济区政策在柬埔寨开始施行。柬埔寨发展理事会下设的柬埔寨特别经济区委员会是负责特别经济区开发、管理和监督的“一站式”服务机构，特别经济区管委会是在特别经济区现场执行“一站式”服务机制的国家行政管理单位，由柬埔寨特别经济区委员会设立，并在各特别经济区常驻。截至2008年年底，斯登豪、曼哈顿、柴柴、欧宁、金边和西哈努克6个特别经济区已获政府正式批准，另有5个也已取得特别经济区委员会许可。

特别经济区法令规定特别经济区委员会应向全部特别经济区提供优惠政策；《投资法修正法》规定，位于特别经济区的合格投资项目有权享受与其他合格投资项目相同的法定优惠政策和待遇（见表6）。

表6 柬埔寨投资优惠政策

受益人	优惠政策
经济区开发商	1. 利润税免税期最长可达9年； 2. 经济区内基础设施建设使用设备和建材进口免征进口税和其他赋税； 3. 经济区开发商可根据《土地法》取得国家土地特许，在边境地区或独立区域设立特别经济区，并将土地租赁给投资企业
区内投资企业	1. 与其他合格投资项目享受同等的关税和税收优惠； 2. 产品出口国外市场的，免征增值税。产品进入国内市场的，应根据数量缴纳相应增值税
全体	1. 经济区开发商、投资人或外籍雇员有权将税后投资收入和工资转账至境外银行； 2. 采取外国人非歧视性待遇、不实行国有化政策、不设定价格

二 税收法律风险及防范建议

（一）税收法律风险

税收法律风险主要来自在税收审计过程中查出的报税不合规及因此带来的补税、罚款、罚款利息甚至刑事责任。主要的税收风险点包括：

1. 税收审计风险

按照当地税法，柬埔寨税收总局有权在月度或年度报税的3年内重新评估，但是如果有证据证明纳税人妨碍税收规定的实施，则该期限可延长至10年（根据柬财经部2019年3月13日颁发的270号法令，该期限改为5年，但在财经部同意后，可以延长至更长）。妨碍的定义非常广泛，甚至包括未能在30天之内进行报税等。因此，在很多情况下，都可以进行10年的税收重新评估。[1]近年来，多家中资公司被

〔1〕 See Ministry of Economy and Finance of Cambodia, Prakas on Tax Audit [Z], No. 270 MoEF、BrK, 2019-03-13.

审计，审计年限甚至追溯至5年之前。

2. 税收罚款风险

对于违反税法的行为产生的罚款，根据其特点确认具体数额：纳税人或者报税代理被认定为疏忽（差额税10%或者更少），按照未缴税额的10%罚款；纳税人或报税代理被认定为严重疏忽（差额税超过10%）或者纳税人未在税收总局通知的时间内补税，按照未缴税额的25%罚款；在税收总局的税收审计过程中发现未缴税额，则罚款金额为未缴税额的40%。除了罚款外，罚款额会每月征收2%的利息。

（二）防范建议

在实际的税收操作中，有以下关键点需重点关注：

1. 对于投资合格项目或者年营业额超过75万美元或者总资产超过50万美元，且雇员超过100人的公司，财务报表必须每年经由在柬埔寨注册会计师协会注册过的独立审计员进行审计。在柬埔寨公司的财务年为日历年，但外资公司可以使用与其母公司一致的财务年。

2. 所有的账目及支持性文件必须保存10年以上，记录必须有柬文，货币也应折算为柬币，但是对外资公司，若获得财经部许可，外国公司的子公司可以使用英文或其他货币记账。

3. 对于专利税及年度所得税，纳税人必须在年末后3个月之内提交年度的所得税及专利税申报，新注册的企业需要在商务部注册后15天内缴纳专利税。

4. 最多可结转5年的税项亏损，税项亏损不可以抵扣上年度的利润。

5. 若所得税申报表与银行对账单金额有差距，税收总局在审计过程中可能会要求公司补缴预扣税及相应的罚金和利息。在清税审计中，税收审计员会检查银行对账单，并和每月的报税资料交叉对比。根据柬埔寨税法，若无法解释该部分差额产生的原因，或者用于解释差额的支撑性材料（比如发票等，且发票内容不能是购买服务）不能被审计员接受，则这部分差额将被视为项目公司购买服务的费用。则该部分费用需补缴15%的预扣税，代扣税本身将有25%的罚款及每月2%的利息。

6. 柬埔寨所得税税率为20%，按照柬埔寨税法，在柬埔寨的公司除了每月报税外，还需进行年度的所得税申报，将收入与费用抵扣后，按照20%的税率缴纳所得税。关于费用的跨期抵扣会计规则，仅在申报期的2年内的费用，可以用于抵扣收入，超过2年的费用，只能列为费用，但不可以抵扣收入，而收入无论发生在哪年，都需要在抵扣后缴纳所得税。

三 相关案例

1. 案情简介

2010年,L公司与柬埔寨水电项目股东方签订合作协议,同时签订了BOT协议,正式确认了该项目将以BOT模式建设并运营,协议规定水电站建设周期为5年,建设完成后的经营期为40年。该项目于2013年开工,2017年首台机组投入使用,2018年正式进入经营期,计划于2057年移交柬埔寨股东方。2010年BOT协议签订后,L公司就该项目开始进行税收筹划。

由于水电项目本身就带有投资周期长、金额大、风险高的特点,再加上国际投资环境复杂多变,这使该项目投资的风险大大增高。故L公司就柬埔寨水电项目在BOT协议中签订了电力采购协议(PPA)、项目执行协议(IA)、租赁协议(LA)。三个协议中主要约定了电力采购价格、税收、特许权使用费、土地租赁等与项目投资运营息息相关的条款,大大降低了项目投资的风险。

根据柬埔寨2013年的税收政策和投资激励政策,以及对柬埔寨市场的调研和国际局势的分析,L公司主要从建设期和经营期的税收优惠政策、经营期的股息返还以及投资退出几个方面考虑,综合海外市场的战略目标、资金的利用效率等因素,选择以子公司作为主要组织形式,并进行了股权架构,间接持有柬埔寨项目51%的股权,即在中国香港地区建立全资子公司,香港地区公司又在开曼建立了全资子公司,开曼公司持有柬埔寨项目公司51%的股权。

2. 案例分析

该项目的挑战在于水电项目本身投资周期长、资金需求量大、投资风险高,在复杂的海外市场将会面临更大的风险。海外水电项目在建设期的一个关键任务就是税收风险的预估和应对。所以L公司在收购柬埔寨项目51%的股权后,除了工程技术上的可行性研究之外,最重要的就是着手税收筹划,针对柬埔寨税收的特殊性以及国际税收政策和经济环境导向,制定有效的税收筹划策略,来节税、降风险、为企业发展战略提供资金支持,推动L公司海外水电项目的建设。

引起税收筹划风险的原因是多方面的,如果没有及时发现风险并修正,投资项目的发展都会受到严重的影响。所以L公司在柬埔寨项目的建设期就开始重点关注税收筹划的策略,不仅要考虑建设时期的税务处理,还要考虑经营期、投资退出(移交期)的税务影响。同时,由于国际税收环境总是变幻莫测的,所以柬埔寨水电项目在正常经营的第 2 年,就面临着税收筹划策略的调整。这也充分说明海外水电投资项目的税收筹划方案是很难一劳永逸的,需要企业时刻关注国际局势的变化、各国(地区)税收政策的变化以及企业本身发展方向的变化,尽可能享受税收优惠政策,适时调整税收筹划方案节税、降风险,帮助企业更好地实施发展战略。

第八章 劳动就业法律制度及法律风险

一 劳动用工法律制度

柬埔寨新的《劳动法》于1997年1月10日被柬埔寨王国国会第七届大会在其第一次立法会议上通过，并于1997年3月13日颁布，共18章。《劳动法》为劳动者权益提供全面保护。该法主要原则性规定如下：严格禁止强迫或强制劳动；雇主雇用或解雇工人时，应在雇用或解雇之日起15日内向劳动主管部门书面申报；雇主用工人数超过8人的，应制定企业内部规章制度；允许就业的最低年龄为15岁，工作性质危害健康、安全或道德的，最低就业年龄为18岁。[1]雇用人数超过8个人的企业，都必须制定内部规章制度，并由劳动部的监察员签字确认。内部规章制度的变更也要经过监察员签字认可。内部规章制度主要包括：职位申请、工作描述、医疗检查、工作时间、休假、工资、福利、门禁、处罚措施等。内部规章制度应当在企业内部公示。

《劳动法》规定了严格的企业申报制度。主要规定了三种情况的申报：企业在开业、停业前30日都要向劳动行政主管部门申报；雇用、解雇需要申报，解雇申报应当在作出解雇决定15日内申报；企业规章制度要在开业后3个月内制定并经申报核准。我国没有用人申报制度，如未能了解柬埔寨劳动法，可能会遭受不必要的损失。我国一家民营企业，在柬埔寨设立公司建设工厂加工成衣，在解雇工人时，未事先通知，也未补发柬埔寨法律规定的薪水，导致被柬埔寨劳动主管部门处罚，连工厂都被砸了。

柬埔寨工人罢工已合法化。柬埔寨劳动法明确规定了罢工的适用条件和程序，保证工人罢工和停工的权利，具体有以下情形：在反对仲裁裁决的情况下，此权利可

---

〔1〕 参见彭桦：《"一带一路"之柬埔寨投资法律规则与实践（下）》，载中国金融信息网，http://world.xinhua08.com/a/20150810/1536940.shtml?f=arelated。

由争议的其中一方行使;当仲裁委员会在规定的期限内尚未出示或通知其仲裁裁决时,工人也可行使罢工的权利;在代表工人的工会认定它必须行使此权利来强制企业遵守集体协议或法律的情况下,也可行使罢工的权利。在罢工之前,必须至少提前7个工作日发出通知,并且在企业或公司中备案。事前通知还必须发送给劳动主管部门。罢工必须采取和平方式。在罢工期间采取暴力行为将被视为严重过失,会受到处罚,包括停工或纪律裁员。

同时《劳动法》第261条规定,外国人在柬埔寨工作必须获得劳动部的许可。2014年7月16日,劳动部和内政部联合发布规章,要求企业提交雇用外国人情况,包括披露员工总数、员工流动情况、使用外国人的配额、外国人雇佣合同,以及外国人的护照和签证信息、工作许可等,以便检查。2014年8月20日,劳动部发布规章,规定了企业雇用外国人的比例。2015年1月,劳动部就企业申请外国人工作许可发布操作指南。非法雇用外国人的企业将被罚款(最高180美元),外国人可能被驱逐出境。

二 劳动用工风险及防范建议

(一)劳动用工风险

1. 对外劳务合作空间小,海外中国员工权益保护困难

柬埔寨由于整体上劳动力丰裕,一般都大力保护本国劳工的就业,严格限制普通外籍工人入境工作,只对本国严重缺乏的专业技术人员有所松动。因此,我国企业在柬埔寨投资时,雇用中方员工的空间有限,中方员工在海外也面临劳工权益保障的问题。同时,外籍劳工入境工作的申请程序复杂,手续烦琐,也进一步提高了中国劳工入境工作的门槛。近几年,我国在柬埔寨投资的企业也存在雇用中方人员时以旅游签证和商务签证代替工作签证的现象。海外中国劳工的合法权益得不到保障,也给企业经营和投资形象带来负面影响。

2. 强势工会对劳动纠纷施压、干预

柬埔寨工会力量强大,在面对劳动纠纷时,工会态度强硬,在罢工、示威等活动中扮演策划者、组织者的角色,时常引发罢工,给生产经营带来严重影响,频繁罢工造成的经济损失也会间接导致劳动力成本上升。尤其在服装、纺织、制鞋等劳动密集行业中,工会活跃,罢工较多。在工会的领导下,在涉及劳工权益问题时,特别是薪酬谈判时,劳方的态度强硬。

3. 多种用工方式并存,导致劳动合同违规风险增加

中资企业在柬埔寨雇用的员工主要源于中国国内、东道国、第三方国家,国内劳务派遣公司也会雇用中外员工提供给投资企业。由于柬埔寨严格的外籍劳工准入制度,东道国鼓励投资者雇用本国员工,雇用东道国员工成为中资企业在柬埔寨主要的用工方式。但整体上,由于多种用工方式并存,劳动者身份的法律认定复杂,投资企业违规的风险增加。

(二)防范建议

1. 综合考察劳动力市场,比较用工成本

柬埔寨虽然整体劳动力充裕,最低工资标准较低,但受过高等教育的成人人口比例和专业技术人员比例较低,劳动产出低。在投资之前应对沿线各国劳动力市场进行综合考察,劳动力人口、劳动力价格、劳动力素质、实际劳动时间都是影响用工成本的重要因素,最终影响劳动力的产出。因此,企业需要对柬埔寨的劳动力具体指标进行比较研究,获得较为全面准确的用工成本,以减少投资后的劳工成本风险。

2. 对劳动法律法规风险分类施策,采取有针对性的防范措施

在柬埔寨由违反劳动法律法规引发的劳动用工风险占据较大比例,涉及的面较广,特别是在人员雇用、解除雇用及薪酬福利等方面对投资企业的经营管理的影响更为直接。在柬埔寨,劳动法律法规规定的保护标准较高,企业需参照较高水平的劳工标准,提高对劳动者保护的程度,严格遵守涉及劳工标准的劳动法律法规,注重劳动合同形式与内容上的合法合规。

3. 遵守劳工标准,积极履行企业社会责任

近年来,在国际劳工组织、区域经济集团和发达国家的关注和扶持下,柬埔寨劳动立法水平和劳工保护标准不断提升,特别是在工资、工时和劳动安全方面。我国企业在投资经营时,除了严格遵守柬埔寨的劳动法律法规外,还需要积极履行社会责任,保护劳工权益。这样不仅可以减少劳动纠纷,还有利于树立积极履行社会责任的良好投资形象。

4. 依托柬埔寨"三方协商"机制,积极化解劳动纠纷

柬埔寨工会势力强大,在劳动纠纷的处理中担任重要角色,集体谈判比较普及。柬埔寨劳动争议、劳动关系协调处理机制,整体上是以劳、资、政"三方协商"为主。工资、工时、劳动条件、劳动保障是引发劳动纠纷的主要原因,也是集体谈判的主要内容。在劳动关系治理中应以集体谈判为载体,围绕工资、工时、劳动条件、劳动保障等争议问题,在实践中积极推行以劳方(工会)、资方和政府为参与主体的三方协商机制。三方进行沟通对话,可以弱化争议,减少误会,达成共识,化解各类劳动争议。

三 相关案例

1. 案情简介

1998 年,A(个人)基于口头协议在 B 公司工作。在 1999 年,双方签订了为期 1 年的承揽协议,之后每年续签 1 次、每次续签 1 年直至 2015 年。在 2015 年,合约到期,B 公司没有续约。A 在 2016 年向法庭提起了诉讼。A 的诉讼理由是,她从 1998 年就为 B 公司工作,在雇用期间,她接受 B 公司的领导和监督并领取固定的工资。A 补充,B 公司是以处分的方式行使自己的雇主权利的,A 在工作时被训斥和警告过。A 还被管理人员纠正和建议过。并且,A 的权利是受到限制的。B 公司违反了劳动法规定的多个条款,包括没有给予 A 在周末、公共假日或年假休息的机会。在 2015 年,A 无缘无故地就被开除了。因此,A 向法院提起诉讼,要求判决被告因终止和原告的雇佣合同而支付 × 元。

2. 案例分析

本案的争议焦点是该合同是雇佣合同还是承揽合同。劳动者根据劳动法的规定有权获得赔偿,而独立的承揽人却没有这样的权利,只能根据承揽协议中的条款获得赔偿(双方针对协议进行协商,反映公司与独立承揽人在博弈中的平衡)。关键是,如果一个合同被视为承揽合同,那么它就是一个纯粹的商业协议,则劳动法就与此不相关。区分商业合同和雇用合同的关键是公司对劳动者的控制程度,这是事实问题。很公平地说,如果一个机构对劳动者有很高程度的控制,那么劳动者更有可能被当作员工对待。举个例子,如一个劳动者的工作时间由公司安排,公司根据他工作的时间而不是成果支付固定的薪酬,他不需要为办公用品或工具付钱,并且享受着一般由员工才享受的福利,如年假或带薪休假的权利,那么这个劳动者更有可能被视为员工而不是独立的承揽人。一个员工拥有劳动法赋予的权利,“员工”的身份使其在法律上能受到保护;而一个独立的承揽人不会从劳动法中获得这样的福利或保护。法院会看一个合同在实际中是如何被履行的。合同的名称不具有决定性,在柬埔寨的投资者应该认真听取建议,确保劳动合同被合理起草,以及确保劳动者的待遇不会让他人对他们的身份(是员工还是承揽人)产生疑问。

第九章 环境法律制度及法律风险

一 环境法律制度

1996 年 11 月，柬埔寨国会通过了《环境保护及自然资源管理法》。

确保《环境保护与自然资源管理法》实施的执行法令包括以下几个：

1. 环境影响评估程序二级法令。该法令旨在决定提议中的或已经存在的私人和公共项目的类型、活动和规模，这些项目需要在获得政府授权前进行环境影响评估。

2. 水污染控制二级法令。该法令旨在控制公共水体污染源和规制引起污染的活动。

3. 固体废物管理、环保评估二级法令。该法令旨在规范有关固体废弃物的活动，包含垃圾和有害废物处理、保存、储存、收集、运输、分解和释放等。

4. 空气污染、噪声骚扰控制二级法令。该法令旨在控制移动或者非移动空气污染源和规制导致空气污染、引发公共区域和居民区域噪声的行为。

5. 初级和全面环境影响评估报告准备通行指南。该指南向项目中的个体户、私有企业、国有企业、半国营企业、公共机构提供指导。指导上述主体如何准备提议中的或已经存在的项目的初级和全面环境影响评估报告，同时也设置了该报告内容的最低标准。

二 环境保护的具体标准和措施

（一）空气污染与噪声干扰的控制标准和措施

柬埔寨在防治空气污染上，主要依据的标准为：《环境空气质量标准》《环境空气中有害物质最大允许浓度》《环境空气中固定源污染物允许的最大限度标准》《移动源的气体排放标准》。对于噪声污染主要采用的是:《上路的车辆允许噪声的最大限度》《在公共场所与居住区允许噪声的最大标准》《车间、工厂和工业区的噪声标准》。

新的或已有的金边地区项目的污染源业主与负责人应在建设项目开工前的40日内将固定源污染物与噪声排放到大气中的授权申请提交环境部门,同时将申请书的复印件送到相关的部门及机构;省与市项目的污染源业主或负责人则需在项目开工前的60日内提交授权申请,如果是对进口易燃物品的申请则必须附有从进口地或原产地发出的说明污染物的报告。

污染物排放的业主、负责人和环境部门均对污染源的监控负有责任,污染源业主与负责人的责任为:负责采购、安装净化有毒物质,减轻噪声与振动,以求达到控制空气污染标准所需的任何设备;负责安装设备,用于测试、记录其污染源所含污染物的数量,并应每3个月向环境部递交一次报告;选用一位环境专家负责处理环境事务,并为其机构编制环境保护计划。对这一环境专家的培训可由环境部应业主的要求来提供。环境部的职责是对固定污染源的易燃物品的数量、污染物的排放与噪声进行监控、测量。

(二)水环境标准和措施

水环境标准作为整个环境标准体系的一个组成部分,是水污染管理法中的技术规范,它以维护一定的水环境质量、保护人体健康和促进水环境生态良性循环为目标,规定了水环境中有害物质种类在一定时间和空间内的容许含量。该标准包括:《有害废弃物的类别》《适用于排放废水或污水进入公共水域的污染源标准》《在排入与运输废水前需要从环境部获得许可的污染源类型》《公共水域为保持生物多样性的水质标准》《公共水域与公众健康水质标准》《污染荷载标准》。

《关于水污染管理的行政法规》明文规定了严禁任何人向公共水域或公共排放系统处置固体废弃物或任何垃圾或任何有害物质,严禁因固体废弃物或任何垃圾或任何有害物质的储存与处置使公共水域中的水质受到污染,严禁住宅与公共建筑物的污水不经公共排放系统或其他处理系统便向公共水域进行排放。

对于任何一个污染源,无论是新的还是已有的,如果要把废水排放或运输到其他地方必须向环境部提出申请,并经许可。这种许可制度一般分为两种情况:一是每日的排放量超过10立方米(不包括机器冷却用水量)的排放源属于Ⅰ类污染源,必须事先获得环境部的许可证;二是需要得到环境部许可方能进行排放的Ⅱ类排放源,如新污染源的环境影响评估报告获得环境部的批准则可豁免许可证。

至于向环境部提交申请的时间,该法规规定:对位于金边的新的污染源应在开始排放前的40日内提出申请，而位于其他省、市的新的污染源则应在60日内提出申请；对位于金边的现有污染源应在环境部提出要求的30日内提出申请，而位于其他省、市的现有污染源则应在40日内提出申请。在申请符合环境部技术指导原则后，申请人方可获得许可证，之后，持证人如有意修改其排放系统，则应在开始修改前的30日内重新向环境部申请许可证。对于提供给业主或负责人的排放物排放或运输许可证，如发现有违反法律的行为时，可由环境部与其他的各相关部门经过会商后予以临时或不定期的吊销。

除环境部对污染源的监控负有责任外，污染源的业主或负责人也同样负有责任。首先，业主或负责人要负责确定其排放物处理与排放的方法，使其符合行政法规的相关规定；其次，当发现污染源可能导致危险结果时，业主或负责人要具备保护公共水域免受污染的设施和措施；最后，业主或负责人必须为其流量、浓度与排放物中所含的污染物承担安装测定设备的责任，并负责保管其记录的结果。当环境部发现污染源排放的污染物不符合行政法的规定时：在污染还没有对人们的健康造成严重的伤害及对水质还没有造成负面影响的情况下，可立即对污染源的业主或负责人发出规定期限内改正的命令；对于污染已对人们的健康与水质产生负面影响时，则应立即发出暂时停止活动的命令，直到错误被纠正为止。

（三）固体废弃物排放种类和措施

柬埔寨政府于1999年7月24日参照1993年《宪法》、1998年11月30日有关组织柬埔寨王国政府的72号法令、1994年7月20日的部长会议组织与职能法规、1996年1月24日有关设立环境部的法律、1996年11月24日《环境保护及自然资源管理法》制定了《关于固体废弃物管理的行政法规》，对废弃物作出了明确、详细的分类解释。该法规明确规定有害废弃物所有者均有责任对其废弃物给予暂时、安全与适当的保管，并对其废弃物编制季度报告，送交环境部。报告书的内容包括废弃物的数量与类型、临时储存的方式、销毁处理的方法。有害废弃物的储存与掩埋场地的业主或负责人必须为运到其场所并在其设施中进行处理的有害废弃物编制季度报告，送交环境部，报告书的内容包括废弃物的数量与类型、废弃物的来源、包装与运输装置、场所内的程序与管理。欲对有害废弃物处理与焚烧进行投资的投资者必须事先获得环境部的批准，对有害废弃物的掩埋地与储存地建筑物的建设及对有害废弃物的运输，也必须有环境部颁发的许可方能实施操作。《关于固体废弃物管理的行政法规》的实施目的在于以适当的技术方法规范固体废弃物的管理，并提供安全防范措施，以保障人们的身体健康与保持生物的多样性；其适用范围包括所有有关垃圾与有害废弃物的处理、储存、收集、运输、周转、掩埋等。

三 环境法律风险及防范建议

（一）环境法律风险

1. 环保法律法规不完善，缺少细节性规定

1996年11月，柬埔寨国会通过了《环境保护及自然资源管理法》，其中第3章"环境影响评价"第6条和第7条要求"项目在审议之前，环保部都要对其进行环评"。1999年8月，柬埔寨通过了《环境影响评价法令》，其中第6条、第8条分别规定"超过1兆瓦的水电站"要进行初步环评；"对自然资源等可能造成重大影响的，应提交全程环评"。该法令的附件对需要环评的项目类型作出了明确规定，但没有涉及环境信息公开和公众参与。《柬埔寨森林法》第4条规定："任何对公众、社区居民和森林资源有重大影响的政府决策都应有公众参与，并且公众可以对环评进行评价"，[1]但这也仅是概括化的规定。

2. 政府机构设置忽视环保，缺少协调应对机制

以在柬埔寨境内水电站建设的环评审批为例。根据2001年制定的《柬埔寨电力法》，柬埔寨境内水电站建设和管理主要由MME[2]负责，其下设有水电部门，专门负责水电站选址和制定整个国家的水电站发展规划，研究、制定、执行和控制水电站建设项目。近年来，MME制定了很多水电站发展规划，并且代表柬埔寨政府与外国公司签订多个合作备忘录，负责水电站的国际招标等。其他部门如水利气象部主管水电站航运、灌溉等；国有电力公司主管电力的分配和输送等；电力局主司向电力服务商发放牌照，评估和制定电价等；环境部主管环境和资源保护，审查环评报告等。由于技术、财力、人力等限制，环境部门为了审查环评报告，通常需要从其他部门抽调技术人员。在公布环评报告终稿之前，环境部都要同其他部门进行磋商，这极大地降低了环评的真实性、客观性和公众的认可度。

（二）防范建议

1. 借鉴国际环保标准，制定企业环保标准。柬埔寨法律对于环评标准有着明确规定，中资企业必须严格执行环评标准，以免授人以柄；同时应该借鉴国际标准，积极制定自身的环保标准，在公众咨询、信息公开、公众参与、移民补偿、社区政策等方面作出细节性规定，努力树立行业典范。

---

[1] 魏庆坡：《中资水电企业在柬埔寨的环保困境及对策》，载《东南亚研究》2014年第4期。

[2] MME是负责柬埔寨水电行业发展的主要政府部门。

2. 切实提高风险认识,建立常态化预警机制。海外市场复杂多变,中资企业应该切实提高对环境风险的认识;考虑潜在的环境风险,切实提高风险认识,建立常态化预警机制。在调研阶段,要对项目进行全面均衡的评估,宁可推迟实施项目,也要详细调研。在评估过程中,对环境和社会问题要有足够认识,不能一味偏重工程项目的经济、技术和金融等问题。对于柬埔寨在建项目中出现的环境和社会问题,要细致分析研究,积极探求稳妥的解决方案,同时要建立具有针对性的预警、防范机制。

3. 推动环境信息公开,强化社会舆论回应。项目信息公开是获得公众认可和支持的第一步,针对柬埔寨的具体情形,中资企业要通过报纸、网络、宣传单等多种途径向相关利益群体公开相关信息。尤其在前期公众咨询阶段,要让民众及时、全面获知项目信息,包括对环境和社会的潜在负面影响。对于项目周边的原居民,中资公司可以在当地政府的协助下,派遣专员进驻固定联络点,还应考虑使用当地语言,准确向民众介绍相关信息。对于柬埔寨当地民众和非政府组织的一些顾虑和质疑,中资企业应该摒弃他们"故意找茬"的心态,学会主动回应外部质疑,努力提出应对或解决方案。

四 相关案例

1. 案情简介

2015 年 7 月,在环保组织工作的环保卫士 X、Y 和 Z 聚集了 100 个村民向采砂公司抗议示威。在抗议过程中,X、Y 和 Z 领导村民爬上了采砂公司的驳船,并威胁该公司的工人停止采砂活动,否则将焚烧驳船。村民们抗议的主要原因是鱼类资源的退化以及居民区的水污染。他们认为采砂行为导致了村民们无法像以前一样捕鱼,家庭收入一落千丈。在抗议活动后,2015 年 8 月,X、Y 和 Z 被指控在柬埔寨的一个省份煽动威胁暴乱,3 人被逮捕并被初步关押。

经过了法官、控方、被告、原告以及 23 个证人的辩论,X、Y 和 Z 被判煽动威胁暴乱罪。被告 X、Y 和 Z 辩称,他们只是环保组织的志愿者。他们确实参与了阻止采砂行为的活动,但他们并没有威胁驳船船长和工人将驳船开走。他们加入这个活动只是为了保护环境,而这个活动只是一个公共集会,不是游行示威。

法官提出,根据事实、证据、辩论以及上述规则,可以知道每只驳船都登上了 30 人左右,而这 3 个被告全程指挥参与了威胁工人将驳船开走的行动,从这些行动以及众人的呼喊声中可以认为,这些行动是非和平性的。这都足以证明3个被告试图煽动他人威胁毁坏财物。

依照《刑法》第28条以及第424条之规定,一审法院于2016年7月作出如下判决:被告X、Y和Z因煽动村民威胁毁坏他人财产,被判有期徒刑18个月,缓刑8个月;并向采砂公司赔偿25,000瑞尔。

2. 案例分析

根据《刑法典》第12条的规定,柬埔寨法律适用于所有发生在柬埔寨境内的刑事案件。由于该案件发生在柬埔寨境内,被告人均为柬埔寨人,因此柬埔寨法院有管辖权。根据上述的事实和规则,3个被告有意图实施煽动村民爬上驳船,威胁采矿工人将驳船开走,否则将烧毁驳船的行为。该行为根据《刑法典》第28条以及第424条的规定,构成煽动威胁暴乱罪。

第十章 知识产权法律制度及法律风险

一 知识产权法律制度

进入 21 世纪以来，柬埔寨政府通过一系列保护知识产权的法律法规，取得长足进步。目前已符合 WTO 要求。最新颁布的法律法规包括《商标、商号与反不正当竞争法》《版权与相关权利法》《专利、实用新型与工业设计法》。此外，柬埔寨政府还准备颁布下列法律：《未披露信息与商业秘密保护法》《育种者权利与植物品种保护法》。

2002 年颁布的《商标、商号与反不正当竞争法》（本部分简称《商标法》）是柬埔寨第一部知识产权保护法，该法规定应通过注册取得商标专有权。如申请人在申请材料中能够证明其已在《保护工业产权巴黎公约》任一成员提交该商标全境或区域注册申请的，可取得商标注册的优先权。该法还对注册程序、失效、集体商标、商标许可、商号、侵权和赔偿、边境保护措施、所有权转让或变更等作出了规定。《商标法》仅认可"一国用尽原则"，因此，权利所有人对分销和进口的商品享有专有权并可通过委托或分销协议转让给独家分销商。

柬埔寨商业部知识产权局是负责商标事务的主管部门，企业申请商标需向知识产权局提交申请。商标权的期限 10 年，期满可延续，每次 10 年，同时每 5 年应向知识产权局报告使用情况，否则商标将被取消。

2003 年颁布的《版权与相关权利法》（本部分简称《版权法》）旨在为作家、表演者提供与其作品相关的权利，保护文学作品、文化表演、表演者、唱片制作人、广播机构节目，以保证这些文化产品能够得到公正合法的使用。作品作者对该作品享有可针对任何人行使的专有权，包括精神权利和经济权利。作者的精神权利永久有效，不可剥夺，且不得扣押或设定追溯期限。作者的经济权利是指通过授权复制、公开发表或创作衍生作品等，实现其作品的专有权，经济权利保护自作品创作完成之日起开始，至作者去世后 50 年止。

2003 年颁布的《专利、实用新型与工业设计法》,主要目的是保护在柬埔寨授予的专利、实用新型和注册的工业设计。专利是指为保护发明所授予的权利,有效期为 20 年。实用新型证书主要是为保护具备新颖性及可实现产业化的实用新型,有效期为 7 年,不可延期。具备新颖性的工业设计可申请注册,有效期为 5 年,注册后可连续延期 2 次,每次 5 年。

柬埔寨是世界知识产权组织成员,并于 1999 年加入《巴黎公约》。如申请人的申请材料中能够证明其已在《巴黎公约》任一成员处提交该商标全境或区域注册申请,则可取得商标注册的优先权。

柬埔寨在近几年不断与国际组织及他国签订公约,例如:《工业品外观设计国际注册海牙协定》《专利合作条约》《商标国际注册马德里协定有关议定》《保护工业产权巴黎公约》《建立世界知识产权组织公约》;多边条约,如《与贸易有关的知识产权协定》、《世界版权公约》及其有关第 17 条的附加声明与有关第 11 条相关的决议;区域经济一体化条约,如《建立东盟—澳大利亚—新西兰自由贸易区协定》《东盟货物贸易协议》;双边条约,如《日本与柬埔寨王国开放、促进和保护投资协定》《美利坚合众国与柬埔寨王国关于贸易关系和知识产权保护的协定》等,并以此来健全本国的知识产权保护的构架,并通过学习他国的相关保护经验,提升本国知识产权保护的水平。

二 知识产权法律风险及防范建议

由于柬埔寨是传统农业国,经济较为落后,整个国家的知识产权保护意识薄弱,知识产权法律保护整体落后。柬埔寨是在 2020 年才加入《保护文学和艺术作品伯尔尼公约》的。该国知识产权纠纷大多通过律师函解决,刑事案件和民事诉讼较少。因此,在柬埔寨经营的中国企业,应加强与当地律师或信赖律师的交流与合作,并通过律师强化与当地行政部门的沟通与协作,在做好自身知识产权保护与风险规避的前提下,积极打击其他侵权行为,维护自身合法权益。

三 相关案例

1. 案情简介

2017 年 7 月,特许经营人 X 向经济警察提交了投诉信,对所有在没有取得独家特许经营人授权的情况下销售、分销和进口的假冒产品和真品进行调查和突击行动。自 2011 年以来,特许经营人 X 分别在新加坡第 9 类、第 14 类、第 18 类、第 25 类和第 35 类商品和服务上注册了"A"商标,在柬埔寨商务部知识产权部第 18 类、第 25 类和第 35 类商品和服务上注册了"B"商标。这两家公司的产品正在柬埔寨进行商业化生产。根据柬埔寨法律和法规,这些生产出的商品获得了相关的许可证。

之后,特许经营人 X 发现,未经其任何授权,其产品的仿冒品在柬埔寨的不同市场生产、进口、分销和销售。这些非法携带商标"A"和"B"的假冒商品有包、鞋子、太阳眼镜和珠宝饰物。只有从新加坡和中国进口到柬埔寨的才是正版产品。《商标法》第 66 条规定,"根据第 64 条故意进口、出售、要约出售或以出售带有假冒商标的商品为目的者,根据本条规定应受到处罚。任何人故意进口、出售、要约出售或为销售带有第 65 条规定的仿制商标的物品,应受到该条规定的处罚"。所有权人希望警方采取行动,经济警察审查并同意对店内所有产品进行突袭调查。突袭行动完成,侵权人签署损害赔偿承诺函。

2. 案例分析

在知识产权法律机制并不十分完善的国家和地区,企业应该积极寻求与当地专业律师和行政部门的协作,运用多视角、多维度的手段保障自身合法权益。

第十一章 争议解决制度

一 争议解决制度概述

在柬埔寨,解决国际投资贸易纠纷的主要方式包括调解或和解、仲裁、诉讼等。调解或者和解是柬埔寨最常用的争议解决方式。民事案件最多可经过三级法院的审理,柬埔寨各级法院处理案件的周期比较长,加上容易受到外界影响,因此,诉讼不是最优的争议解决方式。商业仲裁的实践几乎为零,不是实践中采用的争议解决方式。但是在劳动争议领域,仲裁是一种普遍采用的方式。根据《中国—东盟全面经济合作框架协议争端解决机制协议》,争端各方可以通过谈判、调解或和解、仲裁等方式来解决,尤其鼓励争端方通过谈判来解决争端,不鼓励各方采取报复措施。

二 争议解决常见问题及注意事项

(一)法律制度不健全

首先,柬埔寨在民商事投资法律法规的建设方面较为滞后,不但很多重要的法律法规没有制定,而且已有的法律法规也没有得到及时的修订,甚至还有一些法律法规之间出现相互排斥的情况;其次,柬埔寨司法结构较为单一,柬埔寨有且只有一个上诉法院,负责国内所有的上诉事宜,已不适应目前快速发展的社会经济以及投资争端增多的国内环境;最后,司法程序较为烦琐、官员缺乏等也是法律制度不健全的主要体现。

(二)执法不力

虽然柬埔寨建立了民商事投资诉讼制度和监督执法制度,但在实际执行过程中各部门相互推诿的情况时有发生,即使赢了官司,但其权益得不到保障。

（三）诉讼的其他问题

柬埔寨投资诉讼还存在一些其他问题，如起诉难、成本高等。柬埔寨投资诉讼起诉难是因为法院对立案审查过于苛刻，或者对诉状不予理睬；诉讼成本高是因为需要投入大量的人力、物力和财力；在开庭审理时法官不严肃、程序流于形式、超时间审理等问题也较为普遍。

（四）仲裁制度有缺陷

柬埔寨关于仲裁的法律法规只有一部，即《商业仲裁法案》（2006 年）。该部法律所涉及的内容较少，存在较大的缺漏。例如，对于财产保全而言，这部法律仅规定仲裁庭可采取相关的措施予以保全，但仲裁庭的临时性以及权限有限等特点，限制了仲裁庭在财产保护方面的作用，可能会导致争议一方在仲裁进行期间转移财产，给争议另一方造成财产损失。同时，该部法律的规定过于笼统，并没有区分国内与国际仲裁，导致在处理一些国际投资时采用国内与国际相结合的仲裁形式。如此一来，制度上的缺陷引发了仲裁的混乱，不利于柬埔寨营造良好的外商投资环境。

（五）仲裁机构问题众多

仲裁机构的问题主要表现在：常设仲裁机构少。在柬埔寨，除了政府主导建立的国家仲裁中心，其他的仲裁性机构均为临时性的仲裁机构；常设仲裁机构要负责整个柬埔寨的仲裁相关事宜，仲裁人员工作量大，工作效率降低；在仲裁时，不按照相关法律程序进行。这些问题的出现，给仲裁本身带来诸多挑战。

（六）柬埔寨仲裁人员法律意识淡薄、仲裁人员腐败现象严重以及使用柬埔寨语等问题

柬埔寨国民整体法律意识淡薄，对仲裁的认识就更低，不了解仲裁的程序、规则和法律。很多人在遇到争端时，不是选择互相协商就是走司法诉讼的道路，这就减少了解决争端的途径。同时，仲裁人员腐败严重，即使是争议各方都同意的仲裁人员，也可能在仲裁期间收受贿赂，在裁决时偏向一方，有失仲裁的公平、公正和独立性。此外，柬埔寨法律规定，国内的裁决决议必须使用柬埔寨语，即使是外商的裁决文本也需要将其他语言翻译成柬埔寨语，导致柬埔寨脱离了国际社会默认的以第三方语言为准，并制作争议方国家语言决议副本的规定。

三 相关案例

1. 案情简介

2012 年 5 月，柬埔寨上诉法院收到一家韩国公司的申请，请求承认并执行一份

由韩国商事仲裁委员会(KCAB)作出的裁决。[1]案件当事人分别为一家韩国公司和一家柬埔寨公司,双方事前约定如有任何争议将提交韩国商事仲裁委员会适用韩国法律解决。韩国商事仲裁委员会于2012年1月30日作出裁决(编号:11113-0021)。柬埔寨公司拒绝履行裁决内容。2012年5月,韩国公司向柬埔寨上诉法院提出申请,请求承认并执行韩国商事仲裁委员会于2012年1月30日作出的第11113-0021号裁决。柬埔寨公司提出拒绝承认与执行该项裁决的请求(也包括其他理由),理由是:执行该项裁决将违背柬埔寨公共政策,即裁决符合法定的拒绝情形。

历经多个月,在审查当事方所有的请求后上诉法院于2013年1月22日作出裁定(Korean Company *v.* Cambodian Company, Case No. 02 at appeal court of Cambodia, 22 January 2013),认为执行该裁决并不违反柬埔寨公共政策,法院承认并执行韩国商事仲裁委员会的裁决。上诉法院作出裁定之后,柬埔寨公司在《民事诉讼法》规定的上诉期限外,但在《承认及执行外国仲裁裁决公约》规定的上诉期限内,向最高法院提出上诉。

韩国公司于2012年5月向上诉法院提出申请,上诉法院于2013年1月22日作出执行裁定;上诉法院历经7个月左右才作出执行裁定。柬埔寨公司于2013年3月上诉至最高法院,最高法院耗时11个月左右才于2014年2月作出终局的执行裁定。该案中,上诉法院的审查时间约为7个月,审查超时5个月;最高法院的审查时间约为11个月,审查超时9个月。

2. 案例分析

《承认及执行外国仲裁裁决公约》第10条规定:在收到被申请人拒绝承认与执行的申请后,上诉法院应在60天内决定承认和执行或拒绝仲裁裁决。第19条规定:当事人的上诉期为60天。第22条规定:最高法院也应在60天内作出裁决。也就是说,无论是上诉法院还是最高法院,案件的审查期都为60天。其实,柬埔寨规定的60天审查期限并不长,因为我国规定的也是2个月的审查期;但是,实践中柬埔寨上诉法院和最高法院审查严重超期。

[1] SO SOKVIREAK, Legal Analysis and Improvement to the Grounds for Refusal to Enforce the Foreign Arbitral Award in Cambodia,华东政法大学,2019.

第八部分

印度尼西亚篇

第一章 印度尼西亚基本概况

印度尼西亚，全称为印度尼西亚共和国，简称印尼。印尼是世界第四人口大国，人口数仅次于中国、印度和美国。根据 2022 年 12 月印尼第七次人口普查结果，印尼人口总数约为 2.76 亿。首都雅加达人口数为 1056 万；印尼的华人数量超过 1000 万，约占印尼人口总数的 5%，他们在印尼商贸和工业领域发挥着重要作用。印尼分 30 个省、2 个特别行政区和 1 个首都地区，共计 33 个一级地方行政区。二级地方行政区有 396 个县和 93 个市。首都雅加达是全国的政治、经济和文化中心。

印度尼西亚的现代法律体系具体包括：宪法、国家最高权力机关（人民协商会议）通过的决议、国家立法机关（人民代表会议）通过的法律、总统批准的法律、为实施国家立法机关通过的法律和总统批准的法律而由总统颁布的政府法规、实施宪法和政府法规的总统决定、地方性法规以及实施政府法规的部门规章等。

第二章 投资法律制度及法律风险

一 投资法律制度概述

外资对印尼的经济和社会发展非常重要。印尼政府努力通过制定各种法律和制度调整并促进外资的引进,已卓有成效。综合分析印尼外资立法体系,可以分为两大层次:

第一,外资管理特别法。2007 年 3 月 29 日,印尼国会通过新《投资法》。该法对外资税收、公司组成形式、外资股份和劳工比例、鼓励或限制投资的领域以及外资机构的国土使用权等方面都做了明确规定。随后,印尼制定了《国内投资及外商投资框架下投资申请指南及程序》、《关于有条件的封闭式和开放式投资行业的标准与条件的第 76 号总统决定》、《关于有条件的封闭式和开放式行业名单的第 77 号总统决定》及《经济特区法》等配套法规,以促进外商在印尼投资。

第二,其他部门法体系中的外资立法。除外资管理特别法以外,印尼政府还在诸如《有限责任公司法》、《所得税法》、《反垄断和反不正当竞争法》、《电信投资法》、《电力法》、《矿产和煤炭法》和《洗钱犯罪法》等其他部门法体系中对外国投资者的股权比例和经营范围等问题做出特别规定。

二 投资法律风险及防范建议

1. 风险分析

虽然《投资法》在很大程度上改善了印尼的投资法律环境,但由于不同机关制定的法律法规存在矛盾冲突,加之地方政府缺乏执法效率和执法力度,2007 年《投资法》的效力被大大削弱。[1]

(1)法律不健全、不透明。总体而言,印尼的法律环境并不理想,法律体系并不健全,一些领域缺乏规范,即使有规范也会因为操作性比较差或执行手续烦琐复杂等导致其执行难以落实,中央和地方政府的条例存在重叠或冲突,而且有些政策的透明度不高。不甚明晰的原因主要有两方面:其一,印尼自 2001 年以来实行的分权化改革使中央权力下放。基于此,地方政府可能制定不同于 2007 年《投资法》的产业进入壁垒。其二,印尼的某些国家部委,如通讯部、卫生部及文化旅游部等部门都各自颁发部长令,设定其他投资限制。不同的投资限制之间往往产生冲突与矛盾。

(2)司法、执法效率低下。印尼司法体系存在较为严重的效率低下问题,有法不依,通过司法救济方式化解外商投资经营过程中遇到的风险或者纠纷的可能性很小,遇到纠纷即使诉诸法律也很难得到及时公正的裁决,而且耗费时间、精力与财力。

(3)法律及其实施存在不确定。印尼近年来经济发展较为迅速,由此也带来一系列法律的变化,但是有些法律在颁布后缺乏配套的实施细则,甚至有些法律即使生效后,也可能面临最高法院的挑战,因此旧法的效力和新法的实施仍存在不确定性,给外国投资者带来一定的投资风险。

2. 防范建议

(1)了解并遵守印尼投资相关法律。对印尼投资相关法律法规作全面和充分的调研并加以遵守,主要包括外资准入政策、公司法律框架、税务体制、劳动法律制度、环保要求、外汇管制要求等有关的法律法规以及与电力、煤矿、铁路、港口等目标投资领域相关的法律法规。在进行法律调研时,建议聘请印尼当地律师事务所等中介机构协助进行,以确保法律调研的准确性和针对性。

(2)利用当地合作伙伴的资源降低风险。对于在印尼投资的项目,在条件允许时应考虑引入印尼中央和地方政府或当地有影响力的企业作为项目合作方,成为利益共同体,充分利用合作伙伴的资源降低印尼法制不完善带来的风险。

(3)通过印尼政府转移法律风险。在印尼开发、投资以政府作为当事一方的 BOT、BOOT、BOO 等特许经营项目时,对于上述法律风险,可主要通过与政府的协议予以降低,要求印尼政府承诺不因法律变更而调整相关协议或通过其他方式给予同等补偿,以保障项目具有一定的投资收益。

(4)动态跟踪、应对法律变动。关注和研究印尼的相关法律,尤其是涉及项目投资的印尼当地的法律,并与印尼政府相关主管部门保持沟通,跟踪法律的发展动向,

[1] 参见中华人民共和国商务部:《贸易投资环境报告(印度尼西亚)》(2011),第 302 页,http://gpj.mofcom.gov.cn/accessory/201104/1303180990406.pdf。

在法律发生变动时及时启动可利用的救济机制。

三 相关案例

1. 案情简介

2012 年 8 月 24 日，中国 A 公司与印尼 C 公司因加里曼丹铝土矿项目合资协议举行签字仪式。双方将通过在印尼成立合资公司的方式，共同开发印尼西加里曼丹省的铝土矿资源和建设氧化铝厂。2013 年 1 月，中国 A 公司在印尼的控股合资公司完成了矿石出口的全部手续，合资公司矿石出口贸易正式启动。合资公司在铝土矿资源丰富的西加里曼丹省拥有 7 个矿区，其中，Kalmin、Ahi 两个矿区已正式投产，由合资公司自有矿山生产的高品质铝土矿陆续发运回国。第一批出口贸易的 12 条装矿驳船测量总量为 56,988 吨。[1]可以说，中国 A 公司与印尼 C 公司在铝土矿领域投资合作的道路上迈出了坚实的一步。

2. 案例分析

利用印尼矿产出口政策，实现投资目的。中国铝土矿对外依存度超过 60%，而印尼拥有丰富的铝土矿，中国铝企业加大对印尼铝矿的投资可以保障国内铝制品原材料的供应。在此次投资之前，印尼政府宣布，包括铝土矿在内的 14 种原矿，最迟到 2014 年将全面禁止出口，这使国内使用进口矿石的氧化铝作为原材料的企业压力陡增。但值得注意的是，印尼政府禁止出口的是铝土矿原矿，在印尼设厂将原矿加工冶炼后再出口则不会被禁止。

此次中国 A 公司在印尼投资设厂生产氧化铝，既符合印尼法律有关原矿须在国内加工冶炼后方可出口的规定，也可提升公司的资源自给率，满足中国国内对铝矿资源的市场需求，是互利共赢的选择。通过投资，中国 A 公司还可以在印尼当地获得长期可靠的资源，也有助于稳定原材料供应，保证生产，提升公司整体盈利能力。

但在印尼投资设厂需要注意的是，印尼坚持保护本国劳动力，解决本国就业问题的原则。根据该政策，印尼目前只允许引进外籍专业人员，普通劳务人员不允许引进。中国 A 公司在印尼设厂后，应注意遵守当地劳工比例的要求，充分发挥其管理、技术、人才等优势，对当地员工进行系统培训，力争实现经济效益和社会效益的双丰收。

---

〔1〕参见国务院国有资产监督管理委员会：《中国 B 铝业股份有限公司在印尼的控股合资公司启动铝土矿石出口贸易》，载中国铝业公司 2013 年 1 月 10 日，http://www.sasac.gov.cn/n2588025/n2588124/c3996713/content.html。

第三章 贸易法律制度及法律风险

一 贸易主管部门

印尼《贸易法》对印尼的贸易规制体制做出了规定。印尼国家贸易委员会是协调印尼贸易事务的国家机关,该委员会的成员有:中央与地方政府;反倾销事务主管机构;贸易安全事务主管机构;消费者保护事务咨询机构;行业和产业组织;贸易专家或学者。该委员会的职责有:协助制定贸易政策与规制举措;协助制定贸易金融政策;就反倾销与贸易安全事务进行建言;协助解决内贸与外贸的具体问题;协助政府就与别国贸易之政策与实务进行管控;协助国家参与国际贸易合作;协助政府宣传贸易政策与规制举措。

印尼贸易部是具体主管印尼贸易事务的政府部门。其配有贸易部部长一名,贸易部副部长一名,专家人员四名,秘书长一名,监察长一名,并下设有内部贸易司、标准化与消费者保护司、对外贸易司、国际贸易合作司、国家出口发展司、期货交易管理局、贸易政策分析与发展局。印尼贸易部的具体职能包括制定外贸政策、参与外贸法规的制定、划分进出口产品管理类别、管理进出口许可证的申请、指定进口商和分派配额等事务。2007 年年底,印尼贸易部宣布实行进出口单一窗口制度,这大大简化了贸易部的受理程序。

二 货物贸易的法律规定

(一)印尼的对外贸易法

在印尼 2014 年《贸易法》出台以前,印尼没有专门调整对外贸易的法律规范,但其通过不同层级的立法,对对外贸易领域的各个方面进行调整。这些立法主要包括法律、政府条例、部长法令和印尼参加的国际条约。其中,与对外贸易相关的法律有

1995 年《海关法》及其 2006 年修正案、1995 年《关税法》及其 2007 年修正案与 1999 年《消费者保护法》等。与对外贸易相关的政府条例有 1996 年《关于反倾销税和反补贴税的政府条例》等。与对外贸易相关的部长法令有印尼原工业与贸易部 1998 年 558/MPP/KEP/12/1998 号部长法令、贸易部 2007 年第 OI/M－DAG/PER/1/2007 号部长法令与贸易部 2009 年《关于应使用信用证的出口商品的第 10/M－DAG/PER/3/2009 号部长条例》等。在这些不同层级的立法中，印尼部长法令的数量最多。2014 年印尼制定了历史上第一部专门管辖贸易领域的法律，即《贸易法》。该法共 19 章 122 条，对于国内贸易、对外贸易、边境贸易、标准化、电子商务、贸易保护与安全、中小企业扶持、出口发展、国际贸易合作、贸易信息系统、政府贸易事务职权、国家贸易委员会、监督、调查等事务做出了专章规定。

此外，印尼是世界贸易组织的成员，应遵守世界贸易组织的相关规则。同时，印尼是东盟的成员，中国与东盟签署的《中国—东盟全面经济合作框架协议》、《中国—东盟全面经济合作框架协议货物贸易协议》以及《中国—东盟全面经济合作框架协议服务贸易协议》同样构成印尼对外贸易立法体系的一部分。

（二）印尼反倾销与反补贴法律制度

印尼专门规定反倾销与反补贴规则的法律规范是 1996 年《关于反倾销税和反补贴税的政府条例》。该条例共 9 章 37 条，规定了印尼反倾销与反补贴的调查机构、调查程序、证据和信息、临时措施、价格承诺、反倾销与反补贴税税额等内容。其他涉及反倾销与反补贴的法律规范包括：1995 年《海关法》及其 2006 年修正案、1996 年《关于反倾销委员会的工贸部民法令》（原工业与贸易部长法令第 136/MPP/6/1996 号）与 1996 年《关于印度尼西亚反倾销工作组的组织与工作程序的工贸部长法令》。印尼 2014 年制定的《贸易法》也对反倾销举措做出了散落的规定。此外，作为世界贸易组织的成员，印尼遵守《关于履行 1994 年关税与贸易总协定第六条的协议》与《补贴与反补贴措施协议》。

三 贸易法律风险及防范建议

印尼作为发展中国家，贸易保护主义比较严重。印尼不断运用政策法律调整限制进出口产品的范围和要求。例如，2003 年，印尼政府开始实施《食品标签法》，要求所有消费品的标识只能使用印尼语，产品的标签上不能出现其他文字。这一做法影响了某些食品在印尼的正常销售，给国际贸易制造了不必要的障碍。2010 年5 月

21日,印尼商务部把草药、化妆品和节能灯泡列在进口特种产品清单内。2010年,印尼颁布了一系列技术标准和产品安全法规,涉及多种中国对印尼出口产品。因此,中国企业在与印尼进行贸易合作时,需注意有关贸易的最新政策,充分了解细节,确保出口产品达到技术标准或符合程序要求,避免影响货物的出口。

尤其需要强调的是,印尼2014年的《贸易法》对于货品/服务的标准化设置了比较严格的门槛。根据该法的规定:在印尼境内销售的货物,必须符合印尼国家标准或者任何其他强制性技术标准;符合上述标准的货品/服务将会被颁发合格证书,未获得此证书将被科以相应的行政处罚;相应的印尼国家标准和强制性技术标准在执行时,需要考虑安全、健康、环境、行业竞争力、公平竞争、国家商业资质和基础设施资质等问题。需要注意的是,印尼在发布进出口政策时,往往带有随意性,甚至对中国企业有一定的针对性。

另外,印尼政府往往在进行审批等行政手续上进行拖延,以达到阻碍进出口的效果。据中国某企业反映,其在印尼合作试种杂交水稻获得成功,但在进行商业运作、出口杂交水稻稻种时受阻。印尼农业部植检局以防范水稻病虫害为由,迟迟不批准杂交水稻稻种进口。中方多次邀请印尼方来华考察杂交水稻稻种生产及检验检疫情况,并提供和解答了其关注的有害生物在中国的发生情况,但印尼方一直未予答复。

因此,中国企业在与印尼进行贸易之前,要充分调查相关领域出现过的类似情况,避免相关事件的发生。在印尼具体经商的许可证审批上,也存在许多针对外资的障碍。尽管推出了"一站式"服务政策以加快许可证审批速度,但印尼主要城市的许可证审批程序复杂、耗时过长。根据亚洲发展银行区域自治观察机构(KPPOD)对印尼五大主要城市的研究,雅加达和泗水的审批情况比望加锡、巴里巴板、棉兰更加糟糕。

印尼政府一方面采取多项措施促进出口。主要措施包括:一是要求印尼驻各国使领馆商务参赞和贸促机构代表担当印尼产品的市场推广者,积极促进出口增长,根据各国的市场需求设定相应的出口指标,若出口未能达标,驻相关国家的贸易代表将被免职。二是积极开拓东盟等新兴市场。在巩固中国、日本、美国等传统市场的基础上,积极开拓经济增长较快的非传统市场,鼓励企业建立全球销售网络。三是重视出口制造业产品,提升出口产品附加值,降低对自然资源出口的依赖。同时加强对出口企业培训,提高国内生产产品的设计和质量水平,提升出口产品竞争力。四是加大对生产领域特别是出口导向型企业的支持。印尼政府将更多预算资金从消费领域向生产领域转移。同时通过减免税收等优惠政策刺激投资,并重点支持出口导向型企业发展。

另一方面,减少对进口的依赖。主要措施包括:一是提高纺织品、下游化工产品、基础金属、车辆等部分工业制成品进口税率,减少食品、动物制品、棕榈油、渔业产品、蔬菜等初级大宗商品和电子产品、纺织品、化工产品、木制品、纸制品、家具和金属等印尼具备生产能力的商品进口。二是严格对进口产品实行印尼国家质量标准(SNI),打击走私和不符合要求的进口产品,保护本国消费者和产业利益。三是吊销部分企业进口许可证,规范进口企业资质。四是推行购买"国货"政策,呼吁社会民众更多选择购买国产产品,提高国内产品使用率,支持印尼加工制造业等行业的发展,增强国内经济活力。

四 相关案例

1. 案情简介

2003 年 7 月 29 日,印尼反倾销委员会致函中国驻印尼使馆经商处,称其将对中国出口到印尼的酮进行反倾销调查并指出上述产品对印尼存在明显的倾销及损害。

2003 年 9 月 17 日,中国医药保健品进出口商会召集对乙酰氨基酚分会成员,就印尼对我国出口的对乙酰氨基酚实施反倾销调查举行应诉工作会议。与会并决定应诉的企业有 A 药业公司、B 药业公司、C 药业公司、D 药业公司、E 药业公司与 F 药业公司。[1]

2005 年 3 月 1 日,印尼反倾销委员会做出终裁:裁定征收反倾销税,税率分别为:B 药业公司 3.76%;另外 5 家应诉企业为 0,包括 A 药业公司、F 药业公司、C 药业公司、D 药业公司和 E 药业公司;其他非应诉企业 18.62%。由于美国没有企业参与应诉,该国出口到印尼的所有对乙酰氨基酚原料药,全部被课以 18.62% 的反倾销税。

2. 案例分析

这是迄今为止针对中国企业提请诉讼、涉案金额最高的医药保健类产品反倾销案,同时也是印尼对我国提起的所有反倾销调查中第一起有中国企业应诉的案件。从总体来看,结果比较令人满意。以下经验值得与印尼进行贸易往来的其他出口商学习和借鉴:

---

[1] 参见高虎城主编,商务部进出口公平贸易局编著:《国外对中国产品反倾销、反补贴、保障措施案例集(亚非卷)》,中国商务出版社 2006 年版,第 168 页。

(1)及时应诉,积极配合反倾销调查。面对日益增加的反倾销案件,大多数中国企业在很长一段时间内都采取置之不理或者消极应对的态度,如减少或停止向申诉国出口。但这种应对策略恰恰容易造成调查机关认为中国企业对倾销事实进行默认的错误认识,而且置之不理的应对策略还会造成贸易保护主义者认为对中国企业进行反倾销容易成功的错觉,从而增大中国企业受到反倾销调查的可能性。另外,根据世界贸易组织的“可获得的最佳信息”规则,如果被诉企业放弃应诉或者不配合调查工作,调查当局有权直接按照可获得的最佳信息做出裁决。“可获得的最佳信息”在实践中往往表现为申诉方所提供的资料。这种“缺席裁决”对中国企业非常不利。因此,面对外国政府发起的反倾销调查,直面调查、积极应诉才是中国政府和企业最好的选择。

(2)尊重规则,聘请有经验的律师团队。本案中,为了利用国际贸易中的有关法律法规来捍卫自己的合法权益,应诉企业专门聘请有从事反倾销案件经验的律师团队。应诉的6家公司通过沟通,共同聘任来自印尼的律师事务所、来自中国台湾地区的会计师事务所组成的专业团队作为本案代表律师和会计师。有经验的律师团队在反倾销的调查过程中发挥了重要作用。

第四章 公司设立法律制度及法律风险

一 公司设立法律制度

1.外资公司设立的类型

在印尼可以成立外国直接投资的独资企业，也可以成立外国与印尼合资的企业，这两种企业都应当是有限责任公司(PT)并在印尼注册。

投资者在投资前，首先应查阅《非鼓励投资目录》。该目录包含了所有印尼对国内和国外投资者均禁止经营的业务范围，以及仅对国外投资者禁止经营的业务范围；还包含了经营者必须满足规定的条件方可获得许可的业务范围，例如与国营或地方企业建立合作伙伴关系，与小企业主进行合作，以及在某些限定的地点营业等。在印尼进行资金投资的，投资者必须专门查阅《资金投资技术指南》，该指南中的一些章节列明了允许投资的具体经营范围，资金投资的申请和运作行为，必须按有关规定操作。

2.外资公司设立的程序

外国投资可以在首都雅加达由投资协调委员会(BKPM)批准，也可以在各省由地区投资协调委员会(BKPMD)批准，或者可以由投资协调委员会驻某些外国的代表处批准。因此，投资者可以选择上述任何一个机构递交其投资申请。但是，外资欲在保税区内投资项目，投资者必须经过各保税区管理机构向投资协调委员会递交其投资申请。

在外国投资申请文件递交给投资协调委员会、地区投资协调委员会或印尼政府驻外国的代表机构后，根据国家有关政策，如某些行业政策、金融政策，上述部门对申请文件进行评估。若评估中需要进一步澄清有关事项，将专门发信给投资申请者，要求提供有关的数据和信息；若投资申请得到批准，投资协调委员会主席、地区投资协调委员会主席或印尼政府驻外国的代表机构首席代表会发放投资批准证书。从相关部门收到申请到发放投资批准证书，最多需要10个工作日。在取得投资批准证书后,外国投资公司即可按照有限责任公司的有关条款,以章程公证的形式,依法成立。

二 公司设立的法律风险及防范建议

(一)公司设立制度的风险分析

1. 公司设立程序烦琐。如上文所述,印尼有多个机构主管外资公司的审批,包括投资协调委员会、地区投资协调委员会、投资协调委员会驻某些外国的代表机构批准等。虽然看上去多个审批机构大大方便了外资公司的设立,但是实际上由于各个机构所要求提供的资料不尽相同,给外国投资者造成很大负担和困难。如果不能清楚地知道各个审批机构所需的材料,轻则会导致时间与金钱成本的浪费,重则导致公司迟迟不能设立而错过商机。

2. 官僚系统腐败情况未得到根本扭转,审批机关效率低下。在前总统苏哈托 30 多年的统治时期,其家族企业势力日渐壮大,其子女多担任国有企业的领导人。当时作风不良的官场环境滋生了大量贪污腐败,苏哈托下台后,许多民众曾认为解决官场问题的有效途径是实现民主,但是到目前为止贪污腐败的状况仍然没有得到很好的缓解。在印尼申请设立外资公司,要面临大量的印尼行政机关的审批与审查,当地腐败的官僚系统会给投资者带来不小的麻烦。事实上,不仅是外资企业,甚至本国的基础性项目也会因为官僚系统的阻碍而无法开展,例如投资者期待已久的印尼首都雅加达机场铁路就因为当地官僚的阻碍而无故拖延达两年。[1]中国投资者需要对索贿的官员以及效率低下的行政审批做好心理准备。

3. 相关公司的环保压力较大。印尼现行的第 40 号《公司法》增加了公司社会和环保责任的相关规定。第 40 号《公司法》第 74 条规定如下:“经营天然资源行业或与天然资源行业有关的公司负有社会和环保责任。经营天然资源行业或与天然资源行业有关的公司,如上文所述,社会和环保的责任必须由公司承担,责任的实施应关注公司合理和适当的开支,并将之计入公司预算成本费用。公司如不履行上述社会和环保责任,根据法律规定,应受到惩罚。政府可以另行颁布文件,对有关公司社会和环保责任进行规定。”[2]《投资法》第 15 条、第 16 条详细说明了“每一项投资负

---

[1] 参见《印度尼西亚官僚阻碍基建项目实施》,载中华人民共和国驻印度尼西亚共和国大使馆经济商务参赞处,http://id. mofcom. gov. cn/article/ziranziyuan/huiyuan/201507/20150701053107. shtml。

[2] 程信和:《经济法视野下的企业社会责任》,载《甘肃社会科学》2011 年第 2 期。

有以下5个主要方面的义务:执行好的公司质量;承担企业的社会责任;维护环境生态;保护生态,确保工人健康;遵循法律规定。”中国环境保护法的相关规则同样规定了企业以及公民有关环境方面的义务,然而中国《公司法》并未对公司的环境义务做出具体而特别的规定。而印尼的《公司法》设专条规定在印尼经营天然资源及相关行业的企业的环境保护义务,这就对中国在印尼进行天然资源投资的企业提出了较高的要求。如果中国相关企业不对环境保护问题加以重视,就有可能遭到相应的惩罚。

(二)防范建议

1. 努力熟悉当地法律。如上文所述,印尼贪污腐败较为严重,政府部门办事效率较低,因此中国企业如果想尽早成功设立公司,应该首先了解当地的法律规定,在申请设立公司之前,就花一定的周期准备好相关的材料,这样在申请设立的时候,就不会因为缺少材料而给当地官员以“找借口”的机会。了解法律规定,准备完善相关资料,也可以降低中国企业的时间成本。在印尼投资的中国企业,在追求增加企业盈利的同时,也代表着中国的形象,因此在印尼投资自然资源相关行业的企业,应该加深对有关印尼《公司法》涉及环境保护的相关内容的理解。

2. 选取可靠的中介机构。印尼公司设立的法律较为烦琐,与中国公司设立的程序相差较大,投资者想要单纯凭借自己的力量在印尼设立公司还是存在一定困难的。因此,中国投资者可以选取华人已经在当地设立的中介机构作为代办单位,代理办理公司设立事宜。中国投资者也可以通过当地的华人商会,选取比较可靠的华人中介机构。当地的华人商会也可以在平时注意收集相关的中介机构信息,以便中国投资者挑选。

三 相关案例

阿姆科亚洲公司等诉印尼政府案(No. ARB/81/1),
Amco Asia Corporation and others vs Republic Indonesia[1]

1. 案情简介

本案原告是一家名为阿姆科的美国公司,其与印尼政府签订了一份投资协议。

---

〔1〕 参见万猛主编:《国际投资争端解决中心案例导读Ⅰ》,法律出版社2015年版,第81页。

双方约定,由阿姆科公司在雅加达建造并经营一家饭店。饭店开业后,阿姆科公司与一家由印尼军方拥有的当地合作社发生争端。在争端发生过程中,该合作社的成员在印尼军方和警察部队的协助下,将阿姆科公司的工作人员强行赶出。后来,印尼政府取消了其投资许可证。在国际投资争端解决中心的仲裁过程中,仲裁庭裁决印尼政府违反了投资协议,并裁决其向投资者做出赔偿。随后不久,印尼政府向专门委员会申请撤销此项裁决。在撤销程序中,印尼政府主张,仲裁庭对上述印尼军方和警察部队的行为做出裁断,超出了其管辖权限。虽然这些行为可能是非法的并可能导致印尼对外承担国际责任,但是这些行为并不属于"投资争端"的范围。ICSID 驳回了印尼政府的上述主张,指出印尼军方和警察部队的上述行为与一国对外国投资者的义务相违背,因此构成投资争端中不可分割的部分。由此可以认为,一般情况下某些与投资争端无关的行为,若与投资活动有直接关系,尤其是有违投资协议的规定时,则可能属于 ICSID 管辖的范围。

2. 案例分析

(1)对地方保护主义保持警惕。印尼法制建设相对滞后,特殊情况下地方政府可能为了保护当地企业利益,做出违反法律规定的行为,因此中国投资者在印尼设立公司进行投资时,要警惕地方保护主义,尽量与当地企业保持良好的关系,在保护自身利益的同时尽量避免与其发生摩擦和冲突,但是自身的合法权益受到不法侵犯的时候,我们也要善于运用法律的武器保护自己。

(2)提高政治敏感度。印尼是一个新兴的经济体,在近几十年中经历了许多政策与法律的变化。政治环境对于商业环境有着重大的影响。作为中国投资者,在印尼投资经商更容易受到政治环境、法律政策的影响。如果投资者对政策变化的反应滞后也可能会遭受巨大的损失。因此,中国投资者应该保持对印尼政治环境、政策的观察与敏感。

第五章 外汇法律制度及法律风险

一 外汇法律制度

印尼外汇和货币兑换等事宜,由印尼中央银行 1999 年颁布的《监管银行和非银行金融机构的外汇交易流量法》调整。印尼无外汇管制,货币可自由兑换,国外公司的利润等可以自由汇出。

印尼在亚洲金融危机爆发之前实行的是管理浮动汇率制度。后来,由于受到危机的影响和冲击,印尼盾持续下跌,印尼政府为了稳定汇率、金融与经济发展,实行钉住美元制度。其后,印尼政府外汇储备枯竭,外债抬价,失业率上升,最后印尼政府不得不放弃了原有汇率制度。

印尼中央银行在 1997 年 8 月 14 日宣布实行独立浮动汇率制度,由市场供求来决定汇率走势。印尼银行采取"一篮子"货币汇率定价法,根据印尼主要贸易伙伴的货币的特别提款权的汇率变化来确定印尼盾的对外比价,每日公布其汇率。对在印尼直接投资的外国资本及利润汇出几乎没有任何限制,只要有中央银行的"资金汇入"证明,汇出资本和利得就没有障碍,但外汇必须从市场上取得。

2011 年 9 月 30 日,印尼中央银行颁布了三个规章,分别为《印度尼西亚银行关于获得出口收益和从外债中提取外汇的第 13/20/PBI/2011 号规章》、《印度尼西亚银行关于监督银行外汇流动活动的第 13/21/PBI/2011 号规章》以及《印度尼西亚银行关于从外债中提取外汇的报告义务的第 13/22/PBI/2011 号规章》。其中,第 13/21/PBI/2011 号规章于 2011 年 9 月 30 日生效,第 13/20/PBI/2011 号规章和第 13/22/PBI/2011 号规章于 2012 年 1 月 2 日正式生效。

二 外汇法律风险及防范建议

1. 外汇法律风险

印尼外汇主要风险是其汇率波动较大,外国投资者难以估计各方因素对其汇率的影响以及相应的风险。因此,了解印尼外汇波动的主要原因是评估、控制其风险的前提。另外,外汇监管风险最为常见的是政府汇兑限制,即东道国政府阻碍或限制投资者把当地货币兑换为投资货币/或汇出投资所在国。

印尼政府规定,各公司有权以现行汇率把资金汇往国外,允许汇出的资金包括:按外国合伙人持股比例分成的纯利润;根据外国投资计划进口的机械设备等固定资产的折旧费;外国合伙人向印尼合伙人或印尼国民出卖股份的收益;被派到企业工作的外国人员以及到国外培训的印尼雇员所需资金;外国贷款的本金和利息;在实行国有化的情况下支付的赔偿金。在政府外汇储备情况较好的情况下,在印尼投资涉及的外汇监管风险不明显。

2. 防范建议

对于外汇管制和利润汇出风险,应在投资前评估印尼相关外汇政策对项目的影响程度,在 BOT 等项目中政府作为合同一方时应与印尼政府沟通,争取豁免对项目操作产生不确定影响的限制程序,例如获得印尼中央银行关于自由兑换硬通货的承诺协议;必要时购买中国出口信用保险公司的政治风险保险,转移外汇管制和利润汇出风险。

第六章 土地法律制度及法律风险

一 土地法律制度

在印尼，常用的土地法是《农业基本法》（Undang – Undang Pokok Agraria, UUPA），这部法律是1960年的第5号法律，因此也被称为UU5/1960。《农业基本法》作为基本法，只对土地权利做出原则性的规定，构成了整个土地制度的基础。但是，这是一部带有浓重时代特色的法律，在印尼的新时期很难得到支持，因而这部法律的实施细则至今也未出台。实践中，印尼出台了数量庞大的总统令、政府令、部门规章和地方性法规，上述法律文件起到实际维系土地制度运转的作用。事实上，这些下位法在某种程度上架空了《农业基本法》。《农业基本法》需要解决的基本问题，也是印尼土地制度面临的首要问题，即土地的权属问题。就外国投资者而言，值得关注的几项土地使用年限包括：耕种权为“35年+25年”，建筑权为“30年+20年”，使用权为“25年+20年”。一直以来，印尼境内外的众多企业都在呼吁延长使用年限，但是相关立法并没有做出修改。

在印尼，主管土地的部门是农业和空间规划部，其重要工作之一是核发土地权属证书。地方各级政府也有相应的土地管理机构。土地权属证书问题导致了印尼土地管理的复杂性。一方面，传统习惯法土地制度中并没有要求土地权属需要有相关证书。另一方面，同一块土地配有多个土地权属证书的情况也大量存在。土地权属的不明晰是投资者在印尼进行土地投资的最大障碍之一。为了防范这种风险，赴印尼投资的企业应该进行充分、细致的实地调查，明确目标土地的权属情况。

中国企业在印尼投资时，在土地征用特别是关于世袭土地的征用上，会面临复杂的问题。2015年，中国出口信用保险公司发布的《“一带一路”国家基础设施行业专题研究报告》指出，征地困难是制约印尼基础设施投资的第二大问题，仅次于行政许可和审批。

印尼围绕土地征用的法律法规主要有《土地征用法》和《土地征用条例法案（基

于公益性建设)》(2011年)。印尼的土地管理工作较为混乱,土地征用出现大量积压和迟延的情况。一些征地规则和用地补偿条款的不明确性,给各个建筑项目的推进造成了严重的影响。为了解决此类问题,印尼政府在2011年12月16日公布了《土地征用条例法案(基于公益性建设)》。该条例赋予政府出于公共利益的目的征用民用土地的权利,主要用于建设公路、港口、机场、铁路、电厂、水坝和石油设施等公共基础设施,征用的土地用时不得超过9个月。该条例第10条还对使用土地的公共利益领域做出了详细的规定:(1)国防和国家安全;(2)公共道路、收费道路、隧道、铁路等各种公共交通;(3)水库、水坝、灌溉、供水管道等公共水资源基础设施;(4)港口、机场和码头;(5)石油、天然气和地热等基础设施;(6)电力发电厂、传输、网络等电网设施;(7)政府电信和信息站;(8)垃圾处理和加工站;(9)政府/区域政府医院;(10)公众安全设施;(11)政府/区域政府墓地;(12)公共及社会设施和绿色开放空间;(13)自然和文化遗产的储备地;(14)政府/区域政府/村办公地;(15)城市居住土地管理;(16)教育设施或政府/区域政府学校;(17)政府/区域政府的体育设施;(18)公众街市及车位。[1]该条例也为处理土地矛盾做了相应规定,其第23条中明确提出:若是土地所有者对土地征用有异议,在规定的时间内有权向省级法院至最高法院提起诉讼。

二 土地使用风险及防范建议

(一)土地征用的风险

1. 土地私有化程度非常高。印尼实行土地私有化制度,个人之间土地可以自由买卖。土地一经买下,便成为个人私有财产,可永久拥有。因此,印尼各级政府在土地征用过程中影响力有限。

2. 确认世袭土地合法权属困难。世袭土地一般属于某一部落或家族集体所有,且没有依据基本土地法制度在土地管理机关登记注册,没有官方认可的土地权属凭证,只能通过土地主人出示的持有声明函或转让声明函等材料来确认权属,同一块土地通过转让声明函多次转让或在不同时期转给多个不同的人的现象普遍存在,甄别和鉴定土地的合法权属非常困难,极易产生土地权属矛盾和纠纷。而且,由于土地没有经过土地管理机关的测量和登记,土地边界不清楚、重叠现象非常普遍,对土

---

〔1〕 王正立:《印度尼西亚土地征用制度研究》,载《国土资源情报》2012年第7期。

地面积的确认也更加困难。

3. 取得土地主人身份证明资料困难。签署土地相关协议时,需要土地所有者提供个人信息证明资料:身份证(夫妻双方)、结婚证、家庭卡,而在实际工作中,相关证明资料缺失严重,形式五花八门,收集齐全并满足签约要求非常困难。原住民对这些证明资料普遍不够重视。作为身份象征的身份证,有的遗失半年或更长时间未补办,有的已过期两三年仍在使用。结婚证又分为民政局登记的和宗教婚礼证明两种形式,部分人则没有结婚证同居生活,土地所有人有两位或以上妻子的情况也比较多,找出合法妻子比较困难。

4. 实现可持续发展较为困难。印尼土地所有者普遍对政府和外国投资者不信任,在价格谈判中通常会提出较高诉求,致使土地购买成本居高不下。由于社会文化和心理因素影响,很多印尼人没有储蓄的习惯,如果采用一次性支付土地价款,土地所有者会很快花光土地款,之后会找各种借口向企业继续索要,当诉求暂时得不到满足时,当地居民常会采取封堵道路、阻挠施工等极端行为,将对施工建设及运营造成较大影响。此类事件如果被当地媒体披露,将对企业声誉造成较大负面影响。

5. 思想观念差异大,工作效率低下。印尼爪哇岛以外的地区工业基础薄弱,但林业、渔业等自然资源丰富。例如,印尼巴布亚地区居民主要从事种植、采摘、捕鱼等活动,生活较为安逸,没有建设大型工业项目发展地方经济的强烈意愿。同时,印尼人工作和生活的节奏较慢,时间观念比较淡薄,工作效率低下。中国式工作速度与印尼工作节奏不匹配,导致征地工作进展缓慢。

6. 法律诉讼程序复杂漫长,政府的协调力度十分有限。土地作为当地居民最重要的财产和生活来源,在继承、分配、放弃过程中,家庭内部、转让方之间常常产生矛盾和纠纷。此类土地纠纷如果进行诉讼,程序极为复杂、漫长,从受理、调查取证、和解调解、公示、开庭、补充证据、再审等各种程序直到判决,可能要经过地方法院、高级法院、最高法院等多个审级,一般要持续2~3年,甚至更长时间。在最终判决前,土地无法交割,企业也无法获得合法的土地权属证书。由于土地是私人所有的,印尼各级政府对此类问题也缺乏有效的解决措施和制约方式,协调土地纠纷双方达成和解的力度十分有限。

(二)防范建议

1. 严格遵守当地法律,聘请专业机构协助,依法开展征地工作。在正式开展征地工作前,学习印尼相关的法律(如土地法、森林法等),了解外资公司可以获得的土地权利形式以及转让的法定程序。聘请印尼当地的律师事务所或中介机构协助征地工作,包括完成土地尽职调查、起草相关协议、提供法律咨询工作等。公证人是在印尼拥有公证资格的人,一般拥有法律专业学历和丰富的从业经验。印尼公证人由印尼法律人权部任命,独立从事各类文件的法律公证服务。有的公证人同时取得地契官员资格,正规的土地买卖契约必须由地契官员起草,并在其见证下签署,地契官负责对有关土地买卖在土地局进行登记注册,办理新的土地权属证书。公证人是中立的第三方,不向合同签约的任何一方提供法律意见或建议,合同签约各方需要在公证人面前达成一致。

2. 在开始矿山土地征用前,通过与当地规划局、林业局等确认,避开森林保护区或经济林区。印尼政府实施严格的森林保护政策,1999 年颁发的《森林法》将部分林区划为保护林区,作为国家公园和野生动物栖息地,以保持森林原有的自然状态。根据该法第 38 条的相关规定,在森林保护区进行矿业开采活动的,必须由印尼森林部部长签发林地借用许可证,如果矿业活动可能对环境造成重大影响,还要经过议会的批准。此外,在森林保护区内,不能进行露天开采。

3. 制定切合当地实际的征地工作步骤,努力防范法律风险。企业应根据不同地区土地权属情况和风俗习惯,制定切合当地实际的征地工作步骤。例如,在世袭土地较为普遍的地区,在签署土地买卖契约前,企业可以先与土地所有者签订土地锁定协议,为项目推进和土地权属尽职调查争取时间,提前解决土地买卖契约中关于土地面积、价格、地上物补偿等问题,充分暴露可能存在的土地权属纠纷风险,为最终顺利签署土地买卖契约扫清障碍。

4. 重视土地契约的签约仪式。在签署土地契约时,要求土地所有者全部家庭成员(夫妻双方及子女)必须到场,同时,邀请各方(县政府规划局、土地局官员、警察等)见证,并现场拍照记录,以防止家庭任何一个成员在签约后反悔。

5. 对失地原住民进行合理补偿,实现可持续发展。对于世袭土地的补偿,除了一次性支付土地价款的补偿形式,企业可以采取多种补偿方式,例如,企业可与地方政府、原住民家族共同设立合作基金,企业每年投入一定比例的资金,专项用于支持世袭土地所有者家族经济、健康、教育、社会发展,使其获得长期稳定的收入,这既是外资公司履行企业社会责任的具体行动,也有利于项目今后的长治久安。

6. 在征地过程中,充分尊重当地风俗习惯,履行企业应尽的社会责任。外资企业在征地的过程中要考虑好所有因素,充分了解当地居民的文化,尊重居民的宗教信仰等。工程开工破土前,宜依照当地风俗人情举行相应的活动并且支付相应的费用,让当地居民理解并支持工程的建设。与此同时,印尼的相关法律规定,企业应根据自身的情况履行相应的社会义务,推动当地经济、教育、环境等发展。

7. 建立外部协调机制,保证项目建设和运营。外资企业应与当地政府部门和土地家族领导人等建立良好的关系和进行有效的沟通,以便更加有效地了解当地居民的诉求,避免纠纷的产生。建立良好的沟通机制来更好地维护项目的进行,利用与当地家族领导人以及政府的自愿关系,保证项目征地工作和后续施工建设及运营顺利进行。

三 相关案例

1. 案情简介

雅加达高铁因征地问题受阻。2015 年,中国铁路总公司牵头组成的中国企业联合体,与印尼维卡建筑公司牵头的印尼国企联合体正式签署了组建中印合资公司协议,由该合资公司负责印尼雅加达至万隆高速铁路(以下简称雅万高铁)项目的建设和运营。[1] 雅万高铁项目总长约 142.3 公里,总投资额 51 亿美元。建于占印尼全国人口 60% 的爪哇岛,连接岛西部的雅加达市和南部万隆市,是印尼的第一条高速铁路。这一建设项目也为当地带来了超过 4 万个工作岗位。

2016 年,据印尼当地媒体报道,印尼交通部部长批准了雅万高铁项目的全线建设许可证。之前印尼交通部只颁发了 5 公里的建设许可证给高铁施工方,随着全线建设许可证的颁发,之前的 5 公里许可证也被取消。有报道说,在获得了最初 5 公里的建设许可证后,经过施工方的努力在 6 月底获得了 56 公里的建设许可证,但是印尼交通部并没有提及这 56 公里的许可证,而只是强调交通部在 7 月 18 日已经批准了全线建设许可。中铁方表示,海外项目建设周期大于国内,且海外高速铁路的完成难度更大,耗时也会更久。以雅万高铁为例,仅仅获得全线建设许可证已经距离 2015 年项目签约过去了 10 个月。

因此,印尼交通部建议,建设工程可以在先期取得土地使用权的地区开工,再慢慢解决其他问题,这种做法在高速路和隧道建设工程中是有先例可循的。

印尼交通部曾表示,希望巨港市的轻轨项目赶在 2018 年亚运会之前完工。印尼方面希望在亚运会结束之后,基础设施项目依旧可以为当地居民的生活和经济发展带来帮助。但是缓慢的施工效率和同样复杂的土地使用问题也给这条轻轨的建设带来了不少问题。可见这不仅仅是雅万高铁项目面临的挑战,也是印尼发展基础设施建设面临的顽疾。

---

〔1〕 参见张友兵、刘岭、崔俊锋等:《中国高铁“走出去”的优势和建议》,载《铁路通信信号工程技术》2016 年第 1 期;李会会:《“一带一路”下的产业机遇》,载《竞争情报》2016 年第 2 期。

2. 案例分析

(1)谨慎对待印尼土地征用问题。如上文所述,印尼土地私有化程度很高,且部分土地产权不够清晰,再加上政府部门工作效率偏低,因此土地征用存在非常大的难度。中国企业在印尼投资,如果需要征用当地的土地,首先要尽力调查土地的产权情况,在确定查明之后再进行投资,避免投资资金的无谓浪费。而且在整个支付过程中都应当确保自己保存了交易凭证。

(2)采用与当地企业合作的方式征用土地。如果中国企业需要征用当地土地,可以自己不作为直接征用土地的主体,而是与当地拥有大面积土地的企业进行合作,这样可以大大提高效率。值得注意的是,如果采用与当地企业合作的模式,一定要做好相应的尽职调查工作,将土地权属以及合作企业的征信状况调查清楚,并且聘请专业的律师拟定合同条款,以降低风险。

第七章 税收法律制度及法律风险

一 税收法律制度

(一)主要立法

印尼税收制度分为中央和地方两级,但立法权和征收权主要集中在中央。目前征收的税种主要有公司所得税、个人所得税、增值税、印花税、奢侈品销售税、土地和建筑物税、离境税、娱乐税、电台与电视税、道路税、机动车税、自行车税、广告税、外国人税和发展税等,但印尼并未计征遗产税。印尼依照属人原则和属地原则行使其税收管辖权。

印尼的《所得税法》于2008年9月30日进行了第四次修正,并于2009年1月1日起生效。2002年4月颁行了《税收法庭法》。印尼的其他税收政策法规有:《货物及劳务增值税与奢侈品销售税法》、《税收征收法》、《2007年1号特定投资领域所得税优惠条例》、《2008年62号特定投资领域所得税优惠条例修正案》和《财政部关于进口货物免税的规章》等。

中国与印尼于2001年11月7日在雅加达签订了《中华人民共和国和印度尼西亚共和国政府关于对所得避免双重征税和防止偷漏税的协定》,该协定自2003年8月25日起生效,并适用于2004年1月1日及以后开始的任何纳税年度中的税收。

(二)主要税种及税率

根据《所得税法》及其他税收立法,印尼主要税种如下:

1. 所得税。印尼政府将个人所得税和企业所得税统一立法。根据《所得税法》,个人、私有、国营或者区域国营企业、普通合伙企业、机构、财团、有限责任公司、基金会、社团、共同基金、养老基金和其他被认定在印尼通过永久设施开展经营的主体都应扣缴所得税。但以下机构并非纳税主体:外国政府的代表机构;外国的外交和领事代表或其他外国官员以及与他们一起在其官邸工作或居住的个人,其条件为他们不是印尼公民,并且除了因在印尼履行官方职责的所得外,他们不取得或增加所得以及外国政府给予的对等待遇;财政部部长确定的国际组织。

根据国际惯例,印尼也将纳税主体分为居民纳税主体和非居民纳税主体。居民纳税主体是指:(1)在印尼定居或者在任何长达12个月的时期内,在印尼居住满183天的个人,或于一个纳税年度在印尼居住并拟在印尼定居的个人;(2)在印尼设立或者有住所的团体;(3)作为整体代替多个受益人的共有继承财产。非居民纳税主体是指:(1)不在印尼定居或者任何长达12个月的时期内,在印尼居住不满183天的个人,以及虽不在印尼设立或有住所,却通过驻印尼的常设机构开展业务或进行活动的团体;(2)不在印尼定居或者任何长达12个月的时期内,在印尼居住不满183天的个人,以及虽不在印尼设立或有住所,且未通过驻印尼的常设机构开展业务或进行活动的团体,但却从印尼取得或增加所得的团体。

就具体税率而言,印尼实行累进税制,采取自我评估法计算税款。个人所得税最高税率从35%降到30%。税率具体分为四档,5000万印尼盾以下,税率为5%;5000万~2.5亿印尼盾,税率为15%;2.5亿~5亿印尼盾,税率为20%;5亿印尼盾以上者,税率为30%。需要注意的是,给外国纳税人分红时应缴的所得税为10%,或者按避免双重征税协议中的较低的税率。

企业所得税税率在2010年后降为25%。印尼对中小微企业还有减免50%所得税的鼓励措施。特别是对年营业额不足48亿印尼盾的企业,仅按其营业额的1%征税。

2. 增值税。销售商品和提供劳务的主体应当计征增值税,具体税率为10%。

3. 印花税。印花税是指对一些合同及其他文件的签署征3000印尼盾或6000印尼盾的象征性税收。

4. 代扣税。为提前取得税源并防止纳税主体偷漏税,印尼执行预(代)扣所得税政策。印尼的所得税主要通过代扣税体系征收。代扣税的种类包括:《所得税法》第21条代扣个人所得税,比如雇主代雇员从其薪酬中代缴个人所得税;第22条代扣进口商品、政府采购及油气燃料、钢材水泥、汽车、药品、纸制品、大宗农林牧畜交易和部分奢侈品;第4(2)条、第23条和第26条代扣居民或非居民的个人及企业所得税。

5. 赠与税。无论纳税主体是否具有印尼国籍,其接受的彩票、礼物或者奖励,在符合条件的情况下应被计征赠与税。

(三)税收法庭法

印尼《税收法庭法》共6章98条,是规范税收法庭的组织程序、税收法庭复核、审理税收争议案件程序的法律,其内容包括税收法庭的组织、税收法庭的职权、法定程序、法律效力等方面。印尼通过立法设立税收法庭,以取代1997年设立的税收争议解决委员会。印尼此举旨在以法院审判权的最终介入,确立依法公平解决税收争议的具体法律制度,以便有效应对出现大量、专业而复杂的税收争议,既维护国家税收债权又保护纳税人的权利。

根据《税收法庭法》,税收法庭是由印尼政府依法单独设立的,专门为纳税人及代缴义务人解决税收争议的司法机构,是税收争议的初审和终审法庭,主要的司法职能是独立审理税收争议的行政案件。印尼税收法庭直接对印尼总统负责。印尼最高法院对税收法庭进行业务指导、培训和监督。财政部对税收法庭进行管理,提供组织和经费保障。税收法庭的法官由总统从经最高法院批准的并由财政部部长提名的候选人名单中任命。税收法庭的庭长、副庭长由总统从经最高法院批准的并向财政部部长提名的法官中任免。印尼税收法庭的受案范围包括:复核纳税人或者代缴义务人不服征税扣押令,向税收法庭请求复查的案件;审理纳税人或者代缴义务人对税款的征收或者征税扣押令不服时,向税收法庭提起诉讼的案件。

二 税收法律风险及防范建议

(一)税收法律风险

印尼的税收体制比较复杂,企业的税收成本比较高。从税制结构看,印尼实行以流转税和所得税为双主体的税制结构。长期以来,商品税在国家税收总额中占到一半以上,所得税及其他税种所占比例也在逐年提高。从征管机制看,印尼实行中央和地方两级征税制度。税收立法权和征收权主要集中在中央,地方只有小部分征收权。从税审方式看,印尼采取会计师事务所预审,在报表出具后申请退税时再由税务部门进行税务审计的模式。从税法根源看,跟马来西亚和新加坡等邻国一样,印尼税法主要源于欧洲尤其是英国税法。这里特别需要注意的是,在印尼某些地区地方税费,尤其是部分行政收费相当高昂。税收费用的增加可以增加印尼政府收入,但也将会增大中国企业"走出去"所需要负担的成本。

实践中,部分在印尼的中国企业,在税务管理上不同程度地存在以下问题:缺乏境外税务管理意识,对印尼当地税务法律政策缺乏了解;在当地注册并有经营业务但未在当地办理税务登记;在经营期一直未进行纳税申报或未对所有应纳税种进行申报;尽管及时进行了纳税申报和缴纳,但在具体税务处理过程中存在漏洞,经不起税务机关的稽查。

就中国企业而言,在印尼当地纳税筹划方面,主要存在以下问题。

1. 代理费的支付。一般来说,在印尼经常需要与当地代理公司合作获得项目机会。然而,代理公司对其所取得的巨额佣金通常不敢确认为收入并呈现在其财务报表上,因此,代理费的支付就成了当前在建项目面临的难题。这种困难体现在两个方面:首先,如果按照印尼税法的规定,在支付代理费时要预扣所得税并进行申报,对于中方来说是完全合理合法的,但税务部门将根据税表上提供的受益方税号及公司名称等信息,追查代理公司的此笔所得的纳税情况。代理公司一般又缺乏成本费用抵减收入,有可能要为其佣金收入缴纳高额所得税。其次,如果以维护代理公司利益为出发点,不予扣除申报,就存在这块成本如何消化及其涉税处理的问题,因为根据印尼相关法律规定,一项成本或费用可以计入财务报表并抵减应税收入的前提是其已经缴纳与之相关的税赋。

2. 业主预扣所得税的退还。一般来说,在印尼的工程建设项目,业主会先支付一定比例的预付款,业主在支付预付款的同时会预先扣除一定比例的所得税,理论上承包商可以在该纳税年度末提交退税申请以获得退税。但如果承包商在收到预付款后未及时进行账务处理,则无法提交申请退税所必需的年度财务报告和退税申请文件等资料,由此,此项代扣税只能在下一纳税年申请退还,由于时间跨度较大,会大大增加退税的难度和不确定性。

(二)防范建议

针对上述税费的风险,中国企业在印尼开展项目合作时应要求当地企业提供详细的税费要求,尤其是项目涉及的主要税种的征收范围、税率和纳税程序,并在合同谈判过程中明确费用的构成和归属。同时,中国企业可以委托当地法律、财务人员对当地的税费种类和税率、费率进行调查研究,并提出合法的税收筹划方案,并按时足额缴纳相关税费。

一般来讲,选择会计师事务所应遵循以下原则:一是在当地具有良好的声誉;二是比较熟悉跨国公司会计及税务处理业务;三是与当地税务机关关系良好,有丰富的实践经验并能够处理比较复杂的税务问题。另外,选择当地会计师事务所并不意味着完全听从会计师事务所的意见,任由会计师事务所处理对外账务及税务事宜,而应全程参与,加强与会计师事务所的沟通,在不违背当地会计制度和税法的前提下,尽量说服会计师事务所作出有利于公司的会计和税务处理;对会计师事务所出具的结果,要认真审核,确认无误后方可对外披露和公布。

另外,需时时关注当地税法的变动和调整,并妥善协调与当地政府的关系,做好与印尼当地税务机关的公关联络工作,与相关的税务官员多交流,及时掌握有关的信息,可以为公司的税务管理工作提供便利,有效减少或避免一些额外征收的费用。

三 相关案例

1. 案情简介

中国Z公司在印尼开展经营活动,并在当地设立子公司A。Z公司与当地客户签订总包合同,内容包括销售设备和提供设备安装劳务。但与客户协商后,实际执行时由Z公司直接销售设备给印尼的客户,子公司A在当地对设备进行安装、调试以及售后保修工作。子公司A对其劳务所得在印尼缴纳企业所得税。然而,印尼税务局对子公司A进行检查时,认定Z公司与当地客户签订的合同包含设备销售和提供劳务,构成了在印尼的常设机构,销售设备的价款也应在印尼缴纳税款。这样,Z公司因签订合同的不恰当被认定为印尼的常设机构,在印尼销售设备取得的收入不仅需要在中国缴纳企业所得税,而且归属于印尼常设机构的利润,还要向印尼缴纳企业所得税。

2. 案例特点及分析

目前,国际上对归属于常设机构的利润通常没有具体明晰的判定标准,各国税法、税收征管水平和税收法制环境的差异,常常导致设备销售利润在两国均需全额征收企业所得税,或者两国征税的利润合计超出了设备的全部利润,导致对企业的重复征税。尽管中国企业所得税法中规定了在境外缴纳的所得税可以在5年内抵免,但如果企业境外税额不能在5年内全部抵免,或者当地企业所得税税率高于公司在境内的实际所得税税率,还是存在重复征税的问题。另外,中国税法对企业在海外不应缴纳而错缴的税额、对方国家违反两国税收协定规定而多征的税额不予抵免。[1]

中国企业在对外经营过程中,可能存在构成他国常设机构的情形,如果纳税人对自己的合同处理方式不当,极有可能面临双重征税的风险。

(1)充分理解税收规定,避免重复征税。中国企业在对外经营过程中要充分考虑税收风险,避免此类情形发生。如在上述案例中,Z公司可以通过分签合同的方式来避免重复纳税:Z公司只与境外客户签订销售合同,子公司A与境外客户签订劳务合同,就可以避免Z公司在印尼构成常设机构。同时,Z公司在和当地客户进行前期联系、洽谈时,应避免超出6个月构成常设机构的期限,也应避免和子公司A

〔1〕 参见张凯:《涉税事宜风险多,疏于应对易吃亏》,载百度文库网,http://wenku.baidu.com/view/48ad241dfbd6195f31263169a45177232f62e4oc.html? _wlcts_:1699531352700&bdQwery。

员工责任不清等容易构成常设机构的情形发生。

(2)依法诚信纳税。中国企业在印尼进行投资经商的同时,除了要熟悉当地的税收政策、合法避税,以避免企业承担过重的税负之外,还应该格外注意的一点就是,应该遵守印尼当地的法律法规,诚实合法纳税,否则如果存在偷税、漏税等行为被当地税务部门发现,可能会承担高额的罚金,甚至引起刑事责任。

第八章 劳动就业法律制度及法律风险

一 劳动用工法律制度

印尼调整劳动关系的主要法律是2003年3月25日颁布的《劳工法》和2004年1月14日颁布的《劳动争议解决法》。为了配合2003年《劳工法》的实施，印尼人力资源和移居部于2003年10月31日颁布了《劳工法》的实施细则，具体包括以下相关行政令：(1)关于免除教育机构支付赔偿金义务的223/03号行政令；(2)关于规范雇主自晚间11时至早上7时雇用女工的224/03号行政令；(3)关于培训机构和授证单位的组织结构与程序规定的225/03号行政令；(4)关于国外实习计划颁发执照程序的226/03号行政令；(5)关于工人能力认定的国家标准程序的227/03号行政令；(6)关于雇用外籍员工合法化程序的228/03号行政令；(7)关于培训机构申请执照及登记程序的229/03号行政令；(8)关于就业分类及职位收费标准的230/03号行政令；(9)关于最低工资实施及发放程序的231/03号行政令；(10)关于非法罢工司法后果的232/03号行政令；(11)关于应持续进行工作的类别与性质的233/03号行政令；(12)关于特定地区矿工工时与休息时间的234/03号行政令；(13)关于对童工健康、安全及道德有危害的工作种类的235/03号行政令；(14)关于成立劳资双方合作委员会的内容的236/03号行政令。

2003年《劳工法》对劳工提供了较为完善的保护，但同时提高了用工成本。

为进一步改善印尼投资环境，促进投资发展，印尼总统于2006年3月2日在缅甸的新闻发布会上公布了印尼政府新制定的有关投资配套措施的2006年第3号总统令。该措施涵盖投资的一般领域、税务、海关关税、劳工及中小企业5个方面。在劳工方面，创造一个更灵活的劳工市场；快速公正地解决劳资纠纷；简化外方劳工准字的审批程序；建立新型的雇佣关系；保护保证外籍劳工的合法权益等。

2015年6月29日，印尼劳工部（Ministry of Manpower，MOM）颁布了有关在印尼雇用外籍劳工的程序的第16号部门条例，取代了2013年的第12号部门条例。第

16 号部门条例主要更改了外籍劳工与当地劳工的比例要求、雇用非居民外籍董事和委员须办理工作许可证的要求、雇用外籍劳工的临时工作许可证等。为解决第 16 号部门条例新规执行中所产生的一系列问题，印尼劳工部于 2015 年 10 月 23 日颁布了第 35 号部门条例，对第 16 号部门条例中的部分规定进行补充和澄清。第 35 号部门条例取消了"雇主雇用一名外籍劳工须同时雇用 10 名印尼劳工"的规定。针对第 16 号部门条例第 37(2)项要求雇主任命非居民外籍董事和委员须办理工作许可证的规定，第 35 号部门条例规定该要求并不适用于定居海外的外籍董事和委员。相应地，第 16 号部门条例要求外籍劳工申请纳税人登记号(Tax payer Registration Number)的规定也不再适用于定居海外的外籍董事和委员。

印尼《劳工法》共 18 章 193 条。该法对平等就业、职业培训、劳动合同、劳动保护、工资、福利和社会保障、劳动时间和休息休假、工会、劳动关系终止、外籍劳工问题以及劳动争议解决程序等内容做了详细规定。

二 劳动用工风险及防范建议

同其他发展中国家一样，印尼目前的法律规范和制度体系仍不够健全。虽然近年来印尼政府着力对与国际劳务合作密切相关的《劳工法》进行修改，但是大多数在印尼开展劳务合作的企业仍然认为制度更新的努力并没有解决他们对印尼劳工制度的隐忧，不利于国际劳务合作的进一步发展。加之，印尼尚未进行规范国际劳务合作领域的特别立法，使得在劳务合作的诸多领域出现立法空白。另外，与印尼进行劳务合作还会涉及诸如民法、刑法、诉讼法等其他法律部门，但受经济发展水平和社会进步程度的制约，印尼这些法律部门仍有很多需要完善的地方。当中国企业与印尼进行劳务合作发生争议时，这种不完整、不明确的法律体系可能影响中国企业合法权益的维护和实现。

针对以上风险，中国企业在与印尼进行劳务合作时，可采取以下风险防范措施：一是密切关注印尼法律规范和经济政策的变动情况，坚持守法经营，正当行使权利，依法履行义务，并依法维护自身合法权益。二是在签订国际劳务合作合同前，聘请业务熟练、信用良好的律师团队对项目本身进行考察、评估，并尽可能在合同条款中明确自身权利范围和实现途径。

1. 过度保护劳工和限制外国劳务输入的法律风险与防范建议

中国企业与印尼进行劳务合作的风险首先在于印尼《劳工法》对于劳工保护规

定比较苛刻。根据印尼法律规定，如果职工离职，雇主要支付离职费或者补偿金，即使工人罢工，只要程序合法，也须支付薪水。同时在印尼的民主化改革进程当中，代表劳工利益的工会势力日益强大，与外国投资方发生的矛盾与日俱增，由此导致的罢工和游行经常发生，使投资方遭受损失。虽然印尼修改了《劳工法》，但是新的《劳工法》没有解决外商的担忧，劳资双方冲突问题并没有找到真正的解决办法，极不利于外商的正常经营。因此部分外商，尤其是劳动密集型的企业纷纷将工厂迁到劳动力成本更为低廉的越南和柬埔寨。

除上述印尼《劳工法》带来的法律风险外，印尼旨在保护印尼本国劳工的总政策也在很大程度上限制了外国劳务的输入。印尼对本国劳工保护极为严格，对外籍劳工的使用要求非常苛刻，除高级管理岗位和高级技术人员之外，本国劳工可以胜任的工作，均不允许使用外籍劳工。根据 2015 年 10 月 23 日印尼人力资源部 35 号的规定，对于雇用外籍人员的公司，应就每一位外籍人员每个月交纳 100 美元作为当地人员培训费。根据印尼《劳工法》的规定，外籍劳工也不得担任人事部门相关职位。除此之外，外籍劳工的工作签证不仅签发要求很高，而且签证办理手续较为烦琐，费用较高，通常只能通过中介办理。

针对以上风险，建议中国企业可采取以下防范措施：一是在聘用当地劳工时，注意核算工资和培训成本，聘用当地劳工时特别注重其能力和经验，须重视项目当地劳工管理工作。鉴于提前终止雇用劳工合同必然会产生补偿金，因此不宜签期限较长的合同。另外，中国企业应关注和遵守当地工资和保护劳工权益方面的法律规定。二是中国企业应在保证自身合法权益的同时，对症下药，着力提高劳务输出人员的素质结构。长期以来，普通劳务人员一直是我国外派劳务人员的主体，技能性劳务人员和技术性劳务人员所占比重很小，这种输出结构一方面难以符合印尼的劳务政策，也不利于抵御国际市场金融风险的冲击。因此，加强劳务人员培训，切实提高外派劳务人员素质，是扩大与印尼劳务合作的有效途径。三是妥善处理好项目所在地的各种关系。在当地建厂要根据实际情况制订计划，聘用当地人员参与管理和生产，学会用当地人管理当地人，积极为附近居民提供就业岗位。同时要尊重当地的宗教习惯，按照当地风俗开展社交活动。另外还要积极履行社会责任，捐资捐助当地贫民，帮助当地建设公路、学校、医院等基础公共设施。

2. 劳务合作中的合同法律风险与防范建议

由于背井离乡，生活环境差异很大，劳务提供者与劳务输出企业之间的争议时有发生，主要表现在以下几个方面：一是由于本人或非本人的原因，劳务提供者不能依照合同出境履行合同。二是劳务提供者由于印尼复杂的劳务审批程序，在凭短期签证到达印尼后未能顺利转为长期签证,致使劳务提供者没有合法的工作、居住身份,出现非法居留的情况。三是在印尼的中国企业违反当地的法律法规和经济政策,或者违反雇主规章制度,或者违反合同的其他规定,损害当事人权益。四是劳务提供者不能有效地适应当地的劳动环境、管理方式,或者人身权利受到侵害等。五是劳务提供者对合同中规定的工资标准、职位晋升、加班费以及医疗保险、假期等待遇及住宿条件不满意。六是劳务提供者在外劳动期间,面临自行脱岗、中止履约,或被提前解雇的风险。此外,中国企业与境外雇主、中介商、境内合作者也会在合同的履行过程中就合同价格、履行期限等问题发生争议。

针对以上风险,建议中国企业可以采取以下防范措施:一是严格项目境外管理,依照我国政府和行业组织的相关规定,加强项目跟踪管理,包括在劳务人员出境后,协助劳务人员与雇主签订劳动合同,并承担境外管理责任,及时掌握雇主经营情况和外派劳务人员的动态,维系合作纽带。二是发生劳务合同纠纷后,应聘请熟悉当地情况的律师协助解决争议,切实保证劳务提供者、外派劳务提供者和中国企业的合法权益。三是选择恰当的法律途径解决问题。处理劳务合作中的合同纠纷既可以申请仲裁,也可以向当地法院提起诉讼,但向劳动争议法庭起诉前必须经过调解程序。鉴于当地的司法效率,中国企业最好选择主要负责处理劳资纠纷、债务重组及商业合同纠纷的印尼商业仲裁中心或者其他比较熟悉的国际仲裁组织进行仲裁。

三 相关案例

1. 案情简介

印尼万丹 C 发电厂工程坐落于距离雅加达约 50 公里的万丹省当格朗县德禄纳卡乡,占地 100 公顷,投资额 5.5 亿美元。该项目由印尼 D 电力公司投资兴建,中国 E 电力公司和 F 电力公司联合印尼本地公司承建。该项目建成后可以向爪哇岛各地供电。2008 年 11 月 14 日深夜至次日凌晨,兴建中的发电厂遭到暴力袭击。数百名电厂附近居民展开暴力攻击行动,导致 14 幢员工宿舍被焚,厂房、办公室、7 辆汽车和 3 台重型机械被捣毁,承包公司的一些办公设备和私人物品被劫,94 名在当地工作的中国技术工人被迫撤离。事件发生后,万丹 C 发电厂所有员工前往雅加达暂避,工程项目完全停顿。

中国电力公司与印尼本地公司联合承建的发电厂在深夜遭遇袭击,给两国公司带来了极大的物质与人力损失。该事件发生的原因主要涉及三方面:一是工程征地存在纠纷,当地居民向印尼政府要求名目繁多的补偿费未果;二是当地居民要求多雇用本地员工的要求未能得到满足;三是印尼警方的“扫流氓”行动逮捕了7个经常勒索该工程员工的当地人,引起其同伴不满和报复。中国企业应该从这一事件中吸取教训。

2. 案例分析

(1)工程征地导致利益分配不均。印尼万丹C发电厂工程遇袭案是一起万丹当地居民和印尼官方之间因收益分配不均导致利益冲突而引发的暴力事件。在诸多发展中国家,这类工程纠纷时常发生。这类大型工程往往由国家兴建,其投资方、受益方均为政府及与政府利益关系密切的公司,而工程所在地的居民则失去大片土地,所得利益却往往相差甚远,导致了印尼当地群众的不满情绪。此外,印尼政府缺少对当地居民关于该工程的意义和性质的沟通和宣传,当地居民很难相信这样一个工程对他们来说利益大于损害,而不免对所遭受的损失耿耿于怀。这点教训值得今后在印尼开展经贸合作的中国企业吸取。中国企业应注重公关,与印尼当地居民积极进行沟通,平衡双方的利益,避免纠纷升级。

(2)没有保障印尼本土就业,负面影响大。一般而言,为了提高效率、便于管理和加快进度,中国公司在国外进行工程承包时,习惯于大量使用从中国招募的员工,而不太情愿雇用当地劳工。由于工程的兴建,当地不少民众丧失原有的谋生手段,如果工程不能确保给当地人提供相应的、足够的工作岗位作为补偿,失业的当地居民便会心生不满。如果这种不满和抱怨不能得到及时的传达、倾听、沟通和排解,则极可能酿成暴力和恶性事件。在本案中,印尼万丹C发电厂工程项目没有雇用足够的印尼当地居民,这使当地居民对工程本身产生抵触情绪,加之当地民风彪悍,最终导致暴力事件的发生。今后,中国企业承揽类似涉外工程时,应当尊重印尼的本地劳工保护政策,积极为附近居民创造就业机会,避免冲突的发生。

总之,中国企业在印尼开展劳务合作时,应关注相关工程对当地居民生活的影响,保障印尼本土就业,并积极争取政府协助,做好利益平衡,避免恶性冲突事件的发生。

第九章 环境法律制度及法律风险

一、环境法律制度

印尼当地政府对环境保护较为重视，作为赴印尼投资的中国企业，应当重视环境保护的法律风险。如果不熟悉印尼环境保护方面的法律法规，外国企业的投资项目就可能不能满足当地环境部门的监管要求，其后果轻则导致项目费用增加，重则影响项目投产，甚至有可能因为违反当地环境保护法律法规而被环境监管部门处罚或者关停。因此，与印尼当地环境法相关的问题应当引起我国企业投资者的高度重视。比如最典型的发电项目，如果在项目的设计和建设阶段，没有充分考虑当地的环境保护监管要求，后期则有可能大幅增加环保合规方面的投资，最终造成实际投资远超预算，严重影响项目的正常运行和投资回收。

印尼当前保护环境的法律是2009年10月3日开始实施的《环境法》。印尼环境保护主管政府机关是环境部。2012年以来，环境部颁布了一系列的环境保护方面的规章，并积极制定国家环境保护标准，包括污染物排放标准、环境质量标准、环境承载力恢复标准、环境容量恢复标准和生态破坏的防治标准等。印尼环境影响评价的适用面较广，涵盖了所有对环境可能产生重大影响的项目。项目必须要开展环境影响评价，并获得许可证后方可开工。许可证的核心内容是规定了当事人的相关环保义务。为达到减少风险和控制成本的目的，中国企业须在项目的开发、建设和运营期间，严格按照印尼当地的环保法律要求，在项目策划中注意相关流程的设置；须提前考虑项目环保投资所需费用以及项目配套的环保设施建设，避免设计被迫变更、增加预算、工期迟延等情况。中国企业需要加强与当地环保部门的沟通，保持信息的及时更新和畅通，依法开展各项活动。同时，中国企业应提前制定并完善风险应急预案，万一发生环保问题，应当保持与当地政府、民众和媒体的积极有效沟通，尽力创造有利于自身的舆论氛围。

二 环境保护的具体标准和措施

(一)综合性的立法框架

《环境管理法》共11章。前两章是总则性的规定;第3章"社区的权利、义务和任务",对公民和社区的权利和义务进行了规定,并规定了相应的促进措施,尤其是规定了公民享有良好环境和健康的权利;第4章"环境管理机构"规定了政府在环境管理中的职责和权限,包括环境管理中央和地方权利和管辖事务的划分等;第5章"保护环境功能"规定了环境质量标准、环境破坏标准、环境影响评价制度;第6章"环境污染防治"规定了排污许可制度、环境监管权限、环境行政处罚以及环境审计;第7章"环境纠纷解决"规定了两种纠纷的解决方式:当事人自愿庭外协商及庭外协商没有达成协议的进行庭上审理,规定了严格责任原则、免责事由、诉讼时效及社区共同诉讼和政府行动;第8章"环境调查"规定,环境之调查不同于刑事犯罪的调查,负有环境管理职责的政府民事官员在涉及环境的犯罪案件中也享有特殊的调查权力;第9章"环境犯罪"把涉及环境的犯罪分为故意和过失等不同的情况;第10章规定了法律的"过渡条款",要求公司在本法律生效后的2年内进行环境审计、制定环境管理文件;第11章是附录的生效时间。

(二)基本内容

1. 环境影响评价制度。环境影响评价是指对规划和建设项目实施后可能造成的环境影响进行分析、预测和评估,提出预防或者减轻不良环境影响的对策和措施,进行跟踪监测的方法与制度。《环境管理法》第15条第1款规定:"任何可能对环境产生大规模、重大影响的规划必须进行环境影响评价。"需要进行环境影响评价的是那些会对环境造成大规模、重大影响的规划。现实中决策部门的决策不经环境影响评价,其产生的消极影响远远大于一个具体的建设项目带来的破坏和污染。第18条第1款规定:"任何对环境产生大规模、重大影响的活动或行为必须进行环境影响分析,以获得从事该活动或是行为的许可。"此外,实施环境影响评价还为公众的环境参与提供了途径。第19条第1款规定:"从事对环境产生大规模、重大影响的活动或行为办法许可时须考虑:空间管理计划、公众意见、与活动或行为有关的权力机关的考虑或建议。"实行环境影响评价制度,一方面可为公众参与环境管理提供可靠途径,获得公众对环境规划和建设项目的建议;另一方面还可以增强公众环境保护参与的积极性。

2. 排污许可证制度。排污许可证制度是指排放污染物的单位,必须事先向环境保护行政主管部门申报登记,经审查批准,领取许可证后,方可排污的制度。《环境管理法》第20条规定:“未经许可,任何人禁止向环境媒介处理废物;任何人禁止向本国环境媒介排放境外产生的废物。”本条款还对境外的污染物、废物进行了规定。

3. 公民环境权、参与权、知情权。《环境管理法》第5条规定:“任何公民享有良好健康环境的权利;任何公民有权得到与环境管理任务有关的环境信息;根据相关法律法规任何公民有权在环境管理框架内履行义务。”第19条规定:“从事对环境产生大规模、重大影响的活动或行为办法许可时须考虑:空间管理计划;公众意见;与活动或行为有关的权力机关的考虑或建议;从事活动或行为的许可必须公示。”

4. 环境组织公益诉讼。环境组织公益诉讼是指由于自然人、法人或其他组织的违法行为或不作为,使环境公共利益遭受侵害或即将遭受侵害时,法律允许其他的法人、自然人或社会团体为维护公共利益而向法院提起的诉讼。在印尼的法律中,有诉权的只有三类主体:自然人和法人、社区、环境组织。法律对环境组织提起环境公益诉讼进行了资格限制,如《诉讼法》第38条中规定了以下条件:一是对环境组织原则的限制。在贯彻环境管理责任的规划中,与合作原则相一致时,环境组织有权为环境公共利益采取法律行动。二是对诉求的限制。环境组织提起环境公益诉讼时,诉求只能是采取改善环境或停止污染或破坏等相关实际措施,而不是要求损害赔偿,但诉讼的费用和实际的支出包含在诉求之内。三是对环境组织本身的限制。环境组织有权提起诉讼,应符合下列条件:是一个合法机构或组织;在环境组织的章程中明确规定,其创立的目的是保护环境利益;实施过与组织条款中规定的相一致的行为。通过上述条件的制约,可以防止滥诉,使环境组织真正代表环境公共利益,也可以节约司法资源和成本。

三 环境法律风险及防范建议

1. 环境法律风险

环境保护风险主要是指外国投资者因不熟悉东道国环境保护方面的法律法规,可能造成投资项目不满足当地环境部门监管要求,从而增加项目投资、影响项目投产或因违反当地环境保护方面的法律法规被监管部门进行处罚或关停。比如,有些发电项目,因在项目设计和建设阶段,未充分考虑项目所在国当时的环境保护监管要求,造成后期环保合规投资过大,超出既定项目预算等情况,影响项目正常运行和投资回收。2009 年 10 月 3 日,印尼新《环境法》正式实施,相比于之前的《环境法》,增加了一些新的要求。比如,根据之前的《环境法》,项目需要获得的环境文件,应根据项目的规模和性质定义为(a)环境影响评价(AMDAL);或(b)环境监测工作(UPL)和环境管理工作(UKL);而新《环境法》额外要求:(a)每个项目需取得新的许可,简称“环境许可”;(b)所有新《环境法》实施前签发的环境相关的许可应当在 2010 年 10 月 3 日前变更为“环境许可”。

同时,印尼环境部自 2012 年来也颁布了一些环境保护方面的规章。比如,针对煤矿项目所需的环境文件,环境部规章 2006 年第 11 号和环境部规章 2012 年第 5 号在 AMDAL 要求的规定上有所不同(后者取代前者)。环境部规章 2012 年第 5 号规定,具有以下任一情形的煤矿项目需要取得 AMDAL:(1)生产作业(开采)区域超过 200 公顷的;(2)露天开采矿区超过 50 公顷/年的,此数据累计计算;(3)年产量(或预计年产量)超过 100 万吨的;(4)年覆盖层开挖量超过 400 万立方米的;若不具有上述任一情形,项目只需取得 UPL 和 UKL。在印尼的所有企业和个人必须严格执行印尼的国家环境保护标准,包括环境质量标准、污染物排放标准、环境承载力恢复标准、生态破坏的防止标准和环境容量恢复标准等。任何对环境可能产生重大影响的项目必须事先进行环境影响评价,并在获得许可证后方可进行,许可证中会明确项目当事人的有关环保义务。未经许可,任何企业和个人不得处置废弃物。

2. 防范建议

由于印尼对环境保护的重视,中国企业在印尼进行工程承包时应对环境法律风险的防范措施如下:(1)中国企业在印尼承包工程时应了解并遵守印尼的环境保护方面的法律法规以及各项国家保护标准,尤其是工程承包经常涉及的污染物排放、废弃物处理等方面的规定。(2)中国企业要事先评估项目对环境可能产生的影响,如影响重大,应在获得许可证并明确环保义务之后再进行项目建设。(3)在项目的开发、建设和运营期间,按照印尼当地的环保要求,制定项目内部环境保护工作流程,严格按照印尼当地的环保法律法规开展各项活动,并在项目实施的过程中加强与当地环保部门的沟通;同时,制定风险应对预案,一旦项目出现环保事件,应保持与政府、民众和媒体的积极沟通,尽量创造有利的舆论氛围。(4)在做投资预算和项目设计时按照印尼当地的环保要求,考虑项目环保投资所需的费用以及项目配套的环保设施,避免造成后期项目的建设和运营不满足环保要求,而导致投资超出既定项目预算、设计变更影响工程进度等情况。

第十章 知识产权法律制度及法律风险

一 知识产权法律制度

印尼是 WIPO 与 WTO 的成员方,也是《保护工业产权巴黎公约》、《保护文学和艺术作品伯尔尼公约》、《专利合作条约》、《商标法条约》、《世界知识产权组织版权条约》和《世界知识产权组织表演和录音制品条约》等公约或条约的缔约方。依照这些国际组织或条约成员方必须承担的国际义务,同时出于保持商业、技术、工业等快速发展的国内现状,印尼近年对本国的知识产权法律法规和政策进行了一系列的修改与完善。

印尼《专利法》为 2001 年颁布的第 14 号法律。其中规定专利申请应自申请之日起 18 个月内公开,公开时间为 6 个月,申请人提出审查请求之后 36 个月之内结案,不服驳回的可在 3 个月内提出复审请求。印尼《专利法》要求发明人发明的新产品生产后方能申请专利。专利的保护期限为自申请日起 20 年,小专利(印尼无实用新型专利)的保护期限为自申请日起 10 年,两种专利均不得续展。现行《专利法》规定,涉及以下内容的发明不得授予专利权:(1)违反法律法规、宗教道德、公共秩序和伦理;(2)人和/或动物的检查治疗、治疗方法;(3)科学和数学理论、方法以及除微生物外的活体生物;(4)动植物培育过程中不可或缺的生物方法。此外,印尼《专利法》还规定,在规定期限内不缴纳专利费用的将取消专利资格。有关专利的诉讼案件必须在案件提交之后的 180 个工作日之内结案。侵犯他人专利权者最高可处4 年监禁和/或 5 亿印尼盾的罚金。侵犯小专利者则最高可处 2 年刑期及/或 2.5 亿印尼盾的罚金。

印尼《商标法》规定,商标应为由图画、名称、单词、文字、数字、颜色组成或合成的标记、徽章。印尼规定非印尼语的商标必须同时提交印尼语的读音。商标申请提出之后的第 14 日起至 6 个月为公示期,期间任何人均可提出异议。公示结束后 9 个月内结束实审。对不授权决定不服者可在 3 个月内提出复审请求。印尼赋予商标的保护期限为自申请之日起 10 年，期满可以续展。印尼《商标法》对原产地名称给予保护。此外还规定，注册后的商标如不使用的时间达到 3 年，将取消其商标的注册资格。印尼《商标法》就商标侵权及其处罚做了详细规定：如在相同产品、服务或制造领域使用与某注册商标整体类似或与某注册商标的构成要素部分类似的标志，最高可对侵权人处以 5 年监禁及/或 10 亿印尼盾的罚金；在同类注册商品上使用与他人地理标志实质类似的商标可处以最高 4 年及/或 8 亿印尼盾罚金；使用可能欺骗或误导公众认为是相关商品或服务来源的原产地名称标记者可判处最高 4 年的监禁及/或最高 8 亿印尼盾的罚金。

印尼《著作权法》是 2002 年通过的第 19 号法，于 2003 年 6 月 29 日开始生效。与之前的《著作权法》最大的不同之处，在于将"数据库"这一新兴事物涵盖于版权保护范围之内，从新法实施之日起，数据库在印尼可以依照《著作权法》的规定受到法律保护。印尼《著作权法》对数据库的定义为：以任意形式编辑、任何可以由机器或计算机读取，但必须是经由智力创造行为加以选择与整理的数据形式。数据库必须具备独创性或创造性。这意味着仅仅是将大量的数据集中在一起并不能受到法律保护。印尼《著作权法》未将间接侵权、网络侵权和平行进口等版权保护领域的重要事项列入。这意味着在印尼，不会追究间接侵权和网络侵权者的责任。另外，可以认为平行进口在印尼是合法行为。印尼法律规定，非法复制或发行著作权产品者的最低监禁期为 1 个月，最长则为 7 年；罚金最低限为 100 万印尼盾，上限为 50 亿印尼盾。此外，非法传播、展览侵权产品者的处罚为最高 5 年的监禁及/或 5 亿印尼盾的罚金。

印尼现行的《外观设计法》签署于 2000 年 12 月 20 日。一般认为，印尼《外观设计法》非常简单并且存在很大程度的不公平。在印尼，外观设计专利的门槛相当低，一个产品只要在公开期内无异议提出，则无须经过实审即可获得外观设计专利权。假如出现异议，只需将新产品与异议产品对照，或由申请人提出新的产品，即可授予外观设计专利权。外观设计的保护期为 10 年。另外，印尼给予申请撤销某个外观设计的专利资格的期限是全世界最长的。印尼《外观设计法》规定，撤销外观设计专利权的申请应由申请人向商业法庭提出诉讼，商业法庭必须在 120 天之内作出判决。如果对商业法庭的判决不服，可向最高法院提出上诉，最高法院则必须在 90 天之内作出最终判决。这意味着在印尼撤销一项外观设计专利权的时间最长可达 210 天。侵犯外观设计权者最高可判处 4 年的监禁及/或 3 亿印尼盾的罚金。

印尼的《集成电路布图设计法》于 2000 年生效，该法规定，布图设计必须具备独创性，且必须是设计人（或小组）自己的智力成果。布图必须具备能动性、电路中每一部分必须与总体相连以及设计目的明确等要素，且在设计当时和在布图设计人或集成电路制造商群体中不具有普遍性。布图设计不得违反现行法律、公共秩序与公共道德。该法规定，如果布图设计已经用于商业目的，提出申请之日不得晚于已经使用之后的 2 年。印尼对集成电路布图设计采取登记制，保护期限为 10 年。该法同时规定，如果是出于调查、研究、教育等非商业目的，在不侵犯专利权人权益的前提下，他人可以使用该布图设计。当出现布图设计权利被撤销的情况时，若所有权人与他人签署了实施授权协定，被授权者有权继续自己的实施行为，直至双方协定中所约定的期限到期。集成电路布图设计权可通过继承、赠与、遗嘱、书面契约或其他不违反法律规定的行为获得。侵害他人集成电路布图设计权利者最高可判处 3 年监禁及/或 3 亿印尼盾的罚金。

印尼《商业秘密法》保护的范围包括生产方法、加工方法、销售方法以及技术与行业领域中其他具备经济价值的、通过正当手法获得且无须向外界公开的信息。商业秘密的拥有者具有对权利的独占使用权、允许或禁止他人使用权、出于商业赢利的目的向他人透露商业秘密的权利。商业秘密指的是技术或商业领域具备相当的经济价值，且未公开的相关信息。商业秘密可以通过继承、赠与、遗嘱、书面协定或法律所规定的其他方法获得。以违反现行法规的不正当手段窃取他人商业秘密，视为侵害他人的商业秘密权。但如果对营业秘密的使用是出于健康、安全等目的，则不视为侵权。此外，假如只是对他人利用商业秘密制造的产品加以研究进行再生产的，也不视之为侵权。侵犯他人的商业秘密权，最高可判处 2 年监禁及 3 亿印尼盾的罚金。

二 知识产权法律风险及防范建议

1. 知识产权法律风险

中国企业在印尼面对的更多是被侵权，而印尼对此的保护制度相对较弱。在多种知识产权类型中，应当更加重视商标的保护，必须注册商标，并且指定当地合作伙伴使用中国企业的商标。由于当地诉讼制度还存在不完善之处，应当尽量排除印尼受理合同纠纷的管辖权，可在合同里指定以仲裁途径来解决纠纷。

2. 防范建议

(1)在印尼保护自身知识产权，需提前做好专利自由实施(Freedom to Operate，FTO)调查，尤其是调查通过《专利合作条约》(PCT)申请途径进入印尼。(2)对方专利权利要求书的翻译也必须检查,因为对方翻译的权利要求书内可能存在翻译错误,利用对方的翻译错误可能绕过对方专利的权利要求保护范围,顺利进入当地市场。(3)商标也应尽早申请,因为印尼抢注/恶意注册商标问题严重。如果合作伙伴抢先注册了自己的商标,也应当尽快采用合理方式收回。

三 相关案例

1. 案情简介

原告 Hardwood 公司因联合利华公司在自己的牙膏产品上使用了带有"STRONG"的商标[1],而对联合利华公司提起了诉讼,要求联合利华公司赔偿 1080 亿印尼盾(其中包括 33 亿印尼盾物质损失和 75 亿印尼盾非物质损失)。一审法院经审理后支持了原告的诉讼请求,认定原告的"STRONG"商标为驰名商标,被告联合利华公司使用的"PEPSODENT STRONG"商标与原告驰名商标构成近似,因此判定联合利华赔偿 Hardwood 公司 300 亿印尼盾的赔偿金。

联合利华公司不服上述判决,遂提出上诉。二审最高法院认为,"STRONG"这一词语不是"PEPSODENT STRONG"商标的主要识别部分和显著部分;相反,"STRONG"只是一个形容词。最高法院还认定,联合利华公司已获得"PESODNT STRONG"商标在牙膏上的注册,其有权使用该商标,因此联合利华公司的使用行为未构成侵权。最终,最高法院支持了上诉人联合利华公司的请求,撤销了一审法院判决。

2. 案例分析

从上述案例可以看出,在印尼,除积极申请注册商标外,也要重视对商标的使用。

[1] 联合利华公司申请的"PEPSODENT STRONG"商标在牙膏上在一审诉讼时未获准注册。

第十一章 争议解决制度

一 争议解决制度概述

外国企业与印尼开展经贸合作的过程中，如果发生争议，主要通过以下三种方式解决纠纷：诉讼、仲裁以及其他争议解决方式。除此之外，还可以借助一些国际法律制度来维护自身合法权益。这些法律制度主要包括三种：国际组织制定的一系列的国际公约，如《解决国家和他国国民间投资争端公约》（《华盛顿公约》）；中国和东盟十国在“中国—东盟自由贸易区”的框架下建立的投资争端解决机制协议；世贸组织的相关协议。

二 争议解决常见问题及注意事项

印尼司法体系存在较为严重的腐败现象，有法不依、执法不严，通过司法救济方式化解外商投资经营过程中遇到的风险或者纠纷的可能性很小，遇到纠纷即使诉诸法律也很难得到及时公正的裁决，而且耗费时间、精力与财力。因此，中资企业在印尼投资项目时，考虑到印尼的司法体系，以及印尼采用三审终审制，如果遇到争议想要通过诉讼途径解决时，将会耗费大量的时间和费用；而且在诉讼过程中，印尼法院审判受到的干扰因素很多，印尼公司由于其本地优势，印尼法院更可能作出倾向于印尼公司的判决。中国企业如果选择仲裁途径，尽管中方在仲裁人员的人选上具有一定的自主性，但根据印尼相关司法体制，仲裁仍须接受印尼法院的监督，印尼法院有权撤销其认为不当的仲裁裁决，同时仲裁裁决的执行须通过印尼法院，印尼法院也可能在执行环节干预有利于中方的仲裁裁决的执行。

由于印尼法治发展水平不高，裁判机构偏袒其国内主体的情形屡见不鲜。所以，中国企业尽量避免选择通过印尼的法院或仲裁机构解决争议。鉴于此，中资企业在与印尼合作方签署的相关投资协议中,应尽量规定将争议提交印尼以外的设在第三国的国际知名仲裁中心解决,如新加坡国际仲裁中心、香港国际仲裁中心等。对于政府作为缔约一方的协议,还可选择通过《解决国家和他国国民间投资争端公约》项下的机制解决争议,以排除印尼法院或仲裁机构的管辖,防止争议通过印尼国内机构解决而带来裁决结果明显偏袒印尼国内企业的风险。

三 相关案例

1. 案情简介

印尼A公司向中国B公司借款200万美元。双方在印尼签署了借款担保合同,约定A公司同时用另外两家关联公司C和D做担保。借款合同由本地公证师拟订,担保合同经印尼本地公证师公证。合同约定适用印尼法律并由雅加达中区法院管辖。后来A公司逾期未还欠款,B公司在印尼起诉A公司及担保人C公司和D公司。

2. 案例分析

在本案中,中国B公司支付给印尼A公司的200万美元是通过B公司的几家关联公司支付给印尼A公司和A公司的几家关联公司的,整个借款过程中银行转账的凭证较为混乱。但其中B公司直接转账给A公司的资金仅为80万美元,B公司的关联公司转账给A公司的资金为15万美元。根据印尼审判实践,B公司支付给A公司其他关联公司的105万美元,可能无法得到法院的支持。另外,合同明确约定由雅加达中区法院管辖。但A、C、D公司的注册地均在巴布亚。在印尼因合同无排他性管辖的约定,不排除雅加达中区法院会将管辖权移送巴布亚附近的Makasar高等法院。

印尼的司法审判制度视诉讼程序而定,如为一般的民事纠纷案件为三审终审制,分别为地区法院—高等法院—最高法院,三个审级下来持续3~4年很正常;如为破产案件则为二审终审制,一审在商业法院,二审在印尼最高法院,审限比民事纠纷案件时间短一些,两个审级下来1~2年。经与印尼律师沟通,中国B公司最终选择破产诉讼,中国B公司作为债权人申请印尼A公司破产。

中国B公司委托了印尼律师提起诉讼。案件先起诉到雅加达商业法院,该院法官告知本案既可以在雅加达起诉,也可以在Makasar起诉。第一次,该案件在雅加达商业法院被裁定驳回了起诉,后告知需到Makasar商业法院审理。Makasar商业法院受理了起诉,从受理到确定开庭时间大概经过了 1.5 个月。由于案件事实不复杂,庭审很快结束。但从庭审结束后法院 3 个月一直未出具判决书,经联系本地律师进行了处理,大概过了 1 个月后 B 公司收到法院判决书。到了案件执行阶段,最终因被执行公司财产不足以偿还债务被宣告破产。

因此,在争议解决方面,建议:

(1)中国企业在签订适用印尼法律的合同时,不要由印尼本地公证师起草。公证师的职责为公证和见证,为中立的角色。建议由印尼律师起草或修改合同,即使由公证师起草的合同建议也最好经由印尼律师修订以充分保障委托人的利益。

(2)印尼法律下的任何担保措施,比如保证和抵押,仅在合同中约定保证和抵押并不足以产生保证和抵押的效力,需另行签署保证书并经公证方能生效。

(3)履行合同中的资金往来,建议做到资金往来的主体与合同约定的主体一致,以免产生争议。

(4)谨慎考虑在印尼启动诉讼,如需在印尼启动诉讼,选择代理律师时应在委托合同中明确委托代理的期限,如 6 个月内或 1 年内应取得判决结果并将此作为律师的工作目标,从而避免案件陷入冗长的程序。

(5)在签约主体、适用法律和管辖条款上,考虑到印尼司法的不确定性,在条件允许的情况下尽可能选择印尼以外的仲裁地,如中国香港或新加坡仲裁。

第九部分

文莱篇

第一章 文莱基本概况

一 文莱简况

文莱达鲁萨兰国(Negara Brunei Darussalam)(以下简称文莱)位于加里曼丹岛西北部,北濒南海,东、南、西三面与马来西亚的沙捞越州接壤,国土面积5765平方公里,海岸线长162公里,有33个岛屿。伊斯兰教是文莱国教,伊斯兰教徒占人口的2/3左右。文莱油气资源、林业资源丰富,已探明的石油、天然气储量均占全球总量的0.1%,森林覆盖率达72%。总人口45万。2021年,文莱国内生产总值190亿文莱元。

文莱国语是马来语,通用语为英语。文莱官方货币为文莱元。

二 行政区划与政治环境

1. 行政区划

文莱分区、乡和村三级。全国共有四个区:文莱—摩拉区、都东区、马来奕区和淡布隆区。各区设区长负责区内日常行政事务,由内政部办公室统筹管理。区下面设乡,乡长由政府任命,乡下面设村,村长由村民民主选举产生。

文莱首都为斯里巴加湾市,位于文莱—摩拉区,面积100.36平方公里,人口约24万。

2. 政治制度

文莱实行"马来伊斯兰君主制"(MIB)三位一体的政治制度。其内涵为:国家维护马来语言、文化和风俗主体地位,在全国推行伊斯兰法律和价值观,王室地位至高无上。该制度将伊斯兰教确认为文莱国教,反对政教分离。

文莱宪法规定,苏丹为国家元首,拥有立法、行政和司法等全部国家权力,同时也是宗教领袖。苏丹同时兼任首相、国防部长、财政与经济部长、外交部长、皇家武装部队最高统帅和皇家警察部队总督察，主导国内一切政治、经济、社会、文化及宗教事务，拥有极大的权力。

立法委员会实施审议立法的权力，立法会议员由苏丹任命，最新一届立法会议员包括苏丹、王储兼首相府高级部长比拉等内阁成员、各区县代表及社会贤达共 34 人。

虽然苏丹在 1985 年宣布允许政党注册，但文莱至今没有形成严格意义上的政党制度。

3. 政府机构

文莱按照宪法和三位一体政治制度的理念组建政府，由内阁部长会议和宗教、枢密、继承三个委员会组成，人员皆由苏丹任命，协助苏丹理政。苏丹曾多次对内阁进行改组。本届政府主要部门有财政与经济部、内政部、外交部、初级资源与旅游部、发展部、能源部等。改组后的新内阁除苏丹和王储外，另有 12 名部长、6 名副部长，任期 4 年。

三 法律体系[1]

文莱司法体系以英国习惯法为基础建立，享有独立权。一般刑事案件在推事庭或中级法院审理，较严重的案件由高级法院审理。最高法院由上诉法院和高级法院组成。根据文莱与英国新的司法安排，1995 年 1 月 31 日起，文莱上诉庭取代英国枢密院成为刑事案件最终上诉庭，但民事案件最终仍可继续上诉至英国枢密院。文莱还另设伊斯兰法庭，处理违反伊斯兰教义案件。

文莱仍有死刑，但苏丹拥有赦免权。根据文莱《伊斯兰刑法》，偷盗罪、通奸、强奸、同性性行为、伤害、谋杀罪，根据情节严重程度，可被判鞭刑、肉刑、石刑乃至死刑。

四 经济概况

1. 文莱石油天然气资源较为丰富，油气产业是文莱经济支柱，2021 年油气产业

[1] 参见郑方明、姚强：《东南亚国家法律体系综述——文莱篇》，载微信公众号“泰国汉成”2022 年 10 月 8 日。

GDP 占比为 50.9%。近年来,文莱在努力改变过度依赖油气产业的单一经济结构,发展非油气产业,该等产业主要包括政府服务、金融、批发与零售、房地产、教育等服务业以及建筑业。

文莱曾经长期基本保持财政盈余,但从 2014/2015 财年开始,受原油价格波动影响,连年出现财政赤字。根据 2022 年 2 月通过的财政预算,2022/2023 财年,文莱财政预算收入 31.7 亿文莱元,预算支出 57 亿文莱元,财政赤字为 25.3 亿文莱元。

2. 对外贸易情况。文莱对外贸易受国际市场原油价格影响较大,2022 年文莱货物进出口贸易总额 241.9 亿美元,其中出口 147.0 亿美元,进口 94.9 亿美元,主要贸易伙伴依次为新加坡、中国、日本。

文莱主要出口商品是原油和天然气,主要进口商品是矿物燃料、机械运输设备、食品等。

3. 吸收外资情况。文莱经济规划与统计局数据显示,2021 年,文莱吸收外资流量为 2.12 亿美元,同比下降 65.5%;截至 2021 年年底,文莱吸收外资存量为 99.41 亿美元。

在文莱投资的国际跨国公司包括浙江恒逸集团、壳牌公司、法国道达尔、日本三菱煤气、日本尹藤忠商社等。近年来,中国对文莱直接投资在不断增加。

第二章 外国投资法律制度及注意事项

一 外国投资法律制度概述

1. 外国投资主管政府部门

文莱投资管理部门为财政与经济部下设的“利用外资及下游产业投资指导委员会”(FDI and Downstream Industry Investment Steering Committee)及其常设办事机构“外资行动与支持中心”(FDI Action and Support Center),其负责外资项目审批及协调落实工作;法定机构“达鲁萨兰企业”(Darussalam Enterprise)负责提供外资项目用地及落地后的管理服务工作;文莱经济发展局(Brunei Economic Development Board)负责对外招商引资。

2. 外国投资主要法律法规

文莱未专门针对外资进行立法,1975 颁布的《为促进文莱的经济发展及附带和相关目标的实现》(以下简称《投资促进法》)是文莱关于投资促进的基本法律规范,同样适用于外资企业。2001 年在该法的基础上颁布了新的投资促进法令,延长了对部分鼓励投资产业的税收优惠期。2001 年 6 月 1 日开始实施的《投资促进法》,鼓励外国投资者在文莱建立和发展工业和经济的企业,以助其发展经济。

3. 市场准入相关规定

(1)禁止行业:包括武器、毒品及与伊斯兰教义相悖的行业等。

(2)限制行业:林业不对外资开放。

(3)鼓励行业:《投资促进法》中的先锋行业,投资享受税收优惠。

4. 投资方式的相关规定

文莱对外商投资限制较少。文莱对大部分行业没有明确限制外资股份占比。允许外国企业注册公司、分支机构或代表处并拥有 100% 股权,外国投资者无须寻找当地合作伙伴即可进入市场。所有企业都必须在财政与经济部登记处注册。外资在文莱投资可成立私人有限公司、公众公司或办事处。

文莱经济以油气资源产业为支柱,其他产业尚不发达,因此,外国直接投资以绿地投资为主,外资并购案例极少,政府没有出台专门针对外资并购的法律法规,具体操作时应向有关主管部门详细咨询过户手续及审批期限。

中国投资者对文莱开展直接投资的主要途径是新设法律实体。中国投资者可以在文莱全资设立外资公司或外国分公司。

5. 外资优惠政策

(1)鼓励进入的行业或给予优惠待遇的企业

根据《投资促进法》,在以下产业投资享受税收优惠:

1)先锋产业。申请先锋产业资格需满足以下条件:

①符合公众利益;

②该产业在文莱未达到饱和程度;

③具有良好的发展前景,产品应具有该产业的领先性。

获得先锋产业资格证书的企业可享受以下优惠:

①免公司所得税;

②免交进口机器、设备、零部件、配件及建筑构件的进口税;

③免交原材料进口税;

④可以结转亏损和津贴。

先锋产品包括:航空食品、搅拌混凝土、制药、铝材板、轧钢设备、化工、造船、纸巾、纺织品、听装、瓶装和其他包装食品、家具、玻璃、陶瓷、胶合板、塑料及合成材料、肥料和杀虫剂、玩具、工业用气体、金属板材、工业电气设备、供水设备、宰杀、加工清真食品、废品处理工业、非金属矿产品的制造、无线电、电视及通信设备和器械的生产、其他纸和纸板的生产。

先锋产业依据注册资本金额的不同享有 5 年或 8 年免税期,可延长但总共不超过 11 年。高科技园区内的先锋产业享有 11 年免税期,工业区内免税期可延长至不超过 20 年。

2)先锋服务公司。即符合公众利益,并从事下列经营活动的公司:

①涉及实验、顾问和研发的工程技术服务;

②计算机信息服务和其他相关服务;

③工业设计的开发和生产;

④休闲和娱乐的服务;

⑤出版;

⑥教育产业;

⑦医疗服务；

⑧有关农业技术的服务；

⑨有关提供仓储设备的服务；

⑩组织展览和会议的服务；

⑪金融服务；

⑫商业顾问、管理和职业服务；

⑬风险资本基金业务；

⑭物流运作和管理；

⑮运作管理私人博物馆；

⑯部长指定的其他服务和业务，可享受免所得税以及可结转亏损和补贴等待遇。免税期8年，可延长，但不超过11年。

3）出口型生产企业。从事农业、林业或渔业的企业，若产品出口不低于其销售总额的20%，且年出口额不低于2万文莱元，则可被认定为出口型生产企业并颁发证书。出口型生产企业申请续期每次不超过5年，最长不超过20年。

出口型生产企业如果满足下列条件之一，则可获得15年的免税期：已经或者将要发生的固定资产开支不低于5000万文莱元；固定资产开支在50万文莱元以上、5000万文莱元以下，本地公民或持居留许可人士占股40%以上，且该企业对促进文莱经济或科技发展起到了促进作用或未来能够起到促进作用。

出口型生产企业免税范围包括：所得税；机器设备、零部件、配件或建筑结构的进口税；原材料进口税。

4）服务出口。企业出口下列服务，自服务提供日起最长可获得11年的免除所得税及抵扣补贴与亏损的待遇：

①建筑、分销、设计及工程服务；

②顾问、管理监督、咨询服务；

③机械设备装配以及原材料、零部件和设备采购；

④数据处理、编程、计算机软件开发、电信及其他信息通信技术服务；

⑤会计、法律、医疗、建筑等专业服务；

⑥教育、培训；

⑦文莱工业与初级资源部认可的其他服务。

5）国际贸易。从事国际贸易的企业，只要符合下列条件之一，自开始进出口业务之日起可获得8年的免税期：

①从事合格制成品或文莱本地产品国际贸易的年出口额超过或有望超过300

万文莱元；

②从事合格商品转口贸易的年出口额超过或有望超过500万文莱元。

(2)经济特区优惠政策

文莱政府在国内共建有8个工业区，采取了免税、提供融资合资平台、政府补贴等方面的优惠政策以吸引外国投资。

6. 基础设施PPP模式

为增加经济发展韧性，政府逐步对公用事业、交通设施等进行企业化改制和私有化改革，通过政府和社会资本合作模式引入私人投资。2016年3月召开的文莱立法会议上传递出的政府和社会资本合作领域包括国民住房、供水、机场、港口、公交和旅游设施等。

2022年3月，文莱财政与经济部发布了《公私合营指南》，由其经济计划与统计局负责监督文莱PPP项目的实施，国家发展项目可通过传统采购或PPP方式开展，具体评价标准如下：项目目标须与“2035愿景”保持一致；最低投资门槛为：经济基础设施项目4000万文莱元，社会基础设施项目为1000万文莱元；项目满足可融资性指标；项目实施符合国际最佳实践，且具备可行性和高性价比。

二 投资法律风险防范

1. 投资前期法律风险防范

(1)中国投资者在对文莱进行投资时，应该秉持审慎态度，对其投资环境、投资法律制度、政策等做全面深入的了解调查，以避免法律风险的产生。

需要了解的相关法律制度包括中国的法律、文莱的法律政策、两国之间所签订的双边多边条约、中国—东盟自由贸易区和东盟内部的相关法律、中国与文莱均加入的国际条约等。通过对以上这些法律进行充分的熟悉并且进行体系性分析，就能详细了解文莱关于投资法律制度的内容，有利于企业根据投资风险的大小选择能够承担的投资形式，以避免引起不必要的法律纠纷。同时，投资者要实时更新自己所掌握的法律条文，关注东道国相关政策法规的变化，避免在出现相关风险时措手不及。此外，还要尽可能地进行实地考察，与文莱当地的相关部门进行交流，了解文莱当地的最新政策、法律，为企业进行投资准备充分的材料。

(2)中国企业赴文莱投资应当对宏观经济形势进行预判，建立完善的风险防范机制，关注宏观环境相关指标，尽量选择有较高市场影响力的当地企业开展合作。文莱整体经济规模相对较小,而油气产业在其经济中占有重要地位,易受到国际油价波动的影响,在文莱进行能源投资的企业还要谨防发生东道国政府征收的风险。为此,可以在投资前在合同中明确约定投资周期,并且向多边投资担保机构(Multilateral Investment Guarantee Agency,MIGA)进行投保,以确保投资者的权益。

(3)为扶持本地企业发展,文莱政府推出了本地商业发展计划,鼓励外国投资者同当地企业合资合作。选择有实力、讲信用并且有影响力的当地合作伙伴对在文莱经营至关重要。选择当地合伙时,中资公司应充分调查了解对方资质与信用记录,以免在后续的合作过程中产生不必要的纠纷,影响企业发展。

2. 投资过程中的法律风险防范

(1)重视合规运营要求。文莱的法律制度在部分领域沿用英国法,其法律法规相关制度有待完善。鉴于此,中国企业在文莱开展投资经营活动时,要充分了解当地与外商投资相关的法律法规,严格遵循当地制度开展投资经商活动,并预判可能会面临的法律风险,做好合规运营工作。

(2)需要适应当地政府部门工作效率。文莱行政审批制度透明度和效率不高,政府机构在处理企业行政审批事项时耗时较长。中国投资者在文莱投资经营应做好前瞻性规划,提前启动各项行政审批工作;同时做好政府公关工作,加强与各个审批环节人员的交流沟通,增进相互了解,努力提升各项审批工作的可预期性。

3. 法律风险的事后救济

中国企业在文莱遇到因投资引发的法律纠纷时,要积极地通过国内和国际两个方面进行救济。国内途径主要是通过向文莱法院提起诉讼的方式解决,但是这种途径救济力度不够,外国投资者使用文莱法律在文莱进行法庭诉讼处于相对劣势地位;通过国际途径更为公平一些,可以援用双方都签署的国际条约、双方签署的双边投资协定、中国—东盟投资协定等向国际争议解决机构寻求救济。

2000 年,中国与文莱签署的《鼓励和相互保护投资协定》(以下简称《协定》)中规定了一些保护中国企业的方式,如损害或损失的补偿、投资待遇、征收的限制、投资收益的保护等。在《协定》中,对投资保险制度作了规定,对缔约一方的投资者在完成他方领土内的投资产生的非商业风险支付后,有代其投资者向他方主张权利的"代位制度"的规定。但要获得投资保险制度的保护,需要在文莱依法设立的保险公司投保,这是补偿的前提条件。

三 相关案例

恒逸集团与文莱政府合资建设炼化一体化项目成功实施

1. 案例简介

据公开查询,2017 年 3 月,浙江恒逸集团有限公司(本部分简称恒逸集团)控股子公司恒逸实业(文莱)有限公司与文莱经济发展委员会、文莱首相署能源局签署文莱《PMB 开发项目实施协议》。

PMB 项目全称为大摩拉岛炼化一体化石化项目,是恒逸集团与文莱政府共同合作的项目,其中恒逸集团占 70% 股份。一期工程总占地面积为 260 公顷,包括主厂区占地 176 公顷,西部库区占地 34.5 公顷。项目规划炼油年产能为 800 万吨,包括年生产 150 吨对二甲苯、50 万吨苯、近 600 万吨汽柴煤油品。二期项目计划新增 1400 万吨/年原油加工能力,包括 150 万吨/年乙烯、200 万吨/年对二甲苯。该项目一期已于 2019 年 11 月全面投产,投资总额为 34.45 亿美元,每年可加工 800 万吨原油,生产 150 万吨对二甲苯、50 万吨苯,以及 600 万吨汽油、煤油、柴油等产品。该项目被称为中国与文莱的旗舰合作项目,是实践中国"一带一路"倡议的首个民营企业炼化项目,推动了中国石化企业的技术标准走出国门,成为中国石化企业"走出去"的典范;同时也是文莱国内最大的实业投资项目,助力文莱实现油气资源本地产业化的重大项目。

2. 主要投资经验

(1)打造完整产业链,扩大竞争优势。该项目采用全球最先进的工艺技术整合企业生产链,打造一条完整的石化产业链,形成"原油—对二甲苯(PX)—精对苯二甲酸(PTA)—涤纶"和"原油—苯—己内酰胺(CPL)—锦纶"的双产业链竞争格局。不仅能够提供稳定的原料供应,提高产品附加值,更有助于恒逸集团在当地扩大竞争优势。

(2)重视本土化原则,为当地提供就业机会。虽然文莱化工专业人才短缺,但项目在实施运行过程中重视本土化原则,不但为当地创造了就业机会,还积极培训当地雇员,推动文莱化工产业的发展。截至 2020 年年底,项目实现 40% 本土化招聘目标,吸纳本地员工 666 人。同时,恒逸集团还开设"浙江大学—文莱达鲁萨兰大学—恒逸石油化工人才联合培养项目""文莱技术教育学院和兰州石化职业技术学院联合培养项目”等,以培养更多的专业技能人才,目前累计招生200多人。恒逸集团还进一步加强与文莱本地大专院校合作,全面推动本地联合办学项目,计划开设8个专业,由公司提供实习和就业机会。

(3)加强互信合作关系,推动中国企业与当地企业的合作。恒逸集团在项目开展过程中,不断提升自身技术和管理水平,与当地政府等利益相关方保持了良好合作关系,并促成了项目二期工程。二期建设由恒逸集团、中化二建集团有限公司、中国化学工程第三建设有限公司、中建安装集团有限公司、南京南化建设有限公司、中机国能电力工程有限公司和镇海石化工程股份有限公司共同完成,推动了更多的中国企业在文莱合作开展工程建设,为中国企业“走出去”积累了丰富的经验。

第三章 贸易法律制度及法律风险

一 贸易主管部门

财政与经济部是文莱对外贸易归口管理部门,牵头参与对外贸易谈判、商签自由贸易区协定、负责对外贸易促进等工作。

二 货物贸易的法律规定

文莱与贸易相关的主要法律包括《海关法》及相关规定、《进口商品估价规定》、《清真肉类法》、《清真医药制品、传统药品及保健品生产与处理指引》、《公共卫生(食品)法》、《公共卫生(食品)条例》等,和《东盟通用特别关税条例》、《中国—东盟全面经济合作框架协议》及其《货物贸易协议》、《服务贸易协议》及上述协议的修订议定书。

1. 进出口贸易管理的相关规定

文莱实行自由贸易政策。根据文莱2006年《海关法》(第31条)规定,除少数商品进行管控外,其余商品均放开经营。

(1)进口管理

禁止进口以下物品:鸦片、JAVA麻雀、《煽动法令》(第24章)或《不受欢迎的出版物法令》(第25章)规定的任何禁止的物品、"Double bangers"爆竹、包装上没有健康警告的香烟、"注射器"式铅笔、在泰国饲养或从泰国出口的猪、用于孵化目的的鸡蛋和新鲜鸡蛋(在鸡蛋外壳上清楚地用不可擦除的墨水或印章标明"进口"字样的除外)、由纤维组成的薄纸织物和其他物品织物上有在任何国家或地区已发行或流通的任何纸币、钞票或硬币的印记等。

限制进口物品包括:任何活的植物或种植材料(砂拉越和婆罗洲北部的除外)、

活牛和鸟类(砂拉越和婆罗洲北部的除外),水果机,老虎机或任何类似性质的桌子和机器、波斯胶、毒药和有害药物、水稻及其制品、分离的脱脂或添加配料的牛奶、糖,盐和加工木材、二手(包括翻新)汽车,摩托车,卡车、综合巴士(包括小型巴士),拖拉机和拖车、含酒精饮品、任何带有放射性的物质、牛肉,家禽,包括动物的尸体或其任何部分,肉(包括冷冻、冷藏和新鲜的)、骨头,皮,蹄,角,内脏或动物的任何其他部分,除非在宗教事务部长书面批准的屠宰场屠宰。

没有商业价值的样品可免税进口;对于有商业价值的样品进口,需交抵押金,如果样品在3个月内出境,可退还抵押金。

(2)出口管理

文莱禁止出口:虾类垃圾和椰肉蛋糕、石头或砾石。

限制出口:鱼藤物种、油棕、稻米、稻谷及其制品、木材,尼邦,藤条、香烟、酒类、糖、精品汽油、普通汽油、柴油、煤油和在文莱制造或发现的具有古董价值的历史性物品。

2. 进出口商品检验检疫

文莱《公共卫生(食品)条例》规定所有食品,无论是进口产品还是本地产品,都要安全可靠,具有良好品质,符合伊斯兰教清真食品的要求,尤其对肉类的进口实行严格的清真检验。

对于某些动、植物产品,如牛肉、家禽,需提交卫生检疫证书。进口食用油不能有异味、不含任何矿物油,动物脂肪须来自在屠宰时身体健康的牲畜并适合人类食用,动物脂肪和食用油须为单一形式,不能将两种或多种脂肪和食用油混合。食用脂肪和食用油的包装标签上不得有"多不饱和"的字眼或相似字眼。非食用的动物脂肪须出具消毒证明。进口活动物必须有兽医证明。大豆奶应是从优质大豆中提取的液体食品,可包括糖、无害的植物物质,除了允许的稳定剂、氧化剂和化学防腐剂外,不得含有其他的物质,并且其蛋白质含量不少于2%。

此外,该条例对食品添加剂、包装以及肉类产品、鱼类产品、调味品、动物脂肪和油、奶产品、冰激凌、糖与干果、水果、茶、咖啡、无酒饮料、香料、粮食等,都规定了相应的技术标准。对食品的生产日期、保质期、食品容器及农药最大残留量、稳定剂、氧化剂、防腐剂等都有明确的规定。

3. 海关管理规章制度

(1)管理制度。文莱《海关法》对特别关税、关税返还、处罚方式等做了规定,2017年4月1日,文莱财政与经济部正式实施《2012年海关进口税和消费税法令》修正法案,对部分日常消费品的进口关税和消费税进行调整,其中包括大幅降低汽车零配件、新轮胎进口关税；对含大量糖分、味精的食品饮料新征收消费税，同时调高塑料商品的消费税。

(2)关税税率。文莱总体关税税率较低。中国—东盟自贸区正式建成后，文莱对所有正常产品降税到0，对所有高度敏感产品降税到50%，对所有一般敏感产品降税到5%。《区域全面经济伙伴关系协定》正式生效后，文莱降税产品范围和降税幅度进一步扩大。

三 贸易法律风险及防范建议

文莱实行自由贸易政策，进出口相关税负较低，但其国内市场规模不大，经济上对油气产业依赖较大，同时当地支付方式比较规范，对产品品质要求较高。因此，与文莱进行贸易必须熟悉并适应当地特殊的法律制度、贸易环境和文化背景以及国际市场的动向，采取有效措施进行风险防范，避免产生不必要的纠纷和损失。

1. 关注文莱国内法律中的特殊规定并相应作出调整

文莱的法律体系包括两个平行体系：一个是基于普通法的体系，另一个是基于伊斯兰法的体系，具有特殊性。文莱法律法规透明化程度也不高。因此，需要关注文莱法律中的特别规定，如文莱《货物销售法》和《价格控制法》中的强制性规定等，以避免双方的贸易合作由于违反法定条件而丧失效力。

例如，根据《货物销售法》的规定卖方处于相对有利地位，其在未收到货款时享有较多的权利，如留置权、停止运输权、重新出售权以及其他权利，还可以根据法律责任的规定追究买方的违约责任；与之相对应的是，该法中对于卖方应如何履行合同也做出了较为详尽的规定，卖方交付货物的地点、时间、数量、将货物交给承运人的规则、分期交货的规则等。因此，企业作为卖方时，如果和买方签订合同，可以在合同中对上述问题做出较为详尽的规定，充分协商，以防止适用法律后给企业自身带来不便。并且，文莱的《价格控制法》具有鲜明的行政色彩，且与刑法相关，在定价过程中，企业一定要认真分析相关行政人员的职权，并严格遵守行政人员的指令，如果不履行行政人员的指令，则可能会被追究刑事责任。

2. 强化对交易对手的背景调查

中国企业与文莱企业进行贸易前，建议对交易对手开展背景调查，核查其资产、资质、债权债务、财务状况等，并建立风险台账，持续跟踪交易对手的最新状态。

3. 积极配置贸易相关保险,保障自身利益

考虑到国际贸易的诸多不确定性和风险,中国企业应积极利用保险、担保、银行等金融机构提供的相关服务保障自身利益。中国企业可以通过购买海外保险的形式降低风险。可供选择的海外保险主要包括中国专门保障国际贸易应收账款风险的保险机构,即中国出口信用保险公司承保的出口信用保险业务,赔偿比例可达90%。

第四章 公司设立法律制度及法律风险

一 公司设立基本法律制度

文莱《公司法》为设立和经营企业提供了全面的法律框架。根据《公司法》,在文莱可以设立以下几种类型的企业:独资经营企业、合资或合伙经营企业、公司(私人或公众)及外国公司的分支机构。

1. 设立公司的类型。

(1)独资经营企业。该企业一般由1个文莱籍公民或永久居民建立,对公司债务承担无限连带责任。

(2)合资或合伙经营企业。该企业指由2~20个自然人/法人组成的公司。合伙人以其全部资产对公司债务承担无限连带责任。外籍自然人/法人申请成立合伙经营企业必须事先获得移民局及国民登记局、经济规划与统计局及劳工局的批准。

(3)公司(私人或公众)。可以是以股票或担保或股票及担保成立的有限责任企业或无限责任企业。具体规定包括:

①必须有至少2个及不超过50个股东,私人公司一般由2~50个股东组成,公众公司由至少7个股东组成。

②股东可以为本国或外籍公民。

③股东转让股份的权利有限制,禁止任何公众股票招募。

④子公司可以持有其母公司股票。

⑤合伙协议必须填写公司注册人及公司名称,同时提供其他标准表格的企业文件。

⑥主管部门批准后,将签发企业证书。

⑦注册费用取决于公司股票资本授权规模。

⑧没有企业最低股本限制。私营企业还要求:a. 指定当地注册的会计师;b. 逐

年准备资产负债表。

⑨所有企业必须注册名称,名称须经注册师的确认。

⑩公司董事会若仅有2位董事,其中至少1位必须为文莱籍公民;若超过2名董事,则至少有2位文莱籍公民。

⑪公司(私人或公众)须按股东大会、董事、股份分配等方面的法定要求提交年度报表。

(4)分支机构。外国公司和个体工商户可以在文莱境内设立分支机构,从事商业活动,但不具备法人资格。分支机构以母公司名义开展商业活动,可以自有名称经营,但必须注明分支机构身份、从事活动和地点,以及母公司信息,并任命1名文莱籍公民作为公司秘书。

2. 设立程序。

从2015年开始,文莱财政与经济部启用办理企业名称及公司注册登记事务的在线平台办理企业名称及公司注册登记事务,相关费用可在线支付,企业注册登记程序所需时间从以往的4~10天缩短到1天。

(1)注册私人有限公司的注册程序如下:

①按照指定格式(Form A)向文莱总检察署的企业注册部门提出申请,审核公司名称是否符合要求;

②公司名称获得批准后,30天内向公司注册处提供公司合作协议、章程、董事名单、情况说明、所有股东及董事的身份证或护照复印件等规定文件。

(2)外国公司的子公司注册没有最低股本要求,须提供以下材料:

①企业章程等证明文件副本;

②董事会名单及详细情况;

③主管部门批准后,将签发证书,并收取25文莱元的费用。

注册完毕后须保证以下工作顺利开展:

①指定在当地注册的会计师;

②准备年度财务表、资产负债表及董事会报告;

③准备分支机构账目;

④每年提交账目报表;

⑤逐年向公司注册处提交申报表。

3. 成功注册后,登记加入员工公积金登记系统。

公司一经设立,该等公司注册信息将自动转入员工公积金系统,该系统将向公司董事发送一份邮件说明登记的程序和要求，由公司在相关网站完成在线登记并获取账号。

4. 针对文莱女性设立企业的特别许可。

根据《伊斯兰家庭法》第 61 条的规定，妻子离家创办企业须取得其丈夫的许可，否则不得无故拒绝服从其丈夫的合法意愿或命令。

5. 文莱企业财务会计制度。

文莱的会计监管机构为财政与经济部下设的文莱会计标准理事会（The Brunei Darussalam Accounting Standards Council）。文莱采取两种会计准则，国际财务报告准则和文莱会计准则。根据文莱《会计准则令（2010）》的规定，银行、金融机构、保险公司等公众利益实体必须遵循国际财务报告准则，非公共利益实体的企业则遵循文莱会计准则。此外，企业须保持完整的会计记录，且至少每年编制一次财务报表。

二 公司设立的法律风险及防范建议

1. 企业在投资前应充分考虑设立的企业类型

在文莱投资，企业首先要考虑到底是设立一般企业还是设立先锋企业。此外，若企业设立可以同时满足先锋企业、扩展型企业、出口企业等多种要求，则这三类企业都可以依据文莱《投资激励法》的规定享受相应的税收优惠政策，即享受一定的免税期；如果同时是先锋企业和出口企业，能享受的免税期更长，待遇更优。除了免税期的优惠外，还有投资补贴（在固定资本开支方面享受），这与企业运营的项目和投资产品息息相关。

因此，企业在设立公司时一定要认真考虑设立的企业类型、运营项目和投资产品等，以取得最佳的免税优惠和投资补贴待遇，最大限度地节约成本。

2. 重视发展部部长在《投资激励法》中的地位

《投资激励法》中对先锋企业、扩展型企业、出口企业进行定义，并对这三种企业所享受的免税期和补贴待遇作了“列举 + 兜底”的规定，其中“兜底”并非使用描述性的方法进行认定，而是授权于负责工商业发展的发展部长（以下简称部长）。部长在判断企业的类型上具有相当大的自由裁量权，对于“列举”的先锋企业、扩展型企业、出口企业的类型，其申请的批准也是由部长决定的。此外，部长还可以延长某企业的免税期,判断某企业可否享受投资补贴;部长如果认为项目符合公众利益并考虑它的经济、技术和其他方面的优势,就可以批准这个项目并向公司颁发证明。由此可见部长权力之大。

因此,中国企业在文莱投资时必须注意和部长之间关系的协调。

此外,还应关注并遵守文莱在登记注册环节的具体政策规定,避免出现前期登记注册不合规,影响后续业务开展的情况。

第五章 外汇法律制度及法律风险

一 外汇法律制度

近年来，文莱的政治局势稳定，金融环境不断改善，外汇管制宽松，为外国投资营造了良好的环境。文莱货币由文莱中央银行根据文莱和新加坡货币互换协议发行，采取钉住汇率制，与新加坡货币按1:1兑换。人民币与文莱元可直接兑换。

文莱中央银行负责外汇储备及监督。除新加坡元外，文莱中央银行不监督或指导任何涉及银行的外币兑换交易。尽管文莱监督外汇的交易及流动，但无外汇限制。银行允许非居民开户和贷款。外资企业在当地开立外汇账户须提供公司注册文件及护照复印件等材料。文莱对股息不征收预提税。

二 外汇法律风险及防范建议

1. 遵守文莱关于外汇管理的相关规定。虽然文莱没有外汇限制，但仍旧会对外汇的交易和流动进行监督，对个人一定金额以上的外汇进出也会进行监管，所以需要关注文莱关于外汇管理的相关规定，并严格遵守，否则可能会面临行政处罚甚至刑罚。

2. 遵守中国国内关于外汇管理的相关规定，以及反洗钱等相关规定，确保不触犯相关法律法规的规定。

第六章 土地法律制度及法律风险

一 土地法律制度

按照文莱《土地法》,土地归苏丹所有,公民可以购买使用。但是土地使用需要经过土地规划管理部门的规划,经过规划的土地方可使用。土地规划的有效期满后,使用者是否可以继续使用该土地,须由法院裁定。

文莱《土地法》禁止非文莱籍人拥有永久地契的地产,但外国直接投资者可以购买分层产权房产,亦可租用土地及房产。

为提高政府行政效率,改善营商环境,文莱土地局和电子政府中心于2016年年初联手推出了网上土地交易系统,通过该网上平台可在线办理土地所有权过户、土地租赁、延长土地租期、更改土地使用条件、缴付土地费用等业务。

此外,为吸引外来投资,文莱已交付大量土地用于工业开发,并储备了大量土地以满足投资需求。

二 土地使用风险及防范建议

外国投资者需注意遵守文莱《土地法》的相关规定,据此作出相关经营决策,避免遭受不必要的损失。

第七章 税收法律制度及法律风险

一 税收法律制度

1. 主管部门

文莱税务司是文莱税收的主要管理部门，属于文莱财政与经济部下的部门之一。税务司负责制定税收政策，管理和征收所得税。

2. 相关法律法规

文莱主要的税收法规有印花税法案（第34号）、所得税法案（第35号）、所得税（石油）法案（第119号）和投资激励条例等。

3. 主要税种

文莱税收体系简单，税种较少，目前文莱免征个人所得税、增值税、资本得利税或遗产税、流转税，无销售税、工资税、生产税等诸多税种。

文莱现行主要税种有：公司所得税、石油税、印花税等。企业经营所涉及的税种主要包括企业所得税、预提税、印花税和进口税。文莱税赋较低，文莱政府为实现多元化发展，重视建设良好的商业和投资环境，提供了该地区最宽松的税收环境。文莱还提供“先锋产业”政策。因此，文莱的税收政策较为适合初创阶段的投资者。

4. 税率

（1）公司所得税方面，由于所得税以纳税人的纯所得收入或净收益为计税依据，且税负不易转嫁，具有保障社会分配水平和稳定社会经济的作用，各国多以所得税为主体税种。公司所得税即凡是在文莱注册的公司，必须按照文莱税法的规定缴纳公司所得税，其中国外公司的分支机构按其在文莱境内经营利润所得依照相同的税法进行纳税。

企业需对以下收入纳税：

1）各项经济活动中获取的利润；

2）从未在文莱纳税的公司中获得的分红；

3)利息和补贴;

4)版税、奖金和其他财产收入。

文莱无资本收益税。但如果征税人员确定其中部分收入来自普通贸易,则按正常收入征税。

独资和合伙经营商行无须缴纳所得税,在文莱注册的公司有义务对其从文莱或境外所获得的收入缴纳所得税。非本地注册公司只需对其在文莱获得的收入纳税。

公司所得税税率为18.5%,处于较低水平。

此外,文莱与多个国家签署了避免双重征税协定,可根据协定规定申请免除税收。例如:

1)文莱和英国签署了避免双重税务协定,所得税可以按比例免除,课税扣除只针对本地公司;

2)英联邦国家提供内部互免优惠,但优惠额不能超过文莱税率的一半,此优惠提供给本地及非本地注册公司;

3)2004年9月,中国与文莱签署了《避免双重征税和防止偷漏税的协定》。

(2)印花税方面,税率根据书立凭证性质不同而有别。印花税主要征收范围包括抵押、房屋租赁、转让。其中,抵押每500文莱元征税1文莱元,房屋租赁(年租金)每250文莱元征税收1文莱元,转让每250文莱元征税1文莱元。

(3)石油税方面,1963年修改后的所得税法为石油生产征税特别立法,根据这项法案对扣除王室分成、政府分成及各项成本后的石油净收入按照55%征收石油税。

(4)预提所得税方面,非居民支付的因贷款或负债而发生的利息、手续费及类似费用,税率为2.5%;非居民支付的管理费,税率为10%。

(5)关税方面,文莱一般不征收出口关税,大部分商品的进口关税为零,但征收同等税率的消费税。

二 税收法律风险及防范建议

1. 享受税收优惠政策需要关注的问题

文莱“先锋产业”的税收政策优惠力度大、范围广,中国投资者都力争享受。而在此过程中,需要注意的是,在利用这些政策时要充分了解相关优惠的程序,取得和保存相应书面文件,避免未来产生风险或者纠纷。

2. 文莱投资的税务风险

企业在文莱进行投资，必须要基于真实的经济目的和商业运作，并且关联交易要按照独立交易原则进行，否则有可能会产生税务风险。

这里的税务风险主要就是转让定价风险。一些企业由于对独立交易原则重视不够而受到税务机关转让定价调查，以致造成巨大损失的情况并不少见。因此，计划去文莱投资的企业，应制定一套符合企业实际情况和税法要求的转让定价政策，包括政策的目的、集团的业务构成、政策的适用范围、政策的应用方法、转让定价方法、责任和政策解释权等内容，以便更好地防范风险。

3. 关注文莱纳税申报程序与我国相关程序的差异

由于文莱的纳税申报程序与我国差异较大，部分企业如果未能很好地掌握文莱的纳税申报要求，就可能在涉税收入及所得额申报的完整性、准确性、真实性和及时性方面出现一定问题。因此建议及时掌握文莱纳税申报要求，重视日常税务管理工作，合规申报缴纳税款。

4. 税务风险管理

文莱外部环境较为复杂，我国企业更应加强税务风险管理，提高管理层对税务风险重要性的认识。建议相关企业将税务风险管理目标与企业经营目标、企业文化相结合，将税务风险管理理念融入企业的经营理念与发展战略，重视税务风险对企业整体经营的影响，从组织机构、职权分配、业务流程、信息沟通和检查监督等多方面梳理税务风险关键控制点并制定防控措施。同时，不断完善税务风险管理制度，建立税务风险识别与评估机制，全面、系统、持续地收集对外投资相关的信息，结合实际情况，通过风险识别、风险分析、风险评价等步骤，评价风险对企业实现税务管理目标的影响程度，从而确定风险管理的优先顺序和策略，有效管控企业税务风险的同时，实现遵从成本最小化、企业价值最大化的目标。

5. 税收争议处理

当出现税收争议等情况时，企业可以利用税收协定申请启动相互协商程序，以解决涉税争议，维护自己的合法权益。当企业因跨境交易受到当地税务机关的调查，并进而可能引发双重征税或受到其他税收歧视待遇时，应及时提出启动相互协商程序的要求，尽可能减少税收风险。

第八章 劳动就业法律制度及法律风险

一 劳动用工法律制度

1. 主管部门及相关法律

文莱内政部（Ministry of Home Affairs）下属的劳工局（Department of Labour）是负责管理劳动力市场、劳务输入和稳定就业的部门。其主要职责是制定和实施相关法律法规、规范劳动力市场以及通过为外国劳工颁发工作准证来监管外国劳工。

规范劳工雇用和劳资双方权益关系的法律主要为《劳动法》，主要涉及劳动合同、工资、休假与工作时间、劳工权利保障、劳动争议解决等内容。其他有关劳工雇用的法律还包括《工会法》《劳工赔偿金法案》等。同时，根据《劳动法》，文莱苏丹可以以《政府公报》发布通知的方式，指定一名官员为劳动专员，并赋予其相应的管理权利和义务，以此监督雇主的行为，从而更好地保障劳工的合法权益。

2. 劳动法的核心内容

在文莱，劳工受到法律的严格保护。雇主支付雇员薪金的时间不得晚于当月10日，如延期支付被检举，雇主会受到不高于1500文莱元的罚款；如无法支付薪金给雇员，雇主将面临不超过6个月的监禁；如雇主在未获得许可的情况下雇用外来劳工，会受到1万文莱元或入狱6个月至3年的惩罚。

现有的劳动法针对终止雇佣、医疗、产假及工伤补偿等提供了充分的法律依据。政府目前实行了工人准备基金以保护所有的工人。

3. 劳动合同

劳动合同规范了雇主与雇员之间的雇佣关系，应以书面形式订立，且由双方签字，必须包含雇佣双方基本信息、雇员职位、从事工作地点、合同期限、工作时间和薪资待遇等。劳动合同必须提交劳动专员见证。此外，签订合同的雇员应当接受体检，相关费用由雇主承担。

雇主不提供劳动合同属于违法行为，一经定罪可追究其法律责任，处以不超过

3000 文莱元的罚款,或 1 年的监禁。

4. 加班、休假及薪酬

(1) 文莱《劳动法》规定,除倒班雇员外,雇员一天工作时间不超过 8 小时,连续工作时间不超过 6 小时,一周工作时间不超过 44 小时。倒班雇员平均一周不超过 44 小时,每天最多工作 12 小时。雇员有权每周享受 1 天休息日,以及每年 11 天的公共假日。有加班需要的,应当取得雇员的书面同意,雇主应向雇员支付不得低于平时工资 1.5 倍的加班费。经劳动专员批准,雇员一个月的加班时间最多为 72 小时。

(2) 文莱没有最低工资标准。薪酬待遇主要由雇佣双方协商决定。根据《劳动法》规定,雇主有义务每月向雇员支付工资。除加班费以外的工资,雇主须在次月 7 日前向雇员支付,加班费可在次月 14 日前支付。

雇主不按时支付工资属于违法行为,一经定罪可追究其法律责任,处以不超过 3000 文莱元的罚款,或 1 年的监禁,或二者兼有。

(3) 文莱《劳动法》规定,雇员自签订劳动合同之日起,连续工作 1 年,可享有 7 天全薪年假。年假天数与为雇主提供劳务的年限有关,每年增长 1 天,第八年之后享受 14 天全薪年假。

雇员连续工作 6 个月以上,持有医疗机构开具的病假条,并在 48 小时内告知雇主可请病假。每年雇员有 14 天门诊病假和 60 天住院假。外籍女性雇员在当地工作满 180 天后,可享受 9 周产假。文莱当地的女性雇员工作满 180 天后,并在合法结婚情况下,可享受 15 周产假。雇主不依法向休产假的女性雇员支付工资属于违法行为,一经定罪可追究其法律责任,处以不超过 1000 文莱元的罚款,或 6 个月的监禁,或二者兼有。

5. 社会保险

文莱所有雇主和雇员各按雇员工资的 5% 向"文莱雇员准备基金"缴费,并各按雇员工资的 3.5% 向"补充贡献养老金"缴费。

6. 外国人在当地工作的规定

(1) 工作准证

在文莱,雇主要雇用外籍雇员,需要获得由劳工局、移民及国民登记局签发的工作准证。工作准证有效期一般为 2 年,可进行一次续签。工作准证在签发后 6 个月内不得更改。公司或外国公司的分支机构在注册获得批准之前,外籍员工工作准证申请将不予受理。

(2)用工本地化政策

目前,外国人在文莱的普通劳工、家政、司机、厨师、餐厅服务生、工程师等岗位就业较多,医生、律师等专业性较强行业须取得当地就业执照,银行业外籍工作人员不得超过员工总数的一半。

为避免过多外籍劳工对本地就业市场造成冲击,进一步提高本地居民就业率,文莱开始分阶段推行“文莱本地化”的政策,鼓励本地私营部门优先聘请本地人。

二 劳动用工法律风险及防范建议

1. 推进人才本土化

文莱近年来将促进本地人就业作为经济发展重点目标之一,对外资企业有员工本地化要求,对外籍劳工准入控制严格。企业如不提高本地员工比例,将较难获得经营许可。因此,除普通员工外,企业需聘用一定比例的当地人员参与企业管理,增加当地就业。但文莱劳动力短缺,招募具备合格劳动技能的本地劳工有一定的难度。外资企业如果招募本地员工,往往需要开展必要的劳动技能培训;如果引进外籍劳工,则需事先向文莱劳工局申请劳工配额,并向移民局申请工作准证。

因此,中国企业应当充分了解文莱必须雇用本地员工的岗位,做好人才管理。

2. 妥善处理与工会的关系

根据文莱《工会法》的规定,成立工会必须在政府登记,但文莱几乎没有工会活动,也没有集体谈判或罢工的法律依据。中资企业应充分了解文莱法律,妥善处理与当地工人关系。

3. 重视劳务合作问题

中国在文莱的劳务人员主要是投资和工程项目下派出。

由于自然和社会环境同中国存在较大反差,中国在文莱务工人员应做好防暑、防晒、防雷电暴雨天气和交通安全等劳动保护工作,尊重本地宗教、文化习俗,保护生态环境。遇到纠纷或困境,必要时可及时与中国驻文莱大使馆联系,采取适当方式解决问题。

4. 尊重当地宗教信仰和风俗习惯

(1)文莱为伊斯兰国家,要注意遵守其宗教习俗,如投资食品加工等行业,必须得到宗教部的批准等。并且,伊斯兰教规对社会生活的诸多方面产生影响。中国企业应当尊重当地社会习俗,尊重文化多样性,避免因文化差异引发不必要的争端和冲突。同时,文莱宗教节日相对较多,斋月期间员工可能不愿意加班。企业不仅需要遵守劳动法相关规定,还需理解当地的人文习俗。

(2)注意文莱《伊斯兰刑法》适用于在文莱的全体人员(包括文莱公民及外国人),违反者现阶段将被处以高额罚款或判刑,并引入肉刑及死刑(目前与死刑相关的部分暂未实施)。

《伊斯兰刑法》在文莱的实施将是一个逐步深入和展开的过程,许多问题有待通过具体案例加以明确和解决。在文莱投资经商或工作生活的中国公民应遵守《伊斯兰刑法》的相关规定,避免因行为不当遭受处罚。

(3)尊重当地文化和风俗习惯。文莱有许多风俗习惯,包括社交礼节等。中国公民在文莱应尊重当地文化和风俗习惯。

三 相关案例

某中资公司在承建文莱乌鲁都东供水项目过程中采取一系列措施建立与当地民众的和谐关系,取得了良好的社会效益,其做法值得其他中资企业借鉴:(1)积极吸纳当地人员就业,并严格按照文莱法律法规的要求切实保障当地员工正当权益;(2)定期发起捐资助学行动,资助当地困难家庭子女入学;(3)积极改善当地居民交通条件,在当地政府支持下免费为当地居民修建临时道路,清除居民住家到项目进场道路之间的障碍,同时还利用每天到外部营地转运施工物资的机会,在沿途设有临时停靠点,免费接送不方便出入的居民;(4)高度重视进入项目现场当地居民的安全,针对节假日或周末前往项目现场参观游玩的当地民众,除对其进行必要的安全告知外,公司还为每人提供一本马来语、英语及中文的安全指导书,告知项目安全知识,增强安全意识,同时搭建简易休息场所供其休息。当地居民对中资施工企业充满感激之情,经常把当地的一些特色食品送到项目部;若中方施工外出人员由于降雨不能回到营区,当地居民还免费为他们提供食宿。

第九章 环境法律制度及法律风险

一 环境法律制度

1. 环保管理部门

文莱政府主管环境保护的部门是环境、园林及公共娱乐局，简称文莱环境局，隶属发展部。其主要职能包括：环境保护，风景区、公园及公共娱乐设施建设与管理，垃圾管理以及国际环境领域合作等。

2. 主要环保法律法规

文莱环保法律法规包括《环境保护与管理法 2016》、《有害废弃物（出口与转运控制）法 2013》、《文莱工业发展污染控制准则》、《文莱环境影响评估准则》和《供水法》等。

二 环境保护的具体标准和措施

1. 环境保护的具体要求

（1）投资商应在项目计划初期应考虑环境因素，主要包括项目位置、采用的清洁技术、污染控制措施、废物监管等。

（2）项目发展商需提供以下说明材料：①将在项目场地上开展的贸易及加工；②申请人将为控制土地、空气、水及噪声污染采取的措施；③废料的管理和处理等；④全面的环境影响评估报告。

2. 环保评估的相关规定

自 2010 年起，文莱新建工程项目必须通过环境影响评估，相关审批部门为环境、园林及公共娱乐局。《文莱环境影响评估准则》为开展环境影响评估提供了依据，适用的主要领域为农业、机场、排水、土地回填、渔业、林业、住房、工业、基础设施、港口、采矿、石油、发电及输变电、采石、铁路、运输、休闲娱乐开发、废物处理和供水等。

根据《文莱环境影响评估准则》,任何妨碍环境、园林及公共娱乐局履行职责的个人,将被处以不超过20,000文莱元,不超过3个月的监禁,或两者兼有;若企业开展环境影响报告提及的项目以外的活动,将被处以不超过100万文莱元,不超过3年的监禁,或二者兼有。

企业需要聘请专门机构进行环境影响评估,并向文莱发展部环境、园林及公共娱乐局提交环境影响评估报告,评估费用根据项目规模而定。

目前,文莱正在考虑针对能源行业实施更高的环保标准。文莱应对气候变化十大策略中对碳排放提出了相关要求,规定了实施碳定价和监控并报告碳排放量的标准,重点是在2035年之前减少全国工业排放、增加森林覆盖、更多利用可再生能源等。

三 环境法律风险及防范建议

1. 文莱较注重环境保护。中国企业在文莱投资合作,要依法保护当地生态环境。中国企业要熟悉文莱与环境保护有关的法律,并将其纳入项目总的可行性研究中。企业对生产经营可能产生的废气、废水和其他环保影响,要事先进行科学评估,在规划设计过程中选好解决方案,推进绿色发展。此外,为了确保融资能够顺利进行,还应当制定出科学合理的环境保护计划,并且保证该计划有充足的调整空间,以便符合越来越严格的环境保护要求。

2. 中国在文莱的投资涉及石油、天然气、基础设施建设等环境问题相对突出的领域。中国企业在投资过程中应关注投资活动对环境带来的影响,加强对当地环境的保护,遵守相关规定,遇到问题及时整改,避免因环境保护问题得不到妥善处理而受到法律制裁。

3. 中国投资者应在合约中明确列出各方面应采取的措施,即评估项目的环境责任风险,包括项目公司、项目所在地、与项目往来的供应商和运输商、项目产品的用户等。

如今的很多项目融资,都把承担前土地业主所造成的污染作为次要条款,这种规定可以保证如果项目投资者未违反主要条款,则合同仍有效。而投资者须采取合理的解决措施,如成立一些附带条件的契约账户,投资者须预留一定数量的资金存放于该账户,用来解决环保问题。

4. 项目发起人和贷款人都可以通过购买保险来防范投资环境风险,但也应意识到,在项目环境风险管理中,保险的作用较为细微,非常有限,因为保险难以包括除事故以外的风险和损失。由于污染支付的罚金和污染给项目带来的损失将不能被保险所补偿,即使能得到保险,金额也是有限的,而重大的环境损害的潜在责任将是无限的。

第十章 知识产权法律制度及法律风险

一 知识产权法律制度

有关文莱的具体知识产权保护由文莱最高法院和总检察署负责。在文莱违反知识产权保护相关法律规定,要受到法律制裁。文莱总检察长署负责商标、专利、工业设计的注册。目前文莱的知识产权制度的基本构成包括商标法第 98 章、2011 年专利法令和 2012 年专利法则,以及 1999 年工业设计紧急令。文莱对版权保护尚无特别立法,但在需要时可适用英国法律。

文莱知识产权处负责当地的知识产权注册事宜。就保护专利、版权、商标及工业设计提供基本法律框架,保障知识产权拥有人权利的水平与国际标准相符。

随着 2011 年专利法令的生效,文莱成立了专利注册局(Patent Registry Office, PRO),由文莱经济发展局和律政署知识产权处联合筹组,设在甘榜安格烈迪沙的知识中心大厦(Knowledge Hub)。文莱经济发展局在一份报告中说,文莱专利注册局的成立,目的在于提供一个独立的专利系统,以建立一个有利于商业发展的创新生态环境,专利注册局将通过改善保护专利的机制和条例,协助保护国人和投资者的创新和发明的知识财产权。专利法令的生效和专利注册局的成立,将吸引外来投资、鼓励国内企业发展和加快国家经济的成长。专利注册局的功能包括处理专利授予程序、仲裁专利权和专利侵犯事务、在专利政策上提供意见、推广专利注册的普及化、协助国际专利权的申请等。

文莱商标的管理机构是文莱商标局。自 2012 年 10 月 1 日起,文莱的工业设计注册局已从律政署转移至专利注册局。

二 知识产权法律风险及防范建议

目前文莱的知识产权,尤其是专利的实际审查工作主要通过委托外包进行,文莱当地严重缺乏专业性知识产权审查、审判和执法队伍。鉴于文莱对国际条约的接受和遵照程度,对于文莱的知识产权风险及规避需要更多结合国际条约和地区间协定,规范审慎制定知识产权合规方案。

第十一章 争议解决制度

一 争议解决制度概述

1. 争议解决的方式

投资争议主要包括投资者之间的争议、外国投资者与外国投资者的本国政府之间的争议、外国投资者的本国政府与东道国政府之间的争议。不同性质的争议采用不同的解决方法，对于投资者之间的争议，主要的解决方式有如下三种：

(1)双方协商解决。

(2)提交当地法院解决。与中国不同的是，在文莱，争议如若要提交当地法院解决，前提条件是必须经过争议双方同意，如果双方均不同意或者有一方不同意，就无法通过这种方式解决投资争议。

(3)提交仲裁庭解决争议。

2. 商事诉讼

文莱于2016年设立了商事法庭，负责审理货物买卖纠纷、开发项目违约、租赁协议违约等商事纠纷案件。最高法院下属的上诉法院管辖上诉案件，高级法院拥有完整的民商事初审审判和上诉审判管辖权。

3. 仲裁

(1)国内仲裁

文莱国内仲裁的主要法律依据是《仲裁法》。当事人可自由选择与仲裁协议有关的任何法律。在没有明确法律的情况下，法院有权决定仲裁所应适用的法律。

1)仲裁机构。文莱仲裁协会和文莱仲裁中心是国内主要的仲裁机构。文莱仲裁协会于2005年成立，致力于帮助国内外投资者以仲裁方式解决商业纠纷。文莱仲裁中心于2014年成立，提供仲裁和调解服务以解决商业纠纷。

2)仲裁裁决。仲裁庭的裁决应当按照多数仲裁员的意见作出。仲裁裁决的效力相当于法院判决。

(2)国际仲裁

1)文莱和中国均为《解决国家和他国国民间投资争端公约》的缔约国。根据该公约,缔约国国民与其他缔约国发生争议,可诉诸国际投资争端解决中心。这意味着若中国投资者与文莱政府产生有关投资的争端时,可向 ICSID 提交仲裁申请。

2)根据中国和文莱两国之间《鼓励和相互保护投资协定》的规定,自争议当事一方提出之日起 6 个月内该争议仍未解决的,则争议一方可将争议提交仲裁庭解决。根据该协定的要求,提交仲裁庭解决的条件是争议缔约一方已经用尽当地的行政争议程序仍无法解决争议。若仍存在通过行政争议的方式解决的可能性,则不可以利用该方式解决争议。

此外,文莱也是《承认及执行外国仲裁裁决公约》的缔约国。

4. 调解

在国际经贸纠纷中,调解也是较为有效和常见的解决方式。当事人也可通过商事法庭或文莱仲裁中心等文莱国内的机构进行调解,或通过国际商会等国际组织进行调解。

二 争议解决常见问题及注意事项

1. 发生争议时优先选择仲裁

中国与文莱之间不存在能够保障法院判决承认与执行的多边国际条约、双边司法协助条约,亦无互惠原则,因此对于两国之间的法院判决的执行无法得到保障。在文莱,诉讼、仲裁与和解是主要的商事纠纷解决机制,国际商事仲裁是主要的仲裁类型,目前国际商事仲裁已经被广泛地适用于石油天然气出口领域。同时随着近年来在文莱的外国投资者的增加,当发生争议时,外国投资方基于在文莱进行投资的长远利益考虑,会优先考虑国际仲裁的私密性与灵活性特点,倾向于采用国际仲裁解决争议,以力求保存未来双方能够继续合作的可能。

2. 学会和文莱执法人员打交道

(1)中资企业要建立健全依法合规经营的管理制度,聘请律师提供法律专业服务,加强对员工进行普法教育,让员工了解在文莱工作生活必备的法律常识和应对措施,做到知法守法,合理应对。

(2)中方人员出门要随身携带身份证件或者临时居住证明。营业执照、纳税清单等重要文件资料要妥善保管。

(3)遇有执法人员检查身份证件,中方人员要礼貌地出示自己的证件,回答警察的问题;如果没有携带证件也不要害怕,不要躲避,更不要逃跑,说明身份,或者写出联系电话,让公司派人联络。

(4)遇到执法人员搜查公司或住所,应要求其出示证件和搜查证明,并要求与企业律师取得联系,同时报告中国驻文莱大使馆经商处。遇有证件或财物被执法人员没收的情况发生时,应要求执法人员保护企业的商业秘密,出具没收证件或财物的清单作为证据,并记下执法人员的警号和车号,以便随后交涉。交罚款时需向警察索要罚款单据。

(5)遇有执法人员对中方人员或企业不公正待遇,中资企业人员不要与执法者发生正面冲突,更不能触犯法律,而是要理性应对,做到有理、有利、有节,可通过律师进行处理,捍卫自己的合法权益。

3. 建立并启动应急预案制度

(1)建立应急预案。中资企业到文莱开展投资合作,要客观评估潜在风险,有针对性地建立内部紧急情况预警机制,制定应对风险预案。对员工进行安全教育,强化安全意识;设专人负责安全生产和日常的安全保卫工作;投入必要的经费购置安全设备,给员工购买保险等。

(2)采取应急措施。遇有突发自然灾害或人为事件等,应及时启动应急预案,迅速高效应急处置,争取将损失控制在最小范围。遇有火灾和人员受伤,应及时拨打当地火警和救护电话;之后立即报告中国国内派出部门、中国驻文莱大使馆和企业在国内的总部。

(3)广泛利用文社会各方资源、积极参加中资企业协会,并与当地合作伙伴建立良好关系。在遇到紧急情况时,可向当地合作伙伴或中资企业协会进行咨询,广泛借鉴其他企业处理类似事件的经验,避免产生不必要的支出和损失。

第十部分

马来西亚篇

第一章 马来西亚基本概况

一 马来西亚简况

马来西亚(Malaysia)位于东南亚中心位置,由马来半岛南部的马来亚和位于加里曼丹岛北部的沙捞越、沙巴组成,全境被南海分成东、西两部分,西濒马六甲海峡,国土面积约33万平方公里,海岸线总长4192公里。1957年马来亚联合邦宣布独立并作为创始成员加入《关税与贸易总协定》,1963年马来亚联合邦同新加坡、沙巴和沙捞越共同组成马来西亚(1965年新加坡退出)。马来西亚总人口约3300万(2023年),其中马来裔占70%。伊斯兰教是马来西亚的国教。

马来西亚是东盟的创始国之一,并加入了联合国、环印度洋区域合作联盟、不结盟运动和亚太经济合作组织等组织。[1]马来西亚与中国于1974年建立外交关系,是第一个与中国建交的东盟国家,也是第一个邀请中国加入中国—东盟自贸区的国家、第一个邀请中国参加东亚峰会的国家。2020年11月,马来西亚、中国等15个国家共同签署《区域全面经济伙伴关系协定》。

马来西亚国语是马来语,通用语为英语。

二 行政区划与政治环境

1. 行政区划

马来西亚分为13个州和3个联邦直辖区。13个州是西马的柔佛、吉打、吉兰丹、马六甲、森美兰、彭亨、槟城、霹雳、玻璃市、雪兰莪、登嘉楼以及东马的沙捞越、沙巴。3个联邦直辖区是首都吉隆坡、联邦政府行政中心——布特拉再也(Putrajaya)(布城)和纳闽。

---

[1] 参见《RCEP成员国系列|马来西亚》,载微信公众号"安徽外事"2023年5月26日。

2. 政治制度

马来西亚实行君主立宪联邦制。

国会是马来西亚最高立法机构,由上议院和下议院组成。最高元首为国家首脑、伊斯兰教领袖兼武装部队统帅,拥有立法、司法和行政的最高权力,以及任命总理、拒绝解散国会等权力,由统治者会议选举产生,由九个州的世袭苏丹轮流担任,任期5年。最高元首委任下议院多数党领袖为总理,并根据总理提名任命国家重要管理人员。最高元首在行使其各项权力时,也需要考虑内阁总理的建议和决定。[1]

上议院共有70名议员,由全国13个州议会各选举产生2名,其余由最高元首根据内阁推荐委任,任期3年,可连任两届,且不受国会解散与否的影响。上议院设议长1名和副议长1名。

下议院由222位民选议员组成,通过每五年一届的大选产生,可连任,下议院获得多数席位的政党获得组阁权。下议院议长从下议院议员中选举产生。

内阁是马来西亚最高行政机构。内阁由总理领导,所有内阁成员必须是国会议员,最高元首根据总理建议委任内阁部长和副部长。内阁向国会负责。

马来西亚统治者会议由柔佛、彭亨、雪兰莪等9个州的世袭苏丹和马六甲、槟城、沙捞越、沙巴4个州的州元首组成,其主要职能是在9个世袭苏丹中轮流选举产生最高元首和副最高元首;审议并颁布国家法律、法规;对全国性的伊斯兰教问题有最终裁决权;审议涉及马来族和沙巴、沙捞越土著民族的特权地位等重大问题。未经该会议同意,国会不得通过有关统治者特权地位的任何法律。内阁总理和各州州务大臣(有苏丹的州)、首席部长(无苏丹的州)协助会议召开。

3. 政府机构

马来西亚政府机构主要由各部委、部门和其他法定机构组成,主要包括外交部、财政部、内政部、国防部、乡村及区域发展部、房屋及地方政府部、交通部、通信及多媒体部、人力资源部、农业部及粮食安全部、卫生部、外贸促进局、移民局、公司注册委员会、证券监督委员会等。

三 法律体系

马来西亚法律渊源主要包括普通法、成文法规、习惯法和本土法、伊斯兰教法以

[1] 参见《马来西亚国家概况》,载中华人民共和国商务部网,http://my.mofcom.gov.cn/article/ddgk/201407/20140700648325.shtml。

及国际法。其法律体系在很大程度上基于英国普通法体系,所以可以说也属于判例法国家,下位法院应当遵循上位法院(包括高等法院、上诉法院和联邦法院)的“先例”作出相应的判决。但同时也参考其他国家法律,如澳大利亚和印度。马来西亚土地法以澳大利亚托伦斯体系为基础,刑事诉讼法以印度刑法为基础,劳动法和合同法也基于印度模式。[1]

马来西亚宪法将国家的最高权力分成了三个部分,即立法权、行政权和司法权。三项权力既出现在联邦层面,也出现在州的层面。马来西亚各州都在联邦宪法之下拥有自己的州宪法。联邦宪法还规定了独特的双重司法制度——世俗法律(刑事和民事)和伊斯兰教法。[2]

马来西亚的司法体系可以分成三级,分别是初审法院、上诉法院和联邦法院。初审法院包括下位法院和高等法院,下位法院包括区法院、地方法院和裁判庭。各级法院之间有明确的分工和管辖权范围,所有的案件应当逐层上诉。此外,各层次内部还有专属管辖的法庭,如海事法庭、知识产权法庭、伊斯兰教法庭等。在马来西亚,除了专属伊斯兰教法庭管辖的事项外,对于伊斯兰教法庭没有其他规定的,穆斯林教徒还应同时遵守世俗法律。

马来西亚联邦法院是其最高机构和终审法院,对高级法院和上诉法院的上诉案件均有管辖权;同时,联邦法院还负责审理各州之间或州与联邦之间发生的纠纷以及就国家元首提交的宪法问题给予解答。除此之外,联邦法院不受理任何其他初审案件。除了特殊情况或者涉及州与州之间的纠纷外,一般的纠纷都在上诉法院终止,每年仅有非常少数的上诉案件被联邦法院接受。

四 经济概况

从 20 世纪 70 年代起,马来西亚经济快速增长。2021 年,马来西亚国民生产总值为 13,867 亿马币,同比增长 3.1%,人均国民收入约为 45,874 马币(约合 11,066 美元)。

马来西亚服务业和制造业较为发达,2021 年服务业产值占国内生产总值的

[1] 参见《马来西亚》,载中华人民共和国商务部网,2023 年 12 月 29 日,http://policy.mofcom.gov.cn/page/nation/Malay-sla.html。

[2] 参见《马来西亚》,载中华人民共和国商务部网,2023 年 12 月 29 日,http://policy.mofcom.gov.cn/page/nation/Malay-sla.html。

57.0%，服务业是马来西亚经济中最大的产业部门，吸收就业人数占马来西亚雇用员工总数超过六成。

马来西亚官方货币为马币（也称林吉特或令吉，Ringgit Malaysia）。

1. 对外贸易情况

马来西亚为出口导向型经济，对外贸易在国民经济中占重要地位，对外贸易总额超过 GDP 总额。1998 年至 2021 年，马来西亚连续 24 年实现贸易顺差。

2021 年，马来西亚对外货物贸易总额为 2.27 万亿马币。中国、新加坡和美国位列马来西亚前三大出口目的地和进口来源地。中国连续 13 年成为马来西亚最大的贸易伙伴。

2021 年马来西亚前五大类出口产品分别是电子电器产品、石油产品、棕榈油及制品、化工及化学产品、橡胶制品；前五大类进口产品分别是电子电器产品、化工及化学产品、石油产品、机械设备及零件、金属制品。

2. 吸收外资情况

联合国贸发会议发布的《2022 年世界投资报告》显示，2021 年马来西亚吸收外资流量为 116.2 亿美元；截至 2021 年年底，马来西亚吸收外资存量为 1873.8 亿美元。根据马来西亚投资发展局（MIDA）公布的数据，2021 年马来西亚在制造业、服务业和第一产业领域共计批准投资总额 3094 亿马币。

马来西亚政府鼓励外商在制造业领域的投资，目前外商投资已成为推动马来西亚经济发展的重要因素。2021 年，外商在马来西亚制造业领域的投资主要集中在电子电器、基本金属产品、化工制品、橡胶制品和食品加工等行业。

从投资来源国别来看，首先荷兰是马来西亚 2021 年制造业领域批准的最大外资来源地，其次是新加坡和奥地利，中国位列第四。

第二章

外国投资法律制度及注意事项

一 外国投资法律制度概述

1. 外国投资主管政府部门

马来西亚主管制造业领域投资的政府部门是国际贸易与工业部下属的投资发展局,其主要职责是:制定工业发展规划,促进制造业和相关服务业领域的国内外投资,审批制造业执照、外籍员工职位以及企业税务优惠,协助企业落实和执行投资项目。

马来西亚其他行业投资由马来西亚总理府经济计划署(EPU)及国内贸易、合作与消费者事务部(MDTCC)等有关政府部门负责,EPU 负责审批涉及外资与土著(Bumiputra)持股比例变化的投资申请,而其他相关政府部门则负责业务有关事宜的审批。

马来西亚服务业发展理事会(MSDC)是分支领域开放的监管单位,负责审查服务业限制领域发展的有关规定,监督和协调各部门相关工作。

2. 外国投资主要法律法规

马来西亚联邦政府宪报(Federal Government Gazette)是马来西亚联邦政府发布公告、通知和法律修订等官方资料的官方网站。除此之外,马来西亚的政府以及监管部门也有权利发布指南和与政策相关的文件,而各监管部门会将该资料发布于各自的政府网站。马来西亚没有有关投资、贸易、税收或土地的“一站式”网站可供投资者参考或浏览。但马来西亚投资发展局在其官网上发布了有助于投资者了解与马来西亚特定行业相关的产业政策、投资奖掖措施、许可证与批准程序、股权限制等信息的指南和政策。

与外国投资相关的主要法律法规包括《合同法》《公司法》《工业协调法》《投资促进法》《劳资关系法》等。

3. 市场准入相关规定

马来西亚实行开放的市场经济,大部分经济领域对外国资本参与全面开放,外国投资者可以持有 100% 的股权。但某些行业领域严格禁止外资进入，此外还有部分行业通过“股权结构”的方式对外资参与设置限制。

(1)限制或禁止外商投资的行业

马来西亚关于禁止和限制外资进入某些行业领域的规定散见于相关政府部门和机构发布的政策法规中，其中关于“股权结构”的有关规定还需要投资者向主管的政府官员提出问询。

外商禁止投资的行业包括批发和零售、教育、健康、专业服务、农林渔业和狩猎以及石油等。

外商如果投资下述行业，会在股权方面受到严格限制：金融、保险、法律服务、电信、直销及分销等。一般外资持股比例不能超过 50% 或 30%。

(2)新开放行业

2009 年，马来西亚政府为了进一步吸引外资，刺激本国经济发展，开放了 8 个服务业领域的 27 个分支行业，允许外商独资，不设股权限制，主要包括计算机相关服务领域、保健与社会服务领域、旅游服务领域、运输服务领域、体育及休闲服务领域、商业服务领域、租赁服务领域、运输救援服务领域。

为了进一步刺激外资流入，马来西亚政府在 2012 年逐步开放 17 个服务业分支行业的外资股权限制，包括电讯领域的服务供应商执照申请、电讯领域的网络设备供应与网络服务供应商执照申请、快递服务、私立大学、国际学校、技工及职业学校、特殊技术与职业教育、技能培训、私立医院、独立医疗门诊、独立牙医门诊、百货商场与专卖店、焚化服务、会计与税务服务、建筑业、工程服务以及法律服务(外国律师只能通过经依法注册成立的合资律师事务所向当事人提供国际法或者其国籍国的相关法律咨询服务)。

(3)鼓励的行业

马来西亚政府鼓励外国投资进入其出口导向型的生产企业和高科技领域，可享受优惠政策的行业主要包括：农业生产、农产品加工、橡胶制品、石油化工、医药、木材、纸浆制品、纺织、钢铁、有色金属、机械设备及零部件、电子电器、医疗器械、科学测量仪器制造、塑料制品、防护设备仪器、可再生能源、研发、食品加工、冷链设备、酒店旅游及其他与制造业相关的服务业等。另外，在制造业领域，外商投资者投资新项目可以持有 100% 的股权。

(4)投资方式的相关规定

①直接投资

外商可直接在马来西亚投资设立各类企业，开展业务。直接投资包括现金投入、设备入股、技术合作以及特许权等。

②跨国并购

马来西亚允许外资收购本地注册企业股份，并购当地企业。一般而言，在制造业、采矿业、超级多媒体地位公司、伊斯兰银行等领域，以及鼓励外商投资的五大经济发展走廊，外资可获得 100% 股份；马来西亚政府还先后撤销了多个服务业分支领域和上市公司 30% 的股权配额限制，进一步开放了服务业和金融业。

外资在马来西亚开展并购，不同领域由不同政府主管部门决定，例如，国内贸易及消费者事务部负责直销、零售批发业，国家银行及财政部负责金融业，包括银行、保险等，通信及多媒体部负责电讯业。

2012 年实施的《竞争法》是马来西亚维护公平竞争、防止垄断的法令，该法令由马来西亚竞争委员会执行，在马来西亚开展的相关并购活动也受该法律的制约。

③股权收购

马来西亚股票市场向外国投资者开放，允许外国企业或投资者收购本地企业上市。若外资公司在马来西亚上市，在规定的 25% 公众认购的股份中，要求有 50% 分配给土著，即强制分配给土著的股份为 12.5%；此外，拥有多媒体超级走廊地位、生物科技公司地位以及主要在海外运营的公司可不受土著股权需占公众股份 50% 的限制。拟在马来西亚上市的外资公司可直接将申请递交给马来西亚证券委员会。

④科技研发合作

马来西亚政府鼓励外国投资者以最佳实践分享、技术转移、设立研发中心等形式与马来西亚企业开展科技研发合作。

(5)安全审查

目前，马来西亚没有针对外商直接投资的安全审查程序，也没有管制外资入驻马来西亚的单一法律法规。

《竞争法》是马来西亚管制反竞争或市场垄断行为主要的法令，并由马来西亚竞争委员会(MyCC)执行，主要管制反竞争协议、滥用市场支配地位这两种行为。此外，马来西亚目前有两个监管部门对两个特定行业具有反垄断审查的权力和机制，即《航空委员会法》下的航空委员会，以及《通信和多媒体法》下的马来西亚通信多媒体委员会。这两个监管机构有权力对在航空行业或多媒体通信行业的兼并或整合的商业行为进行审查和批复。

(6)基础设施 BOT/PPP 模式

自 20 世纪 80 年代开始，马来西亚政府鼓励私人资本与政府合作，开展 BOT 项目建设与运营，降低政府公共开支的负担。马来西亚主要是依据合同关系制定 PPP

模式，尚未针对 PPP 模式的建设运营专门立法，但颁布了规范性文件对 PPP 模式进行管理。针对 PPP 的主要规范性文件包括《私有化总体规划》和《公私合作指南》。此类项目主管部门是马来西亚总理府经济计划署，主要负责经济发展规划和项目立项；2010 年又设立了公私合作署（Public Private Partnership Unit，PPPU），负责公私合营项目协调。

马来西亚 PPP 模式主要分为两大模式，即私有化和私人主导融资（PFI）。私有化项目的基本要求是项目价值 2500 万马币，特许权 7 年，公司资本 27.5 万马币；PFI 项目的基本要求是项目价值 1 亿马币，特许权 15～25 年，公司资本 27.5 万马币。马来西亚公路、轨道交通、港口、电站等 BOT 项目专营年限一般为 30 年左右。

二 投资法律风险防范

1. 客观评估投资环境

中国投资者赴马来西亚开展投资合作首先应该客观评估其投资环境，主要注意以下问题：经济规模及产业优势；政府及各界对待外国投资的态度；投资经商的便利化措施；人文、语言及宗教环境；政府部门的执行力及工作效率；经商习惯及民商法律制度；社会治安状况。

2. 适应法律环境的复杂性

马来西亚成文法与判例法在商业活动中都发挥作用。中国企业到马来西亚投资首先要注意法律环境问题，要严格遵守马来西亚各项法律规定，密切关注当地法律变动情况；聘请当地有经验、易于交流的律师作为法律顾问；处理所有与法律有关的事务，涉及投资经营重大问题和合约谈判及签署，事先一定要听取专业律师的意见。

3. 适当调整优惠政策的期望值

马来西亚政府虽然制定了多项投资优惠政策和鼓励措施，但是这些政策不能自动获得，企业必须向政府主管部门提出申请，政府根据企业情况酌情给予一定优惠政策。中国企业要详细了解这些优惠政策的内容、申请条件及程序，适当调整对优惠政策的期望值，并在专业人士指导下向政府申请有关优惠政策。个别优惠政策的批准，可能涉及多个政府部门，如州政府和联邦政府，企业可享受的优惠政策取决于政府部门的最终协调结果，因此，可能存在审批时间较长、政策内容会有调整等情况。

4. 充分核算税负成本

马来西亚的税收体系比较复杂,缴纳税务专业要求高。中国投资者要认真了解当地税收政策,仔细听取专业会计和税务人员的意见,充分核算税负成本,尽量选择在能够获得所得税减免的领域或地区投资。

5. 防范投资合作风险

在马来西亚开展投资的过程中,要特别注意事前调查、分析、评估相关风险,事中做好风险规避和管理工作,切实保障自身利益,包括对项目客户及相关方的资信调查和评估,对项目所在地的政治风险和商业风险分析和规避,对项目本身实施的可行性分析等。此外,企业应积极利用保险、担保、银行等保险金融机构和其他专业风险管理机构的相关业务保障自身利益。

三 相关案例

中资企业投资开发马来西亚房地产项目

1. 案情简介

2008 年,马来西亚 A 公司(以下简称 A 公司)推出了 X 地块区域发展计划,该地块位于吉隆坡市中心,地理位置优越。中国 B 公司(以下简称 B 公司)对 X 地块区域中 T 地块开发项目(以下简称标的项目)进行了深入的研究,发现其具备良好的发展前景,若能成功参与对 B 公司未来更深程度参与马来西亚房地产市场开发带来较强的示范效应。同时,马来西亚 C 公司(以下简称 C 公司)对标的项目的前景也比较看好,虽然前期已经和 A 公司签订了土地购买合同,且支付了一部分的土地价款,但土地的所有权还没有进行变更。B 公司和 C 公司在进行了多次协商后,决定共同开发标的项目。

2. 案例分析

(1)详细策划尽职调查内容,最大限度实现风险隔离

B 公司在项目投资决策过程中,聘请马来西亚的一家律师事务所对标的项目进行了详尽的尽职调查。在尽职调查过程中,B 公司发现与 X 地块开发有关的权属证书是齐全的,但因为 A 公司是一家完全由马来西亚政府控制的公司,但有一些异常项目。为了避免因 A 公司的异常项目而影响 B 公司、C 公司与 A 公司的协议履行,B 公司、C 公司在确定合作模式之前,与 A 公司进行了沟通,并对标的地块进行了资

产剥离。这一剥离举措为B公司树立了一道“防火墙”,对前述风险进行了有效的防范。

(2)合理安排合作模式,有效降低税收成本

在项目进行中,为合理避税,B公司做了充分的税收筹划,与取得标的项目土地权属的C公司达成以下合作方案:B公司对C公司进行增资扩股,使C公司成为项目公司。该合作模式大大降低了项目公司投资的税收成本,经测算,该项措施仅节约的印花税已近700万马币。

(3)做好公司治理规划,保障股东合法权益

在B公司、C公司的合作计划中,B公司为绝对控股方。为满足马来西亚当地法律对项目公司的本地化要求,同时也为了最大限度维护B公司的股东权益,B公司对项目公司治理结构进行了充分规划,对C公司章程、相关议事规则等公司治理文件进行了调整和完善,合理分配公司董事会、高管层人员比例。在保证满足当地法律要求的同时,也有效地维护了B公司合法权益。

第三章

贸易法律制度及法律风险

一 贸易主管部门

马来西亚主管对外贸易的政府部门是国际贸易与工业部，主要职责是：负责制定投资、工业发展及外贸等有关政策；拟定工业发展战略；促进多双边贸易合作；规划和协调中小企业发展；促进和提升私人企业界与土著的管理和经营能力。

二 货物贸易的法律规定

马来西亚主要对外贸易法律有《海关法》《海关进口管制条例》《海关出口管制条例》《海关估价规定》《植物检疫法》《保护植物新品种法》《反补贴和反倾销法》《反补贴和反倾销实施条例》《保障措施法》《外汇管理法》等。

马来西亚实行自由开放的对外贸易政策，但仍有部分商品的进出口会受到许可证或其他规定的限制。

1. 进口管理

根据《海关（禁止进口）令》的规定，马来西亚海关规定了9种不同级别的限制类进口。

马来西亚绝对禁止进口的商品包括徽章、蜂巢或蜂巢块、淫秽物品、含有放射性物质的避雷器、原木、雪地轮胎等。为了保护敏感产业或战略产业，马来西亚对部分商品实施非自动进口许可管理，主要涉及建筑设备、农业、矿业和机动车辆部门。

2. 出口管理

马来西亚规定，大部分商品可以自由出口至相关国家和地区。但是，部分商品需获得政府部门的出口许可，其中包括短缺物品、敏感或战略性或危险性产品，以及受国家公约控制或禁止进出口的野生保护物种。

根据《海关(禁止出口)令》的规定,马来西亚海关规定了4种不同级别的限制类出口:(1)绝对禁止出口的商品(共2类);(2)需要出口许可证方能出口的商品(共22类);(3)需要按照指定的方式出口的商品(共43类);(4)需要按照指定的方式出口的商品(并且适用于受《濒危物种国际贸易法》规制的在途货物)(共4类)。绝对禁止出口的两类商品包括:有毒化学品和矿物(阳起石、铁石棉、直闪石、青石棉、多溴联苯、多氯联苯、聚氯三联苯、透闪石等);《蒙特利尔破坏臭氧层物质管制议定书》管制的物品。

3. 进出口商品检验检疫

马来西亚检验检疫局隶属于农业和农产品产业部,负责所有入境口岸(包括海港、机场、陆地口岸以及邮件和快递收发中心)、检疫站、建议设施的检验检疫工作以及颁发有关植物、动物、冷冻肉制品、鱼类、农产品、土壤和微生物等产品的进出口许可证。

为防止动物传染病、寄生虫病和植物危险性病、虫、杂草以及其他有害生物传入,马来西亚政府对进口动植物实施检验检疫。如携带动植物入境,须事先向马来西亚相关主管部门申请进口许可证并在入境时遵守各项检验检疫程序。

马来西亚要求所有肉类、加工肉制品、禽肉、蛋和蛋制品必须来自经农业部兽医服务局检验和批准的工厂,所有进口产品必须获得兽医服务局颁发的进口许可证。

所有向穆斯林供应的肉类、加工肉制品、禽肉、蛋和蛋制品必须通过清真认证,牛、羊、家禽的屠宰场以及肉蛋加工设备必须获得伊斯兰发展署(JAKIM)的检验和批准。

4. 进出口许可证

进出口商须向马来西亚相关政府主管部门申请并获得限制进出口商品的进出口许可证方可从事相关贸易活动。相关政府部门根据法律规定在其职权范围内可以签发进出口许可证。

马来西亚卫生部药物服务局负责签发某些限制类化学品、制药机器的进口许可证和某些限制类化学品的出口许可证,国际贸易与工业部负责签发机动车、钢材、起重机、来自以色列的商品等的进口许可证和有毒化学品及其前体的出口许可证等。

5. 海关管理

(1)管理机构

马来西亚皇家海关署是管理商品的进出口、边境控制以及贸易便利化的政府部门。

(2)管理制度

马来西亚关税有两种归类系统:一种用于东盟内部贸易,另一种用于与其他国家贸易。国际贸易与工业部下属关税特别顾问委员会负责对关税进行评审,每年在政府预算中公布。

(3)关税

马来西亚大部分进口商品的关税是从价税,小部分是从量税、混合税和选择关税。

(4)海关舱单

所有在马来西亚进出口及中转的货物,客户必须提供样单中货物描述部分正确的货物 HS 编码(编码协调制度的简称)。缺失 HS 编码或信息有误,将会影响货物在马来西亚清关放行,并可能受到海关罚款或承担其他后果。

三 贸易法律风险及防范建议

在马来西亚经商必须熟悉和适应当地特殊的贸易环境,采取有效措施拓展业务,规避风险。

1. 谨慎选择贸易伙伴,采用信用证交易适应当地支付条件

对于贸易伙伴的选择,企业要特别慎重,尽可能通过多种渠道查证企业背景情况,核实项目真伪。涉及矿石、砂石等原产品贸易时,要验证出口商是否持有合法的开采、运输、出口所需的所有准证。

签订合同内容要全面、详尽,并尽可能约定采用信用证方式付款。马来西亚进口商通常向出口商开立信用证,但曾有部分中国出口商基于彼此信任或急于成交,未坚持要求进口商开具信用证,最终因付款问题产生贸易纠纷,故中资企业需要注意和警惕此类情况。

2. 采用本币结算,规避汇兑风险

2021 年 11 月,中马双方续签本币互换协议,规模保持为 1800 亿元人民币/1100 亿马币,协议有效期 3 年,经双方同意可以展期。考虑到美元汇率波动风险和货币汇兑产生的成本,中资企业应争取利用人民币作为贸易结算货币,最大限度规避或消除汇率风险,降低经商成本。

3. 坚持以质取胜,提升产品质量

马来西亚人非常注重商品的质量,认为质量代表着企业的信誉。中资企业应本

着“诚信经营、以质取胜”的理念,着眼长远,在产品质量和售后服务上下功夫,切忌以次充好,损害中国产品的声誉。

4. 防范贸易合作风险

在马来西亚开展贸易合作的过程中,要特别注意事前调查、分析、评估相关风险,事中做好风险规避和管理工作,切实保障自身利益,包括对贸易客户及相关方的资信调查和评估等。

此外,企业可积极利用保险、担保、银行等保险金融机构和其他专业风险管理机构的相关业务保障自身利益。通过信用保险机构承保的业务,由信用保险机构定损核赔、补偿风险损失,相关机构协助信用保险机构追偿。如果在没有有效风险规避措施的情况下发生了风险损失,也要根据损失情况尽快通过自身或相关手段追偿损失。

四 相关案例

海关有权扣押“无主”货物,未及时主张权利将被收归国有

——A 公司与马来西亚海关纠纷案

1. 案情简介

申请人为 A 公司,某国际汽车贸易公司,被申请人为马来西亚海关。B 公司,是 A 公司在马来西亚的一个销售代理商。2006 年,A 公司通过 B 公司,共出口 96 辆汽车到马来西亚。这些汽车到达马来西亚目的港之后,在该港滞留了 2 个月仍没有人提取。马来西亚海关发现,这批货物既没有获得进口许可证,也没有支付关税。依照 1967 年《海关法》,海关向 B 公司及车辆存储中心发出了扣押状。如果在扣留命令发出后 1 个月内没有人就车辆的所有权提起主张,则根据《海关法》第 128 条第 1 款的规定,车辆就会自动归属于马来西亚国家。海关向 B 公司发出了扣押令,并在媒体上公布。2013 年,A 公司向海关提交了对涉案货物所有权的主张,但遭到了拒绝,于是,A 公司向马来西亚高等法院提起诉讼。

马来西亚高等法院一审判决海关的扣押令无效,并指出海关应当就谁是货物的所有权人展开调查,但是海关实际并未进行任何调查。海关对一审判决不服,遂上诉至马来西亚上诉法院。2017 年 4 月,上诉法院做出了最终裁决,支持海关的决定。上诉法院认为,首先,该海关所签发的扣押令与《海关法》的有关规定是一致的;其

次，A 公司有权在扣押令签发后 1 个月内要求获得该批货物的所有权，但由于其提出请求超过了时限，因此，该批货物的所有权已自动归属于马来西亚。

2. 案例分析

该案件的主要启示在于，出口商一定要履行好自己的义务，对其出口的货物在国际运输过程中的每一个环节展开密切的跟踪和关注，才能尽早地发现问题，并有足够的时间去做出正确的处理，从而避免不必要的货物仓储、堆存等费用和罚款的发生，并积极采取维权措施，避免造成更大的损失。

第四章

公司设立法律制度及法律风险

一 公司设立法律制度

在马来西亚,外商投资设立企业的形式主要包括担保有限公司、无限责任公司、股份有限公司以及外国公司分公司和代表处。

1. 设立马来西亚公司

马来西亚《公司法》对在马来西亚设立的公司进行了规定。公司结构包括三种类型:担保有限公司、无限责任公司和股份有限公司。具体如下:

(1)担保有限公司。所有的担保有限公司都是公众有限公司;其成员于公司清盘时保证承担债务,所承债务将以公司的组织大纲和章程里所规定的数额为限。

(2)无限责任公司。公司股东对公司债务连带无限责任;公司的债权人可以直接起诉其债务人,但只有在公司无法偿还债务并且清盘的情况下,股东才须承担公司的债务责任。

(3)股份有限公司。公司股东对公司的债务偿还责任只限于各股东所持有或同意认购的股份额。股份有限公司的形式在马来西亚较为常见,也是外国投资者在马来西亚通常采用的公司结构。股份有限公司可以分为私人有限公司(公司名称采用 Sendirian Berhad 或 Sdn Bhd 标识)和公众有限公司(公司名称采用 Berhad 或 Bhd 标识)。

根据《公司法》,私人股份有限公司必须注意和遵守以下事项:(1)1~50 位股东;(2)最少 1 位董事,且不需要是马来西亚公民,只需以马来西亚为居所;(3)股东可以同时是董事;(4)公司可以选择不拥有自己的公司章程,则该公司所有的章程将完全依据《公司法》;(5)不需要每年举行年度股东大会;(6)无股份面额限制;(7)必须限制成员转让股份的权利;(8)禁止私人公司邀请公众认购其股份和债券;(9)禁止公众人士在公司存款。

根据《公司法》和《资本市场及服务法》,私人有限公司可以将现有的私营公司转为上市公众公司。公众公司必须先向证券委员会呈交招股说明书,方能邀请公众认购其股票。上市公司可以申请在马来西亚交易所上市,但须符合证券委员会和交易所的上市规定要求。任何后续发行的证券都必须获得证券委员会的批准。

2. 设立外国分公司

希望在马来西亚境内经营业务的外国公司可向马来西亚公司委员会申请将其公司注册为“外国公司”。外国公司在马来西亚注册的公司通常被称为“外国分公司”。

注册外国公司的名称应与其在起源地注册的名称相同,应向注册官申请对其公司的名字进行搜索,申请书应附有外国公司在其起源地的注册证明书(或类似文件)的副本。外国公司必须委任一名代理人,且该代理人必须是马来西亚公民。外国公司也必须在马来西亚设有注册办事处,注册办事处是外国公司在本地的联络处。所有的文件必须在提交日期的前 3 个月内进行认证。如果所述的注册文件中含有马来文或英文以外的语言,申请人必须附上其马来文或英文的翻译。如果注册申请获得批准,注册官将会发出注册通知书。获得注册通知书后,外国公司即可在马来西亚成立其分公司并营业。

3. 设立代表处或区域办事处

外国公司在马来西亚设立代表处或区域办事处开展获得允许的活动,不需要在马来西亚公司委员会登记注册,但须得到马来西亚投资发展局的批准,有效期通常为 2 年。

二 公司设立的法律风险及防范建议

1. 做好企业注册及申办各类执照的充分准备

在马来西亚投资合作的起步阶段最大的困难是公司注册和申办各类执照。这些执照的申请程序复杂、文件繁多、审批时间较长。中国企业要对马来西亚关于外国投资注册的相关法律法规有一定了解;聘请专门的公司秘书和专业律师协助处理有关申请事宜;按照要求,提前备齐所需文件,及时履行相关手续。马来西亚各类申请文件及公司文书均须企业董事的签名,并加盖公司的正式印章。

2. 关注并遵守当地规定

中国企业在马来西亚设立公司应关注并遵守马来西亚在登记注册环节的具体政策规定,避免出现前期登记注册不合规,影响后续业务开展的情况。

三 相关案例

公司董事履职中可突破股东决议限制的情形

——Petra Erdana Berhad 与三名董事纠纷案

1. 案情简介

本案中的原告 Petra Erdana Berhad(PEB)系一家上市投资控股公司,持有公司 64%的股份。本案中的被告有三位,均为原告的前任董事。本案争议的产生是由于原告的一项股东决议对董事出售 PEB 股份增加了一些限制条件。

2009 年,原告出现了资金周转困难的问题,因此,三名被告决定出售原告拥有的大部分 PEB 股份,并在明知违反上述股东决议限制性规定的情况下分两次实际出售了原告持有的部分 PEB 股份。之后,原告发生股东纠纷,三名被告被撤职。原告任命了新董事,并起诉三名被告,认为三名被告卖掉其持有的 PEB 股权,违背了股东决议的限制性条款,也违背了身为原告董事应尽的法定义务。马来西亚联邦法院最后认定,三名被告在卖出原告持有的 PEB 股票时,并未违背其法定义务,其所做出的决策是基于真诚,确保了公司的最佳利益。

2. 案例特点及分析

马来西亚联邦法院通过上述个案,就公司董事在行使其权力时,是否为公司的最佳利益而采取行动,建立了一个衡量标准。联邦法院将这个标准看作一个综合了主观性和客观性的标准,如果董事做出的商业决定是真诚的,并且是从公司的最佳利益出发,法院就不会干预公司董事做出的商业决定。

根据马来西亚《公司法》,董事享有管理公司业务的权利,包括决定如何处理公司资产的权利。但董事在管理公司业务时必须是基于真诚,时刻为公司的最佳利益着想,否则,就会被认为不符合《公司法》的规定。

第五章

外汇法律制度及法律风险

一 外汇法律制度

马来西亚外汇管制条例规定，在马来西亚注册的外国企业可以在当地商业银行开设外汇账户，用于国际商业往来支付。资本项下鼓励投资目录下的外汇进出马来西亚不需要核准。外汇汇出马来西亚不需缴纳特别税金。

在出口方面，出口收入必须在出口之日起6个月内全部汇回马来西亚，出口商只可以保留不超过25%的外币结算收益，其余金额需要通过授权的国内银行兑换成马币。此外，所有在马来西亚国内的货物和服务交易只能以马币进行结算。

目前人民币与马币可直接兑换。外商可到银行及货币兑换所兑换马币，马来西亚所有银行都能兑现旅行支票。在马来西亚工作的外国人，其合法的税后收入可全部转往国外。

无论是马来西亚居民还是非居民，每次出入马来西亚所携带外币或旅行支票数额不受限制，但如超过10,000美元，则需向海关申报；非居民携带外币或旅行支票出境，如数额未超出在入境时申报的数额，不受限制；如需携带超过数额限制的现金或旅行支票出境，须事先向马来西亚国家银行取得书面许可。

二 外汇法律风险及防范建议

1. 遵守马来西亚关于外汇管理的相关的特别规定，避免相关法律风险。

2. 遵守中国国内关于外汇管理的相关规定，以及反洗钱等相关规定，确保不违反相关法律法规的规定。

第六章 土地法律制度及法律风险

一 土地法律制度

1. 相关法律法规

自 1966 年 1 月 1 日起生效的《土地法》是马来西亚主要的土地法律框架。此外，马来西亚现行的主要土地法律还包括：《地方政府法》、《土地购置法》和《城镇与乡村规划法》及其 1995 年修正案。之后，各州又颁布了自己的“马来人保留地法”等法律法规。

《国家土地法典》确定了联邦政府与州政府的权限、土地用途的分类、土地所有权转移、土地的买卖、没收、划分及抵押等内容。同时，无论何种用途的土地，必须在地契注明的规定时间内开发，如果违反，将无条件收回土地。《城镇与乡村规划法》及其 1995 年修正案规定，申请取得土地，以及更改土地用途的方案必须呈报审批，只有在不违反地方政府规划原则与目标的情况下，方可获得批准。《土地征用法》规定政府部门、企业或个人不得随意征用土地，只有州政府有权征用州内土地及改变土地使用性质，联邦政府征用土地也要通过州政府进行，并向后者支付费用。凡征用土地，必须公布征用理由和按市价补偿。“马来人保留地法”将土地总面积约 1/4 划为“马来人保留地”，并规定除非获得州政府批准，否则不能出售、出租或抵押给非马来人。

2. 主管部门

根据马来西亚联邦宪法，土地事务属于州权力管辖范畴，各州有权制定本州的土地政策。同时，宪法授权联邦政府制定有关土地法律法规，对各州土地事务进行监督管理，促进法律法规的统一协调。

马来西亚联邦政府一级的土地管理机构为能源和自然资源部所属的土地和矿产总署并在州一级设立有下属机构，即土地和矿产办公室。

3. 土地权益

马来西亚《宪法》和《国家土地法典》均规定，马来西亚土地可以作为私有财产受法律的保护,可自由买卖。获得土地的方式主要分两种:一种是永久拥有权,可以获得永久地契,不过目前此权限已很难获得;另一种是租赁性拥有权,可获有效期为99年的租契。在99年租赁地契到期之前,业主向州政府提交延长租赁的申请并支付一定的费用便可再延续99年所有权。费用会因各州要求的不同而有差异。

4. 外资获得土地的规定

2010年1月,马来西亚总理府经济计划署发布的《房地产购置准则》生效,对外资在马来西亚购置房产和土地做出规定,明确了各机构在外资购置产业申请事宜的审批权限。

需要审批的产业购置包括:(1)直接购置价值超过2000万马币的非住宅产业,降低当地土著企业或政府机构的股份比例;(2)通过并购控股方式,间接购置土著企业或政府机构的价值超过2000万马币的非住宅产业。这两种购置申请,均有强制30%的土著股权限制,且外资企业缴纳的资本不得低于25万马币。

无须批准,但要报相关部门审核的产业购置包括:(1)购置价值超过100万马币的商业房屋;(2)购置价值超过100万马币或购置面积为5英亩以上的农业用地,用于农业投资、高新技术的商业投资、农业旅游项目开发或开展出口型农产品加工;(3)购置价值超过100万马币的工业用地;(4)购置价值超过100万马币住宅。但是,各州按情况制定最低限购价,如槟城和雪兰莪均限制外国只能购置200万马币以上的住宅。

禁止外资购置的产业有:(1)价值100万马币以下的产业;(2)州政府划分的中/低成本住宅;(3)"马来人保留地"上的产业;(4)州政府分给土著企业开发项目的产业。

无须批准的产业购置包括:购置马来西亚"第二家园计划"的住宅;多媒体超级走廊(MSC)区域内具有MSC地位的公司,为了企业运营或员工住宿所购置的产业、在马来西亚任一发展走廊由政府相关机构批准的公司购置的产业;获得马来西亚国际伊斯兰金融中心(MIFC)秘书处颁发执照的公司购置的产业;公司的员工宿舍(外资控股的公司需购置10万马币以上的住宅),该业务由州政府批准;遗嘱或法院判决书要求转移给外资的产权;制造业公司购置的产业;联邦/州政府、州务大臣/首席部长公司及其他政府关联公司(GLCs)购置的产业;私有化转型机制下的产业;获得财政部等相关部门颁发的国际采购中心、运营总部、代表处、区域办事处、纳闽离岸公司以及生物科技公司等特殊地位公司所购置的产业。

需要注意的是,尽管只有购置上述特定房地产需要取得经济计划署或相关政府部门的批准,所有外资收购房地产项目均需事先向州政府提出书面申请并获得批准，各州政府有权为授予批准设置其他条件并征收适当费用。

此外，由于土地事务归州政府管辖，所以各州会根据具体情况规定外资购买本州房地产的最低购买价格，有些州还会针对本州的不同地区制定不同的房地产最低购买价格，而且价格和购买的条件可能会随时变动。

二 土地使用法律风险及防范建议

外国投资者需注意遵守马来西亚土地法的相关规定，据此做出相关经营决策，以避免遭受不必要的损失。

三 相关案例

土地所有权适用延迟的绝对所有权原则

——原告与第一被告、Cini 公司、Malayan 银行纠纷案

1. 案情简介

本案中，原告/上诉人（以下简称原告）为彭亨州关丹县一宗土地（以下简称目标地块）的登记所有人。目标地块在 Cini Timber Industries Sdn Bhd（以下简称 Cini 公司）作为贷款受益人的情况下抵押给了 United Malayan Banking Corp（以下简称 Malayan 银行），抵押文书是由第一被告受托签署的，而原告主张其并未授权任何人代其签署任何文书，认为第一被告提供的授权书系伪造，并请求确认抵押文书无效。

马来西亚高等法院判定《土地法》第 340（3）条赋予土地注册所有人拥有直接的绝对所有权，驳回了原告的诉讼请求。原告随后提起上诉，上诉法院驳回了该上诉请求。接着原告再向马来西亚联邦法院提出上诉。联邦法院最终判定，Malayan 银行所拥有的抵押权益是基于不合法的授权书而获得，因此在目标地块上所设立的抵押是无效的。

2. 案例分析

马来西亚联邦法院通过本案判决确定了《土地法》第 340（3）条赋予注册所有人的是延后的绝对所有权，而不是直接的绝对所有权。在直接的绝对所有权原则下，即使第三方购买者是以无效或非法的方式取得了对土地的转让或利益，其土地的所

有权也是绝对不能受到质疑的,只要这种转让或利益已经登记;在延迟的绝对所有权原则下,在非法、欺诈或无效情形下注册的转让或利益,土地所有人均可对此提出异议。

因此,投资者在进行任何土地交易时对于所有交易文书的签署、买方和卖方的身份认证、土地的查册、授予授权书的程序以及鉴定程序等方面更应小心防范,以避免不必要的欺诈案件发生。马来西亚在适用延后的绝对所有权原则后,可以保护土地所有权人和潜在的投资者免受不确定性和欺诈,具有十分积极的意义。

第七章

税收法律制度及法律风险

一 税收法律制度

1. 税收体系和制度

马来西亚的税收环境比较宽松，税种比较简单，其税收体系包含了公司所得税、个人所得税、石油（收入）税、销售税、服务税、不动产利得税、印花税等税种。尽管如此，税收收入仍然是政府财政收入的主要来源，而企业所得税、个人所得税则成为税收中的重中之重。

马来西亚联邦政府和各州政府实行分税制。联邦财政部统一管理全国税务，负责制定税收政策。财政部下属的内陆税收局负责管理以下法规所规定的直接税：《所得税法》、《石油（收入）税法》、《不动产利得税法》、《投资促进法》、《印花税法》和《纳闽岛商业活动税法》。皇家海关署主要征收间接税，主要依照法律：《销售税法和服务税法》、《关税法》等。直接税包括所得税和石油税等；间接税包括国产税、关税和进出口税、销售税、服务税和印花税等。州政府没有专门的地方税务局，而是根据征收的税种，由相关的部门进行征收。各州政府征收土地税、矿产税、森林税、执照税、娱乐税和酒店税、门牌税等。外国公司和外国人与马来西亚企业和公民一样同等纳税。

2. 主要税种和税率

（1）公司税，税率为24%。对于在马来西亚成立的中小型居民企业，其取得的在60万马币以内的所得可以适用17%的税率，超过部分适用24%的税率。

（2）石油所得税，税率为38%，征收对象为在马来西亚从事石油领域上游行业的企业。

（3）个人所得税，马来西亚所得税法规定，不管是马来西亚公民还是外国人，只要1年内居住在马来西亚超过182天，并拥有收入，就有报税的义务。马来西亚个人所得税率为1%～30%。外国公民的税率固定为30%。

(4)预扣税,是非居民收款人收入的一部分,由马来西亚的付款人直接向税务局代扣代缴。非本地公司或个人应缴纳的预扣税包括:特殊所得(动产的使用、技术服务、提供厂房及机械安装服务等)为10%;利息为15%;依照合同获得承包费用:承包商缴纳10%、雇员缴纳3%;佣金、保证金、中介费等10%。

(5)房地产盈利税,适用于在马来西亚出售土地和任何产权、选择权或其他与土地相关的权利,包括出售不动产公司股份的利得。税率为:若在购置后3年内出售,税率30%;若在购置后第4年及第5年出售,税率分别为20%和15%;若在购置后第6年或之后出售,税率为5%。

(6)进口税,大多数进口货物需缴纳进口税,税率分从价税率和从量税率。近几年马来西亚已取消了多种原料、机械与零部件的进口税。马来西亚与东盟国家之间实行特惠关税,工业产品的进口税率为0~5%;与中国实行中国—东盟自贸区的区域自由贸易协定框架下的进口税。

(7)出口税,马来西亚对包括原油、原木、锯材和原棕油等在内的资源性产品出口征收出口税,税率范围为0~20%。

(8)国内税,根据税法的规定,本地制造的一些特定产品,包括烟草、酒类、扑克、麻将、汽车、四驱车和摩托车等,须缴纳国内税。

(9)销售税和服务税,主要向年度营业额50万马币以上的经营者征收。销售税的税率分为0、5%、10%三类,0税率主要适用于农产品、生活必需品、书籍、医疗用品和环保再生制品,5%税率主要适用于加工类食品和进口半成品,10%税率主要适用于工业品和进口制成品。服务税的税率是6%,适用于在马来西亚境内开展的所有商业服务、旅游、交通、金融、餐饮、跨境数字经济服务等。

(10)印花税,是以多种文件为对象征收的,适用税率各不相同。例如,对于股权转让文件,则按照应付对价或股权的价值(以较高者为准)的0.3%征收。

(11)数字税,根据2019年服务税修正法案,马来西亚对年营收50万马币以上的外国数字内容服务提供者实施6%的服务税。

(12)繁荣税(Cukai Makmur),马来西亚政府在2022年预算案中新增向获取高收入的公司增收特别税——繁荣税。繁荣税为一次性税,税基为在当地经营公司2022年收入,税率分为24%和33%两档。

3. 特殊经济区域减免规定

(1)自由贸易区与保税工厂。为了鼓励与欢迎外资投资发展劳动密集型和出口导向型工业,马来西亚制定了《投资奖励法》《自由贸易区法》《自由区法》等法规,并修订了《海关法》中相关条款实施保税工厂制度,从而基本上完备了以外资企业为中心发展劳动密集型和出口导向型工业的经济体制。目前,马来西亚已设立了多个自由工业区,并且允许企业申请设立保税工厂,享有与自由工业区工厂同等优惠政策。

(2)五大经济特区。近年来,马来西亚政府鼓励外资政策力度逐步加大,为平衡区域发展,陆续推出五大经济发展走廊,凡投资该地区的公司,均可申请5～10年免缴所得税,或5年内合格资本支出全额补贴。

二 税收法律风险及防范建议

1. 关注马来西亚相关信息报告制度风险

严格遵守马来西亚相关税务信息报告制度,及时进行纳税申报或提供相关报告,否则可能受到行政处罚,甚至触犯刑法。

2. 关注纳税申报风险

(1)在马来西亚设立子公司的纳税申报风险

马来西亚目前无关于合并申报的规定。但根据集团内抵扣制度,居民公司可以转移当年亏损的70%至一个或者多个关联公司。享有新兴工业地位、投资税收津贴、再投资津贴或航运利润豁免的公司不具备团体抵扣的资格。此外,与关联公司之间的交易,无论是在马来西亚境外还是在境内都必须公开年度所得税申报表,包括购买、贷款和其他费用及收入。

(2)在马来西亚取得与常设机构无关的所得的纳税申报风险

根据内陆税收局规定,马来西亚公司通过在马来西亚的常设机构开展业务并对从马来西亚获得的收入进行评估时,需按照马来西亚税法规定缴纳税款。对与常设机构无关的所得,笔者暂未找到明确说明。

3. 关注调查认定风险

根据马来西亚所得税法,纳税人有义务将独立交易原则应用于受控制的交易中。对于向关联方提供或销售不动产或服务的交易,如果不符合独立交易原则,马来西亚税务主管部门有权进行调整。未能证明公平对价的交易可能会引起额外税款和罚款。对于跨境交易可以签订预约定价协议。此外,与马来西亚国内外关联企业的交易必须在年度所得税申报中披露,包括采购、借款、其他费用和其他收入。

4. 关注双边税收协定相关风险

(1)由于双边协定中缺乏技术服务费条款带来的风险

由于中马双边税收协定并未包含技术服务费条款,此类所得应属于营业利润,并适用符合国际惯例的“无常设机构即无税负”原则。因此,在中资企业并未在马来西亚构成常设机构的情况下,其取得的技术服务所得不应适用马来西亚预扣税,相关营业利润应仅在中国征税。尽管如此,但马来西亚税务主管部门仍有可能将特别类型所得与营业利润区分开来,从而使其无法享受税收协定营业利润条款所提供的保护,并需要缴纳10%的预扣税。

此外,中国税务机关可能否定技术服务费的相关马来西亚预扣税适用中国境外所得税抵免,其理由在于当中资企业未在马来西亚构成常设机构时,马来西亚并不具备对相关服务费征税的权限。

(2)双边税收协定税率较高的风险

在一些情况下,双边税收协定可能包括了比马来西亚税法规定更高的税率。由于双边税收协定的宗旨是避免或减少双重征税,如果本身不属于马来西亚所得税法征收范围或根据所得税法应豁免,马来西亚可不依照双边税收协定征税。

三 相关案例

分销费不属于特许权使用费

——A公司与税务机关纠纷案

1. 案情简介

瑞士A公司(以下简称A公司)的经营范围包括编制、生产、开发并销售“信息服务和交易服务”。A公司与其马来西亚子公司B(以下简称B公司)签订了一份分销协议,授权B公司以“信息服务”和“交易服务”的名义,在马来西亚市场上出售商品,以收取分销费。B公司在缴纳了预扣税后,认为缴纳错误,向税务机关提出退税申请。税务机关拒绝了该退税申请,认为在马来西亚支付的分销费用属于特许权使用费,应当适用预扣税。为此,A公司向特别税务专员提出了上诉,特别税务专员准许提出上诉,马来西亚高等法院认可了A公司的请求。之后,税务机关向上诉法院提出上诉,最终上诉法院驳回了上诉请求。

2. 案例分析

本案中,上诉法院认为,分销费没有转让、授予或使用专有技术或专有权利,分销费用不属于特许权使用费,因为提供的服务不能被视为涉及特殊的商业知识。A公司向B公司提供的服务只是信息服务。由于分销费用未在《马来西亚—瑞士联邦委员会双重征税协定》中规定，A 公司在马来西亚也没有常设机构，所以税务局征收预扣税是不合法的。

因此，如果非居民企业对居民企业的付款符合马来西亚与相关国家签署的税务协定，则税务局不能征收预扣税。在马来西亚没有常设机构的非居民企业只能在非居民企业经营业务的国家（马来西亚境外）纳税。中资企业在马来西亚从事贸易、投资、工程建设活动应认真学习和利用好中马双边投资协定和避免双重征税协定的相关规定，依法维护自身权利。

第八章 劳动就业法律制度及法律风险

一 劳动用工法律制度

马来西亚负责就业与劳资关系事务的主管部门为人力资源部(Ministry of Human Resources,MOHR)。

1. 劳动法核心内容

马来西亚劳工法令包括《雇佣法》《雇员公积金法》《雇员社会保险法》《劳资关系法》。此外,马来西亚某些州还有不适用于全国的州立法,如沙巴劳动法令以及沙捞越劳动法令。

(1)《雇佣法》

适用于所有月薪不超过2000马币的雇员及所有体力劳动者。每个雇员必须有书面合约;工资须在受薪期结束后的7天内支付;正常工作时数,每天不得超过8小时,或每周48小时;超时加班工作的补贴为平时工作的1.5倍,假日及假期为2倍;女性工人不得在晚上10点至早上5点之间从事农业或工业类工作。

(2)《雇员公积金法》

雇主必须为雇员缴纳公积金,比例不少于雇员月薪的11%。2008年10月马来西亚政府宣布,自2009年1月起,雇员缴纳的公积金比例可降低到8%,为期2年;自2011年起,雇主为雇员缴纳的公积金比例不得少于雇员月薪的12%,雇员缴纳的公积金比例调整至11%。

(3)《雇员社会保险法》

职业伤害保险缴纳比例为雇员月薪的1.25%,养老金缴纳比例为雇员月薪的1%。

(4)《劳资关系法》

调整资方、劳方与工会之间关系,包括预防和解决劳资争端;员工复职的机制;规定工会的权利、集体谈判的范围及程序、通过仲裁公平迅速解决争端等。

2. 外国人在当地工作的规定

马来西亚政府鼓励各类公司培训和使用本地员工，但因其国内劳动力短缺，允许在部分行业雇用外国劳工。外资公司可雇用外籍员工担任公司管理职务，也可将某些主要职位永久保留给外国人。

(1) 工作准证

外国人在马来西亚工作必须获得工作许可。外国人需取得马来西亚移民局签发的工作准证或临时雇工准证后才能合法地在马来西亚工作。工作准证发给在马来西亚履行 2 年期或 5 年期合约并且从事高级管理、经理、专业技术工作的外籍雇员；临时雇工准证发给在种植、建筑、制造、农业、服务等行业中从事低技术要求的工作以及雇用期少于 1 年期的外籍劳工。

企业在为外籍雇员申请工作准证前，须向马来西亚有关政府机构提交该企业外籍雇员的职位申请。在职位申请获得核准后，企业向马来西亚移民局提出工作准证申请。工作准证申请可以通过马来西亚移民局官方网站在线办理。根据马来西亚外资发展局(MIDA)发布的规定，拥有外资实收资本的制造业企业，视实收资本金额，可获得数量不等的外籍雇员职位配额。

马来西亚负责外籍劳工管理的主要政府部门为内政部(Ministry of Home Affairs)。根据内政部的规定，来自泰国、哈萨克斯坦、印度等 15 个国家(其中不包括中国)的劳工可以在马来西亚的制造业、建筑业、农业、种植业、采掘业、服务业等 6 个特定领域内从事工作。

(2) 居住准证

2011 年年初，马来西亚总理府成立了马来西亚人才机构(Talent Corp.)，专门负责协助外国人才来马来西亚的长期工作居留，同时吸引本国在海外的人才回流。马来西亚政府人才认定的标准不仅包括高学历的专业人士，也包括经验丰富的技术人员，为此，特别推出了居住准证(Residence Pass)这一机制，以便外籍人才可以在马来西亚更自由地长期工作。居住准证有效期长达 10 年，且直接登记在个人名下，不受雇主单位限制，配偶及未成年子女享受同等待遇，配偶持居住准证也可参加工作，成年子女及父母/岳父母均可获得为期 5 年的访问/探亲签证。

(3) 建筑业工作准证

马来西亚外劳工作准证延长 5 年的措施，已在 2011 年 4 月正式生效，在新措施下，建筑业外劳可无条件申请准证延期 5 年，不必接受马来西亚建筑发展局(CIDB)重新评估及考取熟练技术文凭。

(4)社会保险

社会保险涵盖了工伤保险以及伤残保险计划,涵盖雇员工伤、职业病、意外、伤残、死亡。社会保险的管理和执行机构是社会保障机构(PERKESO)。外国劳工受到《劳工赔偿法》的保护,马来西亚工人和永久居民受到社会保险的保护。在马来西亚工作和居留的外国劳工可通过向公积金管理机构(同时向雇主提供复印件)提交通知的形式,选择缴纳公积金并从中受益。

二 劳动用工法律风险及防范建议

1. 注意遵守马来西亚关于雇用外籍劳工的相关规定

对于中资企业承建的部分大型项目,马来西亚政府允许承包商以个案审批的方式从中国引进紧缺的技术工人和工程师,但需与雇主事先签订用工合同,约定工资及工作时间,并提前办好工作准证后方能入境。马政府不允许持旅游签证在马务工。

根据马来西亚《移民法》,雇用没有合法准证的人员是违法行为。每雇用一位没有合法准证的人员,将被处以 1 万～5 万马币的罚金;或者处以不超过 12 个月的监禁;如果雇主同一时间雇用没有合法准证的人员超过 5 位,则被处以 6 个月至 5 年的监禁,而且可能遭受不超过 6 鞭的鞭刑。企业还需要注意的是,颁发给外籍劳工的临时雇工准证会特别注明务工种类和雇主名称。依合法手续进入马来西亚的劳工,如从事不同工作或为不同雇主工作,一律被视为非法劳工。

2. 须关注企业工薪支出的范围和增长情况

企业工薪支出除工资外,还包括雇员公积金(EPF)、社保基金(SCOSO)及保险和年度花红等。另外,中资企业需要了解当地劳动法令关于正常工资和加班工资的具体规定,精心核算工资成本,提高劳动生产效率。此外,投资者也应充分考虑马来西亚就业市场薪资逐年增长的实际情况。

3. 妥善处理与工会的关系

马来西亚《雇佣法》规定,雇佣合同中的条款不得对雇员参加或组建工会的权利设置限制:不得限制雇员加入已经登记注册的工会;不得限制雇员以工会官员或其他身份参加已经登记注册的工会的活动;不得限制雇员联合其他人依照《工会法》组建工会。

在马来西亚的中资企业要实现合理控制工薪成本、减少劳资摩擦、维护企业的正常经营,就必须认真了解当地劳工法律,学会妥善处理与雇员和工会的关系。

(1)要全面了解马来西亚《雇佣法》《职工安全与卫生法》《工会法》《职工会条例》;适当接触和了解当地的工会组织。马来西亚法律规定,工会的会员资格仅限于某一企业、商业组织或行业内;未通过匿名投票取得2/3会员同意前,工会不得进行罢工。

(2)中资企业管理层要熟悉企业雇员的组成结构,了解当地雇员管理的成熟模式,严格遵守马来西亚关于雇用、解聘和社会保障方面的规定,依法签订雇佣合同,按时足额发放工资,缴纳各类社保基金,依法对员工进行必要的技能培训。员工加班工资必须按照法律规定及时发放;主动解聘员工前按合同规定提前通知,并支付约定的补偿金。

(3)根据法律规定,积极参加与职工会代表的集体谈判,通过直接谈判,解决与雇员之间的分歧和争端,维护企业正常经营。

(4)日常的生产经营中要与雇员和工会保持必要的沟通,了解雇员的思想动态,进行必要的疏导,发现问题苗头及时采取有效措施解决。

(5)要建立和谐的企业文化,邀请工会成员参与企业管理,为企业发展献计献策,增加雇员的主人翁意识,激发并保护雇员的积极性,凝聚雇员的智慧和创造力。

三 相关案例

雇主不当裁员遭惩罚性赔偿

——S先生与F公司劳动争议纠纷案

1. 案情简介

F公司是一家提供金融服务的马来西亚企业,S先生在2008年加入F公司后,被任命为国际业务总监。2010年,S先生被派往F公司的全资子公司C公司担任业务发展总监。2011年至2012年,F公司重组了C公司的管理层,并委任了一位新的首席执行官(CEO)。在新CEO上任后,S先生的职务被解除,C公司就该职位另行招聘人才。在此期间,S先生仍然为F公司雇员。2012年4月,S先生接到F公司发来的正式解聘函,F公司以S先生在C公司的业务发展总监职位已成冗余为由,将S先生解聘。S先生认为,F公司的这种做法是违法的,是不公平的恶意裁员行为,因此起诉索赔。

马来西亚工业法庭(Malaysian Industrial Court)于2016年对该案作出判决,支持S先生的诉求并对F公司做出了处罚性赔偿的决定。根据相关法律规定,如果适用一般性赔偿,F公司应支付相当于S先生在F公司服务总年限每年1个月工资的赔偿,而法院判定的惩罚性赔偿是该赔偿额的2倍。

2. 案例分析

本案中,F公司以C公司存在业务变更计划、S先生的职位成为"冗余"这一法定裁员事由为由解雇了S先生,但法庭在仔细研究了案情之后,发现"冗余"只是F公司为了逃避赔偿而编造出来的借口,没有证据表明C公司真正实施其所谓的业务变更计划,也没有证据证明现在的人选比S先生更适合原来的职位,事实上S的工作岗位还在,而且公司并没有因为内部机构的重组而进行任何的裁员。因此,法庭判定F公司的裁员行为存在不诚实和恶意,并行使酌情决定权判定F公司向S先生支付远超过一般赔偿的惩罚性赔偿。由此可见,不当的裁员行为不仅无法减少或规避应支付的解雇成本,反而可能导致高额的罚款,得不偿失。中国投资者在分析和判断当地用工风险时,不能仅仅就法条论事,还应结合相关先例和具体实际进行判断。

第九章 环境法律制度及法律风险

一 环境法律制度

1. 环保管理部门

马来西亚政府环保主管部门是隶属于环境与水资源部(Ministry of Environment and Water)的环境局(Department of Environment),环境局主要负责环境政策的制定,确保国家发展过程中的环境维护和管理。环境局下设负责处理空气、河流、水利以及工业废物的部门。一些其他中央政府机构负责管理特定环境保护领域,包括但不限于基础产业部的森林局(森林保护)、MOSTE 野生动物和国家公园部(野生动物保护)、土地和矿产部(联邦)、生物安全部以及交通部的海洋局(海洋污染)。

2. 主要环保法律法规

《环境质量法》及依据其制定的一系列环境质量条例是规制马来西亚环境保护事务的主要法律法规。此外,《野生动物保护法》《国家林业法》《渔业法》《国家公园法》等法律中也有涉及环境保护的规定。涉及投资环境影响评估的法规包括《环境影响评估程序》和《环境影响评估准则》(海边酒店、石化工业、地产发展、高尔夫球项目发展)。

根据马来西亚宪法的规定,土地和水资源的管理权不在联邦政府而在各州政府,各州政府可以制定森林、水资源、矿产、野生动植物和渔业资源的法律,这些资源的利用不属于环境局的管辖范围,而联邦政府也要避免对州政府关于这些资源利用的决定进行干预。

3. 环保评估的相关规定

(1)马来西亚有关环境影响评价的法律法规主要有:《环境质量法》,对环评进行了规定;《环境影响评价指南手册》,细化了环境影响评估的程序;《环境质量(指定活动)(环境影响评估)条例》,规定了需要进行环评的特定活动的范围,应该予以环评的特定活动涉及工业、农业、采矿、石油、林业等行业领域的多项特定活动,具体内容可查询马来西亚环境局网站。

(2)环境影响评估程序及要求。马来西亚环评程序的一个突出特点是政府严格监管下的环评。环评中的一些重要步骤及最终的环评报告均需提交给环境局。环评分为以下三个步骤进行:一是初步的风险筛查;二是对在初步筛查中发现的对环境有重大影响的项目进行详细的评估;三是环评报告的评审。

马来西亚环境影响评估程序分两种:

①初步环境影响评估

要求初步环境影响评估的项目主要包括农业;机场;水库及灌溉;土地开垦;渔业;林业;住宅开发;石化、钢铁、纸浆,基础设施;港口;矿产;油气行业;电站;铁路;交通;垃圾废物处理;供水等。

初步环境影响评估由州环境局牵头审核。

②详细环境影响评估

要求详细环境影响评估的项目主要包括钢铁厂;纸浆厂;水泥厂;煤电站;水坝;土地开垦;垃圾废物处理;伐木;化工产业;炼油;辐射危害行业等。

详细环境影响评估由国家环境局总部牵头审核。

二 环境保护的具体标准和措施

1. 根据《环境质量法》的规定,任何人未经许可,不得违反法定条件向空气中、内河里排放有害环境的物质、污染物或废弃物,或发出噪声,或污染土壤或陆地表面。违反者将被处以不超过10万马币的罚金和/或不超过5年的监禁。经主管部门通知要求停止污染活动而拒绝执行的,自通知之日起每天加罚500~1000马币的罚金。

任何人未经许可,不得违反法定条件向马来西亚水体中排放、泄漏石油或含有石油的混合物,或向马来西亚水体中排放有害环境的物质、污染物或废弃物,任何人也不得在任何场所露天焚烧,违反者将被处以最高50万马币的罚金和/或不超过5年的监禁。

未经主管部门事先书面批准,任何人不得在非指定的场所向马来西亚的陆地或水体放置、排放或丢弃受管制的废弃物;不得接受或允许接受进入马来西亚境内的受管制的废弃物,也不得发送或允许发送受管制的废弃物到马来西亚境外;不得运输或允许运输受管制的废弃物。违反者将被处以不超过5年的监禁和最高50万马币的罚金。

根据《环境质量法》的规定，投资者必须在提交投资方案时考虑到环境因素，进行投资项目的环境影响评估，在生产过程中控制污染，尽量减少废物的排放，把预防污染作为生产的一部分。根据《环境质量法》，必须进行环评的项目包括：将占地面积500公顷以上的森林地改为农业生产地、水面面积200公顷以上的水库/人工湖的建造、50公顷以上住宅地开发、石化与钢铁项目以及电站项目等。

根据《环境质量法》的规定，马来西亚污染事故处理或赔偿的标准主要根据污染事故的性质、影响以及造成的后果来加以判定。

2. 环境质量条例对废气燃烧（工业或商业经营场所）、黑烟、空气杂质、汽油发动机排放、柴油发动机排放、摩托车排放、车用汽油铅浓度、汽油和柴油性能、固体废物转移和填埋污染、卤代烷管理、汽车噪声、天然生胶和天然棕榈油加工生产过程中的工业废水排放、特定的废弃物处理、制冷剂管理、污水等可能对环境造成有害影响的事项进行了规定，有些事项设置了相应的技术标准要求。

3. 马来西亚是《联合国气候变化框架公约》（UNFCCC）缔约方会议（COP）的签署国。马来西亚承诺，在2030年前将国内温室气体（GHG）生产总值排放量相对于2005年的水平减少45%，其中35%为无条件减少，其余10%将在获得发达国家的气候融资、技术转让和科技建设方面的援助后，进一步减少。

三 环境法律风险及防范建议

马来西亚注意环境保护，中国企业在马来西亚开展投资合作，要遵守当地环保法律法规，依法保护当地生态环境。具体包括：

1. 了解马来西亚环保法律法规，实时跟踪和关注当地的环保标准和环保热点、焦点问题。

2. 按照马来西亚法律规定，一方面，对投资项目进行环境影响评估，掌握生产经营过程中可能产生的废气、废水、废料和其他环境影响，在规划设计过程中选好解决方案。另一方面，在投资行业和方向上，尽量多参与马来西亚绿色经济的建设。近年来，中资企业在赴马投资合作过程中，从两个方面参与了其绿色经济建设。一是加大在清洁能源、绿色产业领域的投资，包括太阳能光伏面板、电动汽车、太阳能发电等；二是在传统行业采用了先进的工艺和技术，引领该行业在当地的技术换代，减少对资源环境的影响。

3. 在马来西亚，环保产业是独立的产业部门，市场上有专门获得政府许可的环保企业承担废水废料的处理业务。中资企业在开展投资合作时,要提前做好环保预算,按照政府要求把企业环保业务交付给专业环保公司处理,以免引起环保纠纷。

四 相关案例

私排废水污染环境受重罚

——废水超标排放污染环境刑事案件

1. 案情简介

本案中,被告被查出向内陆水域释放废水,马来西亚化学部的化学家对进入内陆水域的废水样本进行了分析,分析报告显示,排放的废水超过了《环境质量(工业废水)条例》第8(1)(b)条和《环境质量法》第21条规定的浓度,并对内陆水域造成了污染。因此,被告在诉讼法院被起诉被判刑。

被告在一审法官判决前提出,这是被告首次犯罪,提取的废水样本中的危险成分处于最低水平,并表示已被告采取适当行动处理有关废水的排放。一审法院以罚金方式判处罚款5000马币。之后被告上诉。上诉法院撤销一审判决,认定由于涉及公众利益,裁定对被告应该施加较重的刑罚,最终被告被重罚9万马币(原判的18倍)。

2. 案例分析

在本案中,上诉法院认为,依据所涉及的公共利益以及其他对环境和生物的不利影响,一审判决的处罚与被告的罪行不相称,上诉法院改判较重的刑罚,显示出对环境污染问题的高度关注。

马来西亚的环境保护框架涉及处理各个方面的环境问题,包括污染和工业活动对环境的影响。违反《环境质量法》的规定可能受到1万~10万马币的重罚。一些持续的罪行每日会罚款高达1千马币。另外,根据《环境质量法》第43(1)条的规定,任何实施犯罪行为的公司、事务所、社团或机构的董事、行政总裁、经理或合伙人等均应"被认定为犯罪行为人,除非他能证明该罪行未经过其同意或纵容而发生,并且他已经做出了所有的努力以防止该罪行,并考虑到他本人以这种身份的行为和所有情形"。中资企业在马来西亚开展项目时,应谨慎考虑这些与环境有关的法律以及要求,以确保在马来西亚开展项目之前已建立一个完善、健康与安全的环境合规体系。

第十章

知识产权法律制度及法律风险

一 知识产权法律制度

(一)法律制度相关规定

在知识产权保护上,马来西亚属于东盟成员中知识产权保护制度较完善的国家。马来西亚于2007年在吉隆坡成立了知识产权法院,通常审理在吉隆坡高等法院提起的所有知识产权相关纠纷。同时,吉隆坡以外的任何马来西亚高等法院都有审理知识产权纠纷的管辖权。

目前,马来西亚现行知识产权法律体系有:《商品说明法》,《知识产权局法》,《光盘法》,《沙巴州生物多样性法》,《数字签名实施细则》,《通信和多媒体法》,《通信和多媒体委员会法》,《电子签名法》(第562号),《远程医疗法》,《著作权犯罪构成条例》,《集体管理组织版权条例》,《商标实施细则》,《地理标志(修正案)实施细则》,《工业品外观设计法(修正案)实施细则》,《著作权法实施细则(通知)》,《著作权法实施细则(特许机构)》,《著作权法实施细则(著作权法庭)》,《专利法(修正案)实施细则》,《商标法(修正案)实施细则》,《专利(修正案)实施细则》,《专利法(修正案)实施细则》,《专利实施细则(修正案)》,《商标(修正案)实施细则》,《地理标志实施细则》,《光盘实施细则》,《著作权法(适用于其他国家)实施细则(修正案)》,《商品说明命令》(指定Y2K标志的含义),《工业品外观设计实施细则》,《著作权命令》(公共图书馆和教育,科学或职业机构),《专利实施细则》,《商品说明实施细则》(由贵重金属制成的物品),《商品说明实施细则》(违法行为),《著作权命令》(公共图书馆和教育,科学或职业机构),《著作权法(适用于其他国家)实施细则(修正案)》,《著作权实施细则(适用于其他国家)勘误》,《商品说明命令(无压力煤油炉的标志)》,《著作权实施细则(适用于其他国家)》,《版权实施细则(禁止出口的通知)》,《商品说明实施细则》(低价销售),《版权命令(公共图书馆和教育,科学或职业机构)》,《版权命令(政府组织和国际机构)》,《商品说明命令》(适用Halal标志),《商品说明命令》(食品的标记),《商标法》,《工业设计法》,《地理标志法》,《版权法》(A1420 号法案),《植物新品种保护法》(第 634 号),《专利法》,《集成电路布图设计法》。

马来西亚是《保护文学和艺术作品伯尔尼公约》《世界知识产权组织版权条约》《世界知识产权组织表演和录音制品条约》《商标注册用商品和服务国际分类尼斯协定》《建立商标图形要素国际分类维也纳协定》《保护工业产权巴黎公约》《专利合作条约》《与贸易有关的知识产权协定》等国际条约的成员。

1. 专利制度

马来西亚的首部专利法制定于 1983 年,现已经过多次修订。该法所保护的客体为具有新颖性、创造性和实用性的发明专利以及具有新颖性和实用性的实用新型专利。

实用新型专利又称“小发明”,在创造性和实用性的要求上比发明专利要低,因此,法律对于二者的保护也存在一定差异。例如,发明专利的保护期限为 20 年(如果专利是在 2001 年 8 月 1 日前授予或申请的,专利的保护期为自申请之日起 20 年,或自授予之日起 15 年,以较长者为准。如果专利申请是在 2001 年 8 月 1 日之后提出的,被授予的专利的保护期是自申请提交之日起 20 年);实用新型专利的初始保护期限为 10 年,且可申请两次为期 5 年的续展,但总保护期限不得超过 20 年。

在新颖性的判断上,马来西亚采用绝对新颖性原则,根据该原则,在专利申请日之前,在全球任何地点通过书面、口头、使用或其他方式向公众公开的技术都构成先有技术;创造性点要求则是专利中的创造性步骤对于该技术领域的普通技术人员而言不具有显而易见性。不过马来西亚法律不认可计算方式、科学发现、商业模式、思想活动、游戏规则、植物或动物品种或用于生产植物或动物的基本生物过程(不包括人造活微生物、微生物过程及其产物)、对人或动物身体进行外科手术、治疗或诊断方法的可专利性。

马来西亚于 2006 年加入了《专利合作条约》。因此,除了直接向马来西亚知识产权公司递交专利申请的渠道之外,马来西亚自 2006 年 8 月 16 日起也接受国际专利申请。此外,马来西亚允许专利或专利申请的司法转让,即在专利申请或专利所要求保护的必要技术特征是通过从他人发明中非法取得,那么原发明人可以在专利授权之日起的 5 年内,申请法院将专利或专利申请进行转让。

对于职务发明以及委托发明的权利归属,马来西亚采取雇主主义,即在无当事人明确约定的情况下,职务发明和委托发明属于雇主和委托人,职务发明不仅包括具有研发职责的雇员所研发的发明创造和实用新型,也包括劳动合同中未约定研发职责,但雇员主要利用雇主的数据或工具进行研发的发明创造和实用新型。

关于合作开发完成的发明创造,马来西亚专利法规定:在没有特别约定的情况下,合作开发完成的发明创造的专利申请人或专利所有人可以单独地转让或移转其在专利申请或专利上的权利、开发发明创造、采取行动制止第三人实施专利,无须获得其他专利申请人或专利权人的同意。但是,撤回专利申请、放弃专利或终止许可协议必须取得所有专利申请人或专利权人的同意。

他人未经许可,为了生产或经营目的而实施专利构成专利侵权行为,包括制造、进口、许诺销售、销售或使用专利产品,为进行许诺销售、销售或使用而储存专利产品,使用方法专利及使用、许诺销售、销售、进口依照该专利方法直接获得的产品的行为,均构成马来西亚专利法所规定的侵权行为。

专利申请由马来西亚知识产权公司(MyIPO)负责管理,普通民众可从 MyIPO 官方网站获取专利申请指导。一个专利获得授予后,任何受损害的第三方都可以向高等法院申请使专利无效。专利无效的理由可能包括专利主体不在保护范围内、说明书或权利要求不符合专利条例的要求、专利权不属于被授予专利权人、未提供所必需的图纸、提供了不完整或不正确的资料等。

专利侵权诉讼是指对未经同意或授权的侵犯专利的行为提出的侵权索赔之诉。如果专利涉及产品,则专利侵权诉讼针对的行为可能包括制造、进口、提供销售、销售或者使用专利产品;如果专利涉及一个过程,则诉讼针对的行为可能包括采用专利工艺、对直接通过专利方法获得的产品实施与专利产品有关的任何实施行为。

专利侵权诉讼必须在高等法院提起,上诉可以向上诉法院提出,在有限的情况下也可以向联邦法院提出。

2. 外观设计制度

涉及工业设计的立法文件包括《工业设计法》与《工业品外观设计实施细则》,2013 年 6 月 1 日工业设计修正案对《工业设计法》进行了一些关键内容的修订。马来西亚保护的工业设计是在成品中肉眼可见的,适于工业应用的产品的形状、构造、图案、装饰或其结合。可注册的工业品外观设计应当符合世界新颖性原则,即马来西亚以外存在的工业品形状、构造、图案、装饰或其结合也构成现有设计。经注册的工业设计将成为注册人的个人财产,有权对抗他人的侵权行为。马来西亚《工业设计法》规定工业产品外观设计的初始保护期为自注册申请之日起的 5 年,期满可申请 4 次为期 5 年的续展期,但是总保护期限不得超过 25 年。

3. 商标制度

马来西亚现行适用的是2006年版的《商标法》。目前,马来西亚所认可的注册商标标识仍主要限于可视性标识,如图案、标题、标签、名称、签名、文字、数字、字母或其组合。可注册的商标必须符合以下条件之一:(1)以特别方式呈现的个人或公司的名称;(2)申请人或其业务中前辈的签名;(3)创设的词语;(4)一般含义不涉及表示商品或服务特点或质量、地理名称或姓氏的词语;(5)其他显著性标识。注册商标不得造成相关公众混淆或误认,不得有损国家利益或安全,也不得含有诽谤性、冒犯性的内容。马来西亚《商标法》还特别列出:不得将含有"专利""注册""工业设计""版权"等近似词语注册为商标。注册商标的有效期为10年,每10年进行自动续展。一旦获得商标注册,注册商标所有者便拥有在交易中使用其商标的专有权利,也有权根据马来西亚《商标法》对未经其同意使用商标的其他人提起民事侵权诉讼或向行政执法部门投诉,商标注册证明则是商标所有人开展进出口业务的重要权利证明。

4. 地理标志

马来西亚同时注重对于地理标志的保护。2022年3月18日,新的《地理标志法》生效,2000年《地理标志法》废除。该项立法更新旨在对地理标志进行更全面、严格的保护。值得一提的是,2000年《地理标志法》并没有提及刑事执法或法定罪行,但新《地理标志法》规定了以下行为为违法行为:进口或销售带有虚假地理标志的商品、向地理标志负责官员提交虚假信息或在注册簿中填写虚假内容、将地理标志错误地表示为已注册地理标志、假称商品已注册了地理标志,以及不服从登记官的要求(如拒绝作为证人提供证据或出示任何文件或物品)。

5. 版权制度

马来西亚作为《保护文学和艺术作品伯尔尼公约》的成员,对于具有独创性的文学作品、音乐作品、美术作品、电影作品、录音制品、广播和演绎作品等给予版权保护。符合独创性的作品将自动产生版权,作品的登记适用自愿登记制度。版权在马来西亚无须注册即可享受保护。当然,如有需要,版权所有人可以在MyIPO注册版权。已登记版权的官方证明可作为版权已经登记的初步证据,可用于马来西亚各级法院。

关于作品的保护期限,马来西亚《版权法》规定文学、音乐或美术作品的保护期是作者生前加死后50年,电影和录音制品的保护期是自作品发表之日起50年,通过有线或无线传播的广播的保护期为自广播形成之日起50年。

关于侵犯版权问题,马来西亚《版权法》规定:未经许可,以任何形式复制、表演、展示、播放、向公众传播作品，为交易或经济利益而进口任何作品，为销售或出租而制作侵权复制件，销售、出租、许诺销售、发行侵权复制件，为私人或家用以外的目的而获取侵权复制件，以交易方式展示侵权复制件等行为都落入版权的保护范围。然而，在盗版问题上，尽管马来西亚在加大知识产权执法力度方面做出了努力，但是马来西亚的盗版问题仍然十分严重。为此，马来西亚制定了《光盘法》，对光盘制造企业采取许可证制度，并在生产的光盘上附加全息图标识，只有获得许可证的企业所生产的光盘才能在市场上销售。

随着互联网的发展，为了平衡网络服务提供者和作者之间的利益，2012 年马来西亚《版权法修正法案》也同许多国家一样，规定了适用于网络接入服务、数据传输服务、在线服务等服务的网络服务提供者的避风港规则，引入了“通知—删除”程序。

（二）知识产权管理机构

马来西亚创设了 MyIPO，以法人团体的形式存在，负责监督和管理马来西亚的知识产权系统。MyIPO 主要负责专利、商标、版权、工业设计、地理标志、集成电路布图设计的申请注册与管理工作，为鼓励创新和知识产权开发而提供法律基础设施和高效的知识产权管理机制。

马来西亚通过对知识产权管理机构的公司化转型，增加了知识产权管理机构的经济收入来源，提升了审查员的经济收入和工作动力，极大地推动了知识产权服务业务的发展。近年来，马来西亚知识产权公司不断开拓与其他国家知识产权局的合作，已经与日本特许厅建立了审查高速路合作，2017 年 7 月 1 日，也与欧专局开始为期 3 年的审查高速路合作项目。中国知识产权所有者可在马来西亚注册或申请其商标、专利、工业设计和地理标志的知识产权。在向 MyIPO 提交知识产权申请时，企业通常需要提供其在马来西亚的服务地址和当地代理或律师的信息。

（三）知识产权司法制度

在司法上，近些年马来西亚发生的知识产权案件不断增多，但是整个马来西亚法院体系中缺乏具有专业知识产权知识储备的法官，为此，马来西亚于 2007 年成立了知识产权法院，在各州设有 15 个知识产权审判庭，并分别在吉隆坡、雪兰莪、霹雳、沙巴、沙捞越和柔佛的高等法院中设有专门处理知识产权案件的高等法庭。知识产权高等法庭的案件由一名独任法官主持并审理，以此促进专业、便捷、高效地处理知识产权纠纷。在审理专利案件时，由于专家证人了解特定技术领域内的技术诀窍以及其他技术内容，马来西亚法院也会听取专家证人的意见。若一件知识产权案件既涉及侵权问题又涉及有效性问题，法官有权决定并行处理抑或优先审理有效性问题。一旦认定被诉者实施了知识产权侵权行为，马来西亚法院为知识产权权利人提供的救济措施包括：禁止侵权人实施侵权行为、没收或销毁侵权产品、判决侵权人承担损害赔偿、判决侵权人承担权利人为维权而付出的合理费用。

二、知识产权法律风险及防范建议

马来西亚是世界知识产权组织的成员，也是世界贸易组织颁布的《与贸易有关的知识产权协定》的签署方。尽管马来西亚依然存在互联网抄袭和图书盗版的情况，但马来西亚在加强知识产权执法方面已经取得了长足的进步。

从制度整体架构的宏观角度来看，马来西亚对于知识产权的保护与中国的知识产权制度存在着一定的类似性。马来西亚是一个新兴的多元化经济国家，中资企业在进入马来西亚市场的过程中将不可避免地牵扯到知识产权问题，在马来西亚经营业务之前了解马来西亚的知识产权保护制度，并制定必要的知识产权战略布局，将为中国企业走出中国、开展马来西亚市场内的业务保驾护航。

中国知识产权所有者在将其产品或服务引入马来西亚市场之前，应考虑在马来西亚获得知识产权保护。建议中资企业在向当地合作伙伴披露其技术或商业信息之前先与当地合作伙伴达成保密和竞业禁止协议，同时寻求律师的建议或咨询马来西亚知识产权法专家。

第十一章
争议解决制度

一 争议解决制度概述

在马来西亚解决商务纠纷的主要途径是仲裁和诉讼。马来西亚的诉讼法体系较为复杂,以判例法为主,但同时具有伊斯兰法和习惯法的特征。出于保护商业秘密等原因,一般情况下,外国投资者在马来西亚会选择以仲裁的方式解决商事纠纷的情形较为常见。此外,马来西亚也鼓励和促进调解作为一种替代性争议解决机制。

1. 诉讼

马来西亚具有多元化的背景,形成了独特的民事诉讼体系,目前实行四级法院三审终审制度。

(1)诉讼程序

民事诉讼的原告应向高等法院或下位法院递交起诉状,或先递交一份简要的关于诉讼请求的性质及内容的说明,法院应在收到起诉状或说明后出具传票,传票一旦送达至被告,则被告在14天内必须提交关于出庭应诉的备忘说明。

主要诉讼程序包括庭前准备会议、诉前救济措施和庭审流程。具体的庭审流程包括开场陈述、法庭辩论、证人质询和总结陈词。法院的所有诉讼程序应使用马来语进行。为方便当事人和法院,法院和律师也常偏好用英语进行诉讼。

(2)上诉程序

根据《上诉法院规则》以及《法院规则》的规定,从下位法院向高等法院提起的上诉必须在裁决作出之日起14天内提起;从高等法院向上诉法院上诉必须在被上诉裁决作出之日起的1个月之内提起。根据《上位法院法》的规定,从上诉法院向联邦法院上诉则必须在上诉法院的裁决作出之日起的1个月内提起。

(3)执行程序

执行令一般有3种形式:①没收和拍卖执行令;②占有不动产执行令;③交付动

产执行令。申请执行判决的时效是在判决生效之日起的 12 年以内。需要注意的是,对判决所确定的债务的利息可请求的范围仅包括利息到期应付日后的 6 年以内所产生的利息。

(4)诉讼时效

《诉讼时效规定》作了如下规定:①基于合同或者侵权行为而产生的诉讼请求的诉讼时效是案由事项产生后的 6 年之内;②关于不动产权利的诉讼请求的诉讼时效是权利产生的 12 年之内。如果是关于被告欺诈及其相关的诉讼请求,诉讼时效则应从原告发现或者在合理的注意义务之下应当发现欺诈事项时开始起算。

2. 仲裁

马来西亚的仲裁制度由《仲裁法》规定,对仲裁制度的基本原则、仲裁协议、仲裁员组成、仲裁庭管辖权、仲裁程序、仲裁裁决、裁决的撤销、裁决的承认和执行等作出了规定。

马来西亚主要的仲裁机构是亚洲国际仲裁中心,其仲裁规则依据《联合国国际贸易法委员会仲裁规则》而制定。吉隆坡地区仲裁中心由亚非法律协商组织在 1978 年成立,是一个非营利、非政府的国际仲裁机构。

马来西亚和中国都是《承认及执行外国仲裁裁决公约》的缔约国,仲裁裁决可以通过当地法院执行,仲裁由双方约定,可以选择异地仲裁或国际仲裁,在马来西亚可以选择吉隆坡区域仲裁中心。马来西亚是《解决国家与他国国民之间投资争议公约》的签署方,在马投资出现争端时,可依照该公约,将投资争议提交位于华盛顿的解决投资争端国际中心仲裁,以保障投资纠纷的解决和仲裁结果的执行。

3. 调解

马来西亚的调解制度由《调解法》规定。马来西亚主要的专业调解机构有:吉隆坡地区仲裁中心和马来西亚调解中心。

(1)主要规定。《调解法》鼓励和促进调解作为一种替代性争议解决机制。一方当事人可以向另一方当事人发出进行调解的书面邀请,另一方当事人在 14 日内或在书面邀请约定的时间期限内做出接受调解的书面回复,即启动调解。此后,当事人签订书面调解协议,指定一位调解人或者请求专业调解机构代表其指定一位或多位调解人。调解人可以决定调解进行的方式,提出解决纠纷的建议,协助当事人达成满意的解决方案,但没有做出决定的权利。

调解结束后,如当事人就解决纠纷达成共识,则签订书面的和解协议。和解协议对双方当事人具有约束力。如果已在法院提起诉讼,和解协议可以由法院记录作为合意判决或法院判决。

涉及联邦宪法条款的效力的诉讼、涉及临时或永久禁令的诉讼、《土地获得法》所规定的诉讼、司法审查、上诉、刑事案件等事项不得进行调解。

(2)法院附设调解。法院附设调解是指法官作为调解人协助处于诉讼中的双方当事人找到解决纠纷的办法。法院可以自行决定或应一方当事人的请求就当事人在法院提起的诉讼进行免费调解。当事人有权要求其律师在调解时在场。在实践中,负责审理的法官如果认为纠纷可以友好地解决,往往会请当事人在其办公室会面并建议采取调解的方式。

马来西亚许多法院设有调解中心,其中著名的是吉隆坡法院附设调解中心。

二 争议解决常见问题及注意事项

马来西亚经贸纠纷解决主要途径是诉讼和仲裁,但是由于马来西亚和中国没有建立互相承认法院判决的机制,中国判决不能在马来西亚执行;反之亦然,因此诉讼对中国企业来说有严重缺陷。因此,选择诉讼前要考虑以下几点:判决能否有效执行;资产所在地;费用。因此,对于涉及跨国执行的纠纷,中资企业往往选择仲裁。

相关企业在制定、签署相关合同前建议慎重审核相关管辖条款,选择恰当的纠纷解决方式。

三 相关案例

重视每一审判阶段,坚持赢来三审终审胜诉结果

——马来西亚 D 公司与中国 C 公司合同纠纷案

1. 案情简介

2002 年,中国 C 公司(以下简称 C 公司)和马来西亚 D 公司(以下简称 D 公司)就马来西亚某项工程(以下简称目标项目)签订了合作协议。2007 年 7 月,与 C 公司同属一家集团的 H 公司成功中标了目标项目。D 公司对此不满,认为 C 公司未经其同意将有关设计建议书交给 H 公司,与 H 公司共谋侵害其利益,因此于 2008 年 1 月,以违约、违反信托义务、共谋欺诈等为由,将 C 公司、H 公司、H 公司当地合作伙伴 R 公司及 Z 公司起诉至吉隆坡高等法院,索赔 1.055 亿马币。后因原告 D 公司送

达程序错误,法院将 H 公司及 Z 公司从被告名单中移除。

吉隆坡高等法院于 2012 年 10 月作出一审判决,认定原告 D 公司是相关设计建议书的共有人,且未同意 C 公司将设计建议书交与 H 公司及 R 公司,C 公司构成违约;C 公司和 R 公司共同欺诈 D 公司;支持 D 公司要求 C 公司及 R 公司赔偿其损失的请求。

其后,C 公司向吉隆坡上诉法院提出上诉。吉隆坡上诉法院于 2014 年 5 月作出判决,认为一审法院对合同内容的解释有实质性错误,该错误足以推翻其判决,因而支持 C 公司的上诉,全面驳回了 D 公司的索赔请求,并判决其须向 C 公司等支付诉讼费用共 15 万马币。D 公司不服,于 2014 年 6 月向终审法院马来西亚联邦法院提起上诉。

2015 年 2 月,马来西亚联邦法院以没有新的法律问题需要审理为由,裁定驳回 D 公司上诉。C 公司全面胜诉。

2. 案例分析

马来西亚的诉讼时间较长,环节较多,这一案件,从一开始的败诉,到第二阶段的反败为胜,再到第三阶段的持续胜诉,历时 7 年之久。C 公司的坚持在诉讼案件中非常重要,没有坚持就不可能取得最终的胜利。

另外,尽管马来西亚的诉讼制度为三审终审制,但由于当事人向联邦法院上诉必须满足极为严苛的条件才会被立案,二审往往成为实际意义上的终审,因此,必须高度重视二审环节,尤其是在一审失利的情况下,应及时调整策略,把二审当作终审对待,下大力气,争取有更为公正的结果。

第十一部分

东帝汶篇

第一章

东帝汶基本概况

一 国家概况[1]

东帝汶民主共和国(Democratic Republic of Timor – Leste,简称东帝汶)位于东南亚努沙登加拉群岛最东端,包括帝汶岛东部和西部北海岸的欧库西地区以及附近的阿陶罗岛和东端的雅库岛。西部与印度尼西亚西帝汶相接,南隔帝汶海与澳大利亚相望,国土面积为15,007 平方公里。东帝汶位于东九区,比北京时间早1 个小时,无夏时制。东帝汶境内多山,沿海有平原和谷地,大部分地区属热带雨林气候,平原、谷地属热带草原气候,年平均气温26℃,年平均湿度为70% ~80%,年平均降水量1200 ~1500 毫米。

东帝汶的官方语言为德顿(Tetum)语和葡萄牙语。通用货币为美元,并发行与美元等值的本国硬币。

截至2022 年年末,东帝汶人口为134 万,其中78% 为土著人(巴布亚族与马来族或波利尼西亚族的混血人种),20% 为印尼人,2% 为华人。全国约91.4% 的人口信奉天主教,2.6% 的人口信奉基督教,1.7% 的人口信奉伊斯兰教。

东帝汶首都帝力,位于帝汶岛东北海岸,人口为28.1 万,是全国政治、经济和文化中心,全国80% 以上的经济活动在此进行。

东帝汶的行政区划共设14 个地区,区以下设65 个县,443 个乡(“苏古”,sucos)和2236 个村(aldeias)。

东帝汶主要矿藏有金、锰、铬、锡、铜等。帝汶海石油和天然气资源富集,迄已发现44 块油田,探明石油储量约30 亿桶,天然气储量约7000 亿立方米。2005 年7 月设立石油基金,截至2022 年年底,东石油基金滚存累计为174.1 亿美元。

---

[1] 参见《东帝汶国家概况》,载中华人民共和国外交部网2024 年4 月25 日,https://www.mfa.gov.cn/web/gjhdq_676201/gj_676203/yz_676205/1206_676428/1206x0_676430/。

二 经济概况

东帝汶被联合国开发计划署列为亚洲最贫困国家和全球20个最落后的国家之一。东帝汶主要财政来源为油气收入,经济严重依赖石油收入。[1]

根据联合国开发计划署(UNDP)发布的《2021—2022年人类发展报告》,东帝汶人类发展指数(HDI)排名140位。根据世界银行发布的《2020年营商环境报告》,东帝汶排名181位。2022年9月,加拿大智库弗雷泽研究所(Fraser Institute)发布《世界经济自由:2022年年度报告》,东帝汶2020年经济自由度排名136位。根据透明国际发布的2022年度全球清廉指数(Corruption Perception Index,CPI),东帝汶排名第77位。

东帝汶政府将经济发展的重点放在基础设施重建和改善农业、开发油气资源等方面。随着2014年以来的国际油价持续下跌,东帝汶石油收入增速明显放缓。

2020年受新冠疫情影响,东帝汶经济遭受较大冲击。根据东帝汶财政部信息,东帝汶国民经济2020年下降8.3%,2021年增长2.9%,逐步走出疫情经济发展低谷。根据亚洲开发银行发布的《亚洲发展展望》报告,随着政府支出和私人消费增加,东帝汶2022年经济增长率上升至3.2%;受全球大宗商品价格上涨等因素影响,东帝汶2022年通货膨胀率剧增至7.0%。

2017~2021年,东帝汶国内生产总值逐年增长,2021年GDP达21.86亿美元,但2019年以来,GDP增速放缓。政府债务占GDP百分比逐年上升。据国际货币基金组织(IMF)预测,2022~2025年东帝汶GDP总额将呈现逐年增长趋势,但GDP增速有所放缓。

三 外交情况

奉行务实平衡的外交政策,广泛寻求国际援助,迄同122个国家建交,重视发展同澳、印尼两大邻国及中、美、日等大国关系,密切同葡萄牙及葡语国家联系,是葡共体唯一亚洲成员。重视地区合作,为"西南太平洋对话"机制、太平洋岛国论坛和东

[1] 参见《中国居民赴东帝汶民主共和国投资税收指南(2023)》。

盟地区论坛成员。已加入22个国际组织,并发起成立脆弱国家集团(G7+)。2022年11月11日,第40届和第41届东盟峰会发表《东盟领导人关于东帝汶申请加入东盟的声明》,原则同意接纳东帝汶为东盟第11个成员,给予东帝汶观察员地位。[1]

1999年8月东帝汶举行全民公决并脱离印度尼西亚。2000年9月,中国在帝力设立大使级代表处。2002年5月20日,东帝汶宣告独立,中国于当日与东帝汶建立外交关系。中方支持东帝汶建设发展,向东帝汶赠送农机、渔具等物资,为东帝汶公务员和技术人员提供培训。两国于2002年5月签署《中华人民共和国政府和东帝汶民主共和国政府关于建立外交关系的联合公报》,2014年4月签署《中华人民共和国和东帝汶民主共和国关于建立睦邻友好、互信互利的全面合作伙伴关系联合声明》。2023年9月签署《中华人民共和国和东帝汶民主共和国关于建立全面战略伙伴关系的联合声明》。

东帝汶宣告独立当日,美国、澳大利亚与东帝汶建立外交关系。根据世界银行统计数据,美国是东帝汶主要外资来源国之一。根据东帝汶财政部的援助透明度网络平台数据,[2]美国、澳大利亚也是东帝汶主要援助国之一,2021年澳大利亚是东帝汶最大的援助国。2018年澳大利亚与东帝汶签署《东帝汶海海上边界条约》(Maritime Boundary Treaty);2022年两国签署澳大利亚太平洋劳工流动(PALM)计划下的第一份双边谅解备忘录。

四 发展规划

东帝汶发展规划主要包括国家发展战略和行业发展战略,如《2011—2030年国家发展战略规划》《经济恢复规划》《国家发展合作战略(2020—2025)》《东帝汶国家水产养殖发展战略(2012—2030)》。

(1)《2011—2030年国家发展战略规划》[3]

2011年6月,东帝汶在完善《国家2011—2030年中长期战略发展规划》的基础上通过了《2011—2030年国家发展战略规划》。规划定位国家未来20年的发展方

[1] 参见《东帝汶国家概况》,载中华人民共和国外交部网2024年4月25日,https://www.mfa.gov.cn/web/gjhdq_676201/gj_676203/yz_676205/1206_676428/1206x0_676430/。

[2] 参见东帝汶财政部援助透明度网络平台,https://www.aidtransparency.gov.tl。

[3] 参见亚洲发展银行,https://www.adb.org。

向,旨在推动非石油经济的发展,刺激私营经济的增长。到 2030 年,东帝汶将由低收入国家发展成为中等偏上收入国家。主要发展战略包括:推动经济自由化和提升竞争力,创建由私营经济主导的市场经济;为企业投资建厂创造条件,吸引私人投资;促进出口;发展国有企业;为国内外投资者提供投资鼓励措施;推进经济领域基础设施建设,创造就业机会;减少贫困,提高居民生活质量。

(2)《经济恢复规划》[1]

2020 年 8 月 25 日,东帝汶公布《经济恢复规划》。规划分两个阶段实施:第一阶段为发布之日起至 2020 年年底,重点保就业保民生,为陷入困境的企业和家庭提供经济支持;第二阶段着眼于中长期发展,通过出台经济复苏的结构性政策,重点支持农业、卫生、教育、清洁水和卫生等领域发展,包括 71 项中长期措施。

(3)《国家发展合作战略(2020—2025)》[2]

美国国际开发署(USADI)与东帝汶共同制定东帝汶《国家发展合作战略》(CDCS),目标是建立自力更生、包容、繁荣和健康发展的东帝汶,改善东帝汶营商环境,提升政府行政效率。

(4)《东帝汶国家水产养殖发展战略(2012—2030)》[3]

该战略旨在指导东帝汶水产养殖业的发展,以减少贫困,发展经济。目标是到 2030 年水产养殖可满足国内 40% 的消费需求。

五 东帝汶工业园区、经济特区介绍

东帝汶有 2 个经济特区(Special Economic Zones):欧库西特区和阿陶罗岛特区(根据第 3/2014 号法令设立),经济特区管理机构是社会市场经济特区办公室(Zona Especial de Economia Social de Mercado de Timor - Leste, ZEESM)。在欧库西特区和阿陶罗岛特区,对于符合一定条件的投资项目免征 10 年的所得税、销售税和服务税。目前,经济特区暂无中资企业入驻。

1. 欧库西特区:2014 年 7 月,欧库西特区正式奠基。2019 年 11 月,时任特区主席表示将重点发展农渔业生产,推动东帝汶工业和旅游业发展,吸引国内外投资。

[1] 参见东帝汶政府,http://timor - leste. gov. tl。
[2] 参见美国国际开发署,https://www. usaid. gov。
[3] 参见联合国粮食及农业组织,https://www. fao. org。

特区交通便利,与帝力每天有往返航班,每周有两次往返渡轮。欧库西—安贝诺地区是帝汶岛西部的沿海飞地,人口约为 7 万人,正在进行大规模的基础设施开发和建设,包括桥梁、灌溉大坝、港口和国际机场等。

2. 阿陶罗岛特区:该特区拥有山脉、森林、草坡、海滩,自然环境优美,并拥有小型机场和渡轮,适合发展生态旅游项目。

第二章 投资法律制度及法律风险

一 投资政策概述[1]

1. 投资主管部门

东帝汶的投资主管部门是东帝汶贸易投资促进局(Trade Invest Timor – Leste),该局设置投资、出口、对外关系、市场管理和财务等部门,主要职能是支持和鼓励来东帝汶的潜在投资者,引导在东帝汶的外国公司抓住商机并建立项目,并为其提供“一站式”服务。该局隶属于东帝汶经济事务协调部。

2. 投资门槛

根据《私人投资法》的规定,东帝汶鼓励外商投资基础经济和商品进出口领域,对投资于欧库西、阿陶罗和部分农村地区的投资者给予时间长短不一的免税待遇,包括免除进口关税待遇。如果外国投资者要获得上述投资激励,最低投资额须在150万美元以上,其中现金投入部分应占50%以上。根据规定,外国投资者可投资除邮政服务、公共通信、受保护的自然保护区、武器生产与销售等由国家控制的领域以及法律禁止的其他活动(如犯罪活动和不道德的活动)以外的任何领域。

无论是本土公司还是外商投资公司,均可以普通合伙、有限合伙、有限责任或股份公司形式存在。外国企业也可注册成立本土分支机构。东帝汶政府鼓励外国投资者与当地人合资,但大部分外国投资者倾向于采用独资方式。政府对在东帝汶建设开发区、出口加工区或工业园的外国投资者暂无特殊规定,暂无有关外资并购安全审查、国有投资企业投资并购、反垄断、经营者集中审查等方面的法律,当地亦无可提供此类咨询的专业机构。

3. 投资吸引力

2009年以来,东帝汶政局较平稳,社会治安状况持续好转。在石油产业的推动

[1] 参见《中国居民赴东帝汶民主共和国投资税收指南(2023)》。

下，国民经济稳步发展。2010 年，东帝汶通过《2011—2030 年国家中长期战略发展规划》。2012 年 8 月，东帝汶第五届宪法政府履职后，采取积极务实的经济发展政策，国家建设步伐逐步加快，道路、机场、码头、市政、通讯、税收法律农业设施项目得以着手规划实施，为外来投资创造更加有利的环境。2015 年 2 月，东帝汶第六届宪法政府就职后，承诺继续实施前任政府的战略规划，向人民提供高质量的服务，打造“有效、高效、负责”的政府。2017 年 5 月 30 日，东帝汶政府于官方网站发布了《东帝汶 2017 年投资指南》。该指南不仅提供了东帝汶的经济形势、税收法律和劳工问题等关键信息，也提供了在东帝汶经商的建议。根据该指南，东帝汶的自然资源、可持续发展承诺、美元货币、改革方案、国际一体化和税收制度等，是吸引外来投资的六大主要因素。

东帝汶政府预计在未来 10 年基础设施领域的投资将达到 100 亿美元，具有潜在的市场需求。有潜力的投资领域包括：基础设施、农业合作、海洋渔业、能源矿产、旅游酒店、商业贸易、交通运输。

4. 投资优惠[1]

东帝汶《私人投资法》规定了给予本国和外国投资者的优惠政策。根据该法，在东帝汶享受投资优惠政策需要满足以下条件：(1) 在东帝汶境内进行投资和再投资，能够为东帝汶社会经济发展作出贡献的国内外投资者；(2) 国家和公共机构的投资不适用相关鼓励措施；(3) 国家或公共机构出资占比 50% 以上的法人开展的投资项目不享受财税和关税优惠。详见表 7。

表 7 投资优惠政策

政策类型	政策内容
工作签证	向至少 5 名与投资项目相关的管理或技术人才签发工作签证
国有财产租赁	为实施投资项目而签订的国有不动产租赁合同的最长期限为 50 年，可每 25 年续期一次，最长为 100 年
税收优惠	涉及投资或再投资项目且依法开展经营的企业可享受最高 100% 的所得税、营业税和劳务税减免
海关优惠	涉及投资项目或再投资项目的企业，其用于建设或管理相关投资和再投资项目的资本品和设备可享受进口关税豁免优惠

[1] 参见《企业对外投资国别（地区）营商环境指南—东帝汶（2022）》。

续表

政策类型	政策内容
地区特别优惠	A类地区：在帝力地区，即克里斯托·雷、东亚历克斯、纳因·费托和维拉·克鲁斯等行政区进行的投资项目可享受最长5年的税收减免优惠 B类地区：在帝力市区范围外的地区进行的投资项目可享受最长8年的税收减免优惠 C类地区：在欧库西—安贝诺县和阿陶罗岛等特别地区进行的投资项目可享受最长10年的税收减免优惠

二、中国对东帝汶投资概况[1]

2017—2021年，中国对东帝汶投资呈波动趋势。《2021年度中国对外直接投资统计公报》显示，2021年，中国对东帝汶直接投资流量为0.06亿美元，较2020年下降83.33%；截至2021年年末，中国对东帝汶直接投资存量为1.01亿美元，同比下降21.71%。中国商务部统计，中国对东帝汶投资主体以民营企业和个体为主，主要投资领域为餐饮、旅店、百货、食品、建材和服务业。

此外，有部分大中型国有企业在东从事工程承包等业务。目前，在东中资企业主要有中国山东国际经济技术合作公司、中国核工业第二二建设有限公司、中国武夷实业股份有限公司和国际合富建设有限公司等。

三、投资法律制度概述[2]

东帝汶重视吸引外资，力争建立较完善的法律体系以改善投资环境。之后，东帝汶陆续颁布实施了《劳动法》、《国民投资法》、《外商投资法》（2011年废止）、《商业注册法》、《进出口货物检验检疫卫生法》、《矿产法》、《土地法》、《环境管理法》和《私人投资法》等一系列法律。

《私人投资法》对外商投资的规定主要包括：

---

〔1〕 参见《企业对外投资国别（地区）营商环境指南—东帝汶（2022）》。

〔2〕 参见《中国居民赴东帝汶民主共和国投资税收指南（2023）》。

(1)法律未禁止的所有经济领域均可投资;

(2)法律保证对投资予以保护;

(3)除法律另有规定,外国投资者享有国民待遇;

(4)尊重东帝汶参与缔结的国际协定对有关投资的规定;

(5)投资者有权汇出投资收益和利润;

(6)投资者有权雇佣外国管理人才和技术工人;

(7)投资者有权出售或转让直接投资资产;

(8)对于可能发生的投资争议,可以在通常普遍接受的国际规则争端解决机制下仲裁。

四 投资风险及建议

1. 严谨评估投资风险

在经济风险方面,东帝汶经济体量较小、产业结构相对单一,且政府收支高度依赖石油基金,故其整体抗风险能力较弱。因此,国际经济环境的任何波动都可能对该国宏观经济指标产生影响。企业在考虑投资时,必须密切关注全球市场行情对东帝汶投资环境的潜在影响,从而避免不必要的经济损失。

在安全风险方面,东帝汶地理位置三面环海,易受台风等自然灾害的侵袭;同时,其国内多山地且属于热带气候,雨季降水量大,易引发洪涝、泥石流等自然灾害。因此,企业在规划投资项目时,必须充分考虑地理环境因素可能带来的潜在影响,并提前制定自然灾害应对预案,以确保投资安全。

2. 深入开展市场调研

尽管东帝汶在多个领域存在投资机会,但由于其整体基础设施水平较为落后,交通运输、通信连接和医疗卫生等方面的发展尚待加强,导致国内市场容量有限。因此,企业在决定投资前,必须进行充分的市场调研,全面了解投资行业的生产经营环境和市场需求,进行细致的可行性分析,以降低投资风险。

3. 严格遵守法律法规

由于东帝汶独立时间相对较短,其法律体系尚待完善。特别是在金融领域,存在较多的法律空白,且目前尚不具备大额融资的条件。此外,由于历史原因,国内不同法律参照蓝本有所不同,可能引发法律争议。企业在投资过程中,必须严格遵守当地的法律法规,加强与相关部门的沟通与合作,确保投资活动的合规性,并有效保护自身的合法权益。

4. 妥善处理劳务问题

东帝汶国内就业市场有限，当地劳工的劳动技能水平普遍不高。政府高度重视外资企业对当地就业的吸纳能力以及员工职业技能培训，并为此出台了相关的强制性培训规定和税收激励政策。因此，企业在招聘和管理当地员工时，必须充分考虑这些因素，制定合理的人力资源管理策略，以避免用工纠纷的发生。

五 相关案例[1]

1. 案情简介

2009年，由中国核工业第二二建设有限公司（本部分称中核二二）承建的东帝汶国家电网电站工程项目开始动工。项目采用EPC模式（设计、采购、施工），合同金额为3.6亿美元，主要工程内容包括9个变电站、603公里150千伏高压输电线路、120公里20千伏配电线路和南北电厂配套储油罐等。2013年9月，苏艾变电站成功送电并投入运行，标志着项目规划的9个变电站全部竣工并交付使用。2014年，项目全面建成交付，由中核二二负责运维。2022年4月，中核二二再度中标该项目2022～2024年运行与维护工程。

东帝汶国家电力电网工程是中核二二首个国际EPC工程总承包项目，也是当时东国内最大的基础设施项目。该项目的顺利实施，大幅提升了东电力供应能力，有效缓解了其电力紧张的局面，对改善东帝汶国家能源结构、推动当地经济发展和促进中国与东帝汶友谊具有重要意义。

2. 主要实践

（1）克服外在困难。中核二二负责东帝汶首都帝力附近的一个调度中心，环绕全岛的9座变电站、603千米输电线路以及1407个铁塔的运维工作，覆盖范围广，自然环境复杂，加之当地交通、通信不便，工作条件较为艰苦。对此，中核二二成立了安装运维管理部，由青年员工组成，经受住极端天气、疾病和疫情等多种考验，有效保障了东帝汶国家电网的运行，获得了东帝汶政府的充分认可。

（2）承担社会责任。中核二二的东帝汶分公司在当地举办了一系列公益活动，包括为学校捐建电教室和相关设备，给残障人士赠送米、面、奶、油物资等。通过积

[1] 参见《企业对外投资国别（地区）营商环境指南—东帝汶（2022）》。

极承担企业社会责任,提高了中国企业在当地的社会形象。

(3)推动业务领域多元化。中核二二自2009年进入东帝汶市场以来,将东帝汶作为公司海外三大核心市场之一,先后承接了东帝汶国家电力电网工程及其运维工程、道路升级与维护项目、马纳图托供水项目、帝力固体垃圾管理项目垃圾收集和填埋运营设备供应标段工程等工程项目,深耕核心市场,不断探索和推动国际业务多元化,促进海外业务可持续发展。

第三章 贸易法律制度及法律风险

一 贸易情况概述

东帝汶对外贸易长期保持逆差。2016～2020 年进出口贸易额呈现逐年增长趋势。自 2018 年以来,贸易逆差有所收窄,2020 年贸易逆差由 2019 年的 4.43 亿美元降为 3.61 亿美元。近年来,东帝汶对外贸易依存度总体呈上升趋势,2020 年对外贸易依存度达到自 2010 年以来的最高水平,为 162.96%。

2020 年东帝汶主要进口家庭消费品、初级产品、已加工的中间品、资本货物(除交通设备)、非耐用消费品和工业用中间品;主要出口初级产品、其他中间品、家庭消费品、工业用中间品、资本货物(除交通设备)、已加工的中间品等。2020 年东帝汶前十大进口来源国家或地区为印度尼西亚、中国、新加坡、马来西亚等。前十大出口对象国为日本、马来西亚、新加坡、泰国、韩国等。

自 2002 年建交以来,中国和东帝汶外交经贸关系全面发展,签署了多项经济贸易合作协议,各领域合作稳步推进。2021 年,中国成为东帝汶的第二大进口来源国。

2022 年,中国—东帝汶贸易额 4.35 亿美元,同比增长 16.9%。其中,中国对东出口 2.9 亿美元,同比增长 11.9%;自东进口 1.45 亿美元,同比增长 28.5%。2022 年,中国企业对东直接投资流量 -428 万美元。2022 年,中国企业在东新签工程承包合同额 1.1 亿美元,完成营业额 0.8 亿美元。

东帝汶国家统计局公布数据显示,2023 年东帝汶的贸易赤字高达 7.5 亿美元,在 9.1 亿美元的进口额中,基本消费品占 8.12 亿美元。[1]

东帝汶的贸易主管部门为财政部、经济事务协调部和旅游贸易与工业部,其中财政部是政府负责起草、执行、协调和评估部长理事会批准政策的中心机构。旅游

---

〔1〕 参见《葡语国家周报|2024 年 2 月第三周》,载微信公众号"CCEPLP"2024 年 2 月 21 日,https://mp.weixin.qq.com/s/_hGZDwRPawQ7G6MIpZTyEg。

贸易与工业部商务总司主要负责对本国国内外贸易发展进行检测和分析。

二 中东经贸合作机制

(1)中国—葡语国家经贸合作论坛(澳门)

"中国—葡语国家经贸合作论坛(澳门)"(以下简称中葡论坛)是以促进与发展经贸为主题的非政治性政府间多边经贸合作机制,于 2003 年 10 月在我国澳门特别行政区创立,由中国商务部发起并主办,澳门特别行政区政府承办,包括东帝汶在内的 8 个葡语国家共同参与。截至 2022 年 4 月,中葡论坛举行了 5 届部长级会议、1 届部长级特别会议。自论坛成立以来,与会各方在政府间合作、贸易、投资、人力资源、农渔业、发展援助等领域的合作取得了积极成果。

(2)"一带一路"国际合作高峰论坛

"一带一路"国际合作高峰论坛(以下简称高峰论坛)是"一带一路"框架下最高规格的国际活动,是由中国首倡、中国主办的层级最高、规模最大的多边外交活动,也是各方共商、共建"一带一路",共享互利合作成果的重要国际性合作平台。论坛主要活动包括开幕式、领导人圆桌峰会、高级别会议、分论坛、企业家大会等。

2017 年 5 月,首届高峰论坛召开期间,东帝汶与中国签署了政府间"一带一路"合作谅解备忘录。2019 年 4 月,第二届高峰论坛期间,包括中国、东帝汶在内的 30 个国家在北京共同建立"一带一路"能源合作伙伴关系。作为一个开放性平台,能源合作伙伴关系致力于成为推动国际能源务实合作新的国际公共机制。

(3)中国—东帝汶经贸联委会

2016 年 3 月,中国和东帝汶签署成立双边经贸合作联合委员会(以下简称经贸联委会)机制的谅解备忘录,以进一步加强两国友好合作关系,在平等互利的基础上发展两国经贸合作;同月,双方举行经贸联委会首次会议,并取得务实成果。2022 年 6 月,中国外交部长王毅应邀访问东帝汶,商议两国适时召开第二次经贸联委会会议。

(4)特别优惠关税待遇原产地证书签发系统

2020 年 9 月,中国海关总署决定试点运行"特别优惠关税待遇原产地证书签发系统",东帝汶是该系统首批 5 个试点国家之一。海关总署将向试点国家开放在线签发特惠原产地证书功能,以进一步推动给予与中国建交的"最不发达国家" · 特别优惠关税待遇措施的实施,便利合规货物进口通关。

三 经贸协定

中国与东帝汶签有多项经贸协定(见表8)[1]。截至目前,两国尚未签署双边投资保护协定、避免双重征税协定、货币互换协议以及产能合作协议等。

表8 双方主要经贸协定

序号	中国与东帝汶签署的主要经贸协定	签订年份
1	《中华人民共和国政府和东帝汶民主共和国政府贸易协定》	2003
2	《中华人民共和国政府和东帝汶民主共和国政府关于互免持外交、公务护照人员签证的协定》	2014
3	《中华人民共和国国家旅游局和东帝汶民主共和国旅游部关于旅游合作交流意向书》	2014
4	《中华人民共和国和东帝汶民主共和国关于建立睦邻友好、互信互利的全面合作伙伴关系联合声明》	2014
5	《中华人民共和国政府和东帝汶民主共和国政府关于成立双边经贸合作联合委员会机制的谅解备忘录》	2016
6	《中华人民共和国和东帝汶民主共和国关于共同推进丝绸之路经济带和21世纪海上丝绸之路建设的谅解备忘录》	2017
7	《"一带一路"能源合作伙伴关系合作原则与务实行动》	2019

四 货物贸易的法律规定

东帝汶制定的与贸易相关的法律法规有《关税条例》《税收和关税法》《商业活动许可法》《食品产业化条例》《进口汽车管理条例》《商业公司法》以及一些部长理事会决议等。

1. 进出口管理规定

2021年11月,东帝汶启动海关数据自动化系统(The Automated System for

[1] 参见中国外交部及其条约数据库,http://treaty.mfa.gov.cn。

Customs Data，ASYCUDA），旨在通过单一窗口改善对进出口货物流动的控制，缩短清关时间，实现无纸化交易。

东帝汶法律规定商品进出口须进行申报。商品申报清关手续一般由有资质的海关代理机构代办，进口清关流程见表9：

表9　进口清关流程

步骤	说明
获得经营许可证和税号	进口商须自东帝汶旅游贸易与工业部取得经营许可证；还需要从税务局取得税务识别号
通过海关代理机构进行申报	进口商向有资质的海关代理提供商业发票、打包清单、提单、许可证和税号，海关代理在 ASYCUDA 系统进行海关申报
缴纳费用	海关根据进口货物的价值和适用的税率来确定应付税款进口商缴纳税款
准予进口	海关在 ASYCUDA 系统上公布准予进口通知

注：进口海关申报须在商品到达前进行；海运，须在商品到达前至少30个工作日向海关申报；空运或陆运，须在商品到达前至少20个工作日申报。出口申报须在出口船舶抵达前至少1个工作日申报。

（1）进口限制

除上述进口和清关要求外，东帝汶对一些特殊类别的商品进口有额外要求，具体包括：

活体动物、活体植物以及动植物的产品：进口活体动物、活体植物和动植物产品，必须在进口前取得检疫局颁发的许可证。

机动车辆：进口机动车前，必须从交通与通讯部获得许可证。

其他需要进口许可证的商品：药品、食品等商品在清关之前，需要从有关部门获得相应的许可和授权。详细的商品清单可在东帝汶海关网站查阅。

（2）出口限制

东帝汶鼓励进出口贸易，商品出口不征收关税。出口申报流程与进口流程基本一致。

禁止进出口的货物。东帝汶禁止毒品、枪支、炸药、刀具等违禁品的进出口。

2. 检验检疫

东帝汶海关对入境及检验检疫的要求按国际通行惯例施行，相关的法律法规有《进出口货物检验检疫卫生法》和《检验检疫管理条例》。根据规定，进口动植物需要出口国检验检疫部门出具检验检疫安全证明。

3. 反倾销

东帝汶暂未制定反倾销反补贴相关的法律法规。如遇国际贸易中差别对待的事件,可依据东帝汶签署的国际贸易相关协定采取措施,合法维护自身权益。

五 贸易法律风险及防范建议

(一)贸易法律风险

1. 进出口管理规定与操作风险:东帝汶的进出口管理规定要求进口商在商品到达前进行申报,对于海运和空运或陆运有不同的时间要求。若进口商未能按时申报,可能会面临货物延误、罚款或其他法律后果。

2. 进口限制与许可证要求:对于某些特殊商品,如活体动植物、机动车辆、药品和食品等,东帝汶有严格的进口许可证要求。未获得相关许可证或授权而进口这些商品可能导致货物被没收、罚款或甚至相关主体要承担刑事责任。

3. 检验检疫要求:东帝汶对进口货物有严格的检验检疫要求,特别是进口动植物及其产品。若进口货物未能符合这些要求,可能导致货物被拒绝入境、销毁或产生其他法律后果。

4. 禁止进出口的货物:东帝汶明确禁止某些货物的进出口,如毒品、枪支等违禁品,违反这些规定将可能面临严重的法律后果。

5. 法律与监管环境的不确定性:由于东帝汶的贸易法律与监管环境可能随时间发生变化,进口商和出口商需要持续关注相关法规的更新和变化,以避免潜在的法律风险。

(二)防范建议

1. 提前了解与遵守规定:进口商和出口商应提前了解东帝汶的进出口管理规定、进口限制和检验检疫要求,并确保所有操作均符合相关法规。

2. 寻求专业咨询与代理服务:进口商和出口商可以寻求专业的法律咨询和代理服务,以确保合规性和避免潜在的法律风险。

3. 及时沟通与协调:与东帝汶的相关部门保持及时沟通与协调,确保信息的准确性和操作的顺利性。

4. 建立风险管理机制:进口商和出口商应建立风险管理机制,定期评估贸易风险,并制定相应的应对措施。

5. 关注法规变化:持续关注东帝汶的贸易法律与监管环境的变化,并及时调整自己的贸易策略和操作方式。

六 相关案例

1. 案情简介

案例 1:澳门企业投资东帝汶有机咖啡项目,推动东帝汶咖啡出口输华

2020 年 8 月,据葡新社报道,澳门查理斯通咖啡企业在东帝汶投资 2000 万港元加工有机咖啡。史力强董事长表示,2020 年已先后从东帝汶进口了约 330 吨咖啡豆,希望未来进口量可达每年 5000 吨。进口的东帝汶咖啡豆会在澳门的工厂加工,并制成 Café Dilly 系列咖啡销往全球。在 2020 年澳门国际贸易投资展览会(MIF)上,来自东帝汶的咖啡经过查理斯通公司的包装,被摆在了第一排展架上,获得了大家的广泛关注。目前,该公司正与澳门特区政府商谈,以获取更大的空间作为加工工厂。不少内地企业也已与查理斯通咖啡联系,希望成为 Café Dilly 的分销商或网上零售商。

案例 2:云南省农科院热经所与东帝汶咖啡协会签订咖啡科技项目合作协议

2023 年 9 月 21 日至 25 日,东帝汶民主共和国总理凯·拉拉·夏纳纳·古斯芒来华出席杭州第 19 届亚洲运动会开幕式。其间,中华人民共和国主席习近平同夏纳纳总理举行亲切友好的会晤,就中东关系及共同关心的国际和地区问题深入交换意见,达成广泛重要共识。双方一致决定将双边关系提升为全面战略伙伴关系并发表《关于建立全面战略伙伴关系的联合声明》。声明中指出,在产业振兴方面,中方将继续为东帝汶提供咖啡种植技术培训等帮扶,支持东帝汶咖啡对华出口,支持东帝汶咖啡产业振兴。为认真贯彻落实两国合作共识的相关精神,2023 年 11 月 29 日,云南省农业科学院热带亚热带经济作物研究所(以下简称热经所)与东帝汶咖啡协会、保山市咖啡产业协会在热经所开展座谈交流,并签订三方咖啡科技项目合作协议。

2. 案例分析

(1)深度了解目标市场的贸易法律环境:在投资或贸易前,需要深入了解东帝汶的贸易法律制度,这包括其进口和出口规定、关税政策、贸易协定以及可能的法规变动等。投资者要提前做好充分的市场调研和法律分析,从而确保产品的顺利出口。

(2)寻找具有独特性和市场潜力的产品:东帝汶的麝香猫猫屎咖啡以其独特的口感和高品质赢得了市场认可。中国投资者应关注那些具有独特性和市场潜力的

产品,这有助于在竞争激烈的市场中脱颖而出。

(3)打造品牌、拓展市场:东帝汶咖啡通过 MIF、进博会等国际展览成功地打响了品牌,提高了产品知名度,顺利打开了中国市场。中国投资者应重视品牌建设和市场推广,通过多种方式提高产品的知名度和影响力。

(4)关注政策变化和市场动态:随着全球贸易环境的不断变化,投资者需要密切关注政策变化和市场动态,以便及时调整贸易策略和投资方向。

第四章 公司设立法律制度及法律风险

一 公司设立法律制度

1. 商业实体形式

在东帝汶，投资者可以设立的商业实体形式主要包括有限责任公司、股份制公司和外国公司的代表处等，具体规定见表10。

表10 商业实体形式

公司类型	最低注册资本	股东人数
有限责任公司	1美元	2～30人
一人有限责任公司	1美元	1人
股份制公司	50，000美元	最少3人
外国公司的代表处	50，000美元	无限制
个体经营	无限制	无限制

2. 设立实体流程

东帝汶商业注册认证中心（SERVE，以下简称认证中心）是主管企业注册和审批的政府部门，为企业注册登记提供“一站式”服务。

(1)开设银行账户

赴大西洋银行（BNU）等银行分行存入最低注册资本，获取银行存款证明。

(2)注册

企业在认证中心填写申请表，并提交规定文件，办理公司登记。完成注册程序后，认证中心会根据实际情况出具相应文件，分配公司TIN。

(3)税收登记

在获取税号后，前往财政部进行登记确认。

3. 在认证中心需要提交的主要材料

(1)公司章程(包含公司名称、成立日期、办公地址、股东姓名、注册资本等);

(2)股东和管理人员的身份证明文件;

(3)公司股东的同意书;

(4)标明公司地址的地图;

(5)银行存款证明;

(6)如果是外国公司设立代表处,除上述文件以外,还需要:①外国母公司的存续证明;②母公司在东帝汶设立代表处的决议,须提及代表处所在地;③母公司任命代表处总经理的决议,以及总经理等代表处负责人的身份证明文件等。

4. 完成注册程序后,认证中心出具的材料

(1)公司注册证书(CRC);

(2)商业登记证明,包含公司注册号、TIN;

(3)经营许可证(适用低风险行业);

(4)经营执照(适用中高风险行业)。

5. 低风险行业

纺织和服装业,部分批发与零售业,仓储、信息以及部分房地产行业,行政活动及支持性服务,艺术、体育和娱乐等服务业,雇佣家政人员,家庭生产活动,国际组织与其他境外机构的活动等,需要办理经营许可证。

6. 中高风险行业

农业、动物养殖、狩猎、林业、渔业和水产养殖、采掘业以及部分制造业,电力、燃气、蒸汽、水利等行业,除污业,大部分建筑行业,机动车和摩托车维修、批发与零售等,交通业(包括客运与货运)、住宿、餐饮及相关行业,通信业,金融与保险业,科学技术咨询及类似行业,旅行社及私人安保业,公共行政与国防及强制性社会保障部门,教育、卫生健康等公共部门,彩票等博彩业,政治组织活动等,需要办理经营执照。

二 公司设立的法律风险及防范建议

(一)法律风险

1. 法规变动风险:由于东帝汶的政治、经济环境可能发生变化,相关的商业法规也可能随之调整。这就可能影响公司的运营和盈利。

2. 注册流程不熟悉风险:由于不熟悉东帝汶的注册流程,可能导致注册过程延误或出现问题,进而影响公司的正常运营。

3. 税收风险:在东帝汶,税收法规可能比较复杂,如果处理不当,可能会引发税务问题,甚至产生法律纠纷。

4. 行业准入风险:对于中高风险行业,需要获得经营执照,而获取执照的过程可能涉及复杂的审批流程,如果未能成功获得执照,可能导致公司无法合法运营。

(二)防范建议

1. 深入了解当地法规:在设立公司前,应详细研究东帝汶的商业法规,了解设立公司的具体要求和流程。同时,也应关注法规的变动,以便及时调整公司的运营策略。

2. 寻求专业咨询:可以聘请当地的律师或会计师事务所等专业机构,为公司提供设立和运营过程中的法律咨询和税务规划,以降低不熟悉法规和税收所产生的风险。

3. 合理规划公司结构:根据公司的业务需求和行业特点,合理规划公司的结构,选择合适的商业实体形式,以降低行业准入风险。

4. 及时申请经营执照:部分行业的企业根据业务性质需要获得资质证明,认证中心会列出相应清单以供企业参考。例如,开办酒店需要从旅游部获取酒店评级证明,从卫生部获取卫生健康标准证明等。对于需要经营执照的行业,应尽早开始申请流程,确保在公司开始运营前获得必要的执照。

5. 遵守当地法规:无论在任何情况下,都应严格遵守东帝汶的法规,确保公司的合法运营。如果遇到问题或纠纷,应及时寻求法律途径解决。

三 相关案例[1]

1. 案情简介

2016 年 9 月,隆平高科东帝汶农业发展有限公司在东利基萨区对虾养殖基地举办南美白对虾放苗仪式,共投放印尼进口虾苗 40 万尾。2017 年 1 月,隆平高科在养殖基地举行南美白对虾收获庆典,同时在新池投放 5000 尾虱目鱼苗,开启养殖基地的多元化搭配养殖模式。在收获庆典上,东帝汶时任总理鲁伊 · 玛利亚 · 德 · 阿劳

[1] 参见《企业对外投资国别(地区)营商环境指南—东帝汶(2022)》。

若(RuiMaria de Araujo)对养殖项目给予高度评价,表示东帝汶政府将继续支持隆平高科在东扩大水产养殖规模,希望更多中资企业前来东帝汶开展渔业合作。对虾养殖项目是东帝汶首个人工养虾项目,项目获得成功标志着东帝汶对虾生产由海洋捕捞迈向人工养殖,有利于该国打破对虾依赖进口的局面,提高当地水产养殖水平,实现自产自销。

2. 案例分析

企业进入东帝汶市场,应了解政府政策,投资符合发展规划的项目,这有利于获得当地政府的支持。同时,加强与政府部门沟通,增进双方了解与互信,可为开展后续合作打下基础。企业应制定长期发展规划,推动国际业务多元化、可持续发展;提高自身技术水平,培养专业工作团队,助力项目顺利实施;积极承担企业责任,还能为中企树立良好的商业和社会形象。

具体到本案,可总结如下。

(1)顺应政府发展规划。渔业是东帝汶促进产业多元化、推动经济可持续发展的重要领域之一。在项目进行中,隆平高科获得了东帝汶农业部和利基萨当地政府的大力支持,并与农业部下属的渔业司进行多次交流合作,推动项目最终获得成功。树立企业良好形象。在投资对虾养殖项目之前,隆平高科在2008~2015年负责具体实施中国援东帝汶杂交水稻农业技术合作的三期项目,助力东帝汶的杂交水稻实现从无到有。先期的成功合作与隆平高科专业的技术水平、勤奋的工作精神受到了东政府和当地农民的高度评价,也为后续双方进一步合作奠定了基础。

(2)提高专业技术水平。隆平高科成立了渔业养殖专家组,在没有本土人工养殖先例的情况下,克服多重困难,凭借自身领先的技术水平,成功收获东帝汶首批人工养殖对虾。

第五章 外汇法律制度及法律风险

一 外汇法律制度[1]

东帝汶通用美元,并发行与美元硬币等值的本国硬币。

东帝汶中央银行是外汇管理部门,负责监管本币和外币支付结算系统,并进行汇兑管理。中央银行未设立正式的外汇管制规则,资金可以自由汇入和汇出。东帝汶允许居民和非居民在境内外开立本币和外汇账户,账户资金可自由兑换与划转。境内各商业银行会根据中央银行的要求对超过一定数额的资金交易履行报告义务。经常项目外汇管理主要集中在进口货物贸易,不限制出口、无形交易和经常项目转移支付。

外国人携带现金出入境不得超过2万美元(或等值的其他货币),否则须先获得东帝汶中央银行的明确授权。

此外,中国企业境外投资还需要遵守国家外汇管理局制定的相关外汇政策法规等,包括但不限于《境内机构境外直接投资外汇管理规定》《关于进一步改进和调整资本项目外汇管理政策的通知》《关于境内居民通过特殊目的公司境外投融资及返程投资外汇管理有关问题的通知》《关于进一步简化和改进直接投资外汇管理政策的通知》《关于进一步推进外汇管理改革完善真实合规性审核的通知》《企业境外经营合规管理指引》等。

二 外汇法律风险及防范建议

(一)外汇法律风险

1.外汇管制风险:东帝汶政府对外汇实行管制,企业需要遵守相关外汇管理规

---

[1] 参见《企业对外投资国别(地区)营商环境指南—东帝汶(2022)》。

定,否则可能面临罚款或其他法律后果。

2. 利率及汇率波动风险:在外汇市场,利率是影响汇率的重要因素,比如,美联储议息,每次美联储的议息决议都会对外汇市场产生重大的影响。东帝汶货币与美元挂钩,汇率波动可能对企业的投资收益产生影响。

3. 清算风险(交割风险):外汇交易的买卖双方在到期当日,必须将其卖出的货币汇给对方,若甲方因某种原因无法在到期当日进行交割,乙方因时区信息差未能及时获知此消息,已汇款给甲方。

4. 外汇结算风险:东帝汶的银行体系不发达,企业可能面临外汇结算困难,影响投资收益。

5. 法律风险:是指由于交易双方的合约内容不充分或不具有法律效力而引起的风险。主要是由于各国管理和规范交易行为的法律法规的制定相对滞后,使一些交易行为无法可依,常见的则是,不同国家对交易的监管规则不同,在这种情况下,外汇交易合约的法律效力得不到确认,一旦发生违约或纠纷,交易双方可能都找不到相应的法律依据来保护各自的利益。

(二)防范建议

1. 了解并遵守外汇管理规定:企业在进入东帝汶市场前,应充分了解其外汇管理政策、法规及具体操作流程。建立健全内部合规机制,确保企业在外汇交易、资金转移等方面严格遵守当地法律法规。与当地专业的法律顾问或会计师事务所保持密切联系,以便及时获取最新的外汇政策动态和合规建议。

2. 制定汇率风险管理策略:企业应密切关注国际金融市场动态,特别是美联储等主体的货币政策调整,以便及时调整自身的汇率风险管理策略。企业可通过使用远期合约、期权等金融工具锁定汇率,降低因汇率波动带来的潜在损失。此外,建议建立汇率风险预警机制,及时识别、评估和管理汇率风险。

3. 加强与银行的合作与沟通:企业应选择信誉良好的银行进行外汇结算,确保资金安全。选择与信誉良好、经验丰富的银行建立长期合作关系,确保外汇结算的顺利进行。定期与银行沟通,了解银行在外汇业务方面的最新政策和操作流程,以便企业及时调整自身的外汇管理策略。建立完善的外汇结算流程和风险控制机制,确保资金安全。

4. 建立法律风险防范机制:在签订外汇交易合约前,务必对合约内容进行全面审查,确保其具有法律效力且符合当地法律法规要求。与交易对手方明确约定争议解决机制,如选择仲裁机构、适用法律等,以降低因法律制度差异带来的风险。定期对员工进行法律培训,提高员工的法律意识和风险防范能力。

三 相关案例

1. 案情简介

2016 年,海尔收购 GE 旗下家电业务部门,收购资金由自有资金和并购贷款共同组成,金额达 54 亿美元。其中,自有资金有一部分是人民币,预计在并购前后可能产生人民币与美元之间的汇率风险。海尔旗下的海云汇外汇资本市场(香港)有限公司利用期权组合,有效规避了并购面临的汇率风险,为本次并购节省了上亿元的财务费用,并实现了经营利润的目标。

2. 案例分析

中国企业在境外投资时应特别注意汇率变动风险。外汇风险管理是海外投资风险管理的重要领域。企业能有效管理外汇风险可避免汇率变动可能造成的损失,并能够增加风险收益;反之则可能蒙受巨大的损失。

汇率变动风险:人民币汇率波动风险、投资项目所在地货币汇率波动风险以及国际通用货币汇率波动风险。

人民币汇率波动风险:人民币对外币汇率波动会给境外企业带来人民币升值、外币贬值的风险。

投资项目所在地货币汇率波动风险:项目所在地的政治、经济体制不同,可能会引起汇率大幅度波动,从而为在当地经营的中国企业带来一定的风险。

国际通用货币汇率波动风险:经济全球化发展下,影响可自由兑换货币汇率的政治、经济因素更加复杂,对汇率波动进行有效识别评估的难度不断加大,进一步增加了境外企业的汇率管理难度。

第六章 土地法律制度及法律风险

一 土地法律制度

东帝汶的土地法律制度基于其《土地法》及其他相关法规,如《租赁国有财产法》和《房地产所有权法》。其核心原则是土地私有制,这意味着外国自然人和企业不得直接拥有土地产权。外国投资者如需使用土地,必须通过租赁的方式从私人或国家获得土地使用权。

在东帝汶,租赁土地的程序相对明确。外国自然人和企业租赁土地需要向东帝汶司法部下属的土地和财产办公室提出申请。租赁协议的期限灵活,租赁协议期限通常为3~50年,最长可续期150年。这为投资者提供了足够的稳定性和长期规划的空间。

二 土地使用风险及防范建议

(一)土地使用风险

1. 产权风险:由于外国投资者无法直接拥有土地产权,仅能通过租赁方式使用,因此存在产权不稳定的风险。一旦租赁期满或出租方决定收回土地,投资者可能面临重新选址或撤离的风险。

2. 法律变动风险:东帝汶的土地法律制度可能会随时间而调整。如果法律发生变化,可能会影响正在进行的租赁协议,给投资者带来不确定性。

3. 租赁费用上涨风险:随着东帝汶经济的发展和土地需求的增加,租赁费用可能会上涨,增加投资者的运营成本。

(二)防范建议

1. 深入研究当地法律:在投资前,应深入研究东帝汶的土地法律制度,确保理解所有相关的法律规定和潜在风险。

2. 与信誉良好的当地合作伙伴建立关系:与当地有信誉的企业或个人建立合作关系,可以帮助投资者更好地理解和适应当地的法律环境。

3. 签订长期稳定的租赁协议:在可能的情况下,投资者应寻求签订长期稳定的租赁协议,以确保土地使用权的连续性和稳定性。

4. 建立风险应对机制:投资者应建立风险应对机制,以应对可能的法律变动或租赁费用上涨等风险。这可能包括定期评估租赁协议、与出租方进行协商,或寻找替代的土地使用方案。

三 相关案例

1. 案情简介

2012 年,福清人何某云在东帝汶首都帝力的三条主干道之一的一条主干道边上租了块 4000 多平方米的空地,周围交通非常便利,地理位置优越。当时这块地皮的主人急着用钱,跟她约定每年租金 1.5 万美元,先一次性交齐 5 年的租金,之后再每年交一次租金,共签订了 30 年的租期。时逢东帝汶大选,时局不稳,何某云把租地手续办好,打完地基后,就回国了。2013 年,她重回东帝汶开始盖仓库,仓库面积 1700 平方米,耗费了 200 多万元人民币。之后三位福清籍老乡注入资金,他们预付的资金让她得以建起商城,取名旺角商城。她采用高质量的建材,使商城更加牢固,商家租得放心,店铺供不应求。几年后,老乡撤资,她低价购回仓库,成为稳定的"包租婆"。

2. 案例分析

长期规划可能为投资者带来长远收益。东帝汶大部分土地属私人所有,当地民众偏好要求企业长租、一次性付款。这一点有利有弊,非常考验投资者的个人眼光和魄力。一方面,大批外资涌入东帝汶新设企业,当地土地、厂房吃紧,租价将出现大幅上涨。例如,浙江湖州某企业 2016 年 9 月赴柬埔寨设厂,当地成熟工业园区用地十分紧缺,用地租价从 2017 年的每月 40 元/平方米涨至 2019 年的每月 200 元/平方米,增长 4 倍。[1] 如投资者能在早期与当地签署长期租赁协议,不但能保证租金的稳定,且能节省不少租赁成本。但另一方面,企业经营如有不顺,长期的土地租赁合同将导致投资者进退两难,继续运营可能亏损,停止运营则租金付诸东流。

---

〔1〕 参见殷书炉:《东南亚投资经营状况调查》,载《中国金融》2020 年第 3 期。

第七章 税收法律制度及法律风险

一、税收法律制度[1]

(一)税制综述

东帝汶政府在2008年对税收政策进行了改革,致力于将东帝汶打造成为世界上税负最低的国家(地区)之一,通过减税和简化税收手续的方法,刺激国内经济发展,促进国内和外来投资、鼓励私有经济领域发展,并减轻低收入者的负担。根据世界银行2020年营商环境报告,东帝汶营商便利程度的世界排名在190个国家(地区)中排名第181位,综合税费率(Total Tax& ContributionRate,TTCR)为17.3%,排第136位。

(二)税收法律体系

1. 法律体系

2008年,《2008年税务法令》由国民议会通过,并于2008年7月1日生效。该法令重新确立了东帝汶主要税务体系的各个方面以及税率。该法令适用于东帝汶领土,包括其领海及其专属经济区和大陆架,并适用于联合石油公司开发区域。此外,2003年《Bayu – Undan 承包商税收法令》、2004年《海关税务法令》、2005年《石油基金法》等也包含了税收相关规定。

2. 税法实施

东帝汶国家税务局负责税收法律的制定与管理,同时也发布以下类型的文件供纳税人使用:(1)各类特殊事件的公开裁定;(2)税务局对于应纳税所得额、可扣除项目和应税收入计算的税务指南。

3. 最新税制变化

根据2023年预算案,东帝汶2023年进口关税为5%(此前为2.5%),并更新了

---

[1] 参见《中国居民赴东帝汶民主共和国投资税收指南(2023)》。

2023年消费税税率表。同时规定以下情况可免于支付各类税、费、关税、其他收费以及源泉扣缴：

(1)国家或其他公共法人为东帝汶国家警察、刑事调查科学警察和东帝汶国防军购置武器和弹药；

(2)支付与国外医疗援助有关的费用；

(3)在东帝汶领土上引进外国国家、外国公共团体或国际组织捐赠给东帝汶的物品，或用于生产、建造捐赠物品的物品；

(4)根据与国家签署的协议开展活动的国家合作机构的外国人、外国公共法人或国际组织的收入。

(三)税种

根据东帝汶的税收法律制度，东帝汶的税种主要包括：所得税、工资所得税、石油税、销售税、服务税、消费税、进口关税等。

(四)税收管理机关

东帝汶的税务主管部门为东帝汶税务总局，主要负责管理和征收所得税、财产税、行政收费和其他财政捐款。国家石油和矿产税务局负责征收管理石油与矿产税。

(五)法律责任

1.纳税申报违法处罚

如果纳税人未按期提交纳税申报表，将被处以100美元的逾期罚款。

如果纳税人未按期缴纳税款，将会被处以逾期缴税罚款。逾期缴税罚款的计算如下：

(1)逾期第一个月，罚款为到期日未支付的税款的5%；

(2)接下来的每一个月，罚款为税款总额的1%及尚未支付的附加税款罚款；

(3)如果在到期日未缴纳税款被认为是更严重的违规行为，则可能会在未缴纳的税款上加以25%或100%的罚款。

2.不履行纳税义务处罚

(1)所得税

如果纳税年度到期的税款大于预缴税额，则必须在纳税年度结束后三个月内支付少缴税款。

如果未能在到期日之前支付所有未付税款，纳税企业可能需要支付滞纳金。

如果纳税年度的应付税款低于预缴税额，则超额缴纳部分在核实后可抵扣其他应付税款或申请退税。

(2)石油税

如果承包商未按要求提交附加石油税预算,该年度的附加石油税预算由税务机关确定。

如果承包商提交的附加石油税预算(包括修订预算)少于承包商该年度实际附加石油税的90%(称为税收差额),承包商需根据低估预算的原因缴纳不同程度的罚款。

(3)服务税

未缴纳服务税将被收取额外的税款和罚款。根据不缴纳税款的原因,额外的税款和罚款可能很高,也可能被起诉。

(4)工资所得税

如果雇主未按要求从工资中扣除工资所得税,雇主可能被起诉。如果雇主从员工的工资中扣除工资所得税,但不支付给税务机关,则雇主将被追缴税款和罚款。根据不缴纳税款的原因,额外的税收和罚款可能很高。

另外,如果个人被要求从可扣除费用的支付金额(包括支付工资)中扣除税款,则该费用不可扣除,直至该人向专员缴纳被扣除的税款为止。

未从支付款项中扣除税款的个人,有义务支付未被扣留的税款,并有权向该笔付款的收款方收回该款项。

二 税收法律风险及防范建议

(一)法律风险

1. 信息报告风险

(1)登记注册制度

企业、常设机构和其他有义务支付或扣缴税款的人员应在东帝汶注册税号。税务机关可要求在任何表格、通知或用于税务目的的其他文件中包含税号。在发放税号之前,税务机关也可以指定其他文件用于识别,包括但不限于许可证、许可、护照或注册证书。

(2)信息报告制度

任何有义务支付或扣缴税款的人,应在与之相关的纳税年度结束后至少5年中,以德顿语、葡萄牙语、英语或印度尼西亚语建立并保存合适的账项记录,以确定其支付或扣缴税款的责任。

2. 纳税申报风险

(1)在东帝汶设立子公司的纳税风险

在东帝汶设立子公司存在违反相关税法规定而受到处罚的风险,详见上文(五)法律责任。

(2)在东帝汶设立分公司或代表处的纳税申报风险

在东帝汶设立分公司或代表处的纳税申报风险和在东帝汶设立子公司的纳税风险类似,详见上文(五)法律责任。

(3)在东帝汶取得与常设机构无关的所得的纳税申报风险

非居民取得与常设机构无关的所得应缴纳预提所得税,否则可能将受到税务总局罚款。

3. 享受税收协定待遇风险

中国与东帝汶尚未签订税收协定。

(二)防范建议

1. 深入了解税收法律:在投资前,应全面了解东帝汶的税收法律制度,特别是与企业运营和个人收入相关的税种、税率、税收优惠和税收处罚等,投资者在对外投资中应尤其需要注意避免双重征税问题。

2. 建立合规机制:企业应建立税收合规机制,确保所有税收活动都符合东帝汶的法律规定。这包括及时申报、缴纳税款,以及保存相关税务记录。

3. 与当地税务机构沟通:企业应积极与东帝汶的税务机构沟通,了解最新的税收政策和法规变化,确保企业税务活动符合当地要求。

4. 建立风险应对机制:针对可能出现的税收风险,企业应建立相应的应对机制,如设立风险预警系统、制定应急预案等。

5. 定期组织员工培训:企业应定期对员工进行税收法规培训,增强员工的税收合规意识,减少因人为失误导致的税务风险。

6. 考虑税务筹划:在合法合规的前提下,企业可以考虑进行税务筹划,通过合理的税务安排降低税负,提高投资回报。

7. 关注税收协定:虽然中国与东帝汶尚未签订税收协定,但投资者应关注未来是否有可能签订协定,以便享受税收优惠政策。

8. 寻求专业建议:在涉及复杂的税务问题时,企业应寻求专业的税务咨询或法律顾问的建议,确保企业的税务活动符合东帝汶的法律规定。

三 相关案例[1]

1. 案情简介

20世纪80年代，中国核工业第二二建设有限公司走出国门开展工程建设项目，近年来更是积极响应国家“一带一路”倡议，在蒙古国、阿联酋、东帝汶等国家大力拓展海外业务。

2023年，宜昌市税务部门在上门走访过程中，了解到公司财务人员正对东帝汶的项目重复征税问题“一筹莫展”，税务工作人员仔细核对，发现该公司按当地税法缴纳了所得税，但财务人员核算时误将所得税计入税金及附加，且未取得符合规定的境外完税证明，在汇算清缴时无法办理境外税收抵免。

为了帮助“走出去”企业精准破解难题，宜昌市税务部门当即成立工作专班，核实所有凭证，深入剖析问题，对症“开方”，先后向省局、总局请示税款测算和境外完税凭证补正方法。经过总、省、市三级税务部门上下联动和税企内外互动，企业最终补充享受了应抵未抵境外税收共计2486万元，极大缓解了企业资金周转的压力。

2. 案例分析

企业在开展海外业务前，务必进行全面的税务风险评估，并确保财务团队具备相关税法知识。企业应定期对员工进行税收法规培训，增强员工的税收合规意识，减少因人为失误导致的税务风险。上述案例中出现的问题，部分原因可能在于员工对税法的理解不足。因此，加强员工培训和风险意识教育对于防范税务风险具有重要意义。同时，企业应与税务部门保持良好的沟通，及时获取最新的税收政策和法规变化，就税务问题积极与税务部门及时进行沟通解决。

[1] 参见《税收赋能“税路通” 助企畅行“一带一路”》，载微信公众号“宜春税务”2023年11月29日。

第八章 劳动就业法律制度及法律风险

一 劳动用工法律制度[1]

(一)主管部门及相关法律

东帝汶职业培训和就业国务秘书处(SEFOPE)是主管劳务的政府部门。

东帝汶《劳动法》,是规范劳动关系的主要法律,对劳动合同、薪酬、工时与假期等做了详细规定。

(二)劳动合同

1. 合同类型。《劳动法》规定,劳动合同应当采用任一官方语言(德顿语或者葡萄牙语)以书面形式签订;且应包含劳动者的职位,工作内容,工作场所,报酬的形式、数量及发放时间间隔等内容。东帝汶的劳动合同主要有无固定期限和有固定期限两类。固定期限的劳动合同(包括续约)期限不得超过3年。劳动合同内未规定合同期限的,应视为无固定期限劳动合同。此外,没有以书面形式签订的劳动合同均视为无固定期限劳动合同,合同期限超过最大时间长度的固定期限劳动合同亦被视为无固定期限劳动合同。

2. 试用期。法律规定,劳动合同应当包含试用期。除非双方当事人另有书面协议约定,合同双方在试用期间无须提前通知和告知正当理由就可终止合同,且无须支付赔偿。试用期一般最长为3个月。对于固定期限劳动合同,合同期限等于或少于6个月时,试用期不得超过8天;合同期限6个月以上时,试用期不得超过15天。

3. 劳动合同终止。《劳动法》禁止用人单位无正当理由解雇劳动者。劳动合同可以下列方式终止:(1)合同期满;(2)双方协商一致;(3)劳动者主动解除合同;(4)用人单位因正当理由(包括劳动者犯严重过错、违反公司规定、反复消极对待工作等)主动解除合同;(5)因公司或企业相关市场、技术或者结构原因解除合同。

---

[1] 参见《企业对外投资国别(地区)营商环境指南—东帝汶(2022)》。

用人单位在解除劳动合同前,应通知劳动者解除合同的决定,并明确说明做出上述决定的理由、劳动合同终止日期以及应付赔偿金额。用人单位终止劳动合同需提前通知劳动者,如未能根据规定提前通知劳动者,则应按照未能提前通知的天数支付相应金额的劳动报酬。法律规定的用人单位终止劳动合同最短通知期限为:当劳动者工作时间不超过2年时,通知期限(劳动合同终止之日前)至少15天;当劳动者工作时间超过2年时,通知期限(劳动合同终止之日前)不得超过15天。

(三)工时和加班

1. 正常工作时段。东帝汶《劳动法》规定,用人单位应当根据法律、集体协议和劳动合同中的相关规定确定劳动者的工作时间。正常工作时间每天不得超过8小时,每周不得超过44小时。劳动者连续工作5小时后,有权享有至少1小时的休息时间。

2. 轮班工作。如果用人单位的工作时间超过了上述规定的正常工作时间,应组织不同的劳动者进行轮班工作,且每个班次的工作时间不得超过正常工作时间的最高时限。

3. 夜班工作。夜间21时至次日凌晨6时的工作应视为夜班工作,在此时间段内每小时薪酬应在正常薪酬基础上增加25%。

4. 加班。在正常的工作周,每名劳动者每天不得加班超过4小时,每周不得加班超过16小时,报酬为每小时正常薪酬的150%;在每周休息日或法定节假日工作,每天不得超过8小时,报酬为每小时正常薪酬的200%。需要注意的是,不可抗力因素或者为防止用人单位遭受严重损害或影响其运转而必须要求劳动者工作的,上述的加班工时标准不适用。

(四)休假

1. 法定假期。《劳动法》规定,劳动者有权每周带薪休息至少24小时,周日为每周休息日。劳动者在法定节假日暂停工作,不得克扣其劳动报酬或者削减其任何其他权利。

2. 年假。除法定假期外,法律规定的每年带薪休假时间不得少于12个工作日。带薪假时间应在用人单位与劳动者签订的劳动合同中阐明,双方未签订协议的,应当由用人单位负责解释。

3. 产假。女性劳动者有权享受至少12周的带薪产假,其中10周应当在分娩之后享受。如遇终止妊娠,劳动者有权额外休假4周。

4. 因故休假。在遇到家庭成员结婚、去世,或者社区、宗教活动时,劳动者有权每年缺席工作3天。遭遇疾病或者事故,且提交相应的医疗证明的,劳动者有权每年缺席工作12天,其中前6天应获得全额劳动报酬,后6天应获得全额劳动报酬的一半,按日计发。

(五)劳动报酬

《劳动法》规定,劳动者劳动报酬不应低于相关法律或者相关工种集体劳资协议规定的最低水平。劳动报酬应以货币形式,使用东帝汶法定货币,须定期、直接向劳动者支付,时间间隔不得超过一个月。薪酬支付日为星期六、星期日或者节假日的,应当在当次支付日之前最近的工作日支付。

用人单位支付劳动报酬时,必须向劳动者提供单据,其内容包括该笔劳动报酬涵盖的劳动者工作时间,相应的支付总额与净额、扣款,以及任何额外支付金额。其中,每月扣款不得超过劳动者当月劳动报酬总额的30%。

(六)外国人在东帝汶工作的规定

从事专业劳动的外籍劳动者应享有《劳动法》和东帝汶政府批准加入的国际劳动者公约项下的与本国劳动者同等的权利。投资者可雇佣符合条件的外国劳工从事技术、监督或管理等工作。赴东帝汶工作的中国公民应按要求向东帝汶驻中国大使馆申请工作签证。

特别提示:申请工作签证所需的无犯罪记录、健康证明、职业技能证明或学历证明,以及工作经历证明须先在涉外公证处办理涉外公证,再经中国外交部领事司领事认证,方可在东帝汶使用。

(七)社会保险

2020年10月,东帝汶颁布建立社会保障可持续性以及确保低风险和高收益的模式储备基金的法令。依法成立的储备基金将社会保障收入的一部分转入,并按照财务和社会可持续性以及确保低风险和高收益的模式进行管理。储备金将由社会保障和包容部下属的独立公共机构管理。

二 劳动用工风险及防范建议

(一)劳动用工风险

1. 试用期规定不同:东帝汶的试用期规定可能与中国投资者的习惯不同。例如,合同双方在试用期内可以无理由终止合同,这可能导致企业频繁更换员工,影响工作效率和稳定性。

2. 劳动合同终止:尽管东帝汶《劳动法》禁止无理由解雇,但对于何为“正当理由”并未明确,这可能导致在解雇员工时产生争议。

3. 工时和加班规定:东帝汶的工时和加班规定与中国有所不同,如未能遵守,可能面临罚款或其他法律后果。

4. 休假制度:东帝汶的休假制度与中国也存在差异,如未合理安排员工的休假,可能影响员工的工作积极性和效率。

5. 劳动报酬:东帝汶的劳动报酬规定可能与中国投资者的预期不同,如未能按照当地规定支付工资,可能引发劳动纠纷。

6. 外国人在东帝汶工作的规定:中国投资者在东帝汶雇佣中国公民时,需遵守当地的外国人工作签证规定,否则可能面临罚款或其他法律后果。

(二)防范建议

1. 学习了解当地劳动法律制度:在投资前,应充分了解东帝汶的劳动法律制度,包括试用期、劳动合同终止、工时和加班、休假、劳动报酬等方面的规定。

2. 聘请专业律师团队:与了解当地法律的专业律师合作,确保在劳动用工方面遵守当地法律法规,避免产生不必要的法律风险。

3. 制定合理的劳动合同:根据东帝汶的法律法规,制定符合当地规定的劳动合同,明确双方的权利和义务。

4. 合理安排员工的休假和加班:按照东帝汶的法律规定,合理安排员工的休假和加班,确保员工的权益和企业的正常运营。

5. 遵守外国人在东帝汶工作的规定:在雇佣中国公民或其他外国公民时,应遵守东帝汶的外国人工作签证规定,确保员工的合法身份和工作权益。

总之,中国投资者在东帝汶投资时,应充分了解当地的劳动法律制度,遵守相关规定,与当地律师或专业机构合作,确保劳动用工方面的合规性,降低潜在的法律风险。

三 相关案例[1]

1. 案情简介

2021 年 9 月 23 日,东帝汶国家通讯社报道,由于劳资合同纠纷、无故解除或终止合同和企业关闭等问题,东帝汶职业培训和就业国务秘书处共登记了 300 多起劳

[1] 参见《企业对外投资国别(地区)营商环境指南—东帝汶(2022)》。

资纠纷案件。东帝汶培训和就业国务秘书处表示，劳资纠纷案件激增的原因是受新冠疫情影响，部分雇主停止商业活动，无力支付工人工资。从纠纷处理情况看，一半以上的案件由雇主、工人和秘书处三方沟通处理，其余案件通过劳资双方对话沟通解决。总体看，约99%的纠纷均可通过对话沟通解决。

2. 案例分析

在东帝汶经营的中国企业应持续加强自身的劳资关系建设。企业可根据自身条件雇佣当地劳工，创造就业机会，按劳动合同规定及时发放工人薪酬福利，以免出现劳资纠纷，影响企业正常运行。如遭遇劳资纠纷，可优先通过对话沟通解决，双方未达成一致的情况下可上报主管部门进行解决。

第九章

环境法律制度及法律风险

一 环境法律制度[1]

(一)主管部门及相关法律

东帝汶负责环境保护的主管部门是环境国务秘书处:(Secretary of State for Environment,SSE),隶属于东帝汶经济与发展部。与环境保护相关的主要法律法规有《环境基本法》、《环境许可法》以及其他相关法令。其中,《环境基本法》规定了东帝汶环境政策的基本框架,以及保护环境和可持续利用自然资源的指导原则,主要包括管理环境事务的中央机构及其职能,战略环境评估制度、环境标准、环境影响评估方法与许可证发放制度、环境监测等。

(二)环保评估

《环境许可法》规定,任何可能对环境产生负面影响的公共或私人项目,在未进行环境影响评价(以下简称环评)、未获得环境许可证的情况下,不得实施。该法根据项目的影响程度将项目进行分类,并针对不同项目类别制定了相应的审批程序,详细的项目分类和审批程序可查阅《环境许可法》。

根据《环境许可法》的规定,任何违反该法的自然人和法人,根据其行为的严重程度,将被处以5000~25万美元的罚款、吊销许可证或勒令停业。

特别提示:环境许可证的有效期一般为2年(根据项目类别可能会有不同),可在到期日前支付续期费后自动续期。

---

〔1〕 参见《企业对外投资国别(地区)营商环境指南—东帝汶(2022)》。

二 环境法律风险及防范建议

(一) 法律风险

中国企业在东帝汶投资时可能遇到的环境法律风险主要包括以下几个方面:

1. 环境影响评估(EIA)和许可制度:东帝汶的《环境许可法》要求所有可能对环境产生负面影响的项目都必须进行环境影响评估,并获得环境许可证。如果企业未进行必要的评估或未获得许可证就进行项目实施,将可能面临罚款、吊销许可证或勒令停业等严厉处罚。因此,中国企业在东帝汶投资时,必须确保项目符合东帝汶的环保法规,并在项目开始前获得必要的许可。

2. 环境标准与合规性:东帝汶的《环境基本法》规定了保护环境和可持续利用自然资源的指导原则,以及一系列环境标准。中国企业在投资过程中,需要确保自身的运营活动符合这些环境标准,否则可能面临环境修复责任、罚款或其他法律后果。

3. 中央环境管理机构的监管:中国企业在东帝汶的投资项目可能会受到 SSE 的严格监管,包括项目审批、环境影响评估、许可证发放等环节。因此,企业需要与 SSE 保持密切沟通,确保项目的合规性和顺利进行。

(二) 防范建议

1. 学习了解东帝汶的环保法规:在投资前,中国企业应充分了解东帝汶的环保法规和政策,包括环境影响评估、许可制度、环境标准等方面的要求,确保项目符合当地法规。

2. 建立完善的环保管理体系:中国企业应建立完善的环保管理体系,包括设立专门的环保管理部门、制定环保管理制度、培训环保管理人员等,确保企业的运营活动符合当地环保法规。

3. 加强与当地环保机构的沟通与合作:中国企业应与东帝汶的环保机构(如 SSE)保持密切沟通与合作,及时了解当地环保政策和法规的变化,共同推动项目的合规性和可持续发展。

4. 强化环保意识和培训:中国企业应加强对员工的环保意识和培训,提高员工对环保法规的认识和遵守意识,降低因违规操作而引发的环境法律风险。

5. 建立风险应对机制:中国企业应建立风险应对机制,对可能出现的环境法律风险进行预警和应对,确保企业在面临风险时能够及时采取措施,降低损失。

三 相关案例[1]

1. 案情简介

蒂坝港集装箱项目是中国和东帝汶两国共建“一带一路”重点项目。该项目于2018年开始建设，由中国港湾承建。中国港湾在水上施工过程中注意海洋环境的保护。该公司还与相关部门保持密切联系，积极参与环保宣传活动，并聘用独立第三方，专门编制了有关临时码头、碎石爆破开采的环评报告、环保方案并顺利获得批复。此外，在新冠疫情期间，公司仍保持较高的开工率，有效保证了项目建设进度。自项目实施以来，未发生任何环保相关的纠纷。2020年，东帝汶环境国务秘书视察该项目时，称赞该公司是服务东帝汶国家战略工程的重要企业，对中国港湾专业的环保管理能力高度赞赏，并颁发了环保质量A级证书。

2. 案例分析

中国港湾公司在东帝汶的表现体现了中国企业对环境责任的认知、理解以及落实方面的能力。中国企业在东帝汶开展业务严格遵守当地环保要求，注重保护当地的生态环境，这有助于维护中国企业在当地的形象，也有利于带动中国企业“走出去”发挥良好的示范作用。

[1] 参见《企业对外投资国别(地区)营商环境指南—东帝汶(2022)》。

第十章

知识产权法律制度及法律风险

一 知识产权法律制度[1]

(一)主管部门及相关法律

东帝汶尚未建立专门的知识产权保护法律体系。其他涉及知识产权的法律有《宪法》《私人投资法》。《宪法》第60条规定,国家保护文学、科学和艺术作品的创作、生产、商业化以及著作权。《私人投资法》第19条规定,所有投资者均有权获得工业秘密、版权、工业产权、商标权或法律承认的任何其他知识产权的保护。

东帝汶旅游贸易与工业部负责相关的专利申请和商标注册。然而,由于东帝汶经济刚刚起步,且缺乏相关立法,专利申请和商标注册并不广泛。

东帝汶于2017年12月加入世界知识产权组织。

(二)商标和专利

目前,东帝汶尚无专门的商标注册和申请专利相关法律。外国企业通常通过在当地大型报纸(包括GUIDE POST、TIMOR POST等)上刊登警示或公告,保护其商标和专利所有权。

(三)版权

东帝汶无专门的版权保护相关法律,但东帝汶是《保护文学和艺术作品的伯尔尼公约》的签署国。根据公约,任何源于东帝汶的作品,包括作品作者是东帝汶国民,或作品首次在东帝汶出版的,则作品版权在其他伯尔尼公约成员均应受到保护。

---

[1] 参见《企业对外投资国别(地区)营商环境指南—东帝汶(2022)》。

二 知识产权法律风险及防范建议

(一)知识产权法律风险

1. 法律制度不完善:东帝汶在知识产权领域尚未建立完善的法律体系,缺乏专门的法律来保护商标、专利和版权,这可能导致企业在维权时面临困难。

2. 注册和申请流程不明确:由于东帝汶缺乏专门的商标注册和专利申请法律,且没有知识产权主管部门,外国企业在注册商标和申请专利时将面临注册申请流程不明晰的问题,为企业带来法律风险。

3. 知识产权侵权行为频发:由于法律制度不完善,东帝汶市场上可能存在大量侵犯知识产权的行为,如假冒商标、盗版等,给投资企业带来损失。

(二)防范建议

1. 建立完善的知识产权管理制度:企业应建立完善的知识产权管理制度,包括商标、专利和版权的注册、申请、维护、授权和管理等环节,确保企业的知识产权得到充分保护。

2. 加强知识产权保护意识:企业可以定期开展培训,加强员工的知识产权保护意识培训,提高员工对知识产权重要性的认识,减少因员工行为不当而引发知识产权纠纷。

3. 寻求专业法律支持:企业在投资过程中应寻求专业的法律支持,与当地的律师事务所或知识产权代理机构建立合作关系,为企业提供法律咨询和维权支持。在遭遇知识产权侵权行为时,应及时保存证据,并委托专业机构积极维权。

三 相关案例

1. 案情简介

案例1:阿乐斯公司商标侵权纠纷案

阿乐斯公司是据德国法律成立的法人企业,专业从事生产设计、制造和销售各种隔热、绝热材料。阿乐斯公司申请注册了多项商标,是“福乐斯”“Armaflex”等商标的持有人。阿乐斯公司发现,杭州阿乐斯福乐斯公司在其保温绝缘材料上单独使用了“阿乐斯福乐斯”。同时,该公司的英文名称“Hangzhou Armacell Armaflex

Commerce Co. ,Ltd. ”也使用了阿乐斯公司所拥有的“Armacell”和“Armaflex”商标。中国贸促会专利商标事务所接受阿乐斯公司的委托,向法院提起诉讼并胜诉,有效维护了阿乐斯公司的合法权益、形象及声誉。

案例2:胜德国际与突破电气专利权权属纠纷案

此案涉案专利属发明专利,为胜德国际研发股份有限公司所有。北京突破电气公司认为该专利与两公司联合开发的某专利类似,权利应归属于突破电气公司。中国专利代理(香港)有限公司受胜德国际公司的委托,对专利的技术特征进行了深入分析,认为该专利并非联合开发专利的简单叠加,且与联合开发专利无直接关联。相关诉讼请求得到了法院支持,维护了委托人的合法权益。

2. 案例分析

(1)明确的知识产权保护策略:胜德国际公司对其知识产权采取了明确的保护策略。他们注册了商标和专利,并在发现侵权行为时,及时采取了法律行动。这显示了明确的知识产权保护策略对于防止侵权行为的重要性。

(2)专业法律支持的重要性:案例中的公司委托了专业的法律服务机构来帮助他们处理知识产权纠纷。这些专业机构提供了深入的法律分析,为公司的诉讼提供了有力的支持。这突显了专业法律支持在保护知识产权方面的重要性。

(3)应对法律风险的前瞻性规划:企业在进入新市场,特别是知识产权法律制度尚不完善的市场时,应对可能遇到的法律风险进行前瞻性规划。这可能包括与当地法律服务机构建立合作关系,制定应对潜在知识产权纠纷的策略等。

第十一章 争议解决制度

一 争议解决制度概述[1]

(一)诉讼

1. 诉前法律防范

外国企业在东帝汶开展业务的过程中如发生经贸纠纷，首先应尝试协商解决，如双方无法达成一致，可根据合同条款或诉讼程序依法解决。企业应谨慎选择合作伙伴，核实潜在合作伙伴的信誉、经营范围、运营情况等信息；签订合同时审查合同条款的合规性，确保合同中有明确的争议解决方案。

2. 诉讼体系

在东帝汶境内发生的商事纠纷，当事双方协商未果的，可通过司法诉讼的途径解决。诉讼体系主要分地方法院和上诉法院两级。地方法院审理管辖区内的商事案件。东帝汶全国有 4 个地方法院，分别位于帝力、包考、欧库西和苏艾。上诉法院除了履行《宪法》赋予的最高法院的职权外，还审理来自地方法院的上诉。商事纠纷诉讼的法律依据主要有《宪法》《民法典》《民事诉讼法》等。

东帝汶的法院由最高法院、地方法院、行政、税务和审计高等法院、初审行政法院，以及军事法院组成。上诉法院院长由总统任命，任期 4 年。东帝汶迄今未成立最高法院，上诉法院作为终审法院行使最高法院和宪法法院职能。现任上诉法院院长为德奥林多・多斯・桑托斯(Deolindo Dos Santos)。

(二)仲裁及其他争议解决方式

1. 国内仲裁

2021 年 2 月，东帝汶国民议会批准通过了《第 6/2021 号自愿仲裁法》(以下简称《自愿仲裁法》)(Legal Regime of Voluntary Arbitration)，该法适用于在东帝汶进行

[1] 参见《企业对外投资国别(地区)营商环境指南—东帝汶(2022)》。

的所有自愿国内和国际仲裁程序，以及在不影响国际公约规定的情况下确认和执行在东帝汶境外作出的仲裁裁决。目前，东帝汶暂未设立专门的仲裁机构。

(1)提交仲裁。《自愿仲裁法》第4条规定，当事双方可以将任何与经济利益(包括遗产权益)有关的争议提交自愿仲裁，已提交地方法院的争议除外。

(2)司法干涉。《自愿仲裁法》第7条规定法院通常被禁止干预已诉诸自愿仲裁的争议，但《自愿仲裁法》授予法院临时管辖权的情况除外。

(3)仲裁协议。《自愿仲裁法》第8条和第13条规定，仲裁协议须以书面形式订立，否则视为无效。当事双方签署的书面文件，双方之间来往的信件、电报中的仲裁协议均可视为书面形式。

(4)仲裁程序。仲裁双方可以就仲裁员采用的程序达成协议，还可自行商定仲裁员的人数，且仲裁员的国籍不受限制。具体流程可查阅《自愿仲裁法》。

(5)仲裁裁决。仲裁庭的裁决应当按照多数仲裁员的意见作出。仲裁庭作出的决定具有约束力和可执行性。此外，仲裁庭还可以在作出最终仲裁决定之前的任何时间发布临时(紧急)措施。

2. 国际仲裁

东帝汶政府执行经过东帝汶最高法院确认的国际仲裁的相关规定。因此，外国企业在签订合同或协议时，应明确国际仲裁相关条约。一般中国与东帝汶的合同和协议中，普遍适用新加坡国际仲裁中心的仲裁条规。此外，东帝汶是《解决国家和他国国民间投资争端公约》和《承认及执行外国仲裁裁决公约》的缔约国。根据《华盛顿公约》，缔约国国民与其他缔约国发生争议，可诉诸国际投资争端解决中心。

3. 调解

作为一种替代性纠纷解决方案，调解越来越多地被引入国际经贸纠纷解决机制中。在国内调解方面，东帝汶《劳动法》中涉及了包括调解在内的争端解决机制，但调解的程序和标准均不明确。国际调解方面，东帝汶是《联合国关于调解所产生的国际和解协议公约》(《新加坡调解公约》)的签署国。

二 争议解决常见问题及注意事项

(一)争议解决条款的明确性和可执行性

外国投资者在与东帝汶当地合作伙伴或政府机构签订合同或协议时，应确保争议解决条款的明确性和可执行性。这包括选择适当的争议解决方式(如诉讼、仲裁、调解等),并明确约定适用的法律、管辖法院或仲裁机构等。因此,在签订合同或协议前,投资者应充分了解东帝汶的争议解决法律制度,包括诉讼、仲裁和调解等方式。根据具体情况选择合适的争议解决方式,并确保合同条款的明确性和可执行性。

(二)仲裁机构的选择和仲裁协议的效力

如果投资者选择仲裁作为争议解决方式,应注意选择合适的仲裁机构,并确保仲裁协议的效力。在选择仲裁机构时,投资者应考虑机构的声誉、专业性和中立性等因素。同时,仲裁协议应明确约定仲裁地点、仲裁规则、仲裁语言等关键事项。在选择仲裁机构时,投资者应仔细比较不同机构的优缺点,并选择具有专业性和中立性的机构,以避免后续争议。

(三)司法体系的独立性和公正性

投资者在选择诉讼作为争议解决方式时,应关注东帝汶司法体系的独立性和公正性。了解当地法院的审判程序、法律依据以及司法实践,以评估诉讼的可行性和胜诉的可能性。如果投资者选择诉讼作为争议解决方式,应了解当地法院的审判程序、法律依据以及司法实践。在诉讼过程中,积极配合法院的调查和审判工作,并尊重法院的判决结果。

(四)调解作为替代性纠纷解决方案的适用性

调解作为一种替代性纠纷解决方案,在东帝汶的适用程度可能有限。然而,投资者仍可以尝试通过调解解决争议,以降低成本和时间。在调解过程中,投资者应了解当地调解机构的运作方式和调解程序,并与合作伙伴积极沟通,寻求双方都能接受的解决方案。同时,投资者应保持开放和积极的态度,与合作伙伴进行充分沟通。

三 相关案例

1. 案情简介[1]

案例1:应对美国铁质机械传动部件"双反"案

2015年10月28日,美国TB Wood's Incorporated公司向美国商务部和美国国际贸易委员会提出申请,要求对进口自中国的部分铁制机械传动部件发起"双反"调

〔1〕 参见《企业对外投资国别(地区)营商环境指南—东帝汶(2022)》。

查。中国贸促会企业权益保护中心认真分析案件特点,积极开展发动企业、法律抗辩、游说施压等相关工作。在各方共同努力下,美起诉方五次缩小涉案产品范围,涉案金额由近 3 亿美元缩减至约 2000 万美元,美国国际贸易委员会最终做出无损害裁决。我方应对工作取得完胜,维护了年均 3 亿美元的出口市场。

案例 2:通过调解—仲裁联合机制解决争议

某大型国有 A 公司与某民营 B 公司就海外工程项目款项发生争议,B 公司多次向 A 公司提出补偿前期投入款项,但是由于当事双方之间就标的工程项目仅有口头上的约定,故 A 公司对前期 B 公司所投入的金额存在严重的分歧。B 公司尝试了多种手段去追讨款项甚至包括上访,均无果。后 B 公司向中国贸促会调解中心提出调解申请,调解中心就此事联络 A 公司,向其普及了调解的作用和优势,A 公司同意进入调解。通过调解中心与相关仲裁委员会建立的调解—仲裁联合机制,以和解协议为基础,由仲裁委员会制作裁决书,为本次调解画上了圆满的句号。

2. 案例分析

这两则案例为投资者提供了在东帝汶进行投资活动时的重要启示。首先,从案例 1 中,我们可以看到在面临国际贸易纠纷时,积极应对、有效组织和专业抗辩的重要性。当面临美国的“双反”调查时,中国贸促会企业权益保护中心及时发动企业,进行法律抗辩,并对美国方面进行了游说施压。这一系列行动成功地缩小了涉案产品范围和涉案金额,并最终使美国国际贸易委员会做出了无损害裁决。这启示我们,投资者在面对国际贸易纠纷时,需要有明确的应对策略,及时组织资源,进行有效的法律抗辩,并积极与对方进行沟通,以寻求最佳解决方案。

其次,案例 2 展示了调解作为一种替代性纠纷解决方案的优势。在这个案例中,A 公司和 B 公司之间的争议通过调解得到了圆满解决。调解作为一种非对抗性的解决方式,有助于双方保持友好关系,降低解决纠纷的成本和时间。此外,调解结果可以根据双方的意愿进行定制,更具灵活性和可执行性。这一案例启示我们,投资者在东帝汶进行投资活动时,可以考虑将调解作为解决纠纷的一种重要方式,尤其是在双方存在长期合作关系或希望保持友好关系的情况下。

再次,这两则案例也提醒我们在签订合同时要注意争议解决条款的明确性和可执行性。在案例 1 中,由于双方对前期投入款项存在严重分歧,导致争议的发生。这在一定程度上反映了双方在签订合同时可能没有充分考虑到争议解决条款的明确性和可执行性。因此,投资者在与东帝汶当地合作伙伴或政府机构签订合同或协议时,应确保争议解决条款的明确性和可执行性,包括选择适当的争议解决方式、明确约定适用的法律、管辖法院或仲裁机构等。

最后,投资者在选择仲裁作为争议解决方式时,应注意选择合适的仲裁机构和确保仲裁协议的效力。在案例 2 中,调解中心与相关仲裁委员会建立的调解—仲裁联合机制为纠纷的解决提供了有效路径。这启示我们在选择仲裁机构时,应考虑机构的声誉、专业性和中立性等因素,并确保仲裁协议的效力。